新型城镇化 PPP 项目纳税实务与管理手册

上海国家会计学院 PPP 项目课题组

上海财经大学出版社

图书在版编目(CIP)数据

新型城镇化 PPP 项目纳税实务与管理手册/上海国家会计学院 PPP 项目课题组著. —上海:上海财经大学出版社,2019.1
ISBN 978-7-5642-3176-7/F・3176

Ⅰ.①新… Ⅱ.①上… Ⅲ.政府投资-合作-社会资本-税收管理-中国-手册
Ⅳ.①F812.423-62

中国版本图书馆 CIP 数据核字(2018)第 289325 号

□ 策　　划　王永长
□ 责任编辑　李志浩
□ 封面设计　张克瑶

新型城镇化 PPP 项目纳税实务与管理手册

上海国家会计学院 PPP 项目课题组

上海财经大学出版社出版发行
(上海市中山北一路 369 号　邮编 200083)
网　　址:http://www.sufep.com
电子邮箱:webmaster @ sufep.com
全国新华书店经销
上海叶大印务发展有限公司印刷装订
2019 年 1 月第 1 版　2019 年 1 月第 1 次印刷

787mm×1092mm　1/16　17.25 印张　420 千字
印数:0 001—2 500　定价:58.00 元

课题组组长：刘　勤　谢　松

课题组副组长：马东升　韩春明　于召辉

课题组成员：（排名不分先后）

庞金伟　曹声容　王怀芳　赵鹏飞　夏新东
邓新明　肖振怡　张梦醒　胡俊超　徐　佳
陈　怡　应伊宁　赵晨辉　王红中　蒋晓霞
杨念东　李云帆　张　哲　殷多多　庞　冲
杨　艺　史瑞学　李　涛

序　言

PPP模式最早兴起于英国。由于其是公共部门和私人部门之间的一种合作共赢的建设模式，在发挥公共部门、私人部门各自优势的基础上，借助有利于双方的资源分配、风险分担和利益共享机制，能够最好地满足各国政府承诺的公共需求；其后在全球范围内被广泛应用于公共管理的各个领域。自1985年我国首个PPP项目由深圳经济特区电力开发公司与香港合和电力(中国)有限公司合作兴建的深圳沙角B电厂BOT项目之后，随着2003年放宽了对民间资本的市场进入约束，我国进入PPP的全面发展阶段；2014年5月，财政部政府和社会资本合作(PPP)工作领导小组正式设立，并在2014年12月批准成立了政府和社会资本合作(PPP)中心，同时下发了首批30个PPP合作示范项目名单和操作指南。截至2018年3月末，四批示范项目共计1 009个，投资额2.3万亿元。

PPP模式充分利用10%红线内的财政资金，来撬动更多的社会资本投资；通过PPP模式的结构设计，重新分配项目风险及收益；同时，针对项目风险和收益进行量化、明确，从而使社会资本拥有一定的项目预期，以此增加对项目的信心。

2017年11月10日，财政部发布了《关于规范政府和社会资本合作(PPP)综合信息平台项目库管理的通知》(财办金〔2017〕92号)，要求各省级财政部门对本地区项目管理库进行集中清理工作。2018年4月27日，财政部发布了《关于进一步加强政府和社会资本合作(PPP)示范项目规范管理的通知》(财金〔2018〕54号)，继续加大示范项目“清库”的工作，总共涉及1/4的项目，并且对核查存在问题的173个示范项目分类进行处置。

(1)将不再继续采用PPP模式实施的包头市立体交通综合枢纽及综合旅游公路等30个项目，调出示范项目名单，并清退出全国PPP综合信息平台项目库。

(2)将尚未完成社会资本方采购或项目实施发生重大变化的北京市丰台区河西第三水厂等54个项目，调出示范项目名单，保留在项目库，继续采用PPP模式实施。

(3)对于运作模式不规范、采购程序不严谨、签约主体存在瑕疵的89个项目，请有关省级财政部门会同有关方面抓紧督促整改，于2018年6月底前完成。逾期仍不符合相关要求的，调出示范项目名单或清退出项目库。

自2018年以来，党中央、国务院也发出了支持PPP可持续发展的积极政策信号。3月14日，国务院办公厅发布的《关于印发国务院2018年立法工作计划的通知》(国办发〔2018〕14号)中，明确包含了审议基础设施和公共服务领域政府和社会资本合作条例的立法计划。4月14日，新华社发布《中共中央国务院关于支持海南全面深化改革开放的指导意见》，其中明确提出“创新投融资方式,规范运用政府和社会资本合作(PPP)模式,引导社会资本参与基础设施和民生事业”。4 月 23 日,国务委员兼国务院秘书长肖捷在《人民日报》发表署名文章《深入推进简政放权》,提到“要最大限度减少政府对市场资源的直接配置”“要着力解决当前资源配置中存在的突出问题,从广度和深度上推进市场化改革,完善市场体系,创新配置方式,更多引入市场机制和市场化手段”,并明确提出要“创新公共服务发展机制,探索政府与社会合作新方式,引导社会资本参与公共产品和公共服务供给”。

在新时代的背景下,PPP 事业将坚定不移地实现从数量增长向质量增长的升华。每一个 PPP 项目都将会是一个良好实践。对那些坚持初心、有情怀的 PPP 从业者而言,真正的 PPP 的春天来到了。

PPP 模式在中国的实践还只是较短时间,国家也尚未出台针对 PPP 模式的专项税收政策,因此 PPP 模式在中国的推行过程中不可避免地面临诸多税收不确定性,比如政府支付的税务定性、财政补贴的重复征税、移交阶段的税务处理,以及优惠政策覆盖面有限等。在 PPP 项目的每个阶段,税务风险管理的内容都不尽相同。总的来说,PPP 项目的税务风险归纳为前期风险、筹划风险和日常管理风险。

PPP 项目的税收风险总体解决方案是建立税收管理规范手册。建立税收管理规范手册的目的是全面了解 PPP 项目相关税收法规,建立 PPP 项目税负测算模型,深入了解 PPP 项目相关税收优惠政策,深入分析 PPP 项目典型税收策划模式。手册还可以为招投标税收成本估算提供全面、快速的税收成本测算支持;为商业谈判签约方式提供一般性的税务技术支持与指导;为运营阶段税务计划提供一般性的税务技术支持与指导,建立 PPP 项目税务合规制度及税收事项处理规范。

税务管理规范手册的内容包括:PPP 项目相关的税收政策详细规定;各相关税种及其征税方法;税收优惠汇总以及申请条件、程序;具体税收征管制度及其应对提示;PPP 项目的特殊税务规定;PPP 项目的税负测算和税收策划机会;典型 PPP 项目投资架构与运营模式及其税收影响;PPP 项目整体税负测算模式;PPP 项目典型税收风险及其防范;PPPSPV 项目公司税收管理制度等。

为此,上海国家会计学院与某大型建筑集团 PPP 项目部共同组成研究团队,结合该建筑集团具体实施的 PPP 项目,经过实地调研和理论研究,并结合目前的我国税收管理制度、企业会计准则等有关法规,整理编写了本书。其中,第一章由曹声容组织撰写;第二章由王怀芳、曹声容负责组织撰写;第三章、第四章由庞金伟、韩春明组织撰写。我们真诚地期望本书的出版对大家的日常 PPP 税务管理工作有所帮助。

在本书的编写过程中得到了上海国家会计学院“数字化税务研究中心”的大力支持,一并表示感谢。

上海国家会计学院 PPP 项目课题组
2018 年 6 月

目　录

序言 …………………………………………………………………… 1

第一章　PPP 项目概述 …………………………………………… 1
一、PPP 项目的相关理论 ………………………………………… 1
(一)国内外对 PPP 的界定 ……………………………………… 1
(二)PPP 项目的五个阶段 ……………………………………… 5
(三)PPP 主要模式 ……………………………………………… 7
二、国内外 PPP 实践 …………………………………………… 9
(一)发达国家的 PPP 实践 ……………………………………… 9
(二)我国 PPP 项目发展现状 …………………………………… 12
(三)我国 PPP 项目的总体特征 ………………………………… 13
三、综合项目 PPP 的兴起 ……………………………………… 15
(一)国外城镇化的发展模式 …………………………………… 15
(二)国内新型城镇化发展状况 ………………………………… 16

第二章　新型城镇化 PPP 项目税收方案设计 …………………… 21
一、国家新型城镇化 PPP 项目整体税务管理 …………………… 21
(一)新型城镇化 PPP 项目整体税务考量 ……………………… 21
(二)PPP 项目各阶段的税务考量重点 ………………………… 29
二、新型城镇化 PPP 项目纳税分析 …………………………… 38
(一)甲镇 PPP 项目基本情况介绍 ……………………………… 38
(二)甲镇新型城镇化 PPP 项目涉税主体的业务关系 ………… 39
(二)关键涉税环节 ……………………………………………… 48
(三)纳税风险管控 ……………………………………………… 50
(四)保障房各项目主体的税款测算 …………………………… 53
三、新型城镇化 PPP 项目纳税风险管控 ……………………… 55
(一)纳税风险管控与资源配置的总体设计 …………………… 55
(二)研究方法与思路 …………………………………………… 57

(三)城中村板块纳税风险管控 …… 64
(四)农业板块纳税风险管控 …… 74
(五)文旅板块纳税风险管控 …… 80
(六)产业园区模式纳税风险管控 …… 85
典型案例:丙村农业PPP项目的财税核算及管理 …… 92

第三章 PPP项目纳税指导及管理手册 …… 116
一、PPP模式税收管理方向 …… 116
(一)项目付费模式下的税收考量 …… 116
(二)项目付费模式下的税收风险 …… 118
(三)会计核算模式下的税收考量 …… 118
二、PPP模式全周期税务政策 …… 124
(一)基于PPP业务流程的主要税种、税目、税率 …… 124
(二)基于PPP国家税收优惠的政策、解读、办理 …… 125
三、PPP项目前期与税务处理 …… 131
(一)区域、项目涉税政策研究 …… 131
(二)项目获取关键工作与税务管理 …… 139
(三)PPP项目合同涉税条款安排 …… 144
(四)PPP项目前期费用处理 …… 147
(五)项目公司(SPV)成立的税务处理 …… 149
四、PPP项目前期财税业务处理 …… 150
(一)各纳税主体 …… 151
(二)社会资本方的有关财税规定 …… 151
(三)项目公司 …… 151
(四)施工主体 …… 153
五、PPP项目融资与税会处理 …… 154
(一)项目公司投资方式与税会处理 …… 154
(二)项目子公司融资方式与税会处理 …… 161
(三)PPP项目产业基金 …… 165
(四)收益权转让业务税务处理 …… 168
(五)涉税文件汇编 …… 168
六、PPP项目建设与税务处理 …… 169
(一)社会资本与总承包一体化 …… 169
(二)PPP项目建造后形成不同资产的会计处理 …… 170
(三)增值税——建筑业、房地产业 …… 177
(四)企业所得税——专项设备优惠政策 …… 181
(五)其他税种——耕地占用税、土地使用税、房产税等减免政策 …… 183

七、PPP项目运营与税务处理 …… 186
(一)按收入准则依据项目合同确认收入、成本,并正常纳税 …… 186
(二)使用者付费收入 …… 186
(三)政府付费收入:增值税优惠政策与发票管理 …… 187
(四)运营期其他业务收入 …… 188
(五)运营期成本费用税收处理——无形资产摊销、利息费用处理(委贷资金、控股股东资金集中) …… 189
(六)政府补助的不同税务处理——财政拨款、财政贴息和税收返还等 …… 191
(七)文件汇编 …… 195
八、PPP项目移交与税会处理 …… 204
(一)股权转让方式 …… 204
(二)资产移交 …… 206
(三)资产证券化方式 …… 212
(四)提前终止:违约金的处理 …… 220
(五) 涉税文件汇编 …… 222
九、项目公司的清算 …… 223
(一)项目公司清算的会计处理 …… 223
(二)项目公司清算的税务处理 …… 225
(三)法规汇编 …… 229
典型案例:甲镇集中供热项目的税务处理 …… 230

第四章 PPP项目中增值税发票的使用与管理 …… 234
一、增值税发票概述 …… 234
二、专用发票的领购及使用限额管理 …… 235
(一)专用发票的领购 …… 235
(二)增值税专用发票的使用限额 …… 237
(三)辅导期一般纳税人的专用发票限额管理 …… 237
三、专用发票的开具范围、要求及营改增衔接政策 …… 238
(一)开具范围 …… 238
(二)开具要求 …… 238
(三)营改增衔接政策 …… 239
四、专用发票的认定抵扣及认证管理 …… 240
(一)专用发票的认定抵扣 …… 240
(二)不得作为增值税进项税额的抵扣凭证(不得抵扣,退票重开) …… 240
(三)暂不得作为增值税进项税额的抵扣凭证(暂不抵扣,扣票查实) …… 241

(四)对丢失已开具专用发票的发票联和抵扣联的处理…… 241
(五)营改增增值税专用发票认证新规定…… 241
五、税控系统及营改增增值税发票管理系统 …… 242
(一)税控系统增值税专用发票的管理…… 242
(二)营改增增值税发票管理系统…… 243
六、专用发票使用的特殊事项 …… 244
(一)红字增值税发票开具…… 244
(二)代开增值税专用发票…… 244
七、建筑业、房地产业增值税发票管理的特殊规定…… 246
(一)发票开具…… 246
(二)营改增发票管理的衔接政策…… 247
(三)差额征税…… 247
(四)建筑业、房地产业的主要政策及发票开具一览表 …… 250
八、关于不当使用增值税专用发票的处理规定 …… 255
(一)关于被盗、丢失增值税专用发票的处理 …… 255
(二)未按期申报抵扣增值税扣税凭证处理…… 255
(三)关于对代开、虚开增值税专用发票的处理 …… 256
(四)纳税人善意取得虚开的增值税专用发票的处理…… 257
(五)走逃(失联)企业开具增值税专用发票认定处理…… 259

附录 PPP项目相关法规摘要 …… 260
一、PPP项目具体税收优惠政策解读 …… 260
(一)垃圾、污泥、污水、工业废气处理相关PPP项目的优惠政策…… 260
(二)购进专用设备相关PPP项目的税收优惠政策 …… 261
(三)不动产租赁相关PPP项目的税收优惠政策 …… 261
(四)保障房税收优惠政策…… 262
(五)太阳能发电相关PPP项目的税收优惠 …… 263
二、《PPP项目合同指南(试行)》第二章第五节 …… 264
(一)项目公司的融资权利和义务…… 264
(二)融资方的权利…… 264
(三)再融资…… 264
三、特许权再转让税务处理的相关法律规定 …… 265
(一)社会资本方将投标获得的“项目经营权”移交项目公司的税收问题…… 265
(二)PPP项目投资人受让土地后向项目公司移交土地的税收问题 …… 266

第一章

PPP 项目概述

一、PPP 项目的相关理论

(一)国内外对 PPP 的界定

1. PPP 项目的定义

(1)主要发达国家对 PPP 的定义。国际货币基金组织将 PPP 定义为发生在私营企业与政府之间的,由一方获取或建设一种或一系列资产,经过一段时间的运营,将资产转移给另一方的长期合约。联合国培训研究院认为 PPP 是以解决当地或区域内的某些复杂问题为目的,涵盖不同社会系统倡导者之间的所有制度化合作方式。而美国将 PPP 理解为一种结合了外包和私有化特点的公共产品提供方式,它充分利用了私人资源对公共基础设施进行设计、建设、投资、经营和维护,并提供相关服务以满足公共需求。英国则将 PPP 视为一种以公共部门和私人部门相互合作为主要特征的安排,包括从公共部门独立运作到私人部门独立运作之间的各种合作执行政策、提供服务和建造基础设施的方式。加拿大对 PPP 有更为具体的定义,即 PPP 是公共部门和私人部门之间的一种合作经营关系,它建立在双方各自经验的基础上,通过适当的资源分配、风险分担和利益共享机制,最好地满足事先清晰界定的公共需求。除上述外,世界银行、欧盟等国际组织以及日本、俄罗斯等发达国家也都对 PPP 的定义有所规范和解释。但无论对 PPP 如何定义,都离不开"公私合作、共享损益"的核心原则(见表 1.1)。

表 1.1　　世界各国机构对 PPP 的定义

机构名称	定义内容
加拿大 PPP 国家委员会	公共部门和私人部门之间的一种合作经营关系,基于双方各自经验,通过适当的资源分配、风险分担和利益共享机制,以满足事先清晰界定的公共需求
美国 PPP 国家委员会	介于外包和私有化之间并结合两者特点的一种公共产品提供方式;表现为充分利用私人资源进行设计、建设、投资、经营和维护公共基础设施,并提供相关服务以满足公共需求

续表

机构名称	定义内容
联合国培训研究院	(1)为满足公共产品需求而建立的公共和私人之间的各种合作关系;(2)为满足公共产品需求,公共部门和私人部门建立的伙伴关系
欧盟委员会	为提供公用项目或服务而形成的公共部门和私人部门之间的合作关系
中国(财政部、政府和社会资本合作中心)	政府和社会资本合作模式是在基础设施及公共服务领域建立的一种长期合作关系。通常模式是由社会资本承担设计、建设、运营、维护基础设施的大部分工作,并通过"使用者付费"及必要的"政府付费"获得合理投资回报;政府部门负责基础设施及公共服务价格和质量监管,以保证公共利益最大化

资料来源:PPP 模式定义及其在国内外发展情况. 中债资信,2015-01-06.

从上述这些定义可以看出,西方国家的 PPP 项目基本上都是用于公共产品或公共服务项目,在参与各方之间强调的是公共部门与私人部门之间的合作共赢,这也符合西方国家政府部门一般都不参与非公共产品经营的情况。这些定义没有明确地指出是包含公共基础设施的设计、建设、投资、经营和维护全过程还是其中的某一个环节,或者只是提供公共服务以满足公共需求。

(2)我国对 PPP 的定义。

1)PPP 项目在我国的提出。PPP 模式是在基础设施和公共服务领域政府和社会资本基于合同建立的一种合作关系。引导社会资本参与市政公共产品和公共服务的投资、运营,共同承担项目全生命周期管理,发挥政府和社会资本各自优势,提高公共产品和服务供给的质量和效率。PPP 模式的目的在于引进私人部门在生产管理方面的新技术,进而提高公共产品和服务的供给效率。

关于 PPP 的定义迄今尚未形成统一的表述,但可以归纳出公私合作、提供公共产品或服务、利益共享、风险共担等四大要素。对 PPP 的界定还有广义和狭义之分,广义的 PPP 泛指公共部门与私人部门为提供公共产品或服务而建立的各种合作关系,而狭义的 PPP 可以理解为一系列项目融资模式的总称,包含 BOT、TOT、DBFO 等多种模式。狭义的 PPP 更加强调合作过程中的风险分担机制和项目的衡工量值原则。

2013 年 11 月 12 日中国共产党第十八届中央委员会第三次全体会议通过《关于全面深化改革若干重大问题的决定》,《决定》明确指出要"积极发展混合所有制经济。国有资本、集体资本、非公有资本等交叉持股、相互融合的混合所有制经济,是基本经济制度的重要实现形式",明确允许社会资本通过特许经营等方式参与基础设施投资和运营。

在财政部《关于 2014 年中央和地方预算草案的报告》中,中国官方首次使用了 PPP 的概念,明确要"推广运用 PPP 模式,支持建立多元可持续的城镇化建设资金保障机制"。

2)发改委的定义。国家发展改革委员会(发改委)通过列举公私之间合作的方式对 PPP 进行定义,强调提高公共产品与服务的供给效率。发改委发布的《国家发展改革委关于开展政府和社会资本合作的指导意见》(发改投资〔2014〕2724 号)指出,政府和社会资本合作(PPP)模式是指政府为增强公共产品和服务供给能力、提高供给效率,通过特许经营、购买服务、股权合作等方式,与社会资本建立的利益共享、风险分担及长期合作关系。指导意见对 PPP 的参与模式、收益与风险、政府职能、项目使用范围以及操作模式等都做出了规定。

①参与模式:发改委允许通过授予特许经营权、核定价费标准、给予财政补贴、明确排他

性约定等方式参与 PPP 项目。

②收益与风险：项目的建设、运营风险由社会资本承担，法律、政策调整风险由政府承担，自然灾害等不可抗力风险由双方共同承担。

③政府职能定位：政府要从公共产品的直接“提供者”转变为社会资本的“合作者”以及 PPP 项目的“监管者”。

④项目适用范围：PPP 模式主要适用于政府负有提供责任又适宜市场化运作的公共服务、基础设施类项目。燃气、供电、供水、供热、污水及垃圾处理等市政设施，公路、铁路、机场、城市轨道交通等交通设施，医疗、旅游、教育培训、健康养老等公共服务项目，以及水利、资源环境和生态保护等项目均可推行 PPP 模式。各地的新建市政工程以及新型城镇化试点项目，应优先考虑采用 PPP 模式建设。

⑤操作模式选择：分为经营性项目、准经营性项目、非经营性项目三类。

A. 经营性项目。对于具有明确的收费基础，并且经营收费能够完全覆盖投资成本的项目，可通过政府授予特许经营权，采用建设—运营—移交(BOT)、建设—拥有—运营—移交(BOOT)等模式推进。要依法放开相关项目的建设、运营市场，积极推动自然垄断行业逐步实行特许经营。

B. 准经营性项目。对于经营收费不足以覆盖投资成本、需政府补贴部分资金或资源的项目，可通过政府授予特许经营权附加部分补贴或直接投资参股等措施，采用建设—运营—移交(BOT)、建设—拥有—运营(BOO)等模式推进。要建立投资、补贴与价格的协同机制，为投资者获得合理回报积极创造条件。

C. 非经营性项目。对于缺乏“使用者付费”基础、主要依靠“政府付费”回收投资成本的项目，可通过政府购买服务，采用建设—拥有—运营(BOO)、委托运营等市场化模式推进。要合理确定购买内容，把有限的资金用在刀刃上，切实提高资金使用效益。

发改委的指导意见将 PPP 项目整个过程分为项目储备、项目遴选、伙伴选择、合同管理、绩效评价和退出机制六个环节。社会资本参与主体包括符合条件的国有企业、民营企业、外商投资企业、混合所有制企业，或其他投资、经营主体。

3)财政部的定义。财政部在定义政府与社会资本合作项目(PPP)时着重强调了合作的长期性和公、私之间的责权利分配。在我国财政部发布的《关于推广运用政府和社会资本合作模式有关问题的通知》(财金〔2014〕76 号文件)和《财政部关于在公共服务领域深入推进政府和社会资本合作工作的通知》(财金〔2016〕90 号)中，对 PPP 模式做出的定义可以概述为：政府部门和社会资本在基础设施及公共服务领域建立的一种长期合作关系，通常是由社会资本承担设计、建设、运营、维护基础设施的大部分工作，并通过“使用者付费”及必要的“政府付费”获得合理投资回报；政府部门负责基础设施及公共服务价格和质量监管，以保证公共利益最大化。用 PPP 推动公共服务从政府供给向合作供给、从单一投入向多元投入、从短期平衡向中长期平衡转变。文件指出要以改革实现公共服务供给结构调整，扩大有效供给，提高公共服务的供给质量和效率。要以改革激发社会资本活力和创造力，形成经济增长的内生动力，推动经济社会持续健康发展。

①收益与风险：按照“风险由最适宜的一方来承担”的原则，合理分配项目风险，项目设计、建设、财务、运营维护等商业风险原则上由社会资本承担，政策、法律和最低需求风险等由政府承担。有关部门统筹论证项目合作周期、收费定价机制、投资收益水平、风险分配框

架和政府补贴等因素,科学设计PPP项目实施方案,确保充分体现"风险分担、收益共享、激励相容"的内涵特征,防止政府以固定回报承诺、回购安排、明股实债等方式承担过度支出责任,避免将当期政府购买服务支出代替PPP项目中长期的支出责任,规避PPP相关评价论证程序,加剧地方政府财政债务风险隐患。要加强项目全生命周期的合同履约管理,确保政府和社会资本双方权利义务对等,政府支出责任与公共服务绩效挂钩。

②参与主体:鼓励国有控股企业、民营企业、混合所有制企业、外商投资企业等各类型企业,按同等标准、同等待遇参与PPP项目。

③项目范围:项目评估论证。除传统的项目评估论证外,使用物有所值(Value for Money,VFM)评价理念和方法,对拟采用政府和社会资本合作模式的项目进行筛选,必要时可委托专业机构进行项目评估论证。评估论证时,要与传统政府采购模式进行比较分析,确保从项目全生命周期看,采用政府和社会资本合作模式后能够提高服务质量和运营效率,或者降低项目成本。项目评估时,要综合考虑公共服务需要、责任风险分担、产出标准、关键绩效指标、支付方式、融资方案和所需要的财政补贴等要素,平衡好项目财务效益和社会效益,确保实现激励相容。

④财政补贴管理:对项目收入不能覆盖成本和收益,但社会效益较好的政府和社会资本合作项目,地方各级财政部门可给予适当补贴。从"补建设"向"补运营"逐步转变,探索建立动态补贴机制,将财政补贴等支出分类纳入同级政府预算,并在中长期财政规划中予以统筹考虑。对于使用者付费项目,涉及特许经营权的要依法定程序评估价值,合理折价入股或授予转让,切实防止国有资产流失。对于使用者付费完全覆盖成本和收益的项目,要依据合同将超额收益的政府方分成部分及时足额监缴入国库,并按照事先约定的价格调整机制,确保实现价格动态调整,切实减轻公众负担。

⑤项目适用范围:重点关注城市基础设施及公共服务领域,如城市供水、供暖、供气、污水和垃圾处理、保障性安居工程、地下综合管廊、轨道交通、医疗和养老服务设施等,采用政府和社会资本合作模式的项目,具有价格调整机制相对灵活、市场化程度相对较高、投资规模相对较大、需求长期稳定等特点,优先选择收费定价机制透明、有稳定现金流的项目。在垃圾处理、污水处理等公共服务领域,项目一般有现金流,市场化程度较高,PPP模式运用较为广泛,操作相对成熟,各地新建项目要"强制"应用PPP模式,中央财政将逐步减少并取消专项建设资金补助。在其他中央财政给予支持的公共服务领域,对于有现金流、具备运营条件的项目,要"强制"实施PPP模式识别论证,鼓励尝试运用PPP模式,注重项目运营,提高公共服务质量。

⑥社会资本的范围:已建立现代企业制度的境内外企业法人,但不包括本级政府所属融资平台公司及其他控股国有企业。

2014年11月29日,财政部印发《政府和社会资本合作模式操作指南(试行)》,将PPP的整个实施过程分为项目识别、项目准备、项目采购、项目执行、项目移交等几个阶段,并明确了每个阶段的操作规范。

4)国务院的定义。2015年5月19日,国务院办公厅以国办发〔2015〕42号文转发财政部、发改委、中国人民银行《关于在公共服务领域推广政府和社会资本合作模式的指导意见》(以下简称《意见》)。该《意见》包括推广政府和社会资本合作模式的重大意义、总体要求、构建保障政府和社会资本合作模式持续健康发展的制度体系、规范推进政府和社会资本合作项目实施、政策保障、组织实施等6部分25条。

《意见》认为，PPP模式是公共服务供给机制的重大创新，政府采取竞争性方式择优选择具有投资、运营管理能力的社会资本，双方按照平等协商原则订立合同，明确责权利关系，由社会资本提供公共服务，政府依据公共服务绩效评价结果向社会资本支付相应对价，保证社会资本获得合理收益。政府和社会资本合作模式有利于充分发挥市场机制作用，提升公共服务的供给质量和效率，实现公共利益最大化。

对于PPP项目的适用范围，《意见》指出政府投资要逐步退出竞争性领域，主要用于公益性和基础性建设，鼓励社会资本参与的农林水利、生态环保、公共服务、基础设施、区域开发、战略性新兴产业、先进制造业等重点领域。

《意见》鼓励探索采取股权投资等方式运用政府投资支持社会投资项目。各部门、各地方可结合实际，按照政府引导、市场化运作的原则，探索在特定领域采取股权投资等方式运用政府投资资金，逐步与金融资本相结合，发挥撬动社会资本的杠杆作用。

《意见》强调对PPP项目可以通过资本金注入方式安排政府投资，支持项目建设，也可以通过投资补助、贷款贴息、担保补贴等方式予以支持。有关政府投资专项在同等条件下应优先支持引入社会资本的项目。鼓励民间资本发起设立PPP项目投资基金，政府可以通过认购基金份额的方式予以支持；政府也可以单独发起设立PPP项目投资基金。

国务院办公厅体现了中国政府对PPP内涵的总结与升华，是财政部和发改委两方面探索的统一。首先，它表明PPP可被看作是政府向私人部门长期采购服务，是平等的合同关系（缔约），解决了PPP下公私合作的法律关系问题；其次，它强调了在PPP方式下，提供公共产品和公共服务的职责最终还是属于公共部门，PPP不是推卸责任的手段，政府仍有责任竞争、择优地选取供给方以保证供给质量；最后，它拓宽了社会资本主体的外延，将部分符合条件的地方政府融资平台也纳入了社会资本范畴，消除了前期政策的冲突。

国务院办公厅围绕增加公共产品和公共服务供给定义PPP，将产业领域集中在能源、交通运输、水利、环境保护、农业、林业、科技、保障性安居工程、医疗、卫生、养老、教育、文化等公共服务领域。其中，在能源、交通运输、水利、环境保护、市政工程等特定领域需要实施特许经营的，按《基础设施和公用事业特许经营管理办法》执行。

社会资本的范围，既包括国有控股企业、民营企业、混合所有制企业等各类型企业，也包括已经建立现代企业制度、实现市场化运营的，在其承担的地方政府债务已纳入政府财政预算、得到妥善处置并明确公告今后不再承担地方政府举债融资职能的前提下的地方政府融资平台。

（二）PPP项目的五个阶段

我国政府和社会资本合作项目操作流程如图1.1所示。

1. 项目识别阶段

现阶段虽已出台《政府和社会资本合作项目财政承受能力论证指引》，但配套的财税体制改革尚未落到实处，财政中期预算仍然只是“软约束”。其次，项目物有所值评价指引，无法将项目全生命周期内政府支出成本现值与公共部门原有支出成本的比较值进行比较，因而降低项目全生命周期成本仅仅是提升效率方面的最优选择。

2. 项目准备阶段

财政部PPP中心负责PPP项目方案的物有所值和财政承受能力验证，通过验证的项

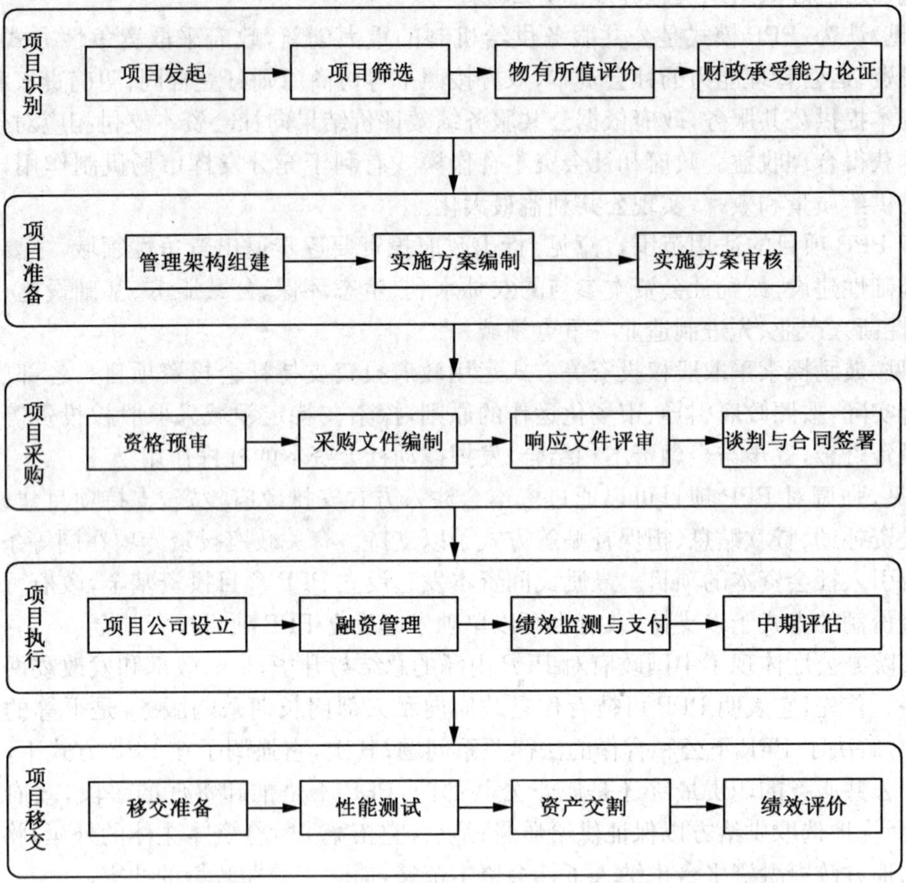

图 1.1　我国政府和社会资本合作项目操作流程

目报由政府审核。然而，目前对发改委与财政部的职能和权责，界定不清晰，在将地方政府推介的项目纳入发改委和财政部 PPP 项目库时，发改委和财政部分别又对项目进行一次审核。

3. 项目采购阶段

2015 年发布了《政府和社会资本合作项目政府采购管理办法》《政府采购 PPP 项目财政承受能力论证工作流程图竞争性磋商采购方式管理暂行办法》等。但是对"使用者付费"模式的 PPP 项目，其资金来源并非财政性资金，适用《政府采购法》规定的竞争性谈判等非招标方式依据不足。

4. 项目执行阶段

PPP 合同的长期性及不确定性决定了在 PPP 执行过程中，可能会出现较为频繁的"再谈判"。

5. 项目移交阶段

需要第三方监督评估机构对项目绩效进行公正的评估，考核项目运作的整体效率。

物有所值评价工作流程如图 1.2 所示。

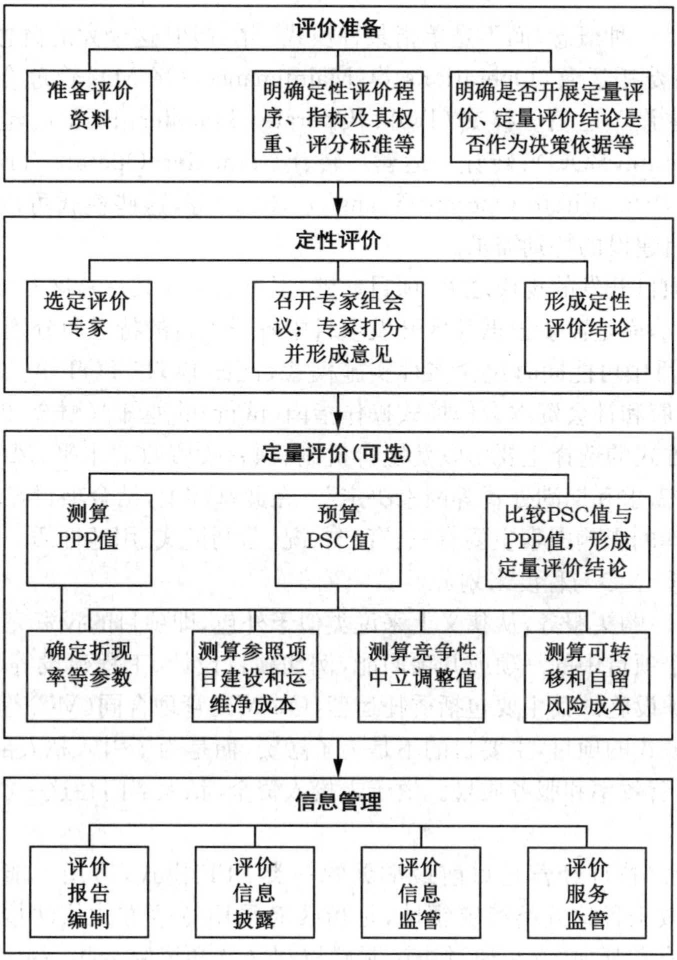

图 1.2　物有所值评价工作流程

(三)PPP 主要模式

1. 按照复杂程度来划分

(1)单一项目。单一项目也叫单体项目运作方式。所谓单体运作，是指对区域内各单体项目分别采用 PPP 模式招商。如单条道路的 PPP 项目、单座体育馆的 PPP 项目等。单体项目运作是目前 PPP 模式在区域开发中应用最广泛、易操作的一种方式。

(2)综合开发项目。“综合开发”在我国现行有效的法律法规政策中并无相关定义。根据我们的理解，综合开发是指在符合国家以及当地规划的前提下，对拟开发建设的区域进行一体化的改造、建设、经营和维护，囊括两大部分：一是狭义的土地一级开发，即指按照土地利用总体规划、城市规划、土地储备计划等相关规划的要求，由土地一级开发主体对一定区域内纳入土地储备的土地进行拆迁、土地平整和适当的市政基础设施建设，使该区域范围内土地具备上市供应条件的行为；二是涵括基础设施与公共服务设施等项目建设和运营。我国正在实施新型城镇化发展战略，新城开发、旧城改造等正是片区开发中的典型形式，比如近期备受关注的中信滨海新城项目、五矿信托沈抚新城项目和肇庆新区中央绿轴生态城开发项目。

PPP更多的是一种概念，而不是单指某种模式。在PPP这个大的概念下包含了多种具体实施模式，比如委托运营（Operations & Maintenance，O&M）、管理合同（Management Contract，MC）、建设—运营—移交（Build-Operate-Transfer，BOT）、建设—拥有—运营（Build-Own-Operate，BOO）、转让—运营—转让（Transfer-Operate-Transfer，TOT）、改建—运营—移交（Rehabilitate-Operate-Transfer，ROT）等，这些模式可以融合、变通，能够满足各种特定项目建设的特别需求。

而综合开发项目开发的规模之大、项目之繁，也决定了在某一片区开发项目中不能仅仅应用一种实施模式，而是需要根据片区开发项目中各子项目的特点而分别选择适用，即某个片区开发PPP项目中可能同时包含多种实施模式，比如BOT、TOT和O&M等。根据财政部《关于印发政府和社会资本合作模式操作指南（试行）的通知》（财金〔2014〕113号文）的规定，“具体运作方式的选择主要由收费定价机制、项目投资收益水平、风险分配基本框架、融资需求、改扩建需求和期满处置等因素决定”。在此基础上，结合项目经验，认为综合开发PPP项目模式选择的影响因素主要有三：资产状况、营利模式、用地性质。

2. 根据社会资本参与程度来划分

（1）购买服务。购买服务，从狭义上来说类似于外包，即项目的投资完全由政府承担，社会资本仅负责整个项目中的一项或几项职能，例如项目设计、工程建设等，或者在政府的委托下代为管理维护设施。其主要包括委托运营（O&M）、管理合同（MC）等模式。

采取这一类模式的项目，主要目的不是为了融资，而是为了引入私人部门先进的管理技术和经验，提升运营效率和服务质量。由于未投入资金，私人部门在这一类模式中承担的风险较小。

（2）特许经营。特许经营是目前最常见的一类PPP模式，适用于能源、交通运输、水利、环境保护、市政工程这五类特定领域，是指政府采用竞争方式依法授权中华人民共和国境内外的法人或者其他组织，通过协议明确权利义务和风险分担，约定其在一定期限和范围内投资建设运营基础设施和公用事业并获得收益，提供公共产品或者公共服务。根据项目是存量还是增量、是否需要追加投资等，特许经营主要可分为转让—运营—移交（TOT）、改建—运营—移交（ROT）、建设—运营—移交（BOT）等模式。其中，TOT和ROT主要是为了给存量项目引入资金，如承接地方政府融资平台项目，将政府性债务置换为非政府性债务，有利于化解地方政府性债务风险；BOT则用于新建项目，其覆盖了项目的设计、建造、运营全生命周期，可以同时引入私人部门的资金与技术，是应用最多的一种PPP模式。

（3）股权合作。股权合作，即让渡一部分国有公司的股权给私人部门持有，这是广义私有化的一种表现形式。其中，私人部门持续拥有项目所有权的建设—拥有—运营（BOO）模式，在理论界虽有争论，但从广义上来说仍属于PPP的范畴。因为即使在BOO模式下，所有权由私人部门持有并不意味着政府不再承担提供公共服务的职责。公共部门还是要通过监督私人部门履行合同中注明的公益性约束条款等方式来保证公私之间长期的“合作”关系。

二、国内外PPP实践

(一)发达国家的PPP实践

1. 主要发达国家的PPP实践

PPP模式兴起于英国,后在全球范围内被广泛应用于公共管理的各个领域。仅在1985—2011年,全球基础设施PPP名义价值就达到7 751亿美元,其中45.6%在欧洲。在发达国家的PPP实践中,英国、加拿大、法国、日本和澳大利亚的PPP模式各有特点,比较具有代表性。

(1)英国。PPP最早是由英国人Reymont提出的。作为PPP的先驱者,英国在PPP实践方面也走在世界前列。早在2000年,英国就成立了合作伙伴关系组织(Partnerships UK,PUK)。截止到2016年11月,英国实施了700多个基础设施和公共服务项目,总额超过700亿英镑。

英国PPP实践模式分为两大类,一类是特许经营;另一类是私人融资计划(Private Finance Initiative,PFI)。前者在英国的运用并不多见,典型的案例就是英国赛文河第二大桥项目。而后者是英国实践PPP的主要手段,并于2012年12月被改进为新型私人融资(PF2)。PFI模式是指私营部门负责融资建造基础设施,建成后由私营部门负责运营25年至30年,并由用户付费或者政府付费。与PFI模式相比,PF2模式的最大区别在于PF2中私人部门对基础设施不再运营,同时提高特殊目的公司(Special Purpose Vehicle,SPV)的注册资本金,且政府持有一定股权。也就是说,PF2模式下政府会承担更多风险,从而减少了私人部门通过风险溢价向政府索取高额回报的可能性。

(2)加拿大。无论从市场活跃度还是发展模式看,加拿大PPP的发展都堪称世界一流。加拿大自2003年开始推广使用PPP模式,旨在促进经济发展,增加就业机会。2008年,加拿大以皇家公司的形式建立了联邦级的PPP单位——PPP加拿大(PPP Canada)。截至2013年底,加拿大已实施了206个项目,项目总价值超630亿加元,覆盖加拿大全国,涉及交通、医疗、司法、教育、文化、住房、环境和国防等领域。

加拿大PPP实践中最具特色的就是加拿大PPP基金(PPP Canada Fund)。加拿大PPP基金由加拿大PPP中心负责管理、运营,是推广应用PPP模式的专项基金,对推动加拿大PPP市场发展发挥了重要作用。加拿大PPP基金通过无偿补助、有偿补助、贷款和贷款担保等方式对PPP项目进行支持,最高可支持单一PPP项目50%的开发费用和25%的成本费用。截至2013年,加拿大政府已向PPP基金提供了12亿加元,已承诺支持21个项目,已实际支持16个领域使用PPP模式,撬动社会资本超过60亿加元。鉴于取得的良好成效,2015年加拿大PPP基金启动了第七轮申请工作。

(3)澳大利亚。尽管澳大利亚是英联邦成员国,但其PPP的发展最初并不像英国一样由联邦政府统领,而是各州各自为战。随着联邦政府的PPP管理机构以及各州政府PPP指导委员会的成立,澳大利亚的PPP实践才逐渐规范起来。2008年,澳大利亚创立全国层次的PPP单位,即澳大利亚基础设施局(Infrastructure Australia,IAU)。截止到2009年,澳大利亚的PPP市场已达920亿美元,分布在国防、公路、铁路、卫生、教育、司法、娱乐等部门。

阿德莱德水务项目是澳大利亚PPP项目实践的一个典型案例。澳大利亚阿德莱德地区是世界上最干旱的地区之一,当地政府从20世纪90年代开始尝试采用PPP模式开展阿德莱德水务项目，对当地的水务设施进行管理、运营和维护，并在经济和环境方面取得了良好的效益。这对在我国水务行业推行市场化改革具有一定借鉴意义，如运用PPP模式有利于创新水务行业投融资及管理方式；明确项目目标，清晰划分政府和社会资本的职责范围；PPP项目实践中，政府应发挥好监管职能，处理好反垄断与规模效益关系。

(4)日本。日本作为PPP的学习国，主要从英国引入PFI制度，并结合本国实际发展出一套独具特色的日本模式。日本PPP法带有明显的国家主导色彩，它以BTO(Build-Transfer-Operate)模式为主导，即私人在建设完成后将设施所有权移交给政府，再由政府授予该私人主体经营权，政府对设施保留所有权和控制权。但是，它又与其他BTO模式以使用者付费支付不同，其BTO项目的收入主要来自政府部门，并且在所有项目中，由政府支付的项目占70%。

从2000年开始，日本PPP项目数量和投资规模高速增长，截至2009年8月，日本的PPP项目达到397个，涉及教育与文化、健康与环境、城市建设与政府公务、生活与福利等诸多领域，极大地提高了日本基础设施服务的质量和水平，有效解决了20世纪末因泡沫经济引起的财政投资不足问题，成为除"第三方机构"之外又一重要的基础设施建设力量。

(5)法国。法国PPP分为三种类型：传统政府采购、特许经营以及伙伴关系合同制。其中，特许经营制度是法国19世纪的独特贡献，被世界银行称为是一种"真正的法国模式"。从运河桥梁修建、供水、供电到高速公路、废水处理、集中供热等领域，均走上了特许经营之路。2004年6月，法国在《伙伴关系法》中规定成立PPP财政专责小组(MAPPP)，于2005年5月正式开始工作。至2014年，法国境内约11 880公里的高速公路中，约90%的路段为特许公司经营的收费路段。

伙伴关系合同制是法国的创举。如果说特许经营制度体现了典型的大陆法系特色，伙伴关系合同制则是借鉴了普通法系经验，尤其是对英国PFI制度的学习。传统采购中，由私人提供产品或服务，政府付费购买；特许经营条件下，则由私人直接对使用者收费，且仅针对经营性项目。伙伴关系合同制适用于以上两种情况均无法适用的情况，且有自身特性。通常而言，伙伴关系合同制度被用于政府财力无法承担公共物品或服务的供给，同时又无法向使用者收费的项目。私人不承担运营风险，无论产品是否被使用都由政府支付租金；但私人部门需承担设计、施工和延误风险，同时承担部分征税职能。

2. 发达国家PPP实践的经验与教训

(1)PPP项目选择要坚持"物有所值"原则。一方面，在购买货物、服务和实施工程项目时，要充分考虑各种影响因素。不仅要考虑价格因素，而且要综合考虑质量、投标者业绩、供应方案可靠性、对环境和社会的影响等，从而实现风险从政府部门向社会资本的合理转移。另一方面，在项目实施上做到动态调整。由于项目周期长，盈利模式难以预测，在实施过程中必须对服务进行绩效监测，根据绩效完成状况进行动态调整，来确保"物有所值"。如美国加州91号快速路PPP项目中，政府在设计合同条款时没有为将来的发展、变化以及不确定因素留下协商和调整的空间，最终导致以政府高额回购的方式提前终结PPP项目。

(2)在项目融资上吸引广泛参与。出台担保计划，并引入养老金、保险公司等适用于中国的基础设施融资方式和风险消减工具，并吸引鼓励外资参与，为PPP项目提供融资支持。一是鼓励追求长期保值增值的社保基金、保险、企业年金等平台的参与，通过政策引导他们开展对具体PPP项目或者对相关投资基金的股权投资。二是引入国际惯用融资工具，包括基础设施开发基金、基础设施开发银行、联合贷款工具以及国际金融机构融资，使其直接或间接用于 PPP 项目的融资。三是强化财务担保，引入包括政府担保、支持政府债务的第三方财务担保工具，比如亚洲开发银行以及其他多边开发银行的部分风险担保（PRG）和部分信用担保（PCG）工具等。

（3）建立完善的 PPP 管理体系。各国 PPP 项目的成功实践，都离不开一系列完善 PPP 管理体系的建立。如英国政府主要从 PPP 管理制度、管理体系、融资支持、项目管理等方面来构建 PPP 管理模式。具体如图 1.3（英国 PPP 金字塔法律体系）与图 1.4（英国 PPP 管理框架）所示：

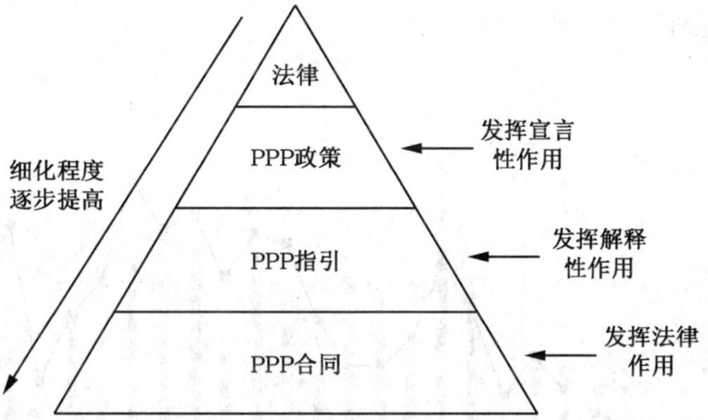

图 1.3 英国 PPP 金字塔法律体系

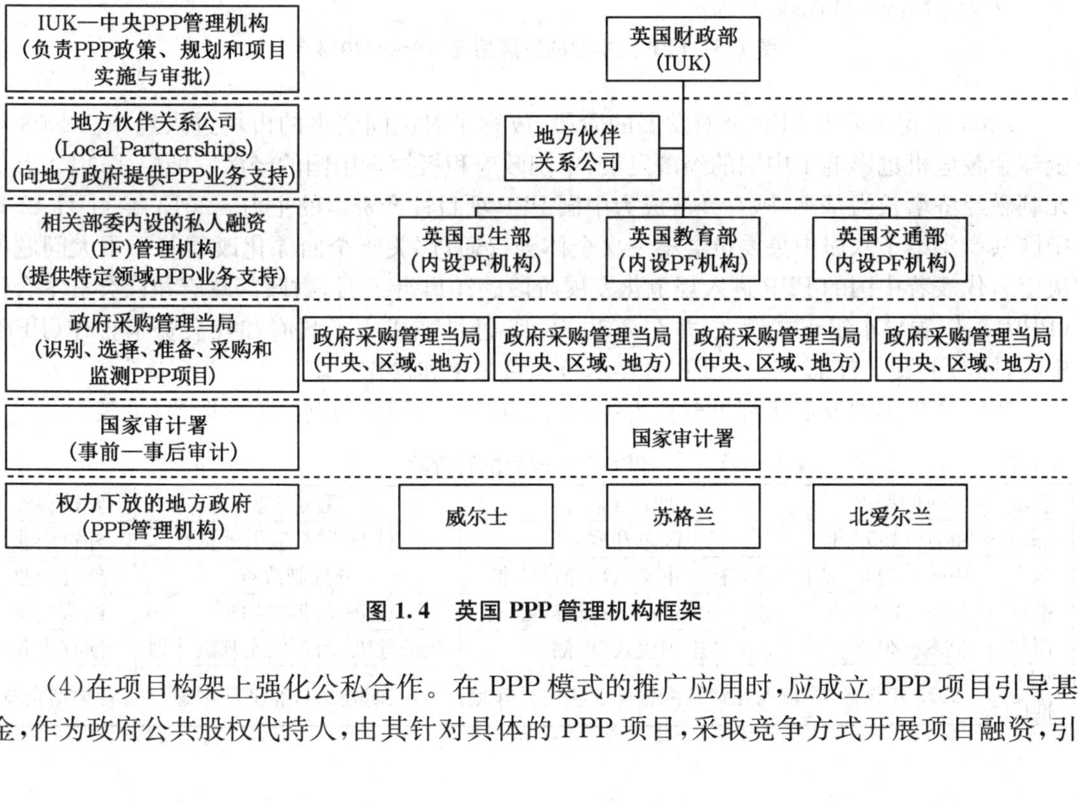

图 1.4 英国 PPP 管理机构框架

（4）在项目构架上强化公私合作。在 PPP 模式的推广应用时，应成立 PPP 项目引导基金，作为政府公共股权代持人，由其针对具体的 PPP 项目，采取竞争方式开展项目融资，引进长期投资者通过股权投资 PPP 项目，成立“特殊目的公司”，由其作为承包人开展建设和运营。政府作为少数股权投资者，不仅可以增强社会资本参与的信心和主动性，更重要的是通过派驻董事、加强信息披露等手段，可以提高项目透明度，加强对私营部门承包商和运营商的监督和约束，进一步降低资金成本。

(二)我国 PPP 项目发展现状

PPP 在中国的发端可以追溯到 1906 年 6 月开工的新宁铁路。中国第一个具有现代意义的 PPP 项目由深圳经济特区电力开发公司与香港合和电力(中国)有限公司于 1985 年合作兴建的深圳沙角 B 电厂 BOT 项目。世界银行的数据显示，1984—2014 年，中国的 PPP 项目约有1 200多个。然而，如果把国有企业作为社会资本主体的项目包含进来，则中国的 PPP 项目数可能达到7 000～8 000个。

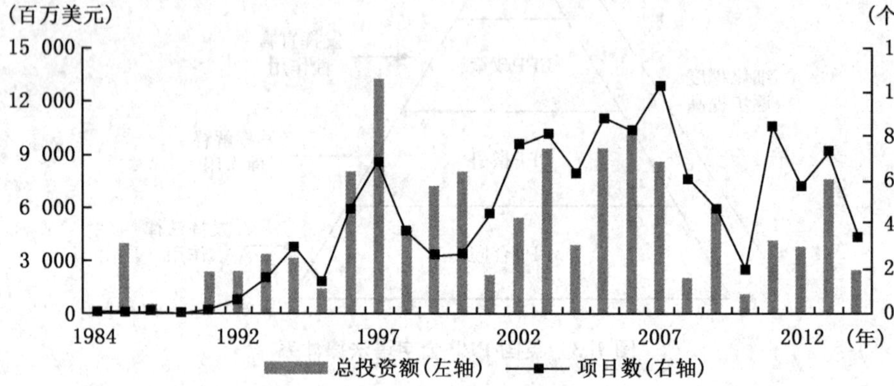

数据来源：World Bank，2015.

图 1.5　PPP 在中国的发展情况(1984—2014 年)

2003 年我国进入 PPP 全面发展的阶段，放宽了对民间资本的市场进入约束。2008 年全球金融危机也影响了中国的经济发展，中国政府积极探索中国的经济发展模式，以 4 万亿元刺激经济增长为基础，国有经济成为中国 PPP 项目社会资本的主力。2013 年 11 月 12 日中国共产党第十八届中央委员会第三次全体会议通过《关于全面深化改革若干重大问题的决定》，代表着中国的 PPP 进入规范化发展阶段。2014 年 5 月，财政部政府和社会资本合作(PPP)工作领导小组正式设立，并在 2014 年 12 月批准成立了政府和社会资本合作(PPP)中心，同时下发了首批 30 个 PPP 合作示范项目名单和操作指南。

PPP 在中国的发展历程可概括为探索、试点、推广、调整与规制五个阶段(见表 1.2)。

表 1.2　PPP 在中国的发展阶段

阶段	时间跨度	理论背景	现实背景	主要社会资本
探索	1984—1992 年	改革开放	对外开放，吸引外资	外资企业
试点	1993—2002 年	建立社会主义市场经济体制	分税制改革	外资企业
推进	2003—2007 年	放宽非公有资本市场准入限制	经济持续高速增长	民营企业
调整	2008—2012 年	“中国模式”思潮	金融危机，四万亿元刺激计划	国有企业
规制、推广	2013 年至今	市场在资源配置中起决定性作用	“三期叠加”，经济新常态	各类型企业

1. PPP项目探索阶段

1984—1992年是我国PPP项目的起步阶段。20世纪80年代中期拉丁美洲债务危机爆发，为维持经济健康发展，土耳其率先提出BOT模式并将其用于建设阿科伊核电厂项目，此后该模式被其他发展中国家模仿运用，我国也借鉴其经验进行PPP的尝试。在这一时期无论是理论还是实践国内都没有形成对PPP的清晰概念和理解。在改革开放、鼓励引进外资的背景下，吸引了一大批外企投资各个领域；伴随着改革步伐的加快，国家逐步放宽对部分领域的民间资本进入限制，部分资本开始尝试投入基础设施领域，出现了一些PPP模式建设项目。在此期间，PPP模式的主要形式为外资参与的BOT模式。

在探索阶段，我国还未制定与BOT相关的法规，审批政策也不完善，地方政府通常直接向中央政府汇报，在获得上级批准后才实施项目。探索阶段BOT典型案例：深圳市广深沙角B电厂项目。

2. PPP模式试点阶段

1993—2002年是我国PPP模式的试点阶段，其主要特征是中央政府开始重视利用PPP模式来推进部分领域的发展，并尝试建立PPP项目的政府规制，国内学者也开始了对PPP的研究探索。国家计委和地方政府推出的BOT试点项目所涵盖领域包括电力供应、水务、公路、桥梁等。典型案例：国家批准的首个BOT试点广西来宾B电厂项目。

3. PPP模式推进阶段

2003—2007年是我国PPP模式的推进阶段。在这一时期，我国社会主义市场经济体制已初步建立，为PPP模式的推进提供了重要的市场环境；我国原建设部先后出台了一系列政策文件，加速了PPP的发展，PPP的参与主体也更加多元化，外企、民企、国企表现出很大的积极性，促成了全国各地市政公用市场化(PPP)浪潮，尤其是很多污水处理项目都以PPP模式实施，此外也不乏地铁、燃气、新城等项目。

4. PPP模式调整阶段

2008—2012年，PPP模式在我国处于反复阶段。在这个阶段，我国城镇化进程速度最快，生态环境恶化、城市资源短缺、市政基础设施不配套等问题显现。为促进民间投资，国务院发布了《关于鼓励和引导民间投资健康发展的若干意见》(即新"非公经济36条")，随后国务院各部委也出台了一系列落实新"非公经济36条"的细则，但是PPP市场格局基本上未发生变化。

5. PPP模式规制、推广阶段

2013年至今是我国PPP模式的规制、推广阶段。为转变经济增长方式、化解地方政府债务风险、治理环境问题等，近年来国务院及相关部委陆续出台了一系列政策文件，大力推广PPP模式，地方政府也积极推介各种PPP项目。2015年5月19日，国务院办公厅转发财政部、发改委、中国人民银行《关于在公共服务领域推广政府和社会资本合作模式的指导意见》，将PPP提升至前所未有的战略高度。可以预见在未来很长一段时期内，PPP模式将在我国基础设施和公共服务供给等领域占主导地位。

(三)我国PPP项目的总体特征

在现阶段基础设施建设的基础上，我国PPP的发展态势概括为逐步审慎推进，深化合作，逐步提速。按照分领域管理的原则，对于经营性项目(如高速公路)，以社会资本投入为主，政府主要发挥监管和引导的作用；对于准经营性项目（如科研开发），政府主要以股份和债券形式等支持；对于完全不具备经营性条件的项目（如城市垃圾处理），以政府购买等方式推动开发。

从投资领域来看，截至 2016 年 6 月 30 日，财政部两批示范项目 232 个，总投资额 8 025.4亿元，其中执行阶段项目 105 个，总投资额3 078亿元，落地率达 48.4%。从行业分布上看，PPP 项目主要集中在市政工程 、交通运输等基础设施领域。

财政部于 2016 年 10 月在全国政府和社会资本合作中心发布了第三批 PPP 示范项目名单，显示出较高的行业集中度，同时覆盖范围进一步扩展。

从项目覆盖一级行业情况来看，第三批示范项目覆盖了能源、交通运输、水利建设、生态建设和环境保护、市政工程、城镇综合开发、农业、林业、科技、保障性安居工程、旅游、医疗卫生、养老、教育、文化、体育、社会保障和其他 18 个一级行业。其中，市政工程、交通运输、生态建设和环境保护、城镇综合开发四类行业项目数最多，占比分别为 43%、12%、9%、6%，合计占比达 70%；交通运输、市政工程、城镇综合开发、生态建设和环境保护的投资额最大，占比分别为 43%、27%、10%、7%，合计占比达 87%。不难看出，无论是项目数还是投资规模，这四类一级行业占比均超过 2/3，说明第三批示范项目的行业集中度较高。第三批示范项目行业分布、投资规模及比例如图 1.6、图 1.7 所示。

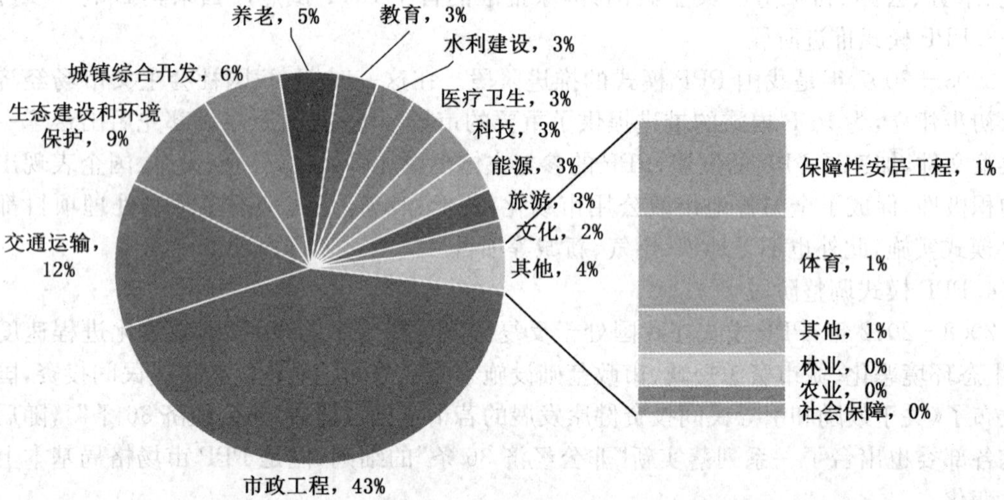

图 1.6　第三批示范项目行业分布比例

从参建形式来看，2014 年国务院发文要求融资平台公司不得新增政府债务，剥离其政府融资职能，导致政府旧有的融资方式难以为继，政府转而通过与社会资本合作设立 SPV 项目公司方式来获得所需建设资金。

现阶段依据国情，我国 PPP 模式在推广和实践中的主要特点是政府主动选择，社会资本在政府主导下，通过提供服务来获得回报和收益。第一，PPP 项目都是由政府方发起的；第二，PPP 项目操作和项目结构都是由政府方主导设计的；第三，交易对价资源（资源配套或财政补贴）都是由政府来掌控的；第四，合同体系及交易谈判等环节中，政府相对更为强势。对于社会资本来说，主要是以“过河者”的身份响应政府制定的条件，尽可能保证公平竞争，也尽可能在

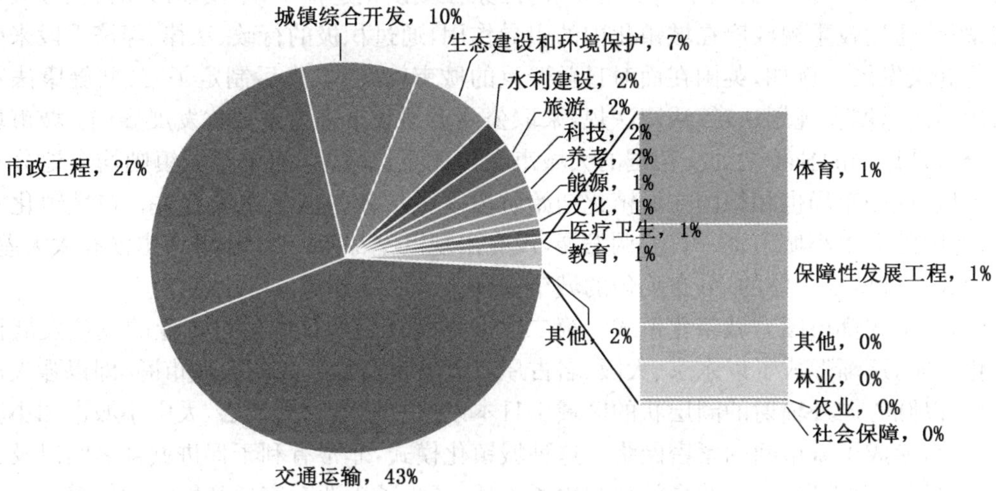

图1.7 第三批示范项目投资比例

价格和运营服务质量上发挥自身优势，通过这样一个相对稳定的模式来获取收益。

当前PPP项目热潮主要基于我国基础设施和公共事业项目建设需求的进一步释放，并日益呈现出综合性特征，越来越多的PPP项目将具有协同或互补效应的建设项目整合为综合性的PPP项目，通过项目组合、设计，寻求项目间风险、收益和其他目标的平衡点，其最终目的是在支出红线下更高效地提供公共产品和服务，实现项目落地。

综合性的PPP模式的主要优势体现在：首先，充分利用10%红线内的财政资金，来撬动更多的社会资本投资；其次，通过PPP模式的结构设计，重新分配项目风险及收益；同时，针对项目风险和收益进行量化、明确，从而使社会资本拥有一定的项目预期，以此增加他们对项目的信心。

此外，提供公共产品和服务供给的综合解决方案，一次性解决一组公共产品，通过实现顶层设计，来推动社会发展，通过项目更高层次的组合与安排，全面提升地区就业、产业、社会服务事业等方面的建设，实现社会治理能力的快速提升。

当前快速发展的综合PPP项目正是这种综合性PPP项目的主要代表。

三、综合项目PPP的兴起

（一）国外城镇化的发展模式

1. 国外城镇化的发展模式

（1）美国式自由放任型城镇化。美国的城镇化是以市场经济为主的。美国政府在城镇化发展过程中持自由放任的原则，通过市场来配置资源。大量的欧洲移民给美国带来了先进的技术和管理经验，使得工业化飞速发展，相关产业在空间上不断聚集，交通网络也不断完善和扩大，推进了城镇化发展。美国在1920年的城镇化率就达到了51.2%，城市人口超过了农村人口。目前美国的城镇化率高达85%，基本实现了城市一体化，农村城市化。

（2）欧洲政府引导型城镇化模式。欧洲各国（英法德等）也是典型的以市场经济为代表的资本主义国家。但与美国不同的是,欧洲国家在城镇化过程中,不仅以市场为主导大力推进城镇化,还比较重视政府在城镇化中的引导作用,通过积极的行政、法律、经济手段来引导城镇化健康发展。例如,英国在面对日益严重的城市问题时,先后制定了《公共健康法》《住宅与规划法》《城乡规划法》等法律法规,采取公共干预政策来为城镇化发展导向。城市均衡空间分布是德国的独特之处。德国的大城市人口比重比较小,而中小城镇则均衡地分布在全国各地,这种布局也和德国在城镇化初始阶段就很均衡的城市格局有关。在城镇化的进程中,德国的大中小城市也一直协调发展,没有出现巨型都市,大中小城市也没有太大差异,因而形成一种城乡一体的,分布均匀的城市格局。

(3)日本式都市圈型城镇化模式。第二次世界大战后的日本通过工业的飞速发展推进城镇化发展,逐渐形成了以东京、大阪、名古屋三大城市圈为代表的大城市圈,即以强大都市为中心,以圆心向外辐射的圈层状的区域。日本以这些城市圈为核心,大中小城市和小城镇错落有致,形成了城市间的紧密网络。这种城镇化模式,非常有利于促进城乡之间以及大中小城市之间的合理发展,集约高效地利用了土地,减少了工业对交通和能源的依赖。

2. 国外城镇化发展的经验教训

充分发挥市场和政府的作用,既鼓励市场的积极参与,又要发挥政府的引导作用。通过政府的调节和控制,较好地遏制城镇化发展中出现的各类问题。注重工业化和城镇化的协调同步发展,使人口与环境、社会、经济等方面的关系得到平衡。根据各个发展阶段有针对性地解决各类问题。注意吸取发达国家在20世纪60—80年代逆城市化的经验教训,关注发展的质量和结构优化。加快新型城镇化进程,要顺应经济全球化和信息产业高速发展的趋势,充分发挥后发优势和比较优势,加快推进新型工业化进程,促进新型城镇化加快发展。要从各地实际出发,注重培育城镇特色、提升城镇品质。我国地域辽阔、人口众多,各地人口资源环境状况不尽相同,城镇的发展必然呈现出多样化的特征,这就要求我们从实际出发发展城镇化。

(二)国内新型城镇化发展状况

1. 新型城镇化与PPP

(1)新型城镇化的含义。新型城镇化是以城乡统筹、城乡一体、产业互动、节约集约、生态宜居、和谐发展为基本特征的城镇化,是大中小城市、小城镇、新型农村社区协调发展、互促共进的城镇化。

新型城镇化与传统城镇化的主要区别在于:强调以人为本,有序推进农业转移人口市民化;强调四化同步,要深入推动新型城镇化与新型工业化、信息化和农业现代化同步发展;强调优化布局,要以城市群为主体形态,促进大中小城市和小城镇协调发展;强调生态文明,要着力推进绿色发展、循环发展、低碳发展,要节约集约利用水、土地、能源等资源,强化生态修复和环境治理,推进绿色城市、智慧城市的建设;强调文化传承,彰显城市的特色和个性;强调制度改革,形成有利于城镇化健康发展的体制机制。

(2)新型城镇化发展阶段。

1)城镇化发展状况。改革开放以来,伴随着工业化进程加速,我国城镇化经历了一个起点低、速度快的发展过程。1978—2013年,城镇常住人口从1.7亿人增加到7.3亿人,城镇化率从17.9%提升到53.7%,年均提高1.02个百分点;城市数量从193个增加到658个,建制镇数量从2 173个增加到20 113个。京津冀、长江三角洲、珠江三角洲三大城市群,以2.8%

的国土面积集聚了 18%的人口，创造了 36%的国内生产总值，成为带动我国经济快速增长和参与国际经济合作与竞争的主要平台。

中国的城镇化大致经历了三个发展阶段。第一阶段为 1978—1992 年，该阶段的城镇化以农村改革为起点，以全面开放为主要动力。1984 年，国家出台了农民工进城务工的政策，开启了政府对劳动力流动政策的改革。城镇化率从 17.9%提升至 27.5%。第二阶段为 1993—2002 年，该阶段的城镇化发展模式是以工业化带动城镇化为起点，以城镇土地市场化为主要动力，克服了城市建设资金不足和就业容纳能力低的限制，城镇化率从 27.5%上升到 39.1%。第三阶段为 2003—2012 年，该阶段的城镇化以产业升级为基础，以政府经营土地为主要动力，多元化协调的城镇化发展模式成为指导城镇化发展的重要方针，城镇化率从 39.1%上升到 51.3%。在城镇化过程中，我国城市水、电、路、气、信息网络等基础设施显著改善，教育、医疗、文化体育、社会保障等公共服务水平明显提高，人均住宅、公园绿地面积大幅增加。城镇化的快速推进，吸纳了大量农村劳动力转移就业，提高了城乡生产要素配置效率，推动了国民经济持续快速发展，带来了社会结构深刻变革，促进了城乡居民生活水平全面提升，取得的成就举世瞩目。

2)新型城镇化发展状况与典型模式。党的十八大明确提出了“新型城镇化”概念，中央经济工作会议进一步把“加快城镇化建设速度”列为 2013 年经济工作六大任务之一。同时，党的十八届三中全会提出，完善城镇化健康发展体制机制，坚持走中国特色新型城镇化道路，推进以人为核心的城镇化，推动大中小城市和小城镇协调发展。产业和城镇融合发展，促进城镇化和新农村建设协调推进。为响应国家号召，多部委联合制定了《关于开展国家新型城镇化综合试点工作的通知》及《国家新型城镇化综合试点方案》，确定在江苏、安徽两省和宁波等 62 个城市(镇)开展试点。2014 年底前开始试点，并根据情况不断完善方案，到 2017 年各试点任务取得阶段性成果，形成可复制、可推广的经验；2018—2020 年，逐步在全国范围内推广试点地区的成功经验。

新型城镇化发展的典型模式主要包括成都模式、天津模式和广东模式。

①成都模式。成都是典型的大城市带大郊区的发展模式。其主要做法是对土地确权颁证，建立农村土地产权交易市场，设立建设用地增减指标挂钩机制。以发展较好的区域作为起步点，确立优势产业，形成以市场为导向的产业集群。另外再配以农民的公共服务和社会保障，提高农民的生活水平。

②天津模式。天津的小城镇发展主要分为四种子类型：整体推进型、都市扩散型、开发拓展型和“三集中”型。其主要做法为乡镇政府主导的“以宅基地换房”，先解决搬迁农民的安置问题，然后通过土地集约增值的收益发展地区产业，解决农村居民的就业问题。将农民的集中居住与城镇化、产业化有机结合。

③广东模式。广东模式又可以分为两条主线：一是珠三角模式，即以乡镇企业和民营企业集中的中心镇为发展依托；二是山区模式，即围绕着县城，发展专业镇。珠三角模式的主要做法是通过产业集聚带动人口集聚，进而实现城市周边地区的快速崛起。

2. PPP 模式发展新型城镇化

(1)PPP 模式发展新型城镇化的原因。我国新型城镇化处于快速发展阶段，根据中共中央国务院印发《国家新型城镇化规划(2014—2020 年)》，到 2020 年，我国常住人口城镇化率要达到 60%左右，义务教育、就业服务、基本养老、基本医疗卫生、保障性住房等城镇基本公共服务覆盖全部常住人口。"两横三纵"为主体的城镇化战略格局要基本形成，基础设施和公共服务设施更加完善。

这些目标对我国新型城镇化建设提出了要求。现有的新型城镇化融资模式包括政府投资、政府性融资平台融资、银行融资、村集体融资和社会资本融资等。政府投资给财政造成了很大负担，而政府融资平台存在负债率高、责任主体不明确、资金运用的经济效率低的问题。大量依靠银行的融资方式不仅增加了项目的风险，且银行中短期的吸储资金和城镇化建设周期长的特点易造成资金的错配。村集体融资模式要求村集体有足够的财力，可以维持整个改造重建过程的正常运行，现实条件是大部分进行改造的村落都比较穷，造成此种模式难以大规模推行。

新型城镇化造成大量资金缺口，政府方面债务压力大，银行方面风险高。解决以上问题的方法便是吸收社会资本，大力推行 PPP 模式。PPP 具有融资、建设、运营、管理的功能，不但减轻财政压力，还具有优化资源配置、有效提供服务水平、优化风险承担机制的优势。

(2)现状分析。据财政部建立的全国政府和社会资本合作(PPP)综合信息平台项目库统计，截至 2017 年 4 月末，财政部前三批入库项目共12 700个，入库项目金额153 133.19亿元。其中示范项目共有 745 个，投资总规模达 1.95 万亿元。

新型城镇化的目标有：实现常住人口及户籍人口城镇化率指标；实现基本公共服务城镇化，包括农民工子女义务教育、医疗、养老、保险等各项公共服务；实现基础设施领域城镇化，包括城市市政设施及社区综合服务等公共服务方面；实现资源环境城镇化，包括再生资源消耗、绿色城市、智慧城市等方面。

根据新型城镇化的目标，PPP 中与之相关的项目包括：城镇综合开发、公共服务(教育、文化、医疗卫生、养老、社会保障等)、市政基础设施(市政工程、基础设施投资、交通运输等)、保障性安居工程、水利建设、生态建设和环境保护等。

如图 1.8 和图 1.9 所示，在前三批入库项目中，城镇综合开发项目有 765 个，占全部入库项目数量的 6%左右；公共服务项目(教育、文化、医疗卫生、养老、社会保障等)共有1 917个，占比 15.09%。其中，教育和医疗卫生项目较多，分别为 601 个和 537 个；市政基础设施项目有6 291个，占比 49.54%。保障性安居工程有 542 个，占比 4.27%；水利建设项目 596 个，占比 4.69%；生态建设和环境保护项目 761 个，占比 5.99%。

通过上述分析，我们可以看到在新型城镇化建设中，市政工程和交通运输项目数量是最多的，占全部项目总数的近 50%。在目前的 PPP 项目投资中，社会资本投资领域比较多的是在市政工程方面。

从财政部发布的入库项目地区分布来看(见图 1.10)，入库项目地区集中度较高，入库项目数量最多的前 6 位省份分别是贵州1 814、内蒙古1 180、新疆1 114、山东1 072、河南 891、四川 890，合计占项目总数的 55.43%。

从行业类型看，与前二批相比，第三批示范项目增加了林业和农业两个一级行业，而且除医疗卫生和社会保障类项目有所减少外，其他行业的项目数量都有不同程度的增长。其中，占比最大的四类行业(市政工程、交通运输、生态建设与环境保护、城镇综合开发)增加项目数量最多；旅游和科技类项目数量增长速度最快，与第二批相比增长率分别达到 600%和 430%。从投资金额上看，交通运输类项目总投资规模超过5 000亿元，其次为市政工程类项目，总投资额超过3 000亿元，两者占比超过 70%。与第二批相比，第三批示范项目中交通

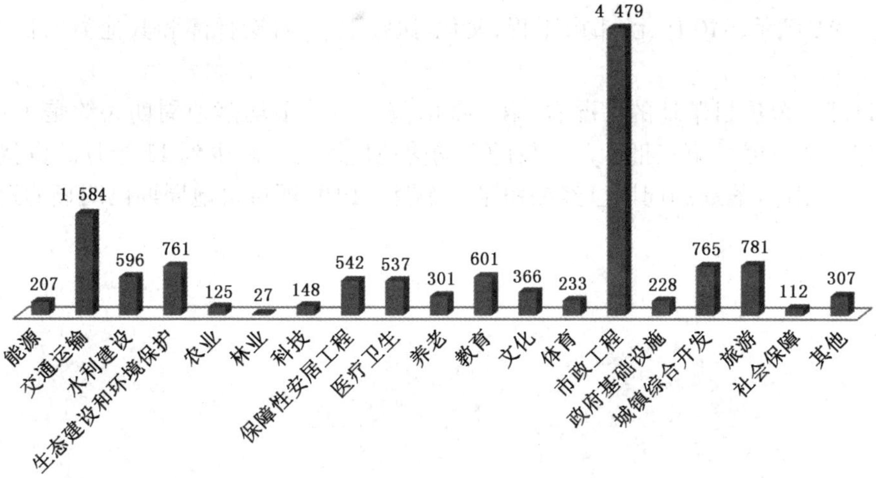

图 1.8　PPP 项目库各行业项目数量状况(截止日期:2017 年 4 月 30 日)

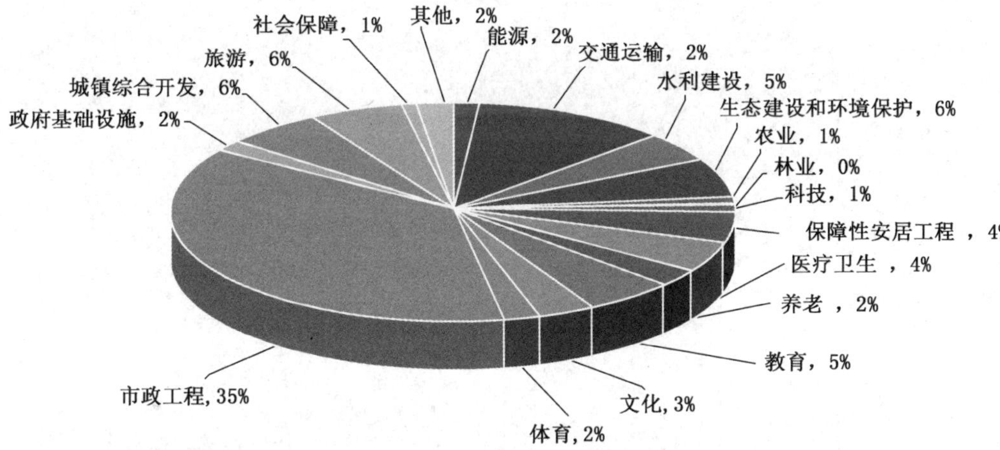

图 1.9　PPP 项目各行业占比情况(截止日期:2017 年 4 月 30 日)

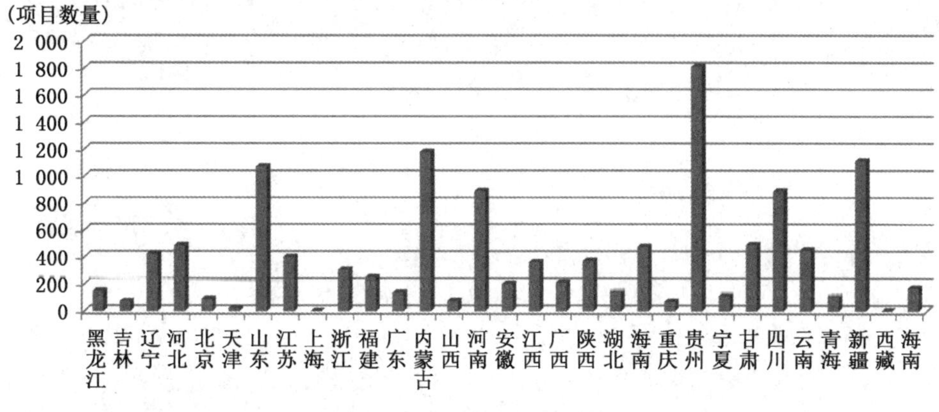

图 1.10　PPP 项目库各地区分布情况(截止日期:2017 年 4 月 30 日)

运输、城镇综合开发、生态建设和环境保护类项目的投资金额大幅提升。新增投资额分别为4 164亿元、794亿元、540亿元;市政工程、文化、医疗卫生、社会保障和其他类项目投资金额有所减少。

从财政部示范项目落地的情况看,第一批示范项目的平均落地周期大约是15个月,也就是一年零一个季度。第三批示范项目的平均落地周期已经减少到11个月。也就是说,第三批和第一批相比,落地的周期已经缩短了4个月。PPP项目落地周期已明显缩短。

第二章

新型城镇化 PPP 项目税收方案设计

一、国家新型城镇化 PPP 项目整体税务管理

从本质上来说,新型城镇化 PPP 与其他 PPP 项目一样需要遵从项目识别、项目准备、项目采购、项目执行和项目移交五个阶段。只是新型城镇化 PPP 的 SPV 项目公司投资主体构成更为复杂,设计的投资项目不再是单一的项目而是多个项目的多样化组合,不同子项目的涉税问题呈现差异化,项目的移交和退出也会多种形式并存,从而给新型城镇化 PPP 的涉税问题带来综合性、复杂性和多样性特征。

下面首先构建新型城镇化 PPP 项目的整体税务考量框架,然后再讨论 PPP 项目不同阶段的税务考量。

(一)新型城镇化 PPP 项目整体税务考量

新型城镇化 PPP 项目的特点是时期长、投资主体复杂、业务模块多样、税种多、财政扶持政策各地存在差异,SPV 项目公司在处理涉税事务和税收策划时,必须根据具体的项目特点和业务特征,根据投资所在地的财政扶持和税收优惠政策进行具体评估和综合考量。一般来说,PPP 项目的整体税务考量需要重点关注交易结构、税务合规、税收策划和税务风险管理四个方面。

1. 交易结构

影响 PPP 项目税务负担的根本因素是 PPP 项目的交易结构设计,不同的交易结构意味着 SPV 项目公司的投资主体在构成、性质和投资比例等方面都会不同。在设计 SPV 项目公司的交易结构时需要重点关注以下方面。

(1)投资架构。投资主体的性质不同会影响其适用的税种、是否享受税收减免等方面。投资架构设计时应考虑政府、社会资本和融资方的不同诉求及其对税务方面的影响。PPP 业务主要涉及下列主体:

1)项目实施机构政府或其指定的有关职能部门或事业单位可作为 PPP 项目的实施机构,负责项目准备、采购、监管和移交等工作。

2)PPP 项目的社会资本投资方,指已建立现代企业制度的境内外企业法人,但不包括本级政府所属融资平台公司及其他控股国有企业。

3)SPV 项目公司指社会资本为经营 PPP 项目专门设立的公司,政府可指定相关机构依法参股 SPV 项目公司。需要注意的是,国家曾先后发文严禁政府的融资平台公司通过保底承诺等方式参与政府和社会资本合作项目,进行变相融资。当 PPP 业务涉及基础设施建设时,SPV 项目公司有时也是项目承建主体。

4)监管机构为对 PPP 项目的建设、管理、运营、公共服务提供等方面进行监管的政府相关职能部门。

5)其他为参与 PPP 项目的金融机构、保险机构、财务顾问、法律顾问等。

各相关主体之间的关系可用图 2.1 简要表达:

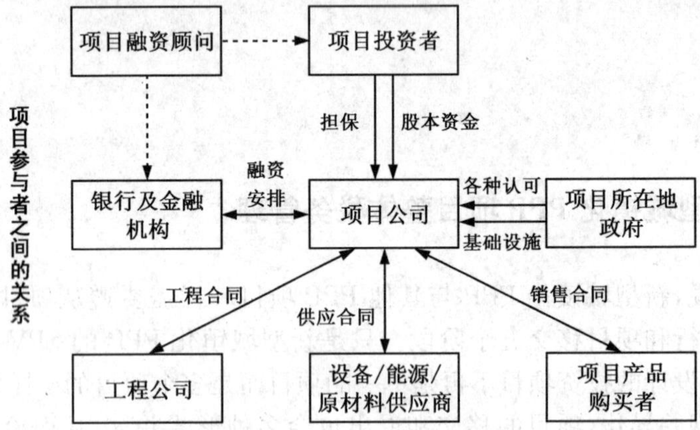

图 2.1 各相关主体之间的关系

政府推进 PPP 的主要意图是为了引进社会资本的力量,完善公共产品的服务与运营,提高公共产品的服务质量和效益,以及在社会资本的支持下推进仅靠政府力量无法实施的公共服务项目。因此,获得税收增长并不是政府的优先考量。其次,当 PPP 项目进展顺利时,尤其是使用者付费项目的顺利进展客观上会对政府的税收增长带来正面影响。因此,PPP 项目是政府付费、使用者付费还是政府和使用者共同付费是政府的重要财税关切。最后,对于地方政府来说,投资结构设计直接关系到税收在中央与地方的分配。不同性质的投资主体、业务性质和收入类别都会影响到财税收入在中央与地方的分配比例。

社会资本投资者首先需要区分是内资还是外资。2013 年以前中国政府为引进外资,给予外商投资企业许多特别的优惠和鼓励措施,其中多数表现为税收的减免政策,如“两免三减半”“五免五减半”等定期减免税优惠。2013 年后国家层面的税收政策优惠取消,但允许地方政策实施返税优惠。目前,各地方政府的返税优惠措施和力度都不尽一致,比如上海各区对外资企业的返税比例及方式等方面就存在很大差异。总体来说,上海外资企业返税税收优惠政策包括 20%~40%的营业税减免,4%~7%的增值税减免,和/或 6%~16%的企业所得税减免。

SPV 项目公司治理结构是 PPP 项目投资各方关切的重点。是政府的投资公司控股 SPV 项目公司还是社会资本控股 SPV 项目公司、非控股投资方的股权比例等都是 PPP 项目前期准备和谈判过程中的重要工作内容，控股权不仅意味着投资方对公司运营决策的话语权，同时还可能影响着SPV项目公司的整体税负。此外，是否同股同权、股东获得分红的比例是否与持股比例相同等也需要事先进行磋商确定，这些都会最终影响到投资方的税负及其整体收益水平。

选择投资所在地也是PPP项目投资的重要考量。如前所述，不同的地方对不同的PPP项目财政支持力度和税收减免措施都有所不同。此外，SPV项目公司设立在自贸区、经济开发区和产业园区可能获得的各种政府或财政扶持和税收优惠也会不同。对于综合PPP项目来说，政府还可能根据开发的片区性质给予特别的扶持性政策。

(2)SPV项目公司融资模式。SPV项目公司是PPP的载体和运作机构，政府和社会资本通过各种形式和途径对SPV项目公司投入资源，并依此通过PPP项目合同的方式约定各自的权利和义务。

政府可能投入的资源包括行政许可、土地、现有的厂房设备、资金、技术乃至已经运营或已经完工的项目资产。社会资本投资者的投入主要体现为资金、技术、管理经验和其他无形资产。

政府投入与社会资本投入的资源性质不同，带来的成本和收入类别也会有所不同，并进一步影响其税负。综合考量这些因素的影响时，需要重点关注可能获得的财政支持、税收减免、增值税进项抵扣、增值税缴纳方式、所得税减免等方面。

各投资主体向SPV项目公司注入的资金可以有多种形式，因其融资模式的不同，涉及的税务问题也会有所差异。

1)货币投资。PPP融资相近于项目融资，但是与一般项目融资相比，由于PPP项目本身的参与方多样性、建设周期长期性以及服务产品公共性等条件，使得PPP融资更为复杂。有效解决PPP融资难题既是吸引私人资本参与公共基础设施的重要保障，也是保障PPP项目有效顺利完成的重要基础。PPP项目设立之初，除通过股东缴付出资进行股权性融资外，往往还会通过债权性融资获取项目运作所需资金，常见的债权性融资包括银行贷款、融资租赁等方式，不同的债权性融资方式对应着不同的税务处理模式。

①银行贷款。银行贷款的税收影响主要体现在所得税和增值税两个方面。在所得税层面，通常而言，公司为支付银行贷款所支付的利息，可以直接计入成本，从当年的应纳税所得额中扣除；需要进行资本化处理的，计入资产价值，通过以后年度的折旧抵减应纳税所得额。在增值税层面，“营改增”全面扩围后，银行提供贷款服务属于金融业“营改增”的范畴，银行应缴纳增值税。根据财税〔2016〕36号文件的相关规定，PPP项目购买贷款服务所取得进项税额不得从销项税额中抵扣。

②融资租赁。融资租赁分为直租型融资租赁和售后回租型融资租赁，两类融资租赁的税务处理并不相同。在所得税层面，直租型融资租赁的出租人就取得的租金收入缴纳所得税，SPV项目公司作为承租人将租入资产确定为已方资产，以租赁合同约定的付款总额和缔约过程中发生的相关费用为计税基础，按年计提折旧。

融资性售后回租业务的所得税处理略为复杂，根据《关于融资性售后回租业务中承租方出售资产行为有关税收问题的公告》(国家税务总局公告2010年第13号)，出租人就取得的承租人支付的属于融资利息的部分款项按贷款服务收入缴纳所得税，承租人出售资产的行为不确认为销售收入，仍按出售前原账面价值对出售资产计提折旧，同时，承租人支付的属于融资利息的部分,可作为企业财务费用税前扣除。

在增值税层面,直租型融资租赁的出租人应按动产租赁服务税目缴纳增值税,SPV 项目公司可就取得的进项税额进行抵扣;而融资性售后回租业务的出租人却应按贷款服务缴纳增值税,SPV 项目公司购买贷款服务取得进项税额不得从销项税额中抵扣。

2)非货币性资产投资。非货币性资产投资,就是以非货币性资产出资设立新的企业,或者以非货币性资产出资参与企业增资扩股、定向增发股票、重组改制以及其他类似的投资(包括股权换股权)。在 PPP 项目设立过程中,投资者常会将现金、银行存款、应收账款等货币性资产以外的资产作为出资标的,投入公司,获取股权。从税务处理角度,非货币性财产投资实质上可以拆解成资产出售和以货币缴付出资两个环节。因此,投资者在视同资产出售环节负有所得税、货劳税的纳税义务。

根据《财政部国家税务总局关于非货币性资产投资企业所得税政策问题的通知》(财税〔2014〕116 号)的规定,企业以非货币性资产对外投资,应对非货币性资产进行评估并按评估后的公允价值扣除计税基础后的余额,计算确认非货币性资产转让所得。同时,为减轻股东缴付税款的资金压力,财税〔2014〕116 号文还规定了非货币性资产转让所得可在不超过 5 年期限内递延纳税。此外,最新出台的《关于完善股权激励和技术入股有关所得税政策的通知》(财税〔2016〕101 号)就技术入股的所得税处理作了特别规定,选择技术成果投资入股递延纳税政策的,经向主管税务机关备案,投资入股当期可暂不纳税,允许递延至转让股权时,按股权转让收入减去技术成果原值和合理税费后的差额计算缴纳所得税。

在增值税方面,根据《财政部国家税务总局关于全面推开营业税改征增值税试点的通知》(财税〔2016〕36 号),非货币性资产投资属于增值税意义上的应税行为,股东应就非货币性资产出资缴纳增值税,相应地,公司作为增值税服务的接受方,在取得股东开具的增值税专用发票、予以认证后可以抵扣进项税。

3)明股实债问题。明股实债是 PPP 项目中的常见现象,许多 PPP 项目中地方政府对社会投资者承诺固定回报、最低回报,并承诺在一定时间内回购社会投资者所持有的股权。这种明股实债的 PPP 项目在表象上看符合权益性投资的形式,但从项目运作的全过程来看,其本质上更多体现的是债权性投资的特性。

财金〔2016〕90 号规定,各级财政部门要会同有关部门统筹论证项目合作周期、收费定价机制、投资收益水平、风险分配框架和政府补贴等因素,科学设计 PPP 项目实施方案,确保充分体现“风险分担、收益共享、激励相容”的内涵特征,防止政府以固定回报承诺、回购安排、明股实债等方式承担过度支出责任,避免将当期政府购买服务支出代替 PPP 项目中长期的支出责任,规避 PPP 相关评价论证程序,加剧地方政府财政债务风险隐患。

在税务处理上,税务机关对于明股实债更多适用实质课税原则。根据《国家税务总局关于企业混合性投资业务企业所得税处理问题的公告》(国家税务总局公告 2013 年第 41 号),若同时满足固定的利息支付、明确的投资期限和本金偿还、投资者对被投资企业的净资产不拥有所有权、不享有选举权与被选举权、不参与被投资企业日常生产经营活动五个条件,则股东的投资属于混合性投资业务,股东所取得“分红”按债权性投资缴纳企业所得税及增值税,同时被投资企业应确认利息支出,按税法和《国家税务总局关于企业所得税若干问题的公告》(2011 年第 34 号)第一条的规定进行税前扣除。对于被投资企业赎回的投资,投资双方应于赎回时将赎价与投资成本之间的差额确认为债务重组损益,分别计入当期应纳税所得额；若相关投资并未同时满足上述五个条件，则在税务处理上仍按权益性投资进行处理。

4)产业基金。目前我国 PPP 项目虽然快速发展，但无论是政策法规还是市场环境都还远未成熟。一方面，多数 PPP 项目尤其是片区 PPP 项目具有投资期限长、投资规模大、投资回报与投资收益错期（通常是前期投入大收益低、后期投入少收益高）等特征，无疑会给 PPP 项目的社会资本投资者带来前期投资的资金压力。项目建设运营经验丰富的社会资本如果自有资金有限、筹资能力不强或缺少与 PPP 项目匹配的融资工具，就会错失参与 PPP 项目的机会。另一方面，诸多追求长期稳定收益的金融投资者则缺少进入基础设施项目的渠道，导致 PPP 项目融资的有效供给难以形成。

产业基金能够突破基础设施投资“门槛”限制，在满足 PPP 项目融资需求的同时，汇聚闲散资金，积少成多，帮助突破基础设施行业在投资规模方面的资金进入壁垒，为 PPP 项目提供融资。从银行的角度来看，随着金融市场化的进程，金融产品逐步放开，利率市场化等金融改革逐步推进，银行业等金融机构需要开拓新的金融业务参与市场竞争。PPP 模式可以为金融机构业务创新和经营模式创新提供契机，投资银行可充分利用理财资金，设立产业基金参与 PPP 项目建设。此外，表外融资可以优化 PPP 项目融资结构。在我国，SPV 项目公司很难通过 PPP 项目特许经营权和收费权质押获得银行贷款，一般都要求项目母公司作为贷款主体或者提供担保和抵押，很难实现真正意义上的表外融资。产业基金所提供的资金无需反映到项目发起人的资产负债表上，避免了融资过度集中于银行和过高的资产负债率对公司再融资能力的影响，优化了 PPP 项目的融资结构。

(3)供应链管理。在 PPP 项目的实施过程中，无论是政府投资方还是社会资本投资方都需要全方位考量项目的整个供应链，在优化每个环节的收益与税负的同时，谋求整体的收益最大和税负最低。

从资金投入，到材料采购、建筑施工、项目运营，再到产品和服务的供给销售，每个环节适用的税种都会因投资人性质和业务属性而变化，投资者需要合理采用适用的税种、税率，优化供应链各个环节的成本、收入和利润管理，从而实现项目整体的收益最大化。比如，根据增值税条例的规定，企业在销售应税商品的同时提供应税劳务时，如果不能准确区分应税商品销售与应税劳务，应将应税劳务并入销售货物计征增值税。适用 16%的增值税税率，但可以抵扣进项税；在此情况下，企业应综合测算混合销售行为的分与合对整体税负的影响，从而降低企业的整体税负水平。

劳务、原材料和工程施工等的内部化和外部化也会带来税负差异，尤其是在增值税环境下，许多劳务和施工工程如果有内部化企业提供，则可能影响可抵扣收入，或增加纳税额，而合理的外部化则可以获得可抵扣成本。因此，在整个 PPP 项目产业链中，各投资方应对不同环节业务或同一链节的不同业务类别进行内部化还是外部化取舍，以降低整体税负水平。

2. 税务合规

依法纳税是每个公民和法人的应尽义务，税务合规是企业税务管理的基本要求和必要前提。税务机关会对企业的纳税情况进行税务检查，企业应关注税务检查的内容与方法并从中认知税务合规管理工作中的重点内容与有效办法。

税务机关对企业的税务检查内容主要包括以下几个方面：第一，检查纳税人执行国家税收政策和税收法规的情况。第二，检查纳税人遵守财经纪律和财会制度的情况。第三，检查纳税人的生产经营管理和经济核算情况。第四,检查纳税人遵守和执行税收征收管理制度的情况,检查其有无不按纳税程序办事和违反征管制度的问题。

税务机关进行税务检查一般采用以下三种方法:第一,税务查账,即对纳税人的会计凭证、账簿、会计报表以及银行存款账户等核算资料所反映的纳税情况所进行的检查。这是税务检查中最常用的方法。第二,实地调查,即对纳税人账外情况进行的现场调查。第三,税务稽查,即对纳税人对税务法律、法规、制度等的贯彻执行情况,纳税人生产经营活动及税务活动的合法性,偷、逃、抗、骗、漏税及滞纳情况进行专项检查的活动。

要做到税务合规,SPV 项目公司首先要熟悉相关的税收政策和法规,综合考量 SPV 项目公司参与主体的性质、业务类别和收入类别后按照相关法规确定税种、税率,并在依法纳税的同时进行合理的税收策划。其次,SPV 项目公司需要按照税收法规的要求进行纳税登记,计算税额,完成各类税额的缴纳,做到程序合规、足额纳税。第三,SPV 项目公司还需要制定公司内部财务、税收管理制度,并督促落实这些制度以真实反映公司的业务状况,加强日常税收管理工作。第四,SPV 项目公司要做到票据合规、合同严谨、档案完备。

与关联方发生业务往来的会计处理和税收安排是税收策划的重要内容,关联方交易的合规要求也是税收合规的关键。关联方交易业务往来中需要重点关注的是转移定价、成本分摊、资本弱化和一般反避税条款。

一是转移定价。企业所得税法明确规定,对关联方不按照独立交易原则进行业务往来而确定的计价标准收取或者支付价款费用,导致企业或者其关联方减少应纳税收入或者所得额的,税务机关有权进行合理调整。关联方包括存在关联关系的企业、其他组织和个人。

二是成本分摊。企业与其关联方共同开发、受让无形资产,或者共同提供、接受劳务发生的成本,可以通过签署成本分摊协议,在计算应纳税所得额时按照独立交易原则进行分摊。独立交易原则在此的体现是,各参与方根据协议安排按比例划分实际全部贡献成本的份额与其按比例划分预期获得的全部利益的份额相一致。

三是资本弱化。它是指企业通过加大借贷款(债权性投资)而减少股份资本(权益性投资)比例的方式增加税前扣除,以降低企业税负的一种行为。为防范企业通过操纵各种债务形式的支付手段达到避税的目的,我国企业所得税法规定企业从其关联方接受的债权型投资与权益性投资的比例超过规定标准而发生的利息支出,不得在计算应纳税所得额时扣除,其中金融企业的标准为 5∶1,其他企业的标准为 2∶1。

四是一般反避税条款。为应对隐蔽的或者不可预见的避税可能性,我国企业所得税法设定了一般反避税条款,即企业滥用税收优惠、滥用税收协定、滥用公司组织形式、利用避税港避税或实施其他不具有合理商业目的的安排而减少其应纳税收入或者所得额的,税务机关有权按照合理方法调整。不具有合理商业目的是指以减少、免除或者推迟缴纳税款为主要目的。

3. 税务策划

税务成本贯穿于企业的整个生命周期,对企业的营利性和现金流,最终对投资者的投资回报率有重大影响。SPV 项目公司税务成本的变化,会影响社会资本对项目投资回报、运作方式乃至是否参与该项目的研判。相应地,政府或政府的平台公司作为项目发起方,也要了解项目全生命周期的税务成本,这不仅有助于分析社会资本参与项目获得的回报水平以及税收策划机会,制定合理的条件,还有助于财政承受能力论证和物有所值评价。

在确保税务合规和风险可控的前提下,SPV 项目公司积极采取有效措施进行税收策划是维护 PPP 项目社会资本投资方的合理行为。税务计划的主要内容包括积极争取合理的税收优惠、恰当的合同安排、合理的关联方交易以及转移定价。

为了鼓励社会资本参与 PPP 项目,国家出台了许多财政和税收优惠政策。SPV 项目公司需要根据自身的业务特点和公司性质,了解并梳理相关的税收政策和优惠措施,积极争取合理的税收优惠。大致上,国家对环境保护、基础设施、创新型企业和农业项目都有不同程度的扶持和税收优惠。

财金〔2016〕90 号文规定,垃圾处理、污水处理等公共服务领域,项目一般有现金流,市场化程度较高,PPP 模式运用较为广泛,操作相对成熟,各地新建项目要“强制”应用 PPP 模式,中央财政将逐步减少并取消专项建设资金补助。这种资金支持的减少意味着,此类项目本身的经济价值和收益情况将直接决定社会投资人是否能获得预期收益。社会投资人要审慎进行调研,选择收益率可观、现金流稳定的项目进行投资。从税务处理的角度,投资者应积极争取适用相应的税收优惠政策。

《中华人民共和国企业所得税法》第二十七条第二款、第三款,《中华人民共和国企业所得税法实施条例》第八十七条,《财政部国家税务总局关于执行公共基础设施项目企业所得税优惠目录有关问题的通知》(财税〔2008〕46 号),《国家税务总局关于实施国家重点扶持的公共基础设施项目企业所得税优惠问题的通知》(国税发〔2009〕80 号)和《财政部国家税务总局关于公共基础设施项目和环境保护 节能节水项目企业所得税优惠政策问题的通知》(财税〔2012〕10 号)的规定,投资企业从事《公共基础设施项目企业所得税优惠目录》规定的港口码头、机场、铁路、公路、城市公共交通、电力、水利等项目,从事公共污水处理、公共垃圾处理、沼气综合开发利用、节能减排技术改造、海水淡化等符合条件的环境保护、节能节水项目的所得,自项目取得第一笔生产经营收入所属纳税年度起,第一年至第三年免征企业所得税,第四年至第六年减半征收企业所得税。

《财政部国家税务总局关于公共基础设施项目享受企业所得税优惠政策问题的补充通知》(财税〔2014〕55 号)规定:企业投资经营符合《公共基础设施项目企业所得税优惠目录》规定条件和标准的公共基础设施项目,采用一次核准、分批次(如码头、泊位、航站楼、跑道、路段、发电机组等)建设的,凡同时符合以下条件的,可按每一批次为单位计算所得,并享受企业所得税“三免三减半”优惠:(1)不同批次在空间上相互独立;(2)每一批次自身具备取得收入的功能;(3)以每一批次为单位进行会计核算,单独计算所得,并合理分摊期间费用。

除了中央政府的财政支持和税收优惠外,地方政府也对 PPP 项目给予各种形式的补助和奖励。财金〔2016〕90 号规定,各级财政部门要落实好国家支持公共服务领域 PPP 项目的财政税收优惠政策,加强政策解读和宣传,积极与中国政企合作投资基金做好项目对接,基金将优先支持符合条件的各级财政部门示范项目。鼓励各级财政部门因地制宜、主动作为,探索财政资金撬动社会资金和金融资本参与 PPP 项目的有效方式,通过前期费用补助、以奖代补等手段,为项目规范实施营造良好的政策环境。

因此,除税收优惠政策外,企业还可以通过税收返还、财政性资金等方式获得税收减免。但是,由于地区性税收返还或财政补贴政策通常仅停留在政策导向层面,对于具体的适用条件以及确切的税收返还、财政资金发放、税收减免金额等的规定比较模糊。因此，企业在申请相应的税收返还、财政资金发放或税收减免时，需要结合自身具体情况与当地有关部门进行充分的沟通，并争取获得相关书面协议。必要时，应寻求专业机构的合作。

4. 税务风险管理

鉴于 PPP 模式在中国的实践还只是较短时间，国家也尚未出台针对 PPP 模式的专项税收政策，因此 PPP 模式在中国的推行过程中不可避免地面临诸多税收不确定性，比如政府支付的税务定性、财政补贴的重复征税、移交阶段的税务处理以及优惠政策覆盖面有限等。

在 PPP 项目的每个阶段税务风险管理的内容都不尽一致。总的来说，PPP 项目的税务风险归纳为前期风险、筹划风险和日常管理风险。

一是前期风险。它主要是指在项目筹备和谈判阶段 PPP 项目投资各方对 SPV 项目公司可能适用的税收政策缺乏了解可能带来的风险。此外，投资各方还需要测算项目的整体税负以便预估项目可能给投资者带来的实际收益水平，但 PPP 项目尤其是片区开发 PPP 项目由于投资期长、设计业务类别繁多、产业链长等因素的影响，给整体税负的测算带来很大的困难，由此可能带给 PPP 项目投资者税负测算不准确的风险从而影响项目回报收益。针对此类风险，投资者应全面详细地了解相关税收政策，建立税负测算模型，尽可能准确科学地测算项目的实际税负。

二是筹划风险。税收策划是 PPP 项目实施过程中的重要任务，如果税收策划方案过于激进，则可能给企业带来税收策划风险。税收策划风险包括但不限于转移定价风险和一般反避税风险。税收策划风险的管控手段主要是加强涉税合同条款检查和做好转移定价的基准分析，建立稳健的税收策划企业文化，制作筹划方案风险控制手册。

三是日常管理风险。它包括未能及时准确进行税务登记与申报，以及业务事项涉税处理不规范而导致税收隐患；税务稽查应对不当导致大额补税及罚款。主要应对措施包括建立税务管理规范制度；建立涉税事项处理规范；建立税收风险预警系统和定期检查报告制度；加强税收业务培训。

PPP 项目的税收风险总体解决方案是建立税收管理规范手册。建立税收管理规范手册的目的是全面了解 PPP 项目相关税收法规，建立 PPP 项目税负测算模型，深入了解 PPP 项目相关税收优惠政策，深入分析 PPP 项目典型税收策划模式。手册还可以为招投标税收成本估算提供全面、快速的税收成本测算支持；为商业谈判签约方式提供一般性的税务技术支持与指导；为运营阶段税务计划提供一般性的税务技术支持与指导，建立 PPP 项目税务合规制度及税收事项处理规范。

税务管理规范手册的内容包括：PPP 项目相关的税收政策详细规定；各相关税种及其征税方法；税收优惠汇总以及申请条件、程序；具体税收征管制度及其应对提示；PPP 项目的特殊税务规定；PPP 项目的税负测算和税收策划机会；典型 PPP 项目投资架构与运营模式及其税收影响；PPP 项目整体税负测算模式；PPP 项目典型税收风险及其防范；PPPSPV 项目公司税收管理制度等。

PPP 项目纳税风险管理框架如图 2.2 所示。

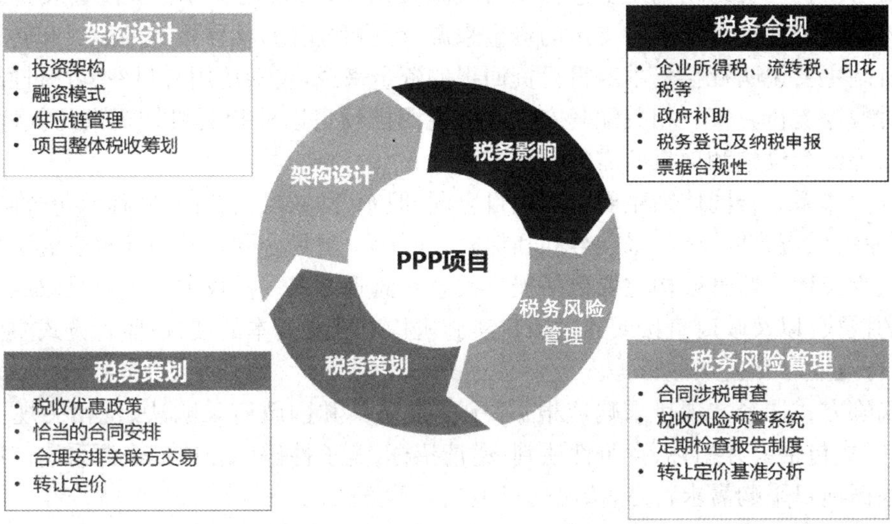

图 2.2 PPP 项目纳税风险管控框架

(二)PPP 项目各阶段的税务考量重点

1. 项目准备阶段

(1)PPP 项目准备阶段的工作内容。从 PPP 项目的运作过程来看,PPP 项目的准备阶段需要完成管理架构组建、实施方案编制和实施方案审核三个方面的工作。在项目识别阶段完成之后,地方政府可建立专门协调机制、搭建管理架构,主要负责项目评审、组织协调和检查督导等工作,实现简化审批流程、提高工作效率的目的。在管理架构组建完成之后,可以指定相关部门或机构作为项目实施机构,负责项目准备、采购、执行和移交等工作。

项目实施机构应组织编制项目实施方案,其中具体包括项目概况、风险分配基本框架、项目运作方式、交易结构、合同体系、监管架构、采购方式选择等方案的编制,下面对此进行介绍:

1)项目概况。项目概况主要包括基本情况、经济技术指标和 SPV 项目公司股权情况等。基本情况主要明确项目提供的公共产品和服务内容、项目采用政府和社会资本合作模式运作的必要性和可行性,以及项目运作的目标和意义。经济技术指标主要明确项目区位、占地面积、建设内容或资产范围、投资规模或资产价值、主要产出说明和资金来源等。SPV 项目公司股权情况主要明确是否要设立 SPV 项目公司以及公司股权结构。

2)风险分配基本框架。按照风险分配优化、风险收益对等和风险可控等原则,综合考虑政府风险管理能力、项目回报机制和市场风险管理能力等要素,在政府和社会资本间合理分配项目风险。原则上,项目设计、建造、财务和运营维护等商业风险由社会资本承担,法律、政策和最低需求等风险由政府承担,不可抗力等风险由政府和社会资本合理共担。

3)项目运作方式。项目运作方式主要包括委托运营、管理合同、建设—运营—移交、建设—拥有—运营、转让—运营—移交和改建—运营—移交等。具体运作方式的选择主要由收费定价机制、项目投资收益水平、风险分配基本框架、融资需求、改扩建需求和期满处置等因素决定。

4)交易结构。交易结构主要包括项目投融资结构、回报机制和相关配套安排。项目投融资结构主要说明项目资本性支出的资金来源、性质和用途,项目资产的形成和转移等。项目回报机制主要说明社会资本取得投资回报的资金来源,包括使用者付费、可行性缺口补助和政府付费等支付方式。相关配套安排主要说明由项目以外相关机构提供的土地、水、电、气和道路等配套设施和项目所需的上下游服务。

5)合同体系。合同体系主要包括项目合同、股东合同、融资合同、工程承包合同、运营服务合同、原料供应合同、产品采购合同和保险合同等。项目合同是其中最核心的法律文件。

6)监管架构。监管架构主要包括授权关系和监管方式。授权关系主要是政府对项目实施机构的授权,以及政府直接或通过项目实施机构对社会资本的授权;监管方式主要包括履约管理、行政监管和公众监督等。

7)采购方式选择。项目采购应根据《中华人民共和国政府采购法》及相关规章制度执行,采购方式包括公开招标、竞争性谈判、邀请招标、竞争性磋商和单一来源采购。项目实施机构应根据项目采购需求特点,依法选择适当采购方式。

在项目实施方案编制完成之后,政府部门还应该对实施方案进行具体审核,以保证方案编制的合理性。

此阶段一方面进行 PPP 项目的涉税政策研究,对现行税收政策进行归类和梳理,制订适合本 PPP 项目涉税政策汇编,另一方面综合比较不同项目运作方式、交易结构下的税种及税负,初步考虑项目运营主体的纳税规划、建立纳税主体的税务管理框架、搭建税务风险控制模型、制订纳税操作流程。

(2)PPP 项目准备阶段的涉税事项。在 PPP 的操作流程中,第一阶段为 PPP 的"项目识别",其中包括了项目发起、项目筛选、物有所值评价、财政承受能力论证四个部分。项目发起一般有两种发起方式,包括政府发起和社会资本发起。政府发起是指行业主管部门从国民经济和社会发展规划及行业专项规划中的新建改建项目或存量公共资产中遴选潜在项目向财政部门推荐,而社会资本发起是指社会资本以项目建议书的方式直接向财政部门或行业主管部门推荐潜在项目。目前我国的 PPP 项目多数由政府发起。

在项目发起之后,随后进入项目筛选环节,政府综合考虑本地的需求、政策要求、行业成熟度、财政承受力等因素,对备选项目进行初步评估,选择合适的项目推进。

物有所值准则是政府评价项目采用 PPP 模式适用性的重要准则,其中重点关注项目采用 PPP 模式与采用政府传统采购模式相比,能否增加供给、优化风险分配、提高运营效率、促进创新和公平竞争等。

财政承受能力论证,是指统筹开展本地区 PPP 项目的财政承受能力论证工作,做好地区和行业平衡,防止项目财政支出责任累计超过本地区整体财政承受能力上限,确保财政中长期可持续性。

项目识别阶段主要目的是为了遴选合适的 PPP 项目,因此该阶段还尚未涉及税收实际缴纳问题。该阶段的税务考量主要体现在政府和社会资本从税负的角度对项目总体收益的全面考量,并为是否实施该 PPP 项目的决策提供参考。从政府的角度来说,主要考虑各种 PPP 项目未来可能的税收来源,以提前做好未来财政收入的总体规划。对社会资本来说,则重点关注项目的税收成本的估算,为测算项目的投资回报率提供依据,从而辅助项目的总体决策。

项目准备阶段具体需要考量的涉税问题包括：

1)SPV 项目公司税收成本的测算与分析。SPV 项目公司拟从事的业务不同，则适用的税目和税率都会产生变化。因此，PPP 项目的各投资方应从项目的业务性质、投资方性质和收益结构等方面确定和测算适用的税目税率、财税优惠政策和纳税额等内容，在合法纳税的前提下确保项目投资各方的利益最大化。

2)项目相关方(融资机构、社会资本投资方、工程承包商、外资)税收成本的测算与分析。

3)SPV 项目公司、社会资本投资方及融资机构等通过特定交易结构可能带来的税负转嫁与承担对项目总体税负的影响及应对。

4)资金的时间成本、通货膨胀、汇率等因素对总体税负的影响。

在测算上述涉税事项时，投资各方一般需要测算 SPV 项目公司的税前收入、成本费用，并依此推算 SPV 项目公司的税前利润及净利润，谋求 SPV 项目公司整体收益最大化。其中可能涉及的税收包括企业所得税、货劳税、印花税、房产税、土地使用税、城市维护建设税、教育附加及地方教育附加等。

(3)PPP 项目准备阶段的财政扶持与税收优惠政策考量。应该注意到财政部并不倾向于对 PPP 项目给予特别的财税优惠。根据财政部关于 PPP 的相关政策规定，社会资本和政府在商洽合作协议时，双方应该就该税收优惠政策对 PPP 项目全生命周期的影响进行测算并计入政府方的出资，相应地减少未来政府的财政补贴或降低收费价格，因此，通过税收优惠政策给予 PPP 项目特殊支持与直接财政补贴相比并无本质区别，而且还会增加前期 PPP 物有所值评价分析和 PPP 合同磋商过程的复杂性。同时财政部认为 PPP 项目广泛应用于提供公共产品和公共服务的所有领域，现行税收政策体系已经给予了大量优惠政策。在公共领域 PPP 项目集中的轨道交通、供水、供热、污水处理、垃圾处理、环境综合治理、体育、医疗等行业，已经存在的税收优惠政策包括对公共基础设施和环境保护、节能节水项目所得给予“三免三减半”企业所得税优惠政策；对环境保护、节能节水、安全生产等专用设备给予投资抵免企业所得税优惠；对垃圾处理、污水处理等资源综合利用企业给予增值税即征即退优惠政策等。

此外，PPP 项目从政府方取得的专项用途财政性资金，符合政策规定的还可以作为不征税收入，在计算缴纳所得税额时从收入总额中减除。财政部还对 PPP 税收优惠政策的对象做出了要求，即财政部 PPP 中心确定的 PPP 综合信息平台项目库中的项目才能享受 PPP 的税收优惠政策。

2. 项目谈判阶段

在项目谈判阶段，PPP 项目投资方应重点关注以下方面涉税问题。

(1)经营协议中涉税条款的确定。在签署经营协议时，投资各方应对协议内容中的涉税条款做清晰的界定，除了正常的增值税和所得税需遵照国家相关规定外，投资各方的重点涉税关切主要是各类的财政扶持和税收减免政策。这些政策会因行业差异和地区差异而发生变化，因此需要根据项目的具体情况予以清晰界定。

PPP 项目可能获得的财政扶持和税收优惠主要有以下几类：

1)行业性企业所得税减免优惠，如高新技术企业、软件行业等都有不同程度的税收优惠；

2)特定项目的税收优惠，如节能环保项目、基础设施项目等；

3)地方性财政扶持政策,如各类专项资金补贴、税收返还等。

图 2.3 为常见的 PPP 项目可能适用的税收优惠政策(按业务类型):

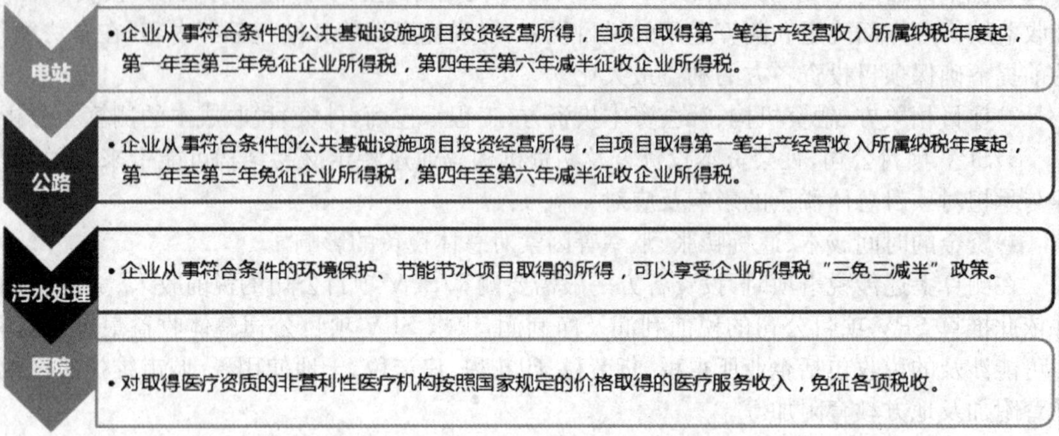

图 2.3　常见的 PPP 项目可能适用的税收优惠政策(按业务类型)

(2)SPV 项目公司股权架构设计及税收策划。社会资本可以直接以母公司(或母公司的分支机构)作为 PPP 项目的投资人,也可以成立专门的子公司作为项目投资方。图 2.4 简要介绍了分公司和子公司投资的涉税差异。

比较	分公司	子公司
商务因素	▪ 不具有独立公司的性质 ▪ 经营范围受母公司限制 ▪ 无需设立董事会及制定公司章程，管理成本较低 ▪ 母公司需承担项目潜在的商业及法律风险	▪ 独立法人 ▪ 经营范围不受母公司限制 ▪ 管理成本较高 ▪ 有效隔离项目商业及法律风险
税务因素	▪ 总分公司盈亏可以在税法规定的范围内互相弥补 ▪ 由于母公司从事业务活动不单一，会对申请享受项目适用的税收优惠政策产生影响	▪ 独立核算自行申报 ▪ 母子公司盈亏不能税前弥补 ▪ 如符合条件可以独立申请享受并享受全国及区域性税收优惠政策

图 2.4　分公司、子公司组织形式比较

通常情况下,PPP 项目会成立由代表政府的投资公司和社会资本投资公司共同出资成立 SPV 项目公司。从政府的角度来看,股权结构设计应综合其对公共产品和服务的供给数量、质量和效率等方面的要求和财税收入的考量。而社会资本投资方应综合考量商务利益和整体税负,从根本上来说,社会资本投资方的税收策划还是要以整体的最终利润最大化为目标。

股权架构设计时主要的税务考量包括:投资人股息收益的税负;未来退出的税负;未来退出方式;SPV 项目公司注册所在地等。

3. SPV 项目公司设立

SPV 项目公司是 PPP 项目运作的主体,不仅承载政府和社会资本投资主体的各种关切,而且是 PPP 项目的具体落实行为主体,狭义来说,PPP 项目的涉税问题根本上是 SPV 项目公司的涉税问题。

SPV 项目公司的不同组建方式,其涉及的税收也不尽相同。一般来说,SPV 项目公司有新设公司、收购原 SPV 项目公司股权、政府与社会资本组建股份有限公司以及合伙制公司等几种形式。

(1)新设公司。

1)货币出资:印花税;

2)实物资产或无形资产:增值税、企业所得税、印花税、土地增值税、城市维护建设税及教育费附加等。

(2)收购原 SPV 项目公司股权。

1)企业所得税;

2)增值税、土地增值税(可能减免)。

(3)有限责任公司。

1)股东获得分红比例与持股比例相同;

2)股东获得分红比例与持股比例不同:公司法、企业所得税法、企业所得税法实施条例。

(4)合伙制基金。

1)159 号文:先分后税原则;

2)不同合伙人类型税务影响:①境内法人合伙人(同公司基金合伙人),②自然人有限合伙人(执行事务 VS 不执行事务),③境外合伙人(常设机构风险)。

4. 项目执行阶段

在项目建设期间,将主要涉及增值税、印花税、耕地占用税、城镇土地使用税等相关税种。在项目建成投入运营之后,涉及的税收主要有增值税、土地增值税、企业所得税、房产税、城镇土地使用税等税种。

(1)税收整体规划。

由于 PPP 模式涉及的税收政策繁多,PPP 项目运营中的不同纳税人的界定、纳税风险控制模型设计以及可行的税收策划方案都可能给项目投资各方带来不同的税负。在 PPP 项目的实施阶段,SPV 项目公司应重点进行税务整体规划、税收管理框架设计、风险识别与控制模型设计、纳税操作流程设计、税务管理工具与输出结果分析,从而实现 PPP 项目投资各方的整体税负和收益优化。

第一,优化公司治理结构。现行的税收征收管理模式是以法人为主体的纳税管理模式,而在 PPP 项目实施中,不同的投资主体、不同的利益诉求、不同的组织架构,国家现有的纳税管理模式难以适应 PPP 项目的顺利运营。因此,投资方需要关注和分析 PPP 项目中法人、合营、合作等不同模式下,以及母子公司、总分公司和独立纳税人方式下所需缴纳的税种、纳税模式、税收风险等方面的差异并进行优化。

第二,优化公司业务模式。自 2016 年 5 月 1 日起,不动产、建筑业已纳入营改增试点范围，于是在传统的财务会计核算模式下，尤其在PPP这种创新模式下，较多地存在土地出让金、人防费等政府性收费单据，以及难以取得有效发票的沙石材料等，这将导致PPP项目运营主体的进项税额不足；特别是混合型PPP项目既有房地产开发等营利性项目，还会涉及免税或减税的文化项目、公共设施项目、农业项目等。在项目实施过程中，根据项目具体业务所面对的免税项目、不征税项目和应税项目情况，探讨、研究长周期过程中税款的缴纳、抵免、退税等模式，是PPP项目投资各方关切的重点。

第三，合理部署SPV项目公司或关联公司注册所在地。以出厂销售为特点的增值税不区分企业主体。实践中，不同的主体有不同的经营范围，集团企业经营目标和管理的方式不同，这就造成同行业、同类型企业的增值税负担水平也不同。

项目总部是统筹安排房地产开发、酒店经营、物业管理、教育事业、农业板块、文化经营各板块的纳税事宜，每个板块和不同业务之间难免有税负轻重的不同，在集团中所占比重不同，这些决定了整个项目的税款的多寡和纳税风险的不同。

第四，优化公司股权结构。各业务板块、各种原料有不同的抵扣税率，造成了进项税额严重不足，销项税率10%(或者16%、6%税率)过高，整体增值税负担水平过高。不同业务的销项税率和不同的进项抵扣会影响企业不同的增值税负及利润，因此需要测算企业最佳的“税负均衡点”以实现企业税后利润的最大化。通过整理、规划不同的业务板块，重新梳理、划分各业务功能，成立不同的公司，建立起销项税额与进项税额能够配比的增值税纳税主体体系。

增值税具有共享税的特点，造成相同的业务或者企业，在不同的地区缴纳的增值税税额不同，合理安排纳税地点，可降低PPP项目整体增值税税收负担。

第五，完善财务会计管理体系。现有的财务会计核算体系与增值税纳税评估系统和增值税负担系统之间欠缺逻辑性和因果关系，系统本身的指导意义较弱，预测功能欠缺。

传统的财务会计核算体系在科目设置上，在反映企业税收负担水平时，有关的会计科目和核算指标以企业和股东为主，以收入和采购、毛利和企业所有者权益为因果关系，不能及时反映企业纳税金额、纳税负担水平与企业实际纳税能力相配比的情况，没有建立相应的纳税评估体系，造成越生产，税负越重；销售收入的增长远大于企业毛利率的增长水平的现象。

第六，建立科学的纳税指标体系。传统的纳税分析指标既难以反映企业的实际增值税负担水平、所得税负担水平，也难以建立安全、有效的税收策划体系，存在着这样、那样的税收隐患和纳税风险；建立有效、控制风险的纳税指标体系势在必行。

第七，谋求股东价值最大化条件下税负与资本结构之间的平衡。传统的税收策划方案仅仅从单一的税收角度降低企业税负，未能从企业价值最大化层面来全面地分析与决策。我们认为应建立企业价值最大化战略目标下的税收策划方案。从增值税方面来看，在收入既定情况下，需要在增加进项税额所带来的税收收益与企业进行资产管理所增加的资金成本之间，寻求最佳的均衡点。从所得税方面来看，提升企业负债率可获得税盾效应。但负债率上升会引起企业财务困境引致的破产成本上升。权衡上述两个方面，来寻求企业价值最大化目标下的税负和资本结构之间的平衡。

(2)项目业务流程税收策划。

1)盈利模式的选择。目前，PPP项目形式已经非常丰富多样，除了传统的特许经营、作业外包之外，还有O&M、TOT等非融资模式，以及BOT、PFI、BOOT、BTO、ROT、DB、DBFO、BBO等融资模式。不过，无论何种形式，社会资本的主要盈利不外乎以下几种：

一是服务费:设计规划费、咨询费。

二是管理:对特定标的提供综合运营管理服务并获得管理费收益。

三是租赁:政府将特定标的资产租赁给社会资本运营机构,社会资本运营机构按照政府的合同要求使用和运营该资产,提供相应的服务和产品获得商业回报,并向政府部门支付租赁费用。

根据 IFRIC2,承租人使用租赁准则,承租人则适用收入准则、IFRIC 12 及解释第 2 号条款,出租资产的所有人使用固定资产的相关准则。

一是特许经营权:政府通过竞争方式特别许可社会资本对特定标的资产行使经营权,社会资本按照特许经营合同对该资产进行运营,向社会提供产品和服务以获得商业收益。2015 年国家发改委、财政部等多个部委联合签发 25 号令《基础设施和公用事业特许经营管理办法》。

二是合作经营:政府与社会资本企业共同对特定标的资产合作经营,或通过共同出资的特殊 SPV 项目公司经营特定资产,向社会提供产品和服务并获得盈利,政府与社会资本按照出资比例或合同约定的分配比例分享盈利。

盈利模式不同,适用的税种、税率以及税基都会有所不同,因此投资方在选择和确定盈利模式的时候必须综合考虑其整体税负水平。

2)业务结构的税收优化。首先,PPP 项目投资各方需要对融资进行税收管理。PPP 项目的一般特征是前期投资大、可融资渠道少和前期投资回报率低。选择税收效率高的融资模式有助于降低 SPV 项目公司在资金注入和偿还、利息支付等环节的所得税和流转税,方便资金管理和统一调配,从而改善项目的现金流状况,提高净现值和回报率。

一般来说,项目融资渠道有母公司以注册资本金注入、股东贷款、银行贷款和发债等形式。SPV 项目公司在选择融资方式时,应综合考虑多个因素。比如,股东贷款方式具有灵活性,可以随时收回本金,其利息费用也可以在 SPV 项目公司成本中税前扣除,但投资公司需要交纳所得税和货劳税。

不同资金募集方式的纳税情况如图 2.5 所示。

税种	股东贷款		注册资本	
	投资方（资金借出方）	项目公司（资金借入方）	投资方	项目公司（被投资企业）
企业所得税	利息收入需要作为资金借出方的收入缴纳企业所得税，相应的利息费用也可以在税前扣除	利息支出可以作为成本在企业所得税前扣除，但需要满足债权性投资与权益性投资的比例2：1的限制，除非借款方可以向税务机关提供相关的同期资料，证明关联债权投资金额、利率、期限、融资条件以及债资比例等均符合独立交易原则，超过规定比例的利息方可扣除	符合条件的境内企业之间分派的股息、红利免征企业所得税	不涉及
流转税	资金借出方需要就所收取利息全额按“借款业务”缴纳6%增值税	借款发生的进项税额不得抵扣	不涉及	不涉及

图 2.5　不同资金募集方式的纳税情况

其次,SPV 项目公司应优化业务结构、合理使用转移定价以谋求最终的股东价值最大化。

业务结构优化牵涉到公司的股权结构、业务流程优化和交易结构优化，需要 SPV 项目公司根据具体情况实施优化方案。比如，项目投资人及其关联公司可能与 SPV 项目公司签订 EPC 工程合同、技术转让合同、管理合同或采购合同，在合同谈判过程中必须考虑税负因素，准确计算各方可能承担的税负，并在合同报价中予以体现。转移定价架构如图 2.6 所示。

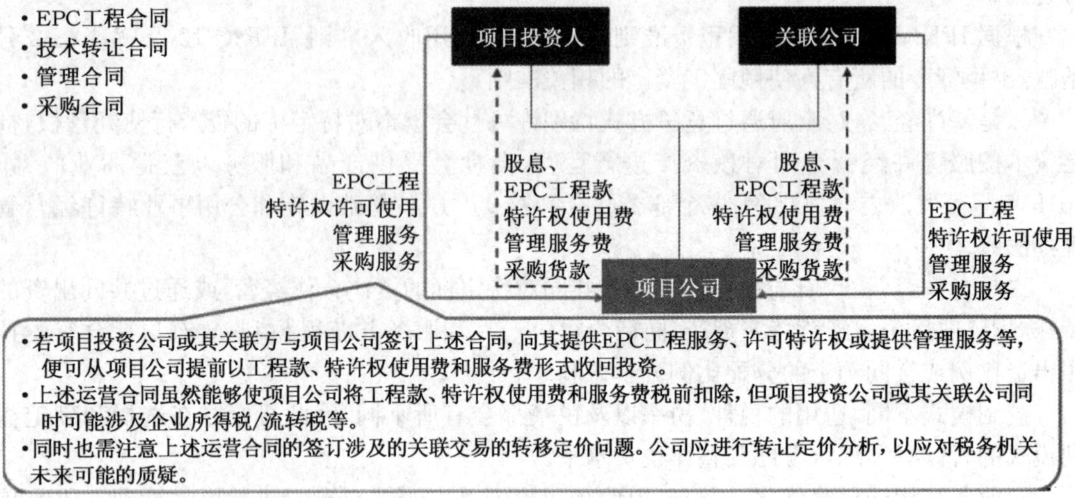

图 2.6　转移定价架构图

(3)税收优惠政策利用及其相关筹划。

如前文所述，多数 PPP 项目属于关乎国计民生的基建项目，在片区 PPP 项目中也包含很多的基础设施建设子项目，这些项目的正常商业回报往往很难吸引社会资本的积极参与，因此，PPP 项目所在地地方政府经常根据项目特性和商业回报率水平，对项目的投资方给予特殊的财政扶持和税收优惠。这些措施包括价格调整、现金补贴和事务补贴等。

例如，对于企业，政府给予研发费加计扣除优惠。企业在开发新技术、新工艺和新产品过程中发生的费用，如未形成无形资产计入当期损益的，可以在按照规定据实扣除的基础上按研发费用的 50%加计扣除；如形成无形资产，则按照无形资产成本的 150%摊销。

税收优惠政策举例如表 2.1 所示：

表 2.1　　税收优惠政策举例

	所得税	流转税
税收优惠政策	● 从事国家重点扶持的公共基础设施项目投资经营的所得、从事符合条件的环境保护、节能节水项目的所得可享受“三免三减半”税收优惠； ● 企业购置用于环境保护、节能节水、安全生产等专用设备的投资额的 10%可以从企业当年的应纳税额中抵免；当年不足抵免的，可以在以后 5 个纳税年度结转抵免。	● 从事 BOT 项目运营的企业，可以享受如下增值税税收优惠： －销售再生水收入实行免征增值税； －对污水处理劳务免征增值税； －以垃圾为燃料生产的电力或者热力实行增值税即征即退的政策； －对利用风力生产的电力增值税实行即征即退 50%的政策； －对销售自产的综合利用生物柴油实行增值税先征后退的政策。

具体的税收优惠措施非常繁杂，需要根据具体业务加以考量。前文也对税收优惠有过讨论，在此不复赘述。

5. 项目移交阶段的税务考量

PPP 项目操作的最后一个阶段为项目移交阶段，具体包括移交准备、性能测试、资产交割和绩效评价四个部分。

项目移交时，项目实施机构或政府指定的其他机构代表政府收回项目合同约定项目资产。项目合同中应明确约定移交形式、补偿方式、移交内容和移交标准。移交形式包括期满终止移交和提前终止移交；补偿方式包括无偿移交和有偿移交；移交内容包括项目资产、人员、文档和知识产权等；移交标准包括设备完好率和最短可使用年限等指标。

项目实施机构或政府指定的其他机构应组建项目移交工作组，根据项目合同约定与社会资本或 SPV 项目公司确认移交情形和补偿方式，制定资产评估和性能测试方案。社会资本或 SPV 项目公司应将满足性能测试要求的项目资产、知识产权和技术法律文件，连同资产清单移交项目实施机构或政府指定的其他机构，办妥法律过户和管理权移交手续。社会资本或 SPV 项目公司应配合做好项目运营平稳过渡相关工作。

项目移交完成后，财政部门（政府和社会资本合作中心）应组织有关部门对项目产出、效益、监管成效、可持续性、政府和社会资本合作模式应用等进行绩效评价，并按相关规定公开评价结果。

项目建成之后，根据不同的 PPP 分类，项目资产处理方式不完全相同。根据所有权属是否转移、项目资产无偿或有偿移交、所有权属接受对象等情况，做相应的税务处理。如果所有权属发生变化的资产移交，这种情况下，需要正常纳税，转让方根据转让资产的类别可能涉及增值税、企业所得税、土地增值税、印花税，购买方可能涉及契税、印花税等税收。

此阶段，比较各税种的实际税负与税收策划的差异，分析其原因，建立科学的纳税考核评价体系。表 2.2 列示了在营改增之前对企业缴纳营业税的不同规定。但是，自 2016 年 5 月 1 日全面实施营改增政策以后，无论是国家税务总局还是各省（市）国家税务局都暂时未对此做出明确的规定；随着老旧项目的逐渐完工，缴纳增值税的新的 PPP 项目逐步扩大，估计今后一段时间，各省市税务机关也会出台适合当地发展需要的差别化税收政策。这就需要社会资本投资方尽早关注，减少企业税负。

表 2.2　　营业税模式下各地税收征管方式比较

全额缴纳营业税 ——重庆方式	差额缴纳营业税 ——吉林方式	销售不动产全额缴纳营业税 ——江西方式
《重庆市地方税务局关于建筑业营业税有关政策问题的通知》 融资方（即社会资本）取得的回购价款，包括工程建设费用、融资费用、管理费用和合理回报等收入，应全额交纳建筑业营业税，并全额开具建安发票	《吉林省地方税务局关于"建设—移交"投融资建设模式税收政策的公告》 对投资方将工程承包给其他施工企业的，按取得的回购价款减除支付给施工企业的工程款后的余额征收建筑业营业税	《江西省地方税务局关于 BT 方式建设项目有关税收政策问题的公告》 以投融资人的名义立项建设，工程完工交付业主的，对投融资人应按照"销售不动产"科目征收营业税，其计税营业额为取得的全部回购价款（包括工程建设费用、融资费用、管理费用和合理回报等收入）

二、新型城镇化 PPP 项目纳税分析

(一)甲镇 PPP 项目基本情况介绍

本项目位于上海市甲镇,项目合作范围包含甲镇整个镇域,总面积为 23.4 平方公里。甲镇目前的镇域总体规划把甲镇分为镇区、产业发展区和农业生产区三大区域。依据现状总体规划及发展愿景,A 建筑集团与甲镇的合作把 23.4 平方公里的合作区域分为五大区域:

1. 镇区(城中村)

该区域位于甲镇集中建设区北部,是启动项目,已列入上海市级"城中村"项目,获得土地出让收入返还 90%、可定向摘牌等政策优惠。包含 731 亩土地的整理,形成 483 亩经营性用地(311 亩住宅用地、96 亩动迁安置房用地、76 亩商业用地),加上甲镇已收储的 100 亩住宅地,镇区(城中村)区域可出让的经营性用地共 583 亩,出地率为 70%。其中,"城中村"改造形成的 483 亩经营性用地可以按低于市场价的评估价定向出让给 SPV 项目公司。

2. 产业发展区

该区域位于甲镇集中建设区的南部,现状是老厂房、物流仓储。本区域计划完成1 538亩工业和仓储用地的减量化,形成1 309亩的经营性用地(发展备用地 547 亩、物流用地 481 亩、商业用地 281 亩),区政府和 A 建筑集团目前对该区域的规划调整已达成基本共识,结合比邻轨道交通地铁站的区位优势,其中物流用地拟调整为 481 亩住宅用地、发展备用地拟调整为 547 亩商住用地。区政府正为本区域积极争取上海市"城市更新"政策,可以通过类似于"城中村"的政策实现1 309亩经营性用地的定向出让。

3. 农业生产区

该区域位于甲镇集中建设区的北部及南部。计划完成1 300亩农村地区工业用地的减量化和 650 亩宅基地的置换(合计1 950亩地),该项投资将获得1 950亩建设用地指标(指标计划用于甲镇后续投资建设,多余指标可以出售给上海市其他区域)。

上述 1、2、3 区域即本新型城镇化项目的首期项目,合作区域城市边界清晰、规划条件和调规思路基本明确,需整理土地4 219亩,可形成经营性用地1 893亩(其中,住宅 792 亩、动迁安置房 96 亩、商业 357 亩),并获得1 950亩建设用地指标。根据 A 建筑集团旗下 A1 公司和 A2 公司的可行性研究报告,1、2、3 区域总投资约 138.9 亿元。

4. 集中建设区

该区域位于甲镇集中建设区的东部,根据甲镇郊野单元规划将成为甲镇集中建设区的新区。新区的面积根据(3)中获得的土地指标确定,约1 500亩,与政府约定的出地率为 60%(约 900 亩),A 建筑集团方将获得该区域的规划设计主导权。

5. F 遗址区域

该区域位于 A 集中建设区的西部,包含 F 遗址及其南部的区域(面积待定)。该区域原属于甲镇,现属于邻镇,甲镇已经向区政府申请将该区域调整到甲镇镇域范围内,作为本项目 PPP 合作项下的开发区域。该区域的合作包括策划和规划 F 国家遗址考古公园及配套的住宅、商业、旅游业开发。

(二)甲镇新型城镇化 PPP 项目涉税主体的业务关系

为建立甲镇新型城镇化 PPP 项目纳税风险管控模型，我们首先需要梳理该 PPP 项目所涉及的商业模式框架、融资模式及盈利模式，以此建立各涉税主体的业务关系，进而进行纳税风险管控。

1. 商业模式框架

A1 公司与 A2 公司组建 A 集团联合体，与政府通过竞争性谈判确定 A 集团联合体为社会资本合作对象，获得甲镇整个镇域范围内(总面积为 23.4 平方公里)的一次性全部授权。A 集团联合体中标后，与区、镇两级政府平台公司共同成立 A 集团新型城镇化投资发展有限公司(即 SPV 项目公司)，SPV 项目公司注册资本金 7 亿元(分三次到位)。A 集团联合体持 70%股份(A1 公司 42%、A2 公司 28%)，区镇两级平台公司持 30%股份(区平台公司 20%、镇平台公司 10%)。其商业模式框架如图 2.7 所示：

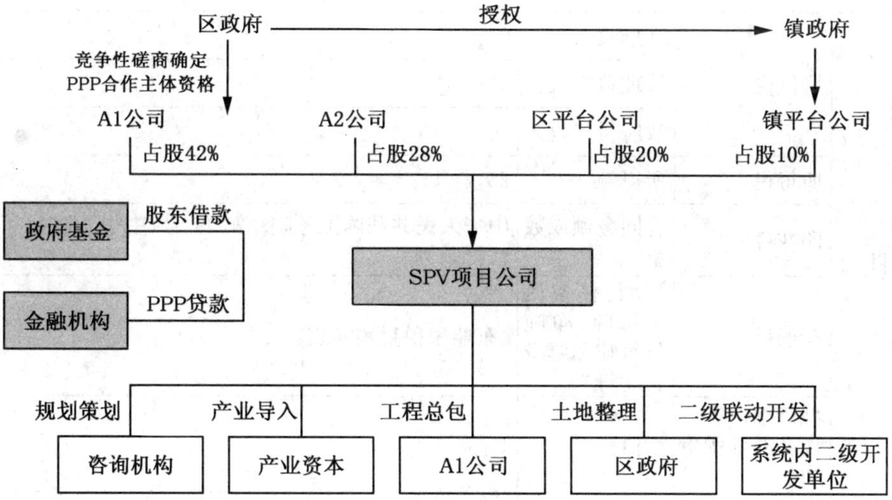

图 2.7　商业模式框架

为了保证 PPP 项目实施的需要，SPV 项目公司在征得母公司社会资本投资方(EPC 施工企业)的同意，根据 PPP 项目开发的实际需要又新设立了两家子公司，分别是 B 置业有限公司、C 置业有限公司；在 PPP 项目实施过程中一般采取由 SPV 项目公司以 EPC 模式，将建筑施工劳务外包给社会资本投资方(EPC 施工企业)，由其向 SPV 项目公司提供建筑劳务，PPP 项目开发过程中的有关工程的监理业务则由 SPV 项目公司委托给项目管理公司负责。因此，在整个甲镇 PPP 项目建设 10 年的周期内，主要的纳税主体分别是：

(1)A 集团新型城镇化投资发展有限公司(即 SPV 项目公司)；

(2)社会资本投资方(EPC 施工企业)；

(3)项目管理公司；

(4)第三方公司。

在上述具体业务关系中，主要有四个涉税主体：SPV 项目公司作为法律意义上的实施主体，社会资本投资方(EPC 施工企业)系工程总包性质。此外还有负责监理业务的项目管理公司、负责项目运营的第三方公司(该第三方公司在某些 PPP 运营项目中是 SPV 项目公司的全资子公司B置业公司，某些PPP项目中是SPV项目公司外包的其他公司)。

如果第三方公司是SPV项目公司的全资子公司即B置业公司，由于是SPV项目公司的100%全资子公司，代行SPV项目公司的部分职能，在设计相关变量时，我们将一并合并到SPV项目公司作为一部分，整体计算考虑；针对第三方公司我们在税负筹划方案中不再予以单独考虑。为此我们纳税风险管控模型思想主要考虑SPV项目公司、社会资本投资方(EPC施工企业)、项目管理公司三方主体的最优纳税风险管控方案及税负最低化。

2. 各主体纳税分析

因整体开发项目周期较长，涉及城中村改造、农业板块、文旅板块和产业发展板块，难以全面分析。我们以SPV项目公司现有的城中村改造项目中涉税各主体为例进行分析(见表2.3)。

表2.3　各纳税主体涉税分析

纳税主体	税种	计税依据	税率
SPV项目公司	增值税	利息收入	6%
		管理费收入	6%
		政府付费收入	10%
	所得税	所得额	25%
	印花税	合同金额或数量	中华人民共和国国务院令第11号《中华人民共和国印花税暂行条例》
	车船税	每辆、整备质量每吨、净吨位每吨和艇身长度每米	《车船税税目税额表》
	城市维护建设税及教育费附加	增值税	10%
	增值税	销售收入	10%
B置业公司	增值税、所得税	政府合同付费	10%
		出售边角残料等其他收入	16%
		所得额	25%
	契税	承受土地使用权的金额	3%或免税
	耕地占用税	占用耕地的面积	45元/米
	城镇土地使用税	实际占用的土地面积	公共租赁住房建设期间用地及公共租赁住房建成后占地免征城镇土地使用税
	土地增值税	出售房屋	①四级超率累进税率 ②对转让旧房作为公共租赁住房房源，且增值额未超过扣除项目金额20%的，免征土地增值税
	印花税	土地使用权出让合同	对公共租赁住房经营管理单位免征建设、管理公共租赁住房涉及的印花税
	印花税、房产税	建筑安装工程承包及建筑施工合同	对公共租赁住房经营管理单位免征建设、管理公共租赁住房涉及的印花税 对公共租赁住房免征房产税

续表

纳税主体	税种	计税依据	税率
B置业公司	印花税、房产税	建筑工程勘察设计合同	对公共租赁住房经营管理单位免征建设、管理公共租赁住房涉及的印花税 对公共租赁住房免征房产税
		销售合同	
		租金收入	
	城市维护建设税及教育费附加	增值税	10%
	增值税	代建管理费收入	6%
项目管理公司	所得税	所得额	25%
	印花税	合同额或数量	中华人民共和国国务院令第11号《中华人民共和国印花税暂行条例》
	车船税	每辆、整备质量每吨、净吨位每吨和艇身长度每米	《车船税税目税额表》
	城市维护建设税及教育费附加	增值税	10%
	增值税	施工收入	10%
EPC施工企业	增值税、所得税	出售边角残料等其他收入	16%
		所得额	15%
	印花税	合同额或数量	中华人民共和国国务院令第11号《中华人民共和国印花税暂行条例》
	车船税	每辆、整备质量每吨、净吨位每吨和艇身长度每米	《车船税税目税额表》

3. 增值税的纳税分析

营改增之后各个纳税主体都需要缴纳增值税，而增值税的缴纳繁杂，需要厘清各纳税主体需要缴纳的增值税情况，下面我们对其列表分析（见表2.4）。

表2.4　各纳税主体增值税纳税分析

主体	收入项目	销项税额业务	进项税额业务	税款计算及缴纳
SPV项目公司	利息收入、 管理费收入、 政府付费收入	利息收入、 管理费收入、 政府付费收入	接受非货币性资产投资进项	利息收入×6%+管理费收入×6%+政府付费收入×10%－进项税额

续表

主体	收入项目	销项税额业务	进项税额业务	税款计算及缴纳
B置业	销售收入、政府合同付费、出售边角残料等其他收入	销售收入、政府合同付费、出售边角残料等其他收入	支付给总承包公司的工程款、支付给代开发单位的管理费、支付给监理单位的代建管理费支出、工程勘察设计支出等	(销售收入＋政府合同付费收入)×10%＋出售边角残料等其他收入)×16%－进项税额
项目管理公司	代开发服务费收入	代开发服务费收入		代开发服务费收入×6%－进项税额
EPC施工企业	施工收入、其他收入	施工收入、其他收入	原材料、设备等采购	施工收入×10%＋其他收入×16%－进项税额

4. 建设环节纳税分析

PPP项目的建设周期较长，一般分为融资环节、建设环节、运营环节和退出环节，不同环节、不同的纳税主体，在不同建设时期、不同的建设环节需要缴纳不同的税种，我们对此进行分析。

(1)融资环节。

1)股东融资。根据沪建房管联〔2016〕839号《上海市住房和城乡建设管理委员会上海市规划和国土资源管理局关于进一步加强本市房地产市场监管促进房地产市场平稳健康发展的意见》，在申请参加土地招拍挂活动时，应承诺资金来源为合规的自有资金。B置业有限公司在支付保障房的土地价款时，应为自有资金，这就要求股东增资成为必需的渠道。

①股东投资。按照股东出资形式，可以分为货币性资产出资和非货币性资产出资。

股东若以货币性资产出资，无增值税、所得税纳税义务；股东以非货币性资产出资，实质上可以拆解成资产出售和以货币出资两个环节，即股东先将非货币性财产出售给公司，再以出售资产所获取的现金对公司缴付出资。因此，非货币型资产出资在视同出售环节负有所得税、增值税纳税义务。

增值税方面，非货币性资产出资视同销售，按照资产性质的不同，依照16%、10%、6%的税率缴纳增值税。SPV项目公司接受非货币性资产出资后，资产对应的增值税进项税额可以抵扣。

所得税方面，为避免股东缴付税款的资金压力，根据《财政部、国家税务总局关于非货币性资产投资企业所得税政策问题的通知》(财税〔2014〕116号)的规定，非货币性资产转让所得可在不超过5年内递延纳税。此外，国家税务总局公告2016年第62号《关于完善股权激励和技术入股有关所得税政策的通知》，就技术入股的所得税处理进行了特别规定，除可享受上述5年递延纳税之外，还允许股东在投资入股当期可暂不纳税，允许递延至转让股权时，按股权转让收入减去技术成果原值和合理税费后的差额计算缴纳所得税。

②股东借款。增值税方面，营改增后，贷款服务属于增值税范畴内的应税服务，应缴纳增值税，股东提供借款给公司，股东按提供贷款服务6%的税率缴纳增值税，公司购买贷款服务所取得进项税额不得从销项税额中抵扣。

所得税上，股东借款给公司，由于股东和公司属于关联利益方，要注重是否存在资本弱化，要按照独立交易原则进行交易。不超过金融企业同期同类贷款利率范围且股东借款数额不超过股东实缴出资的两倍部分对应的利息支出可以税前扣除。

③混合型投资。满足条件的混合型投资，投资企业对于被投资企业支付的利息应于被投资企业应付利息的日期，确认收入的实现并计入当期应纳税所得额；被投资企业应于应付利息的日期，确认利息支出，并按税法和《国家税务总局关于企业所得税若干问题的公告》(2011 年第 34 号)第一条的规定，进行税前扣除；对于被投资企业赎回的投资，投资双方应于赎回时将赎价与投资成本之间的差额确认为债务重组损益，分别计入当期应纳税所得额。

2)企业集团统借统还。根据《营业税改征增值税试点过渡政策的规定》，统借统还业务中，企业集团或企业集团中的核心企业以及集团所属财务公司按不高于支付给金融机构的借款利率水平或者支付的债券票面利率水平，向企业集团或者集团内下属单位收取的利息，免征增值税；高于支付给金融机构借款利率水平或者支付的债券票面利率水平的，应全额缴纳增值税。所得税方面，企业集团或其成员企业统一向金融机构借款，分摊集团内部其他成员企业使用的，借入方凡能出具从金融机构取得借款的证明文件，可以在使用借款的企业间合理地分摊利息费用，使用借款的企业分摊的合理利息准予在税前扣除。

3)融资租赁。融资租赁可以分为直租型融资租赁和融资型售后回租两类，两类融资租赁的税务处理并不相同。在增值税方面，直租型融资租赁的出租人应按动产租赁服务 16%的税率缴纳增值税，公司可就取得的进项税额进行抵扣；融资型售后回租业务的出租人应按贷款服务 6%的税率缴纳增值税，所取得的进项税额不得从销项税额中抵扣。所得税方面，直租型融资租赁的出租人就取得的租金收入逐年缴纳所得税，SPV 项目公司作为承租人按租赁合同约定的付款总额和缔约过程中发生的相关费用为计税基础，作为其他业务成本或费用可以税前扣除；在融资型售后回租业务中，SPV 项目公司出售资产的行为不确认为销售收入，仍按出售前原账面价值对出售资产计提折旧，支付的属于融资利息的部分，作为企业财务费用在税前扣除。出租人就承租人支付的属于融资利息的部分款项按贷款服务收入缴纳所得税。

4)银团借款。通过市场化融资招标，确定融资合作单位，进行融资。在增值税上，金融业营改增后，银行提供贷款服务属于增值税范畴内的应税服务，银行应缴纳增值税，但根据金融业营改增的有关税收政策，SPV 项目公司购买贷款服务所取得进项税额不得从销项税额中抵扣。所得税上，公司为支付银行贷款利息，不需要进行资本化的，可以直接作为成本扣除当年的应纳税所得额，需要进行资本化的，计入资产价值，通过以后年度的折旧抵减其应纳税所得额。

5)新型城镇化开发基金。根据财政部关于印发《政府投资基金暂行管理办法》的通知，城镇化基金可采用公司制、有限合伙制和契约制等不同组织形式。组织形式不同，税收政策也不同。公司制基金需就自身经营所得缴纳 25%的税率，若有个人投资者，在利润分配环节，个人投资者缴纳 20%的个税；合伙制基金采用先分后税的模式，自然人合伙人缴纳个人所得税，法人合伙人缴纳企业所得税。

不同融资模式税款测算如表 2.5 所示。

表 2.5　　不同融资模式税款测算

融资方式	纳税人	收入	税种	税率	备注
股东出资	非货币性资产出资人	非货币性资产投资视同销售	增值税 所得税 印花税 契税	16%、10%、6% 25%(社会资本投资方15%) 产权转移书据、权利许可证件定额贴花 3%①	SPV项目公司接受非货币性资产出资进项税额可抵扣
股东借款	股东	贷款收入	增值税 所得税	6% 25%(社会资本投资方15%)	资金进项税额 不得抵扣
混合型投资("明股实债")	混合型投资出资人	贷款收入	增值税 所得税	6% 25%(社会资本投资方15%)	资金进项税额 不得抵扣
统借统还	企业集团或下属财务公司	贷款收入	增值税 所得税	6%(不高于支付给金融机构的借款利率水平或者支付的债券票面利率水平免增值税) 25%(社会资本投资方5%)	取得借款的证明文件,使用借款的企业分摊的合理利息准予在税前扣除
融资租赁 ①直租型融资租赁; ②融资性售后回租	出租人	①租金收入 ②贷款收入	增值税 所得税	①直租:动产租赁服务16% ②融资:贷款业务6% 25%(社会资本投资方15%)	直租进项税可抵扣、融资性售后回租进项税不得抵扣
银行借款	银行	贷款收入	增值税 所得税	6% 25%	资金进项税额不得抵扣
城镇化基金:公司制和合伙制基金	①公司制 ②先分后税	贷款收入	增值税 所得税	6% 25%、15%、20%(个人)	资金进项税额不得抵扣;合伙制——先分后税

(2)建设环节。B置业有限公司作为区政府甲镇保障房工程的开发主体单位,委托项目管理公司作为项目管理单位,负责该保障性住房项目的全过程开发建设工作。

B置业公司根据项目管理单位组织的招标结果,选定施工建设、工程监理和设备、材料采购等单位进行实际建设工作。其中,社会资本投资方EPC施工企业作为总承包单位,项目管理公司作为代开发单位。

1)清包工与甲供工程。在保障房建设过程中,若B置业公司与建筑服务提供商约定采用甲供工程或清包工工程,意味着建筑服务商无法就原材料的进项进行抵扣,而营改增后建筑业服务增值税税率是10%,为了避免给建筑商造成大量负担,《营业税改征增值税试点有关事项的规定》规定:一般纳税人以清包工和甲供工程提供的建筑服务,可以选择适用简易计税方法,即建筑公司可以选择适用简易计税方法也可以选择一般计税方法。如果建筑公司选择适用简易计税方法,则该项目本身所发生的成本中的增值税进项税不

① 沪府发[1997]第48号《关于本市贯彻〈中华人民共和国契税暂行条例〉》若干意见的通知。

可以抵扣;如果选择一般计税方法计税,则该项目本身所发生的成本中的增值税进项税可以抵扣。

2)建设环节保障房税收优惠。在保障房建设过程中,为了减轻保障房建设运营单位的税收负担,政府规定了一些税收优惠政策来支持保障房的建设。

根据财税〔2015〕139号财政部国家税务总局《关于公共租赁住房税收优惠政策的通知》:

①对公共租赁住房建设期间用地免征城镇土地使用税。在其他住房项目中配套建设公共租赁住房,依据政府部门出具的相关材料,按公共租赁住房建筑面积占总建筑面积的比例免征建设、管理公共租赁住房涉及的城镇土地使用税。

②对公共租赁住房经营管理单位免征建设、管理公共租赁住房涉及的印花税。在其他住房项目中配套建设公共租赁住房,依据政府部门出具的相关材料,按公共租赁住房建筑面积占总建筑面积的比例免征建设、管理公共租赁住房涉及的印花税。

建设环节税款测算如表2.6所示:

表2.6　建设环节税款测算

公司	收入	税种	税率	备注
SPV项目公司	利息收入、管理费收入	增值税、所得税、土地使用税、耕地占用税、印花税、车船税等	利息与管理费收入增值税税率6%、所得税25%、城镇土地使用税为1.5~30元/每平方米[①]、耕地占用税上海为45元/每平方米、印花税按合同性质、《车船税税目税额表》	盈利点投资回报
B置业公司	土地储备、政府合同付费	印花税、城镇土地使用税、契税、耕地占用税、车船税等	印花税及城镇土地使用税免税[②];契税3%、耕地占用税上海为45元/每平方米、《车船税税目税额表》	大量进项税留抵:设计、建筑、待开发、监理等进项税额
社会资本投资方EPC(施工公司)	施工收入、出售边角残料等其他收入	增值税、所得税、印花税、土地使用税、车船税	建筑增值税率10%、出售残料增值税率16%、所得税15%、建筑承包合同印花税0.3‰、城镇土地使用税为1.5~30元/每平方米、《车船税税目税额表》	清包工及甲供工程可选择按简易纳税办法

---

① 沪府发〔2007〕42号上海市人民政府关于发布《上海市城镇土地使用税实施规定》和沪地税发〔2007〕63号《关于公布本市城镇土地使用税纳税等级具体范围的通知》。

② 财税〔2014〕52号财政部、国家税务总局《关于促进公共租赁住房发展有关税收优惠政策的通知》。

续表

公司	收入	税种	税率	备注
项目管理公司	代建管理费收入	增值税、所得税等	管理服务增值税税率6%、所得税25%	盈利点代理业利润

(3)运营环节。

1)财政补贴的税务处理。在保障房运营过程中,政府可能会通过政府补贴的方式给予SPV项目公司一定的补助。企业取得的各类政府补贴性收入,从税收角度看可以分为两种情形:应税收入及不征税收入。根据《财政部国家税务总局关于专项用途财政性资金企业所得税处理问题的通知》(财税〔2011〕70号)的规定,企业从县级以上各级人民政府财政部门及其他部门取得的应计入收入总额的财政性资金,若企业能够提供规定资金专项用途的资金拨付文件、单独核算支出,且拨付资金部门对该资金有专门的资金管理办法或具体管理要求,则该部分政府补贴属于不征税收入,SPV项目公司无须就此缴纳所得税。除此之外,SPV项目公司取得的其他政府补贴属于应税收入,仍须履行所得税纳税义务。对于不征税收入,《企业所得税实施条例》第二十八条规定,不征税收入用于支出所形成的费用,不得在计算应纳税所得额时扣除;用于支出所形成的资产,其计算的折旧、摊销不得在计算应纳税所得额时扣除。按此规则,SPV项目公司须在取得不征税收入的以后年度进行纳税调整,可以看出,无论一项政府补贴是作为不征税收入还是征税收入,并不会影响企业应交的所得税金额,实际影响的是所得税纳税义务时点。

2)保障房运营中的税收优惠。根据财税〔2015〕139号《财政部国家税务总局关于公共租赁住房税收优惠政策的通知》:

一、对公共租赁住房建设期间用地及公共租赁住房建成后占地免征城镇土地使用税。在其他住房项目中配套建设公共租赁住房,依据政府部门出具的相关材料,按公共租赁住房建筑面积占总建筑面积的比例免征建设、管理公共租赁住房涉及的城镇土地使用税。

二、对公共租赁住房经营管理单位免征建设、管理公共租赁住房涉及的印花税。在其他住房项目中配套建设公共租赁住房,依据政府部门出具的相关材料,按公共租赁住房建筑面积占总建筑面积的比例免征建设、管理公共租赁住房涉及的印花税。

三、对公共租赁住房经营管理单位购买住房作为公共租赁住房,免征契税、印花税;对公共租赁住房租赁双方免征签订租赁协议涉及的印花税。

四、对企事业单位、社会团体以及其他组织转让旧房作为公共租赁住房房源,且增值额未超过扣除项目金额20%的,免征土地增值税。

五、企事业单位、社会团体以及其他组织捐赠住房作为公共租赁住房,符合税收法律法规规定的,对其公益性捐赠支出在年度利润总额12%以内的部分,准予在计算应纳税所得额时扣除。

个人捐赠住房作为公共租赁住房,符合税收法律法规规定的,对其公益性捐赠支出未超过其申报的应纳税所得额30%的部分,准予从其应纳税所得额中扣除。

……

七、对公共租赁住房免征房产税。对经营公共租赁住房所取得的租金收入,免征营业税。公共租赁住房经营管理单位应单独核算公共租赁住房租金收入,未单独核算的,不得享受免征营业税、房产税优惠政策。

运营期间税款测算如表 2.7。

表 2.7　　运营期间税款测算

公司	收入	税种	税率	备注
B 置业公司	租金收入、政府付费收入、出售收入、其他收入	增值税、印花税、土地增值税、城镇土地使用税、房产税、车船税、所得税等	不动产租赁服务与销售不动产 10%；出售残料等 16%、印花税免税、土地增值税四级超率累进税率、城镇土地使用税免税、房产税免税、所得税率 25%、《车船税税目税额表》	符合财税〔2015〕139 号《财政部国家税务总局关于公共租赁住房税收优惠政策的通知》相关要求
SPV 项目公司	利息收入、管理费收入、政府付费收入	增值税、所得税、土地使用税、耕地占用税、印花税、车船税等	利息与管理费收入增值税率 6%、所得税 25%、城镇土地使用税为 1.5～30 元/每平方米①、耕地占用税上海为 45 元/每平方米、印花税按合同性质纳税、《车船税税目税额表》	金融资产核算

(4)退出环节。B 置业有限公司将保障房交付给政府指定的单位，以政府付费或受益者付费的形式受偿。政府按照约定的计价方式，确定股权价格，受让 B 置业有限公司 100%的股权，并支付股权转让对价。

1)资产移交。目前税法并未对 PPP 项目移交阶段的税务处理进行明确规定。就法理分析，项目移交环节的税务处理主要取决于移交环节中是否存在项目资产权属的转移。若地方政府与社会资本方明确项目资产建成后权属即归属于地方政府，SPV 项目公司仅享有特许经营权，则在项目移交中不涉及权属的变更，在所得税及增值税上无须按视同销售进行处理。若项目资产的权属属于 SPV 项目公司，则此时应按《财政部国家税务总局关于全面推开营业税改征增值税试点的通知》(财税〔2016〕36 号)及《关于企业处置资产所得税处理问题的通知》(国税函〔2008〕828 号文)的规定，在所得税及增值税上按视同销售进行税务处理。

对于政府参与的资产交易计价偏低或者不计价的，是否按资产的公允价值进行调整，目前税法没有明确规定，这是资产移交的一个风险点，SPV 项目公司应提前做好相关安排。

2)企业重组。企业重组包括企业法律形式的改变、债务重组、股权收购、资产收购、合并与分立等。税务处理方式包括一般性税务处理和特殊性税务处理。

一般性税务处理的所得额是公允价值减去计税基础，特殊性税务处理对交易中股权支付的部分，暂不确认有关资产的转让所得或损失；对交易中非股权支付部分应在交易当期确

---

①　沪府发〔2007〕42 号上海市人民政府关于发布《上海市城镇土地使用税实施规定》和沪地税发〔2007〕63 号《关于公布本市城镇土地使用税纳税等级具体范围的通知》。

认相应的资产转让所得或损失，资产转让所得或损失=(被转让资产的公允价值－被转让资产的计税基础)×(非股权支付金额÷被转让资产的公允价值)。

3)SPV项目公司清算。全部资产均应按可变现价值或交易价格，确认资产转让所得或损失，同时确认债权清理、债务清偿的所得或损失，对预提或待摊性质的费用进行处理，依法弥补亏损，确定清算所得，计算并缴纳清算所得税，确定可向股东分配的剩余财产、应付股息等。

企业的全部资产可变现价值或交易价格，减除资产的计税基础、清算费用、相关税费，加上债务清偿损益等后的余额，为清算所得。企业应将整个清算期作为一个独立的纳税年度计算清算所得。

企业全部资产的可变现价值或交易价格减除清算费用，职工的工资、社会保险费用和法定补偿金，结清清算所得税、以前年度欠税等税款，清偿企业债务，按规定计算可以向所有者分配的剩余资产。

被清算企业的股东分得的剩余资产的金额，其中相当于被清算企业累计未分配利润和累计盈余公积中按该股东所占股份比例计算的部分，应确认为股息所得；剩余资产减除股息所得后的余额，超过或低于股东投资成本的部分，应确认为股东的投资转让所得或损失。被清算企业的股东从被清算企业分得的资产应按可变现价值或实际交易价格确定计税基础。退出环节税收测算如表2.8所示：

表2.8　退出环节税收测算

公司	收入	税种	税率	备注
B置业公司	政府付费收入、出售收入、清算收入	增值税 印花税 所得税 土地增值税 车船税	不动产转移税率10% 产权转移书据0.5‰[①] 所得税率25% 四级超率累进税率 《车船税税目税额表》	对于政府参与的资产交易计价偏低或者不计价的，是否按资产的公允价值进行调整目前税法无明确界定
SPV项目公司	股权转让收入、收回投资收入	所得税	25%	股权转让的一般性税务处理与特殊性税务处理

(二)关键涉税环节

SPV项目公司作为投融资平台，主要负责项目资金的筹借和对下投资，与社会资本投资方(EPC施工企业)签订施工合同。主要盈利点在按约定的回报收取固定投资收益。社会资本投资方(EPC施工企业)作为施工方，负责公建配套设施服务，如道路管线工程、市政配套设施和绿化景观工程等的建设工作，承包方式主要有两种：一种是EPC总承包方式。该方式下，应该按兼营处理，根据EPC总包方在该项目中实际提供的应税行为的分类，分别予以税务处理。另一种是甲供或清包方式。就甲供工程而言，由于甲供材等由发包方(即SPV项目公司)进行采购，相应进项即由发包方取得。而相对营改增之前，施工企业的业务

① 《财政部税务总局关于对营业账簿减免印花税的通知》(财税〔2018〕50号)："自2018年5月1日起，对按万分之五税率贴花的资金账簿减半征收印花税。"

收入不再包括甲供材部分金额。施工企业对于甲供工程的税务处理存在一般计税和简易计税两种方法，可以由施工企业自行选择。

若为一般计税，施工企业就其取得的收入按 10％的税率计算销项税额，同时抵扣相关增值税进项；

若为简易计税，施工企业须缴纳的增值税＝（业务收入－分包额）×3％，不得抵扣增值税进项。

1．按涉税主体分析

主要涉税情况见表 2.9。

表 2.9　　按税种各主体纳税分析表

涉税主体	阶段	纳税行为	税种	风险点
SPV 项目公司	土地一级开发	按约定的回报收取固定投资收益；收取镇政府支付的服务价款	增值税；城建税及教育费附加等	各股东、平台公司的利益保证问题
		施工合同签订	印花税	
		公司所得	企业所得税	
		运营过程	车船税	
EPC 施工企业	土地一级开发	提供建筑承包劳务、施工收入；甲供工程	增值税	避免关联交易
			城建税及附加	
		施工所得	企业所得税	
		签订施工合同	印花税	
项目管理公司	土地一级开发	提供建筑服务	增值税、城建税及教育费附加等	服务费用的核算
		企业所得	企业所得税	
		签订代建合同	签订代建合同	

2．按业务流程分析

主要涉税分析如表 2.10。

表 2.10　　按环节纳税分析表

环节	方式	税种	处理办法
SPV 项目公司设立环节	非货币性资产出资	增值税	出资属于股东让渡作为出资标的的非货币性资产获取了股权，属于增值税意义上的应税行为，股东应就非货币性资产出资缴纳增值税，相应地，公司作为增值税服务的接受方，在取得股东开具的增值税专用发票、予以认证后可以抵扣进项
		企业所得税	企业以非货币性资产对外投资，应对非货币性资产进行评估并按评估后的公允价值扣除计税基础后的余额，计算确认非货币性资产转让所得
	债券性融资	增值税	金融业营改增后，银行提供贷款服务属于增值税范畴内的应税服务，银行应缴纳增值税，但根据相关税收政策，SPV 项目公司购买贷款服务所取得进项税额不得从销项税额中抵扣
		企业所得税	公司为支付银行贷款利息，不需要进行资本化的，可以直接作为成本扣除当年的应纳税所得额；需要进行资本化的，计入资产价值，通过以后年度的折旧抵减应纳税所得额

续表

环节	方式	税种	处理办法
土地取得环节	出让	契税	按照土地成交总价款计征契税，其中土地前期开发成本不得扣除
		印花税	税率0.05%
		企业所得税	暂不涉及企业所得税
	划拨	契税	不征
		印花税	土地使用权证贴花5元
		企业所得税	凡指定专门用途并按《财政部国家税务总局关于专项用途财政性资金企业所得税处理问题的通知》(财税〔2011〕70号)规定进行管理的，企业可作为不征税收入进行企业所得税处理
	作价入股	契税	土地、房屋权属转移合同确定价格
		印花税	税率0.5%
		企业所得税	企业接受政府划入资产属于县级以上人民政府及有关部门将国有资产作为股权投资划入企业的，企业应将其作为国家资本金(包括资本公积)处理。属于非货币性资产的，其计税基础可按实际接收价值确定。企业接受政府以土地作价入股的情况暂不确认收入，无须缴纳企业所得税
施工环节	清包	增值税	一般纳税人为清包工程提供的建筑服务，可以选择适用简易计税方法计税。若为一般计税，施工企业就其取得的收入按10%的税率计算销项税额，同时抵扣相关增值税进项；若为简易计税，施工企业须缴纳的增值税=(业务收入－分包额)×2%，不得抵扣增值税进项
	甲供	增值税	一般纳税人为甲供工程提供的建筑服务，可以选择适用简易计税方法计税。若为一般计税，施工企业就其取得的收入按10%的税率计算销项税额，同时抵扣相关增值税进项；若为简易计税，施工企业须缴纳的增值税=(业务收入－分包额)×3%，不得抵扣增值税进项
	EPC总承包	增值税	设计、采购、施工，按兼营行为纳税

(三)纳税风险管控

1. 纳税风险分析

一级土地开发纳税风险分析如表2.11所示。

表2.11　一级土地开发纳税风险分析

项目	内容	立项主体	涉及税种	风险点	备注
前期费用	咨询费，规划、设计等费用	SPV项目公司	增值税、所得税、印花税、房产税、车船税等	依法取得增值税专用发票	1."三流合一" 2. 征求税务机关同意，做好今后费用分配方案 3. 进项税额存在分配各子公司、各项目的问题

续表

项目	内容	立项主体	涉及税种	风险点	备注
土地整理	拆迁及补偿	政府拆迁公司	免税	可否使用财政票据 1. 居民拆迁 2. 企业拆迁 (1)政府文件 (2)无文件 3. 单位拆迁	1. 需要区分不同类型的搬迁(居民、企业、单位及社会组织) 2. 需要县级以上人民政府的有关文件 3. 注意合法单据的取得,因今后项目移交政府时,需要结算该项费用 4. 要提前做好分类管理
	七通一平	1. 政府公司	免税	财政票据	需要得到政府的授权或者相关政府文件
		2. BT 模式(项目外包社会公司) 政府立项	增值税、所得税、土地增值税、印花税、房产税、车船税、燃油税等	重庆模式,按照提供建筑劳务	1. 项目外包存在全额缴纳增值税的问题 2. 需要测算合同额、税额
		3. BT 模式(代建) 政府立项	免税(国家税务总局公告 2013 年第 15 号《关于纳税人投资政府土地改造项目有关营业税问题的公告》)	深圳模式,按照金融业贷款业务纳税	1. 税务机关可否同意差额纳税 2. 是按照金融业还是建筑业纳税 3. 是否违反“两标并一标”
		4. PPP 模式 SPV 项目公司立项	免税(类似政府开发) 国土资源局于近日印发《产业用地政策实施工作指引》的通知(国土资厅发〔2016〕38 号) 财政部发布《关于联合公布第三批政府和社会资本合作示范项目》(财金〔2016〕91 号),“PPP＋土地”联合公开招标的方式	探索中	1. PPP＋土地政策可否尽快落实 2. 土地开发的成本如何计算 3. 一级、二级土地开发的增值税、土地增值税问题

保障房涉税及风险分析如表 2.12 所示:

表 2.12　　　　保障房涉税及风险分析

立项主体	业务流程	模式	涉及税种	风险点
政府立项	政府立项—划拨土地—移交—政府付费(非经营性)	项目外包	为政府提供劳务	是否免税
		代建	提供建筑劳务	全额还是差额纳税
		PPP 模式	提供建筑劳务	等待政策

续表

立项主体	业务流程	模式	涉及税种	风险点
公司立项	公司立项—划拨土地—移交—政府付费(非经营性)	BT模式	免税	可否使用财政票据
		BOT模式	提供建筑、管理劳务	保障房免税
		PPP模式	提供建筑劳务、运营收入	保障房免税
公司立项	协议出让(评估价)—移交—政府付费(保障房) 定向出让(应该招拍挂,因是PPP项目,可以两标并一标,定向出让)——出售(小业主)	1. BT模式(项目外包社会公司) 政府立项	增值税、所得税、土地增值税、印花税、房产税、车船税、燃油税等	重庆模式,按照提供建筑劳务
		2. BT模式(代建) 政府立项	免税(国家税务总局公告2013年第15号《关于纳税人投资政府土地改造项目有关营业税问题的公告》)	深圳模式,按照金融业贷款业务纳税
公司立项	协议出让(评估价)—移交—政府付费(保障房) 定向出让(应该招拍挂,因是PPP项目,可以两标并一标,定向出让)——出售(小业主)	3. PPP模式 SPV项目公司立项	免税(类似政府开发) 国土资源局于近日印发《产业用地政策实施工作指引》的通知(国土资厅发〔2016〕38号) 财政部发布《关于联合公布第三批政府和社会资本合作示范项目》(财金〔2016〕91号),"PPP+土地"联合公开招标的方式	探索中

2. 注意的问题

(1)因BT模式国家已禁止,但实务过程中仍存在重庆模式、深圳模式,全国各地做法不同,要避免政府的"项目外包"模式。

(2)BT(代建模式),要明确纳税模式、开票种类,并且约定政府与公司的权利及义务。

(3)明确政府立项(项目外包模式、项目代建模式)以及公司立项模式下,"熟地"是否移交政府。如果移交则涉及比较多的纳税风险(例如:增值税全额缴纳、无合法票据、必须进行土地增值税清算等)。

(4)关于土地增值税,争取达到《财政部国家税务总局关于土地增值税若干问题的通知》(财税〔2006〕21号)文件要求的条件。

(5)关于所得税,对于所要搬迁的企业需要按照《国家税务总局关于企业政策性搬迁所得税有关问题的公告》(国家税务总局2013年第11号公告)执行。

(6)争取按照(财金〔2016〕91号)的规定实行"PPP+土地"模式,直接进入土地二级建设阶段。

(7)在计算土地增值税时,可扣除土地成本的范围如何确定?社会公司进行的一级土地开发成本能否作为土地增值税扣除中土地成本额度。

(8)营改增条件下,要注意"三流合一"的问题,以及增值税专用发票、普通发票的问题。在新法未出台,旧法还在部分地区实施的状态下,积极与地方政府协调土地一级开发过程中的细节性问题。

(9)因在改革变动状态下,政策、法规处于模糊状态,政府、税务机关、企业都处于边摸索边实践的情况下，注意沟通和协调。

3. 结论

建议以 SPV 项目公司立项，根据甲镇 PPP 项目的合同中“两标并一标”的有关条款，以及国土资源部办公厅印发《产业用地政策实施工作指引》的通知(国土资厅发〔2016〕38 号)，财政部发布《关于联合公布第三批政府和社会资本合作示范项目》(财金〔2016〕91 号)有关规定，争取“PPP＋土地”联动模式，避免土地移交直接进入二级开发。

(四)保障房各项目主体的税款测算

各项目主体的会计核算及纳税分析如表 2.13 所示：

表 2.13　　会计核算及纳税分析表

公司	收入	盈利点	税种	会计核算
SPV 项目公司	利息收入、管理费收入、政府付费收入	投资回报	增值税、印花税、车船税、燃油税、土地使用税、耕地占用税、所得税(土地增值税)	金融资产
B 置业公司	土地储备、销售额、政府合同付费、出售收入、其他收入	开发收入：政府付费、出售收入与开发成本的差额	增值税、印花税、(土地增值税)、车船税、燃油税、所得税	存货
社会资本投资方(EPC 施工公司)	施工收入	建筑业利润	增值税、印花税、土地使用税、车船税、燃油税、所得税	代建、施工
项目管理公司	代建管理费收入	代理业	增值税、印花税、所得税	监理

1. SPV 项目公司的税款测算

(1)增值税。

增值税＝年度投资额×约定回报率/(1＋6%)×6% － 进项税额

(2)契税。

1)税率。3%～5%幅度税率，根据沪府发(1997)48 号，上海市契税比例为 3%。

2)计税依据。对于国有土地使用权出让，以成交价格作为计税依据。96 亩动迁安置房用地出让金以 310 万元/亩计价，以国有土地使用权协议出让的方式，出让给 B 置业公司。

3)税额计算。

契税＝计税依据×税率

(3)耕地占用税。根据《城中村改造项目合作协议》，城中村改造项目中一共涉及约 129 亩的现状农用地待转为建设用地，上述土地共由 10 处区块组成，保障房建设是否占用耕地及占用多少有待进一步数据支持。

1)税率。地区差别定额税率，上海为 45 元/每平方米。

2)计税依据。纳税人占用的耕地的面积。

3)税额计算。

应纳税额＝实际占用耕地面积(平方米)×适用定额税率

(4)城镇土地使用税。

1)税率。幅度定额税率，上海市为 1.5～30 元/每平方米税额(具体税率详见沪府发

〔2007〕42 号上海市人民政府关于发布《上海市城镇土地使用税实施规定》和沪地税发〔2007〕63 号《关于公布本市城镇土地使用税纳税等级具体范围的通知》)。

2)计税依据。纳税人实际占用的土地面积,土地面积计量标准均为每平方米。

3)税额计算。

应纳税额=实际占用应税土地面积(平方米)×适用税额

(5)印花税。合同项目:土地使用权出让合同、建筑安装工程承包及建筑施工合同、建筑工程勘察设计合同、销售合同。

1)税率。土地使用权出让合同和销售合同为定额税率,每件 5 元。

2)计税依据。建筑安装工程承包及建筑施工合同按承包金额的 0.3‰,建筑工程勘察设计合同按收取金额的 0.5‰。

3)税额计算。

应纳税额=5×2+建筑安装工程承包及建筑施工合同按承包金额×0.3‰+建筑工程勘察设计合同按收取金额×0.2‰

(6)土地增值税。

土地增值税=(一级土地开发金额-允许扣除项目)×适用税率-扣除项目金额×速算扣除率

(7)所得税。

应纳税额=应税所得税额×25%

2. B 置业公司税额测算

(1)增值税。

应纳税额=工程承包及建筑施工额×约定回报率/(1+6%)×6% - 进项税额

(2)契税。

1)税率。3%~5%幅度税率,根据沪府发〔1997〕48 号,上海市契税比例 3%。

2)计税依据。对于国有土地使用权出让,以成交价格作为计税依据。96 亩动迁安置房用地出让金以 310 万元/亩计价,以国有土地使用权协议出让的方式,出让给 B 置业公司。

3)税额计算。

应纳税额=计税依据×税率

(3)耕地占用税。

根据《城中村改造项目合作协议》,城中村改造项目中一共涉及约 129 亩的现状农用地待转为建设用地,上述土地共由 10 处区块组成,保障房建设是否占用耕地及占用多少有待进一步数据支持。

1)税率。地区差别定额税率,上海为 45 元/每平方米。

2)计税依据。纳税人占用的耕地的面积。

3)税额计算。

应纳税额=实际占用耕地面积(平方米)×适用定额税率

(4)城镇土地使用税。

1)税率。幅度定额税率,上海市为 1.5~30 元/每平方米税额,具体税率详见沪府发〔2007〕42 号上海市人民政府关于发布《上海市城镇土地使用税实施规定》和沪地税发〔2007〕63 号《关于公布本市城镇土地使用税纳税等级具体范围的通知》。

2)计税依据。纳税人实际占用的土地面积,土地面积计量标准均为每平方米。

3)税额计算。

应纳税额=实际占用应税土地面积(平方米)×适用税额

(5)印花税。合同项目:土地使用权出让合同、建筑安装工程承包及建筑施工合同、建筑工程勘察设计合同、销售合同。

1)税率及计税依据。土地使用权出让合同和销售合同为定额税率,每件 5 元;建筑安装工程承包及建筑施工合同按承包金额的 0.3‰,建筑工程勘察设计合同按收取金额的 0.5‰。

2)税额计算。应纳税额=5×2+建筑安装工程承包及建筑施工合同按承包金额×0.3‰+建筑工程勘察设计合同按收取金额×0.5‰。

(6)土地增值税。

土地增值税=(一级土地开发金额-允许扣除项目)×适用税率-扣除项目金额×速算扣除率

(7)所得税。

应纳税额=应税所得税额×25%

3. EPC 施工企业税额测算

(1)增值税。

应纳税额=年度投资额×约定回报率/(1+6%)×6% - 进项税额

(注:因机构所在地与项目施工地不同,可能存在税款预交或者汇总纳税的问题)

(2)印花税。合同项目:土地使用权出让合同、建筑安装工程承包及建筑施工合同、建筑工程勘察设计合同、销售合同。

1)税率及计税依据。土地使用权出让合同和销售合同为定额税率,每件 5 元;建筑安装工程承包及建筑施工合同按承包金额的 0.3‰,建筑工程勘察设计合同按收取金额的 0.5‰。

2)税额计算。应纳税额=5×2+建筑安装工程承包及建筑施工合同按承包金额×0.3‰+建筑工程勘察设计合同按收取金额×0.5‰。

(3)所得税。

应纳税额=应税所得税额×15%

三、新型城镇化 PPP 项目纳税风险管控

(一)纳税风险管控与资源配置的总体设计

1. 盈利模式

PPP 项目投资的盈利模式为“7+X”模式。“7”为项目公司完成的投资额(即依据“投资完成额、完成的时间点、占用的时间”)可获得预测的年化回报率为 7.385%,按月计量投资额,并实行跟踪审计确认。预测的基础回报率与央行 5 年期以上贷款基准利率挂钩前,如基准利率变化,预测的年化回报率同幅度上下调整。“X”为包含工程项目的融投资建设利润、SPV 项目公司经营性收益、咨询服务收益、产业导入收益等多种收益模式。如进行二级开发,还有二级开发收益。

具体来说甲镇 PPP 项目的盈利模式,主要是以下三种:经营性、非经营性、准经营性三种模式。

(1)非经营性项目。非经营性项目的盈利机制,一方面通过固定回报,即以上所述的投资额的7.385%,另一方面是工程施工合同中所获取的部分施工收益。

(2)经营性与准经营性。经营性与准经营性的盈利机制,社会资本的主要盈利不外乎以下几种。

1)服务费。设计规划费、咨询费。

2)管理费。对特定标的提供综合运营管理服务并获得管理费收益。

3)租赁。政府将特定标的资产租赁给社会资本运营机构,社会资本运营机构按照政府的合同要求使用和运营该资产,提供相应的服务和产品获得商业回报,并向政府部门支付租赁费用。

4)特许经营权。政府通过竞争方式特别许可社会资本对特定标的资产行使经营权,社会资本按照特许经营合同对该资产进行运营,向社会提供产品和服务以获得商业收益。2015年国家发改委、财政部等多个部位联合签发25号令《基础设施和公用事业特许经营管理办法》。

5)合作经营。政府与社会资本企业共同对特定标的资产合作经营,或通过共同出资的特殊SPV项目公司经营特定资产,向社会提供产品和服务并获得盈利,政府与社会资本按照出资比例或合同约定的分配比例分享盈利。

盈利模式不同,适用的税种、税率以及税基都会有所不同,因此投资方在选择和确定盈利模式的时候必须综合考虑其整体税负水平。

2. 纳税风险管控的原则与实现路径

(1)股东价值最大化原则。在SPV项目公司股权结构设计中,A建筑集团联合体、区平台公司、镇平台公司分别持有70%、20%、10%的股权比例。在SPV项目公司运行中,社会资本投资方(EPC施工企业)负责具体工程承包及建筑施工工程建设施工业务,项目管理公司则履行监理职责,B置业公司作为SPV项目公司的全资子公司,则在某些项目中行使项目运营中的日常管理功能。为此,我们从SPV项目公司、社会资本投资方(EPC施工企业)、项目管理公司三方股东价值最大化角度进行纳税风险管控,单独站在上述三方角度筹划税收将有可能背离整体价值最大化的战略目标。所以,我们纳税风险管控模型是最小化三方公司的整体税负水平。

需要说明的是,该课题仅仅从税负角度提升股东价值,而不考虑其他评价体系。如果加入其他评价体系,可能会影响本课题的研究结论。这需要包括A建筑集团在内的各企业在今后PPP项目谈判和开发过程中需要综合考量。

(2)实现路径——资源的优化配置。

1)涉税主体三方的业务关系。首先,在非经营性项目中,SPV项目公司作为PPP项目实施的法律主体,一方面获得固定回报,即前文所述的7.385%,另外则获得来自工程承包及建筑施工合同中的部分收益;社会资本投资方(EPC施工企业)的业务收入则来自SPV项目公司的工程承包及建筑施工工程承建的工程施工收入额;项目管理公司作为项目管理方,收取监管费,按照行业内通行的收费费率,一般为2%~7%的区间。

其次,经营性与准经营性项目中,SPV项目公司一方面通过社会资本投资方(EPC施工企业)按照施工合同额实施项目承包,另一方面通过下述全资子公司形式负责对项目进行后续运营。在上述业务关系中,SPV项目公司的收入来源集中于项目运营中的现金流。

2)涉税主体三方涉税税种以及税率。在营改增实施背景下,涉税主体涉税的税种主要是两类,即增值税和企业所得税。据此在税负测算中,根据上述主体所处业务不同,分别适用不同的税率。具体如表2.14所示:

表2.14　各业务主体适用税率

业务主体	增值税率	所得税率
SPV项目公司	6%	25%
社会资本投资方	10%	15%
项目管理公司	6%	25%

在经营性与准经营性项目中,还要考虑SPV项目公司控股或者全资子公司所使用的增值税率与所得税率,不同行业与不同的产业政策会导致税率有所差异。

3)经营性与准经营性项目未来现金流的处理方式。在经营性与准经营性项目中,由SPV项目公司全资子公司负责项目的具体运行,获取收入。从现金流角度,与非经营性项目存在一个时间点的差异。非经营性项目主要是工程承包及建筑施工,施工完毕,现金流即可获取,收益实现,但是在经营性与准经营性项目中,现金流的获取是通过项目运行所获取,并且运行周期较长,一般为20年到30年不等。

为使工程承包及建筑施工与项目运行的现金流具有可比性,我们将项目运行中未来的现金流进行贴现,消除时间点的差异而进行纳税风险管控。这里的现金流主要指我们税收中所考量的增值额与利润。

4)资源优化配置。正是由于涉税主体在增值税率和所得税率上的差异,纳税风险管控才具有意义与价值,否则把业务集中于税负最低的主体即达到纳税风险管控的目标。

在上述背景下,我们进行纳税风险管控的实现路径主要是将PPP项目合同额在三方涉税主体中进行资源分配,进而达到总体税负最低的目的。具体来说,主要是以下几个方面:

一是整个项目合同额在SPV项目公司与社会资本投资方(EPC施工企业)、项目管理公司之间的收益分配。假定在管理费率确定的情况下,项目管理公司的收入额即是社会资本投资方(EPC施工企业)合同额乘以管理费率。

二是管理费率的确定,即意味着项目管理公司在整个合同额中的分配比例。

三是SPV项目公司与社会资本投资方(EPC施工企业)合同额的分配与管理费率的综合规划。

上述几个方面的纳税风险管控总结为一个核心问题——合同额这一资源在涉税三方中的最优配置和分配问题。

(二)研究方法与思路

1. 研究方法——线性规划

(1)线性规划的提出。在生产管理和经营活动中经常会提出这样一类问题:如何利用有限的人力、物力、财力等资源,取得最好的效果。

一是配载问题。一交通工具,运输几种不同体积、重量的物资,如何装配,所运的物资最多?

二是下料问题。用圆钢制造长度不等的机轴,如何下料,所剩的余料最少?

三是生产计划问题。企业生产 A、B 两种电器产品，两种产品的市场需求状况可以确定，按当前的定价可确保所有产品均能销售出去。企业可提供的两种原材料和劳动时间的数量是有限的。产品 A 与产品 B 各应生产多少，可使企业总利润最大？上述这些问题有如下共同特点：

①问题解决要满足一定条件，称为约束条件；

②问题有多个满足条件的解决方案；

③问题解决有明确的目标要求，对应不同方案有不同目标值，可表示成目标函数。

我们称如下一般问题："在一定约束条件下，求目标函数的最大或最小值"为最优化问题，用数学模型描述的最优化问题，称为数学规划问题。

在最优化问题中，如果约束条件与目标函数均是线性的，我们就称之为线性规划问题。线性规划模型的一个基本特点是目标和约束均为变量的线性表达式。如果模型中出现如：x12＋2lnx2－1/x3 的非线性表达式，则不属于线性规划。

线性规划是运筹学的一个重要分支，也是运筹学中应用最广泛的方法之一。自 1947 年旦茨基(G. B. Dantzig)提出了一般线性规划问题求解的方法——单纯形法(simplex method)之后，线性规划已被广泛应用于解决经济管理和工业生产中遇到的实际问题。调查表明，在世界 500 家最大的企业中，有 85％的企业都曾使用过线性规划解决经营管理中遇到的复杂问题。线性规划的使用为应用者节约了数以亿万计的资金。

(2)线性规划的方法。

1)线性规划三要素。根据上述线性规划问题的提出，可以看出线性规划包含基本的三个要素：

第一，所有线性规划数学模型都要求一组变量的值，称该组变量为决策变量。

第二，任何问题都是限定在一定的条件下求解，把各种限制条件表示为一组等式或不等式，称之为约束条件。约束条件是决策方案可行的保障。同时线性规划的约束条件，都是决策变量的线性函数。

第三，通常，满足约束条件的解若存在有无穷多个，我们最终不是求这无穷多个解分别是什么，而要寻求一个目标。这个目标由函数表示，称为目标函数，线性规划问题最终要使目标函数取得最大值或最小值。

决策变量、约束条件、目标函数分别构成了线性规划数学模型的三大要素。

2)线性规划步骤。

第一，确定决策变量：决策变量是模型要确定的未知变量，也是模型最重要的参数，是决策者解决实际问题的控制变量。

第二，确定目标函数：目标函数决定线性规划问题的优化方向，是模型的重要组成部分。实际问题的目标可表示为决策变量的一个线性函数，并根据实际问题的优化方向求其最大化(Max)或最小化(Min)。

第三，确定约束方程：一个正确的线性规划模型应能通过约束方程来描述和反映一系列客观条件或环境的限制，这些限制通过一系列线性等式或不等式方程组来描述。

第四，变量取值限制：一般情况下，决策变量取正值(非负值)。因此，模型中应有变量的非负约束即 $X_j \geqslant 0$，但也存在例外。

[例]某工厂可生产甲、乙两种产品，需消耗煤、电、油三种资源。现将有关数据列表如下

(见表 2.15),试拟订使总收入最大的生产计划方案。

表 2.15　　甲、乙两种产品消耗资源数据

资源单耗　产品资源	甲	乙	资源限量
煤	9	4	360
电	4	5	200
油	3	10	300
单位产品价格	7	12	

在本例中:

决策变量:甲、乙产品的计划产量,记为 x_1,x_2;

目标函数:总收入,记为 z,则 $z=7x_1+12x_2$,为体现对其追求极大化,在 z 的前面冠以极大号 Max;

约束条件:分别来自资源煤、电、油限量的约束,和产量非负的约束,表示为:

$$s.t.\begin{cases}9x_1+4x_2\leqslant 360\\4x_1+5x_2\leqslant 200\\3x_1+10x_2\leqslant 300\\x_1,x_2\geqslant 0\end{cases}$$

(3)线性规划的数学模型。线性规划数学模型的一般形式:假定线性规划问题有 n 个决策变量,m 个约束条件。一般地,线性规划问题数学模型中可表示成如下形式:

$$\text{Max(或 Min)}\ z=c_1x_1+c_2x_2+\cdots+c_nx_n$$

$$\begin{cases}a_{11}x_1+a_{12}x_2+\cdots+a_{1n}x_n\leqslant(\text{或}=,\geqslant)b_1\\a_{21}x_1a_{22}x_2+\cdots+a_{2n}x_n\leqslant(\text{或}=,\geqslant)b_2\\\quad\vdots\\a_{m1}x_1+a_{m2}x_2+\cdots+a_{mn}x_n\leqslant(\text{或}=,\geqslant)b_m\\x_j\geqslant 0,j=1,2,\cdots,n\end{cases}$$

模型一般式的矩阵形式:

$X=(x_1,\cdots,x_n)T$,$C=(c_1,\cdots,c_n)$,$A=(a_{ij})m\times n$,

$b=(b_1,\cdots,b_n)T$

则模型可表示为:

$$\max z=CX$$

$$s.t.\begin{cases}AX\leqslant b\\X\geqslant 0\end{cases}$$

上式中 X 称为决策变量向量,C 称为价格系数向量,A 称为技术系数矩阵,b 称为资源限制向量。

1)线性规划数学模型标准形式。

线性规划问题的数学模型有各种不同的形式,如:

①目标函数有极大化和极小化;

②约束条件有“⩽”、“⩾”和“=”三种情况;

③决策变量一般有非负性要求,有的则没有。

为了求解方便,特规定一种线性规划的标准形式,非标准型可以转化为标准型。标准形式为:

①目标函数极大化;

②约束条件为等式;

③右端常数项 $bi \geqslant 0$;

④决策变量非负。

线性规划数学模型标准形式:

$$\max z = c_1x_1 + c_2x_2 + \cdots + c_nx_n$$

$$\begin{cases} a_{11}x_1 + a_{12}x_2 + \cdots + a_{1n}x_n = b_1 \\ a_{21}x_1 + a_{22}x_2 + \cdots + a_{2n}x_n = b_2 \\ \vdots \\ a_{m1}x_1 + a_{m2}x_2 + \cdots + a_{mn}x_n = b_m \\ x_1, x_2, \cdots, x_n \geqslant 0 \end{cases}$$

也可表达为:

$$\max z = \sum_{j=1}^{n} c_j x_j$$

$$\begin{cases} \sum_{j=1}^{n} a_{ij}x_j = b_i, i = 1, 2, \cdots, m \\ x_j \geqslant 0, j = 1, 2, \cdots, n \end{cases}$$

2)如何把非标准形转化为标准形。对于不符合标准形式的线性规划问题,可通过下面的方法将数学模型转化为标准形式:

①对 $\min z$ 型,另 $z' = -z$;

②对于 $b_i < 0$,约束条件两边乘(-1);

③约束条件为“≤”时,左端加上一个松弛变量;

④约束条件为“≥”时,左端减去一个剩余标量;

⑤变量 x_j 无约束时,另 $x_j = x_j' - x_j''$,$x_j', x_j'' \geqslant 0$;

⑥变量 $x_i \leqslant 0$ 时,另 $x_i' = -x_i$。

(4)线性规划问题的求解——含有两个决策变量的线性规划问题的图解法。

求解线性规划问题的基本方法是单纯形法,已有单纯形法的标准软件,可在电子计算机上求解约束条件和决策变量数达10 000个以上的线性规划问题。为了提高解题速度,又有改进单纯形法、对偶单纯形法、原始对偶方法、分解算法和各种多项式时间算法。

对于只有两个变量的简单的线性规划问题,也可采用图解法求解。图解法是用画图的方式求解线性规划的一种方法。它虽然只能用于解二维(两个变量)的问题,但其主要作用并不在于求解,而是在于能够直观地说明线性规划解的一些重要性质。为通俗易懂理解线性规划求解问题,我们以图解法为例说明:

1)线性规划图解法的含义。该线性规划问题仅含有两个决策变量 x_1 和 x_2,可将两个决策变量取值组成的有序数组(x_1,x_2)与平面直角坐标系 Ox_1x_2 上的点形成一一对应,而含有两个决策变量的线性规划问题的目标函数为二元线性函数,约束条件为二元一次方程或二元一次不等式，这些均可在平面直角坐标系 Ox_1x_2 中通过直线或半平面等表示。于是，含有两个决策变量的线性规划问题可在平面直角坐标系 Ox_1x_2 上通过作图方式求解。

这种通过作图方式解线性规划问题的方法称为线性规划问题的图解法。

学习图解法的意义：一是求含有两个决策变量的线性规划问题的解；二是理解线性规划问题解的性质和含义。

由于线性规划问题的约束条件为等式约束 $ax_1+bx_2=c$，或不等式约束 $ax_1+bx_2\leqslant c$ 及 $ax_1+bx_2\geqslant c$，而我们已知等式约束 $ax_1+bx_2=c$ 在平面直角坐标系 Ox_1x_2 中表示一条直线，而不等式约束即二元一次不等式在坐标平面内的求解方法及结果还不清楚，因而，先理解二元一次不等式的图解法。

2）二元一次不等式的图解法。

用图解法解线性规划问题：

$$\max S=2x_1+3x_2$$

$$s.t.\begin{cases}2x_1+2x_2\leqslant 12\\x_1+2x_2\leqslant 8\\4x_2\leqslant 12\\x_1,x_2\geqslant 0\end{cases}$$

解：①建立平面直角坐标系 Ox_1x_2，求可行域。

A. 先作直线 $2x_1+2x_2=12$，代点判断 $2x_1+2x_2\leqslant 12$ 在直线的左下方；

B. 作直线 $x_1+2x_2=8$，代点判断 $x_1+2x_2\leqslant 8$ 在直线的左下方；

C. 作直线 $4x_2=12$，代点判断 $4x_2\leqslant 12$ 在直线的下方；

D. $x_1,x_2\geqslant 0$ 表示第一象限；

E. 取上述五个条件的公共部分，得该问题的可行解集为如图 2.8 所示的 $OABCDO$。

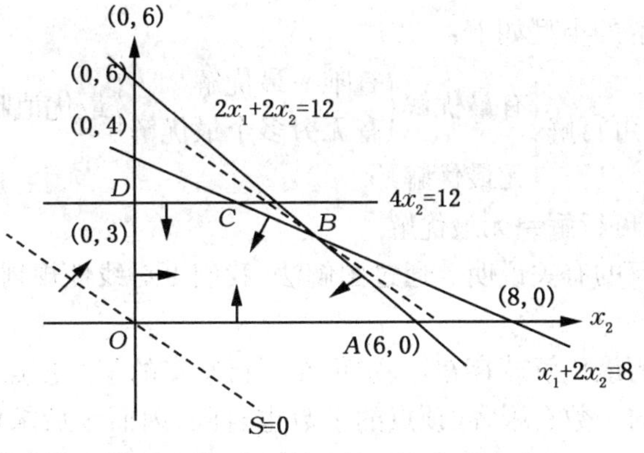

图 2.8

②作目标函数初始等值线 $S=0$。由于目标函数为 $S=2x_1+3x_2$，故目标函数初始等值线 $S=0$ 为 $2x_1+3x_2=0$，此为一条过点(0,0)和$\left(1,-\dfrac{2}{3}\right)$的直线，用虚线表示。

由于该直线上所有点的目标函数值都是 0，故称此条直线为目标函数等值线（注意是数值的值，确切地说，应称为目标函数等值直线）。

同理我们也可以做出目标函数的其他等值线，如 $S=1$、$S=2$ 及 $S=-1$ 等。

我们发现目标函数等值线彼此平行，故已知一条初始等值线 $S=0$，其他等值线可通过平移方式得到。且向一个方向平移目标函数值增大，而向另一个方向平移目标函数值减小。所以只要能判断出目标函数的增大方向，结合题目，即可知道目标函数平移方向。

③代点判断目标函数增大方向。找一已知点代入目标函数，若目标函数值大于 0，说明此方向为目标函数值增大方向，若目标函数值小于 0，说明该方向为目标函数值减小方向，另一个方向为目标函数值增大方向。

将初始等值线 $S=0$ 右上方点(1,0)代入目标函数，得 $S=2>0$，说明，右上方为目标函数值增大方向，将目标函数值增大方向用箭头标在初始等值线上(见图 2.8)。

④平移目标函数等值线到最远点(B 点)。由于该题求最大，且右上方为目标函数值增大方向，故向右上方平移。由于最优解必须是可行解，故应移到可行解集的最远端——B 点。

⑤求最优解和最优值。最优解为 B 点对应的横纵坐标，是直线 $2x_1+2x_2=12$ 和 $x_1+2x_2=8$ 的交点，联立方程 $\begin{cases}2x_1+2x_2=12\\x_1+2x_2=8\end{cases}$，得交点 $\begin{cases}x_1=4\\x_2=2\end{cases}$；所以最优解为 $\begin{cases}x_1=4\\x_2=2\end{cases}$。

最优值为 $\max S=2x_1+3x_2=2\times4+3\times2=14$。

该线性规划问题有唯一最优解。

3)线性规划图解法解题步骤。

①建立平面直角坐标系 Ox_1x_2，求可行域；

②作目标函数初始等值线 $S=0$；

③代点判断目标函数增大方向；

④平移目标函数等值线到可行域的最远端(顶点)；

⑤求最优解和最优值。

4)线性规划问题解的类型如下：

- 有可行解
  - 有最优解
    - 有唯一最优解
    - 有无穷多个最优解
    - （以上两种）最优值唯一
  - 无最优解
- 无可行解⇒无最优解

5)线性规划问题解的有关说明。通过图解法，我们可对线性规划解的概念、类型和性质理解如下：

①线性规划问题的最优解若存在，一定可在可行解集的某个顶点处得到。

②由于约束条件的个数有限，故顶点的个数也有限，因而今后求最优解时，不必在无穷多个可行解中寻求最优解，只需在可行解集的有限个顶点中寻找即可，于是实现了从无限到有限的质的转变。

③当线性规划问题有无穷多个最优解时，可按其中任意一个最优解执行。

当线性规划问题有无穷多个最优解时，此时通常将两个端点表示出来，称其为基本最优解或基础最优解：

A. 不论最优解有多少个，最优值是唯一的，也正是由于它们的最优值都最优，它们才都是最优解；

B. 无最优解的情况有两种：一种是有可行解但无最优解，另一种，因为无可行解，所以无最优解；

C. 无可行解是由于约束条件出现矛盾，在现实工作中主要由于要求过于苛刻造成的，应修改约束条件。

6)投资问题。

［例］某投资公司准备将1 000万元的资金对 A、B 两家企业投资。对企业 A 每投资 1 元，当年底投资公司可获利 0.7 元，对企业 B 每投资 1 元，第二年底投资公司可获利 2 元。对企业 A、B 的投资期限必须分别为一年和两年的整数倍。问应如何投资，可使投资公司在第三年底本利和最大？试建立该问题数学模型。

问题分析：决策变量：该题的问题“如何投资”指每年分别向两家企业投资多少，因而设 x_{iA}，x_{iB} 分别表示第 i 年向企业 A 和 B 的投资额，为列写模型方便，将有关数据列表如表 2.16：

表 2.16　　对 A、B 企业投资的相关数据

年份	年初资金	对 A 投资	对 B 投资	年底资金
1	1	x_{1A}	x_{1B}	$1.7x_{1A}$
2	$1.7x_{1A}$	x_{2A}	x_{2B}	$1.7x_{2A}+3x_{1B}$
3	$1.7x_{2A}+3x_{1B}$	x_{3A}		$1.7x_{3A}+3x_{2B}$

约束条件：由于只要有投入，不管投向哪家企业一定有正回报，要想获得最大本利和，每年必须将手中的资金全部投出去，只不过，投向不同企业、投不同金额，回报大小不同而已，因而约束条件应为：每年投资额等于投资公司当年初手中的资金额。

目标函数：第三年底本利和最大。

模型建立：如表 2.16，设 x_{iA}，x_{iB} 分别表示第 i 年向企业 A 和 B 的投资额，建立问题的数学模型。求一组变量的 x_{iA}，x_{iB} 值，使其满足：

$$\begin{cases} x_{1A}+x_{1B}=10^7 \\ x_{2A}+x_{2B}=1.7x_{1A} \\ x_{3A}=1.7x_{2A}+3x_{1B} \\ x_{1A},x_{2A},x_{3A},x_{1B},x_{2B}\geqslant 0 \end{cases}$$

并使 $S=1.7x_{3A}+3x_{2B}$ 最大。

2. 线性规划在 PPP 项目税收筹划应用的逻辑

根据上述讨论，税收筹划的目标是使涉税三方总的税负最低。另外，在实现上述目标时，存在一定的约束条件，如监管费率 2%～7%的区间，建筑行业内的收益率水平等。存在约束条件求极值问题，无疑是一个线性规划的问题。

为此，我们可以将甲镇新型城镇化 PPP 项目的税收筹划转化为线性规划问题。

线性规划三要素在上述税收筹划中的一般体现为：

一是决策变量：项目合同额、工程承包方的增值率与利润率、工程承包行业增值率与利润率的比例、项目管理公司的管理费率、三方各自的增值税率与所得税率。

二是约束条件：工程承包行业的增值率与利润率，以及上述两个指标的比例，项目管理公司的管理费率。

三是目标函数：增值税之和最小或者所得税之和最小或者增值税与所得税之和最小。

后文将对不同项目具体列示与分析。

3. 研究思路

(1)目标函数。为全方位研究问题，我们分别按照增值税、所得税以及总税负(即增值税＋所得税)最低进行规划。用函数形式即：

$$\text{Min}_{(\text{增值税})} \quad (1)$$

$$\text{Min}_{(\text{所得税})} \quad (2)$$

$$\text{Min}_{(\text{增值税}+\text{所得税})} \quad (3)$$

(2)约束条件。

1)行业或 A 建筑集团作为工程承包及建筑施工方的增值率、利润率；

2)工程承包及建筑施工及建筑施工业务行业增值率与利润率的比例；

3)监管费率。

(3)研究设计。

1)根据三方涉税主体的业务关系，以及工程承包及建筑施工行业的增值率，分别计算出三方的增值额及增值税负；

2)根据增值率与利润率之间的比例关系，计算三方的净利润及所得税负；

3)根据上述计算公式，计算出三方总的增值税负以及所得税负，并据此计算出三方总的税负；

4)利用线性规划模型，在约束条件下，分别求出三种目标函数下，合同额在涉税三方的配置比例；

5)在约束条件或者其他变量发生变化情况下，进行敏感性分析。

(三)城中村板块纳税风险管控

城中村板块我们主要研究两个案例，即一级土地开发与保障房建设，结合两个案例的运营模式进行纳税风险管控讨论。

1. 一级土地开发财税管理方案

(1)甲镇 PPP 项目土地一级开发模式。甲镇新型城镇化 PPP 项目组织架构如图 2.9 所示。

甲镇新型城镇化 PPP 项目属于园区综合开发类型，在土地一级开发环节主要有由 A 建筑集团、区平台公司和镇平台公司共同出资设立的 SPV 项目公司、社会资本投资方(EPC 施工企业)、A1 公司和项目管理公司四个主体，采用的运营模式是 PPP 模式。

整个项目的土地一级开发全部由 SPV 项目公司负责，负责与社会资本投资方(EPC 施工企业)签订施工合同，与项目管理公司签订代建合同。该项目土地一级开发服务包括基本建设(七通一平，即通给水、通排水、通电、通路、通讯、通暖气、通天然气或煤气，以及场地平整)，并移交给 PPP 合同甲方或甲方指定的单位。

在该项目中，甲镇人民政府通过一定的(如公开招标)方式引入 A 建筑集团为项目的社会资本方，并授予由 A 建筑集团、区平台公司和镇平台公司合资设立的 SPV 项目公司负责园区的规划、投融资、建设、运营等一体化的市场运作，基本操作模式如图 2.10 所示。

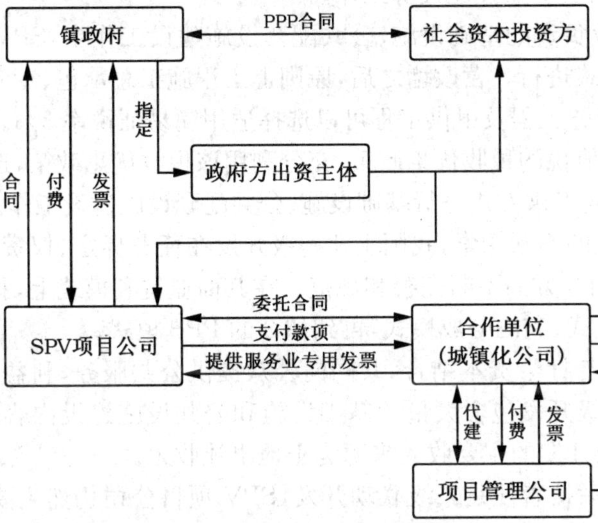

图 2.9 甲镇新型城镇化 PPP 项目组织架构图

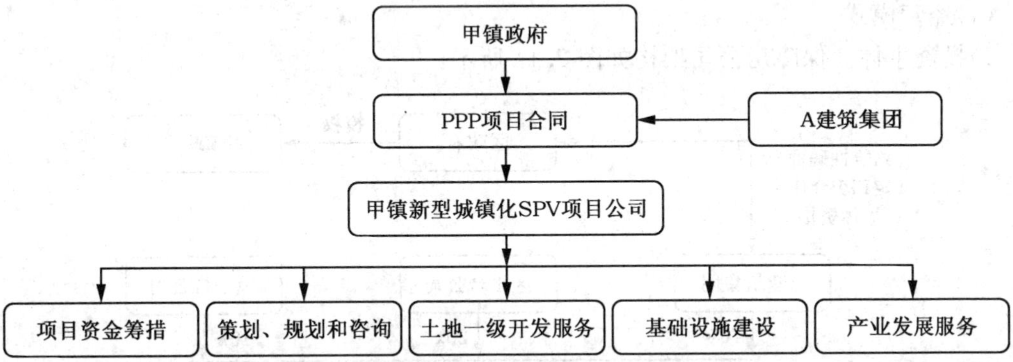

图 2.10 甲镇城镇化 PPP 项目一级土地开发流程图

其中：

1)项目资金筹措指 SPV 项目公司负责项目资金的筹措，并按照甲方提供的用款计划保证资金及时到位；

2)策划、规划修编建议(含报批)、设计、咨询服务，如开发区域的控规、产业规划及控制性详规编制等规划咨询服务，公共项目维护等；

3)土地一级开发指基本建设(七通一平)，并移交给甲方或甲方指定的单位；

4)基础设施建设指公建配套设施服务，如道路管线工程、市政配套设施和绿化景观工程等，最后移交给甲方指定单位；

5)产业发展服务包括招商引资、企业服务、开发商住宅用地和商办用地等。

(2)开发方式。

1)采购方式。甲镇新型城镇化公司作为四方投资主体而组建的 SPV 项目公司，在土地一级开发中主要是与 EPC 施工企业签订施工等合同，购买其建筑劳务，取得增值税专用发票，并由代建单位——项目管理公司负责监控建设等工作。

2)建设方式。在 EPC 施工企业负责的基础设施、公共配套设施建设工作中，SPV 项目公司和施工主体需要考虑以何种模式进行。营改增之后，原则上工程施工总承包、专业分包适用 10%的增值税税率，清包工、劳务工程及甲供工程可以选择适用简易征税率 3%。建筑公司可以享受营业税政策平移到增值税的税收优惠政策，充分利用该税收优惠政策，选择税负较低的征收率为 3%的清包方式或甲供方式进行基础设施、公共配套设施建设工作。

3)盈利模式。经过在 PPP 领域的不断探索，我国土地一级开发在任务界定、权责分配、商业模式、风险配置和利益分享机制等方面不断完善和规范。在其商业盈利模式上，我国土地一级开发有 BT 模式、土地补偿模式、利润分成模式，再到如今的 PPP 模式。

甲镇项目的 PPP 模式，是政府与社会资本结合，共同向公众提供公共服务，利益共享、风险共担的一种商业模式。土地一级开发包含大量的基础设施和公共设施建设内容，是理想的 PPP 模式运行领域。土地一级开发的主要收入来源为土地出让收入。

4)退出机制。土地一级开发之后接着便是二级联动开发，SPV 项目公司仍然主要作为一个投融资平台，社会资本投资方(EPC 施工企业)在后期项目中还会由其代建或总承包工作，继续提供建筑劳务，故本环节不涉及退出机制，可不予考虑。

2. 保障房开发模式

(1)经营模式

1)投资主体。保障房公司架构如图 2.11 所示：

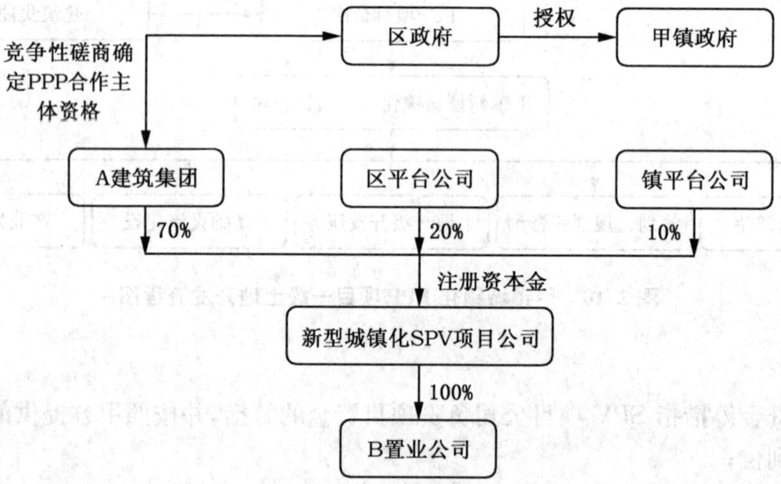

图 2.11 保障房公司架构图

社会资本投资方(EPC 施工企业)与政府通过竞争性磋商确定 PPP 合作主体资格，作为 PPP 项目唯一的社会资本合作对象。社会资本投资方(EPC 施工企业)中标后，与区镇两级政府平台公司共同成立 SPV 项目公司。社会资本联合体持 70%股份，区镇两级平台公司持 30%股份(区平台公司占股 20%、镇平台公司占股 10%)。

根据 PPP 子项目运营模式，经股份审批，SPV 项目公司于 2016 年 10 月在上海市设立全资子公司——B 置业公司，具体负责城中村改造的保障房建设。

2)运营模式。保障房开发增值税“三流合一”流程如图 2.12 所示：

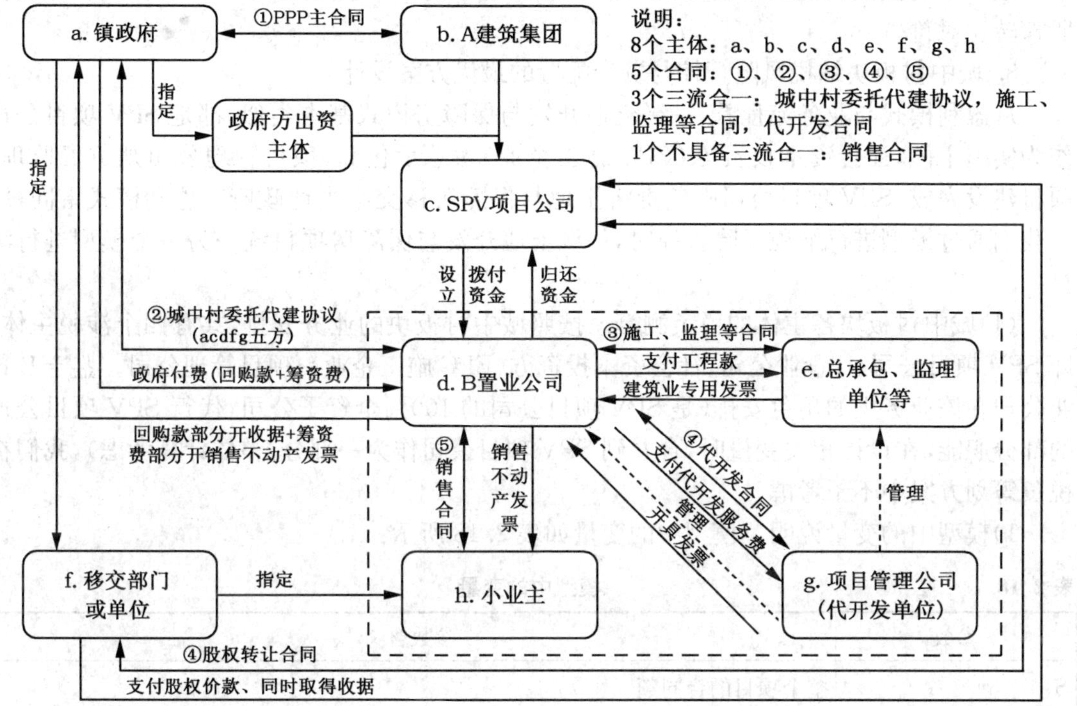

图 2.12　保障房开发增值税“三流合一”流程图

①采购方式。B 置业公司与 A 建筑集团签订总承包合同，承包方式为包工、包料、包工期、包验收、包安全生产等全包方式。因此，采购事宜全权由社会资本投资方(EPC 施工企业)负责。

②建设方式——代建管理与专业协同。B 置业公司作为区政府甲镇动迁安置房工程的开发主体单位，委托项目管理公司作为项目管理单位，负责该保障性住房项目的全过程开发建设工作。

B 置业公司根据项目管理单位组织的招标结果，选定施工建设、工程监理和设备、材料采购等单位进行实际建设工作。其中，B 置业公司选定 EPC 施工企业作为总承包单位，项目管理公司作为代开发单位。

3)盈利模式。保障房开发盈利模式如表 2.17 所示：

表 2.17　　保障房开发盈利模式

公司	收入	盈利点
SPV 项目公司	利息收入、管理费收入、政府付费收入	投资回报
B 置业有限公司	土地储备、销售收入、政府合同付费、出售收入、其他收入	开发收入、政府付费、出售收入与开发成本之间的差额
项目管理公司	代建管理费收入	代建单位利润
EPC 施工企业(总承包方)	施工收入	建筑业利润

4)退出机制。在保障房建设竣工验收后,B置业公司将动迁安置房交付给政府指定的小业主。政府按照约定的计价方式,确定股权价格,受让B置业公司100%的股权,并支付股权转让对价。

3. 城中村板块纳税风险管控与资产配置的最优方案设计

从盈利模式与业务流程看,一级土地开发与保障房模式基本类似,都是SPV项目公司作为实施主体,社会资本投资方(EPC施工企业)为总承包商,项目管理公司则负责监理。项目建设完成,SPV项目公司则负责将土地与保障房移交给当地政府。盈利模式雷同,所以我们通过模型进行纳税风险管控时,一级土地开发与保障房项目统一为一个模型进行测算。

(1)城中村板块各主体的税负测算。按照城中村板块的业务安排,共有四个涉税主体,即SPV项目公司、B置业公司、社会资本投资方(EPC施工企业)、项目管理公司。鉴于B置业公司在该业务中的角色安排(是SPV项目公司的100%全资子公司,代行SPV项目公司的部分职能,在设计相关变量时,合并到SPV项目公司作为一部分,整体计算考虑),我们在税负筹划方案中不予考虑。

1)模型中的变量说明。模型中的变量如表2.18所示:

表2.18　模型中的变量

参数	参数含义
$S_{总}$	整个项目的合同额
$F_{R项}$	SPV项目公司按照合同额所获取的固定回报率
$F_{C项}$	SPV项目公司资金的融资成本
$A_{R总}$	整个项目总的增值率
$A_{R项}$	整个项目合同额中,SPV项目公司分享的增值率
$P_{利润率/增值率项目}$	SPV项目公司利润率与增值率的比值
$A_{R社会}$	社会资本投资方本真业务的增值率
$P_{利润率/增值率社会}$	建筑施工行业利润率与增值率的比值
$S_{项}$	SPV项目公司在合同额中取得的收入
$S_{社会}$	社会资本投资方在合同额中取得的收入
$S_{项管}$	项目管理公司在合同额中取得的收入
$M_{R项管}$	项目管理公司按照项目合同所提取的管理费率
$P_{利润率/增值率项管}$	项目管理公司本身业务利润率与增值率的比值
$R_{项管}$	项目管理公司本身业务的利润率
$T_{总}$	SPV项目公司、社会资本投资方、项目管理公司的总体税负
$T_{项增}$	SPV项目公司的增值税负

续表

参数	参数含义
$T_{项所}$	SPV 项目公司的所得税负
$T_{社会增}$	社会资本投资方的增值税负
$T_{社会所}$	社会资本投资方的所得税负
$T_{项管增}$	项目管理公司的增值税负
$T_{项管所}$	项目管理公司的所得税负

2)上述变量的逻辑关系说明。

①SPV 项目公司增值额。按照整个项目年合同额中取得的增值率计算,即

$S_{总}\times A_{R项}$

②项目管理公司的收入。项目管理公司收入来源于按照项目建设合同额所提取的管理费,即

$S_{项管}=S_{总}\times M_{R项管}$

③社会资本投资方的收入。社会资本投资方的收入是总的合同额扣除 SPV 项目公司的增值额与项管公司的收入,即

$S_{社会}=S_{总}-S_{总}\times A_{R项}-S_{总}\times M_{R项管}$

④社会资本投资方的增值额计算。在已知整个 SPV 项目公司增值率下,可以计算出整个项目的增值额即 $S_{总}\times A_{R总}$,在此基础上,扣除 SPV 项目公司分享的增值额与项目管理公司分享的增值额,即为社会资本投资方的增值额,计算公式如下:

$$S_{总}\times A_{R总}-S_{总}\times A_{R项}-S_{总}\times M_{R项管}\times A_{R项管}$$

3)各业务主体税负计算。在税负测算中,根据上述主体业务不同,分别适用于不同的税率。具体如表 2.19 所示:

表 2.19　各业务主体适用税率

业务主体	增值税率	所得税率
SPV 项目公司	6%	25%
EPC 施工企业	10%	15%
项目管理公司	6%	25%

①假设条件。

A. 依据建筑行业的盈利特点,假设该项目总的增值率即 $A_{R总}$ 不大于 20%;

B. SPV 项目公司在整个项目中所获取的增值率 $A_{R项}$ 小于等于总的增值率 $A_{R总}$;

C. 依据行业特点,东孚公司所提取的管理费率 $M_{R项管}$ 取值范围为 2%到 7%之间;

D. SPV 项目公司增值税率统一按照 6%计算。

②涉税主体的增值税与所得税测算。

A. SPV 项目公司。按照我们对 SPV 项目公司的业务假设,SPV 项目公司共有两个业务设计税负问题,一是固定回报,即合同总额的 7.385%;二是承建整个项目中的部分业务。

据此测算SPV项目公司的税负问题。

$T_{项增}=S_{总}\times F_{R项}\times 6\%+S_{总}\times A_{R项}\times 6\%$

$T_{项所}=S_{总}\times(F_{R项}-F_{C项})\times 25\%+S_{总}\times A_{R项}\times P_{利润率/增值率项目}\times 25\%$

B. 社会资本投资方(EPC施工企业):

$T_{社会增}=(S_{总}\times A_{R总}-S_{总}\times A_{R项}-S_{总}\times M_{R项管}\times A_{R项管})\times 10\%$

$T_{社会所}=(S_{总}\times A_{R总}-S_{总}\times A_{R项}-S_{总}\times M_{R项管}\times A_{R项管})\times P_{利润率/增值率社会}\times 15\%$

C. 项目管理公司:

$T_{项管增}=S_{总}\times M_{R项管}\times A_{R项管}\times 6\%$

$T_{项管所}=S_{总}\times M_{R项管}\times A_{R项管}\times P_{利润率/增值率项管}\times 25\%$

③总体税负测算。

A. 增值税的总体税负:

$$T_{总增}=T_{项增}+T_{社会增}+T_{项管增}$$

B. 所得税的总体税负:

$$T_{总所}=T_{项所}+T_{社会所}+T_{项管所}$$

C. 增值税与所得税的总体税负水平:

$$T_{总}=T_{项增}+T_{项所}+T_{社会增}+T_{社会所}+T_{项管增}+T_{项管所}$$

(2)纳税风险管控与资产配置的模型设计。

1)目标函数。合同额在*SPV*项目公司、社会资本投资方(*EPC*施工企业)、项目管理公司三个主体分配的目标是基于总体税负最小化。

为更深入问题,我们从增值税、所得税以及总体税负三个指标分别考察。由此在该模型中,目标函数是:

$$T_{总增} \quad (1)$$

$$T_{总所} \quad (2)$$

$$T_{总} \quad (3)$$

求其最小值。

2)约束条件。

①$A_{R总}\geqslant 0, A_{R总}\leqslant 20\%$;

②$A_{R项}\leqslant A_{R总}$;

③$M_{R项管}\geqslant 2\%, M_{R项管}\leqslant 7\%$。

3)规划结果。根据上述目标函数以及约束条件,我们运用EXCEL中的非线性规划求解软件,可以得到如下最优结果。

①参数选取(见表2.20)。

表2.20　　参数选取

模型中参数定义	参数	数量(亿元)
每年合同额	$S_{总}$	10
固定回报收益率	F_R	7.385%
融资成本	F_C	5.000%

续表

模型中参数定义	参数	数量(亿元)
承包业务总增值率	$A_{R承包}$	20%
SPV项目公司利润率与增值率的比值	$P_{利润/增值项目}$	90%
社会资本投资方利润率与增值率的比值	$P_{利润/增值社会}$	70%
项目管理公司增值率	$A_{R项管}$	40%
项目管理公司利润率与增值率的比值	$P_{利润/增值项管}$	80%

②规划结果。按照上述参数，我们按照增值税税负最低、所得税税负最低、总税负最低三种情况分别考察，结果如下：

第一，只考虑增值税税负最低(相关数据见表2.21—表2.24)。

表2.21　　增值税税负最低

目标为增值税负最低	
约束条件	最优解
SPV项目公司增值率AR项	20.000%
项目管理公司管理费率MR	7.000%
SPV项目公司分享增值	2.00
项目管理公司收入	0.70
社会资本投资方收入	7.30

各主体承担的税负与总体税负如表2.22所示：

表2.22　　各主体税负与总税负

税种	参数	金额(亿元)
SPV项目公司的增值税	$T_{项增}$	0.164 31
SPV项目公司的所得税	$T_{项所}$	0.509 625
社会资本投资方的增值税	$T_{社会增}$	−0.030 8
社会资本投资方的所得税	$T_{社会所}$	−0.003 234
项目管理公司的增值税	$T_{项管增}$	0.016 8
项目管理公司的所得税	$T_{项管所}$	0.003 36
总的增值税	$T_{总增}$	0.150 31
总的所得税	$T_{总所}$	0.509 751
增值税与所得税之和	$T_{总}$	0.660 061

上述结果表明，在总体增值税税负最低的目标下，社会资本投资方出现了增值额与所得额为负值的情况。为此我们再增加一个约束条件，即社会资本投资方(EPC施工企业)增值额大于等于零。规划求解结果如表2.23所示。

表 2.23　　最优资源配置

目标为增值税负最低,且社会资本投资方增值额大于零	
约束条件	最优解
SPV 项目公司增值率 AR 项	17.200%
项目管理公司管理费率 MR	7.000%
SPV 项目公司分享增值	1.72
项目管理公司收入	0.70
社会资本投资方收入	7.58

各主体承担的税负与总体税负如表 2.24 所示：

表 2.24　　各主体承担税负与总体税负

税种	参数	金额(亿元)
SPV 项目公司的增值税	$T_{项增}$	0.147 51
SPV 项目公司的所得税	$T_{项所}$	0.446 625
社会资本投资方的增值税	$T_{社会增}$	−2.44E−17
社会资本投资方的所得税	$T_{社会所}$	−2.56E−18
项目管理公司的增值税	$T_{项管增}$	0.016 8
项目管理公司的所得税	$T_{项管所}$	0.003 36
总的增值税	$T_{总增}$	0.164 31
总的所得税	$T_{总所}$	0.449 985
增值税与所得税之和	$T_{总}$	0.614 295

第二,只考虑所得税税负最低(相关数据见表 2.25)。

表 2.25　　企业所得税税负最优

目标为所得税负最低	
约束条件	最优解
SPV 项目公司增值率 AR 项	0.000%
项目管理公司管理费率 MR	2.000%
SPV 项目公司分享增值	0.00
项目管理公司收入	0.20
社会资本投资方收入	9.80

各主体所承担的税负与总体税负如表 2.26 所示。

表 2.26　　各主体承担税负与总体税负

税种	参数	金额(亿元)
SPV 项目公司的增值税	$T_{项增}$	0.044 31
SPV 项目公司的所得税	$T_{项所}$	0.059 625
社会资本投资方的增值税	$T_{社会增}$	0.211 2
社会资本投资方的所得税	$T_{社会所}$	0.022 176
项目管理公司的增值税	$T_{项管增}$	0.004 8
项目管理公司的所得税	$T_{项管所}$	0.000 96
总的增值税	$T_{总增}$	0.260 31
总的所得税	$T_{总所}$	0.082 761
增值税与所得税之和	$T_{总}$	0.343 071

第三,考虑增值税与所得税总体税负最低(见表 2.27)。

表 2.27　　增值税与所得税税负最优

目标为总体税负最低	
约束条件	最优解
SPV 项目公司增值率 AR 项	0.000%
项目管理公司管理费率 MR	7.000%
SPV 项目公司分享增值	0.00
项目管理公司收入	0.70
社会资本投资方收入	9.30

各主体所承担的税负与总体税负如表 2.28 所示:

表 2.28　　各主体承担税负与总体税负最优

税种	参数	金额(亿元)
SPV 项目公司的增值税	$T_{项增}$	0.044 31
SPV 项目公司的所得税	$T_{项所}$	0.059 625
社会资本投资方的增值税	$T_{社会增}$	0.189 2
社会资本投资方的所得税	$T_{社会所}$	0.019 866
项目管理公司的增值税	$T_{项管增}$	0.016 8
项目管理公司的所得税	$T_{项管所}$	0.003 36
总的增值税	$T_{总增}$	0.250 31
总的所得税	$T_{总所}$	0.082 851
增值税与所得税之和	$T_{总}$	0.333 161

当然,上述假设条件如有变化,还可以进行敏感性分析。

(四)农业板块纳税风险管控

农业板块我们主要分析丙村都市数字农业与古村核心商业街两个案例,结合运营模式进行纳税风险管控讨论。

1. 丙村农业 PPP 项目概况

本案例农业 PPP 项目位于上海市甲区乙镇丙村,A 集团下属 B 置业公司为该项目唯一的实施主体,负责乙镇全镇范围内的新型城镇化建设,合作内容包括优化城市布局、提升产业层次、改善基础设施和农村生态环境、持续改善村民生活质量等。

丙村隶属于乙镇,该村发展历史悠久,水系发达,古有美誉。根据 PPP 项目合作内容,B 置业公司计划出资成立 SPV 项目公司,对丙村进行古村落升级改造,具体包括都市数字农业项目、古村核心商业街项目、新农村建设项目三个子项目。

(1)都市数字农业项目。都市数字农业项目用地约 100 亩,将打造高科技数字农业展示区,由大数据云指挥中心、育苗流水生产线、种植流水生产线、营养供给流水线、蔬果生长采摘区及水肥中心、检测中心、废弃物再利用中心、分拣中心及智能管理及运输机器人等系统组成。

(2)古村核心商业街项目。古村核心商业街项目选取丙村内江南水乡特色风貌条件最佳区域,涉及用地约 86 亩,拟开发为核心商业街,包括精品度假酒店区、特色村落体验区、特色商业街区、道教文化养生禅养区等,项目总建筑面积约23 452平方米。项目业态内容主要含餐饮、酒吧、民宿、酒店及文旅项目运营等。

(3)新农村建设项目。新农村建设项目为丙村美丽村庄提升,内容包括基础设施(道路、河湖整治、景观绿化等)、公建配套(城隍庙修复、村史馆、旅游集散中心等),及对古村核心商业街外围的民居改造、古村核心商业街内的村史馆、污水处理厂等公益性项目的建设。提升丙村公共设施服务能级和生态环境,在整体建筑风格上与开发的农业项目和商业街项目保持和谐统一,使村庄成为绿色、生态、人文、宜居村庄。

2. 都市数字农业分析

(1)投资主体。都市数字农业项目开发模式如图 2.13 所示。

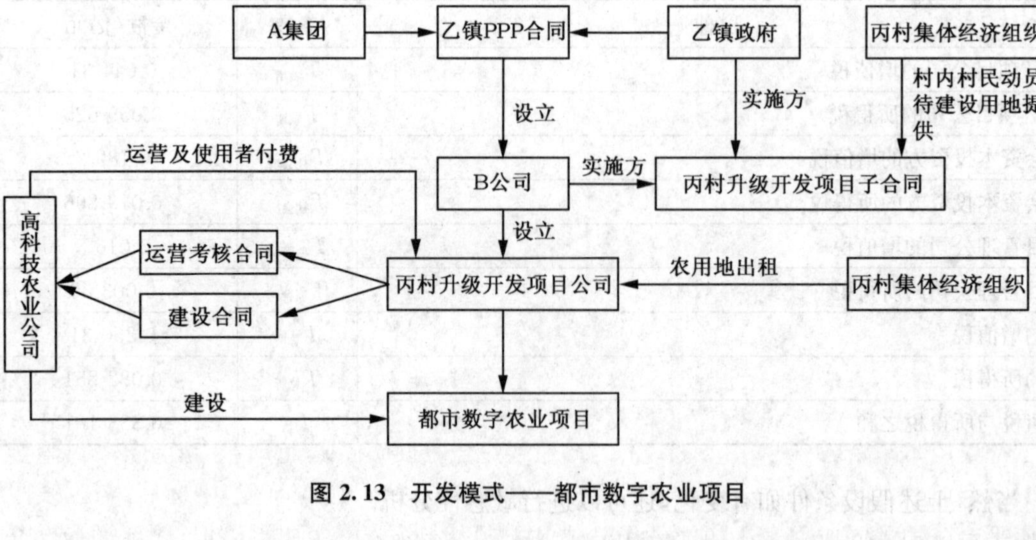

图 2.13 开发模式——都市数字农业项目

社会资本投资方(EPC 施工企业)与政府通过竞争性磋商确定 PPP 合作主体资格,作为 PPP 项目唯一的社会资本合作对象。社会资本投资方(EPC 施工企业)中标后,与区镇两级政府平台公司共同成立 SPV 项目公司——丙村升级开发 SPV 项目公司。社会资本投资方(EPC 施工企业)持 70%股份,区镇两级平台公司持 30%股份(区平台公司占股 20%、A 公司占股 10%)。

项目施工具体由社会资本投资方(EPC 施工企业)实施,项目管理公司负责施工中的监理工作。

(2)运营模式。根据都市数字农业项目 PPP 子合同中约定:SPV 项目公司通过租赁取得章埝集体经济组织农用地承包经营权,通过招采引入高科技农业企业完成都市数字农业项目的建设及后续运营。项目运营期初步定为 30 年。

丙村升级开发项目公司对高科技农业企业设置运营考核指标,约定运营期内高科技农业企业的使用者付费标准。乙镇政府协助 SPV 项目公司获取各级农业相关补贴并给予适当运营补助。

高科技农业公司可以由 SPV 项目公司的全资子公司 B 置业公司具体操作,也可以由 B 置业公司通过收购具备相关资质的公司进行运作。

(3)盈利模式。在该 PPP 模式中,作为 SPV 项目公司等投资主体的盈利主要通过以下几个途径:

第一,施工收入。主要涉及 SPV 项目公司根据施工投资额获取的固定收益以及参与主体的施工收入。

第二,运营中,农业园区内所引进高科技农业类企业所缴纳的使用费。

第三,乙镇政府协助 SPV 项目公司获取各级农业相关补贴。

具体如表 2.29 所示:

表 2.29　　各主体盈利模式分析

公司	收入	盈利点
SPV 项目公司	利息收入、管理费收入、政府付费收入	投资回报
B 置业公司或高科技农业公司	使用者付费收入、农业补贴	使用者付费收入、农业补贴与运营成本之间的差额
项目管理公司	代建管理费收入	代建单位利润
EPC 施工企业(总承包方)	施工收入	建筑业利润

(4)退出机制。据 PPP 子合同约定的期限,届满后,SPV 项目公司将各子项目移交给甲镇人民政府或其指定单位,并根据评估资产价格,获得补偿。

3. 古村核心商业街分析

(1)投资主体。古村核心商业街开发模式如图 2.14 所示。

社会资本投资方(EPC 施工企业)与政府通过竞争性磋商确定 PPP 合作主体资格,作为 PPP 项目唯一的社会资本合作对象。社会资本投资方(EPC 施工企业)中标后,与区镇两级政府平台公司共同成立 SPV 项目公司——丙村升级开发 SPV 项目公司。社会资本投资方

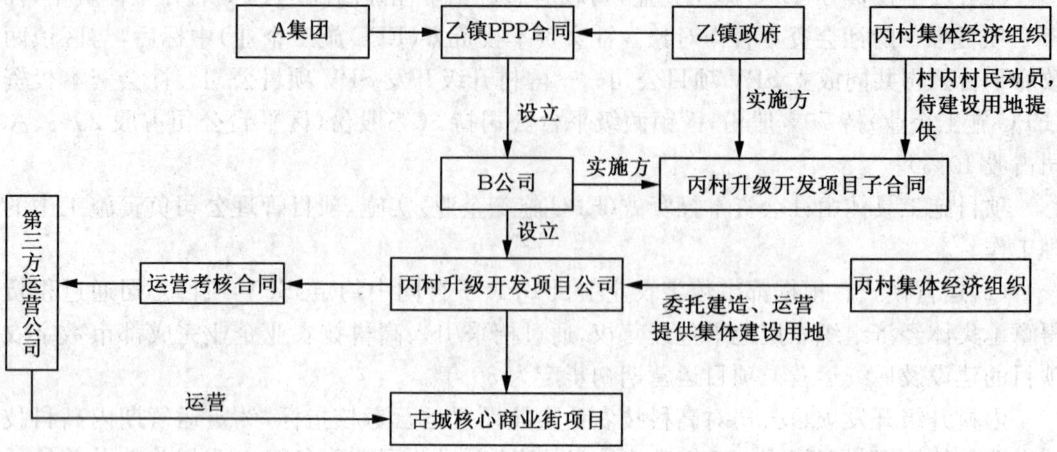

图 2.14 开发模式——古村核心商业街

持 70%股份，区镇两级平台公司持 30%股份（区平台公司占股 20%、A 公司占股 10%）。

项目施工具体由社会资本投资方（EPC 施工企业）实施，项目管理公司负责施工中的监理工作。

（2）运营模式。根据古村核心商业街项目 PPP 子合同约定：丙村升级开发 SPV 项目公司通过租用获得丙村古村核心区内的建设用地，SPV 项目公司出资建设古村核心商业街（不含公益性项目投资）。SPV 项目公司通过与第三方运营公司签署运营考核合同，由第三方运营公司进行古村核心商业街的运营和管理。古村核心商业街运营期限约定 30 年。

项目运营期限内，商业街运营收入不足部分，考虑项目建设成本和合理回报情况，由乙镇政府对项目进行可行性缺口补助，以满足股份公司要求的内部收益率要求。

（3）盈利模式。在该 PPP 模式中，作为 SPV 项目公司等投资主体的盈利主要通过以下几个途径：

第一，施工收入。主要涉及 SPV 项目公司根据施工投资额获取的固定收益以及参与主体的施工收入。

第二，运营中，商铺的租金收入。

第三，乙镇政府协助 SPV 项目公司获取的相关补贴。

具体如表 2.30 所示：

表 2.30 各主体盈利模式分析

公司	收入	盈利点
SPV 项目公司	利息收入、管理费收入、政府付费收入	投资回报
B 置业公司或高科技农业公司	租金收入、政府补贴	租金收入、政府补贴与运营成本之间的差额
项目管理公司	代建管理费收入	代建单位利润
EPC 施工企业（总承包方）	施工收入	建筑业利润

(4)退出机制。据两子项目各自 PPP 子合同约定的期限,届满后,SPV 项目公司将各子项目移交给甲镇人民政府或其指定单位,并根据评估资产价格,获得补偿。

4. 农业板块纳税风险管控

(1)农业板块各主体的税负测算。按照农业板块的业务安排,共有四个涉税主体,即 SPV 项目公司、第三方公司、EPC 施工企业、项目管理公司。第三方公司系 SPV 项目公司的全资子公司,鉴于在该业务中的角色安排(是 SPV 项目公司的 100%全资子公司,代行 SPV 项目公司的部分职能,在设计相关变量时,合并到 SPV 项目公司作为一部分,整体计算考虑),我们在税负筹划方案中不予考虑。

1)农业板块上述两个案例涉税的特殊性分析。

①都市数字农业项目商业模式的财税政策。

A. SPV 项目公司通过租赁取得章埝集体经济组织农用地承包经营。

- SPV 项目公司应缴纳城镇土地使用税,但用于农产品批发市场以及农贸市场,可暂免房产税与城镇土地使用税。
- 占用农用地进行非农建设或生产,要缴纳耕地占用税。
- 取得增值税进项抵扣。

B. 收入来源都市数字农业的运营收入(蔬果产销及采摘门票)。

- 缴纳所得税。
- 缴纳增值税(门票收入,采摘体验,按旅游业 6%)。

②古村核心商业街的财税政策。

A. SPV 项目公司通过租用获得章埝村古村核心区内的建设用地。

- SPV 项目公司应缴纳城镇土地使用税。
- 取得增值税进项抵扣。

B. 古村核心商业街的运营收入(商铺租金收入)。

- 按租金收入缴纳企业所得税。
- 按租金收入的 12%缴纳房产税。
- 缴纳印花税。

总结列表如表 2.31 所示:

表 2.31　各业务主体适用税率

	业务主体	增值税率	所得税率		业务主体	增值税率	所得税率
都市数字农业	SPV 项目公司	6%	25%	古村核心商业街	SPV 项目公司	6%	25%
	EPC 施工企业	10%	15%		EPC 施工企业	10%	15%
	项目管理公司	6%	25%		项目管理公司	6%	25%
	第三方公司	10%	0%		第三方公司	10%	25%

2)模型对上述税率的考量。

①在都市农业项目中,第三方公司作为运营方,使用 10%的增值税率,因系农业行业,所得税率为 0%,其所得税在并入 SPV 项目公司时一并计算所得税。

②商业街 12%房产税。由于房产税系定额缴税，为一常数项，所以在后文纳税风险管控时不予考虑。

3)模型中的变量说明(见表 2.32)。

表 2.32　　模型中的变量

参数	参数含义
$S_{总}$	整个项目的收入总额
$S_{合同额}$	项目的施工总额
$F_{C项}$	SPV 项目公司资金的融资成本
$A_{R社会}$	EPC 施工企业业务的增值率
$P_{利润率/增值率社会}$	建筑施工行业利润率与增值率的比值
$S_{项}$	SPV 项目公司在总收入中取得的收入
$S_{项管}$	项目管理公司在合同额中取得的收入
$M_{R项管}$	项目管理公司按照项目合同所提取的管理费率
$P_{利润率/增值率项管}$	项目管理公司本身业务利润率与增值率的比值
$R_{项管}$	项目管理公司本身业务的利润率
$Z_{第三方t}$	第三方公司运用中每年的增值额
$R_{第三方t}$	第三方公司运用中每年的税前利润
$T_{总}$	SPV 项目公司、EPC 施工企业、项目管理公司的总体税负
$T_{项增}$	SPV 项目公司的增值税负
$T_{项所}$	SPV 项目公司的所得税负
$T_{社会增}$	EPC 施工企业的增值税负
$T_{社会所}$	EPC 施工企业的所得税负
$T_{项管增}$	项目管理公司的增值税负
$T_{项管所}$	项目管理公司的所得税负

4)上述变量的逻辑关系说明。

①SPV 项目公司增值额与利润。在本模型中，SPV 项目公司通过控股子公司第三方公司参与项目的运营，所以 SPV 项目公司本身不产生增值额与收入，运营中的增值额与收入是通过第三方公司的增值额与利润体现出来。因为第三方公司系 SPV 项目公司的控股子公司，所以第三方公司的增值额，我们以项目的形式体现出来。

而对于 SPV 项目公司，收入可以视为第三方的利润，成本主要是其融资的利息费用，日常运营费用可以忽略不计。

在上述两个案例中，除了施工由 EPC 施工企业负责，SPV 项目公司主要职责是通过第三方公司对两个项目进行运用，运营周期为 30 年，由此产生 EPC 施工企业与 SPV 项目公司的增值额与利润的取得在时间周期的差异。为进行纳税风险管控，我们按照 30 年的运营周期，将项目每年的增值额与利润进行贴现，统一到项目施工完毕可以运用的时间，这样操作的目的是为了将 SPV 项目公司的增值税的计算与施工方的增值税统一到一个时间点。

②项目管理公司的收入。项目管理公司收入来源于按照项目建设合同额所提取的管理费，即

$$S_{项管}=S_{合同额}\times M_{R项管}$$

③EPC 施工企业的收入。EPC 施工企业的收入即是施工合同额，即 $S_{合同额}$。

5)各业务主体税负计算。

①假设条件。

A. 依据建筑行业的盈利特点，假设施工的增值率即 $A_{R社会}$ 不大于 20%；

B. 依据行业特点，项目管理公司所提取的管理费率 $M_{R项管}$ 取值范围为 2%～7%；

C. SPV 项目公司增值税率统一按照 6%计算。

②涉税主体的增值税与所得税测算。

A. SPV 项目公司。

按照我们对 SPV 项目公司的业务假设，SPV 项目公司的收入主要来源于项目运营中的收入，据此测算 SPV 项目公司的税负问题。

$$T_{项增}=\sum_{t=1}^{30}\frac{Z_{第三方t}}{(1+y)^t}\times 10\%$$

$$T_{项所}=(\sum_{t=1}^{30}\frac{R_{第三方t}}{(1+y)^t}-融资额\times F_{C项})\times 25\%$$

B. EPC 施工企业。

EPC 施工企业的增值额即按照施工总额乘以施工行业的增值率计算，公式如下：

$$T_{社会增}=S_{合同额}\times A_{R社会}\times 10\%$$

$$T_{社会所}=S_{合同额}\times A_{R社会}\times P_{利润率/增值率社会}\times 15\%$$

C. 项目管理公司。

$$T_{项管增}=S_{合同额}\times M_{R项管}\times A_{R项管}\times 6\%$$

$$T_{项管所}=S_{合同额}\times M_{R项管}\times A_{R项管}\times P_{利润率/增值率项管}\times 25\%$$

③总体税负测算。

A. 增值税的总体税负。

$$T_{总增}=T_{项增}+T_{社会增}+T_{项管增}$$

B. 所得税的总体税负。

$$T_{总所}=T_{项所}+T_{社会所}+T_{项管所}$$

C. 增值税与所得税的总体税负水平

$$T_{总}=T_{项增}+T_{项所}+T_{社会增}+T_{社会所}+T_{项管增}+T_{项管所}$$

(2)纳税风险管控与资产配置的模型设计。

1)目标函数。合同额在 SPV 项目公司、EPC 施工企业、项目管理公司三个主体分配的目标是基于总体税负最小化。

为更深入问题，我们从增值税、所得税以及总体税负三个指标分别考察。由此在该模型中，目标函数是：

$$T_{总增}\qquad (1)$$

$$T_{总所}\qquad (2)$$

$T_{总}$ (3)

求其最小值。

2)约束条件。

①$A_{R总} \geqslant 0, A_{R总} \leqslant 20\%$;

②$M_{R项管} \geqslant 2\%, M_{R项管} \leqslant 7\%$

按照上述线性规划模型，我们即可以求出在整个收入总额中(收入总额等于施工合同额与第三方公司30年运营周期利润贴现额之和)，SPV项目公司确定给予EPC施工企业施工的具体金额。

当然，该模型中最为关键的是第三方公司对未来30年运营周期中现金流的测算。

(五)文旅板块纳税风险管控

旅游景区开发项目适合采用PPP模式。

第一，旅游景区本身具有公共产品的性质。根据《旅游法》规定:"利用公共资源建设的景区的门票以及景区内的游览场所、交通工具等另行收费项目，实行政府定价或者政府指导价，严格控制价格上涨。"因此，旅游景区的运营并不是完全市场化的，而是具有一定的公益性。《国家发展改革委关于开展政府和社会资本合作的指导意见》(发改投资〔2014〕2724号)明确将旅游项目作为一种公共服务项目，鼓励采用适用PPP模式，旅游景区作为提供旅游公共服务的基础设施，其开发与运营自然也适合采用PPP模式。

第二，大型旅游景区的开发与运营，需要巨大的投资和专业的运营管理经验。根据《旅游法》，旅游景区对外开放的前提条件之一是具备必要的旅游配套服务和辅助设施。通常来说，景区需要较为完善的道路、游步道、停车场、道路标识标牌以及给排水、供电、环保、公共卫生、通信等设施;需要游客综合服务中心、旅游饭店、餐厅、商店等旅游服务和辅助设施。旅游配套服务和辅助设施的完善程度，很大程度上决定了景区的综合服务能力和水平。为大型旅游景区内配备该等设施通常需要很大的投资，而且该等旅游设施的修建和后续运营需要专业的景区开发、运营管理经验。政府通过引入具有资金实力和专业经验的社会资本开发、运营旅游景区，不仅能够解决旅游景区开发、建设的资金问题，还能够提高旅游景区的吸引力和旅游服务的水平。

第三，旅游景区项目具有经营性。旅游景区的经营活动主要包括门票的经营和景区内交通、餐饮、商品销售等服务项目的经营。相应的，旅游景区的主要经营收入包括两部分，即门票收入和景区内服务项目的经营收入，最终都是由游客承担。因此，景区开发项目存在使用者付费的基础，引入社会资本合作不会显著增加政府的财政负担。

因此，综上所述，从旅游景区开发项目的性质而言，旅游景区开发项目是符合财政部、国家发改委对于PPP模式所适用项目的政策精神和基本要求的，适合采用PPP模式。

我们这里选取两个较为经典的文化旅游案例作为研究对象。

1. 西安大明宫国家遗址公园

大明宫国家遗址公园项目号称西安的"城市中央公园"，是与美国国家中央公园相媲美的世界级文化旅游景区。作为西安城市建设、大遗址保护和改善民生的重点工程，2007年西安曲江新区启动了大明宫国家遗址公园招标工作。曲江管委会充分利用"曲江模式"中的金融平台暨西安曲江文化旅游产业投资(集团)有限公司、独创"曲江－PPP模式"进行大明宫项目开发建设，有效地解决了大明宫国家遗址公园项目因开发范围广、难度大、项目综合性强、所需资金数额较大等问题，通过政府的财政支持与社会资本的有机结合，满足项目的资金需求、保障了这一大型民生工程的顺利开发。

(1)组织结构。曲江－PPP 模式如图 2.15 所示：

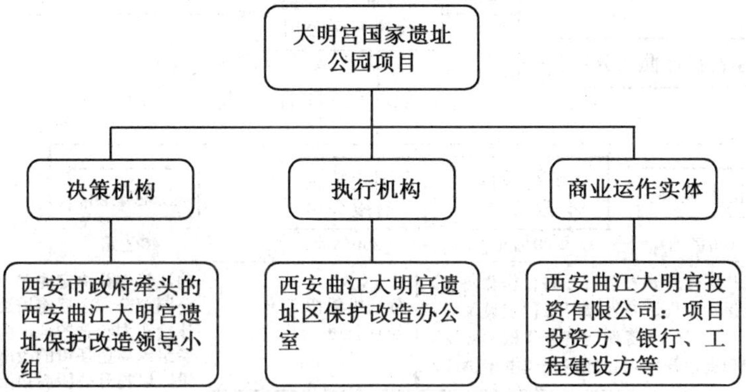

图 2.15　曲江－PPP 模式

(2)项目融资。

1)项目前期政府部门及西安曲江文化旅游产业投资(集团)有限公司，先通过 ABS(资产证券化)、IFF(产业投资基金)两种模式筹集并投资 400 亿元，主要用于非营利项目的开发建设。

2)针对大明宫国家遗址公园项目由国家开发银行与工商银行西安市分行等金融机构组建银行投资战略联盟，为大明宫项目周边的改造建设投资 100 亿元。

3)与香港中国海外发展有限公司(简称中海外公司)签署《大明宫遗址保护和周边开发项目战略合作框架协议》，投资规模达 200 亿元，项目相关配套基础设施以及高档住宅和商务中心等重大工程项目的投资建设达成合作意向。

4)与中国建筑股份有限公司签署《大明宫遗址保护和周边开发项目工程建设及城市资源运营合作框架协议》，协议金额 200 亿元人民币。

5)与恒大地产集团西安有限公司签订《西安大明宫片区改造开发项目战略合作意向书》，恒大集团投资 100 亿元人民币参与大明宫周边的城中村、棚户区改造。

6)大明宫遗址区保护改造办公室与建设银行曲江支行签订 29.9 亿元的合作协议。

7)大明宫遗址区保护改造办公室与金地集团签订 40 亿元战略合作协议。

曲江－PPP 融资模式如图 2.16 所示。

(3)盈利模式。曲江管委会及西安曲江文化产业投资(集团)有限公司以城市运营商方式采取了“先公建造景、后土地升值”的开发模式，在大明宫遗址项目中，先建设完成遗址公园部分，之后再将周边的土地转让给实力较强的地产商，由地产商组织周边环境的改造与开发建设，以提升公园周边土地价值，为其他项目的开发建设筹集资金。

(4)退出机制。大明宫国家遗址公园的开发建设资金以及前期的拆迁安置成本数额较大，单单依靠公园建成后门票收入及租金收入难以满足项目资金需求。而且，项目还包括遗址周边区域的改造规划，在整体规划范围中所占比例较高。PPP 模式项目成功在于对遗址充分保护下尽可能地发挥遗址的突出价值，并以此改善遗址周边环境，通过提升区域整体价

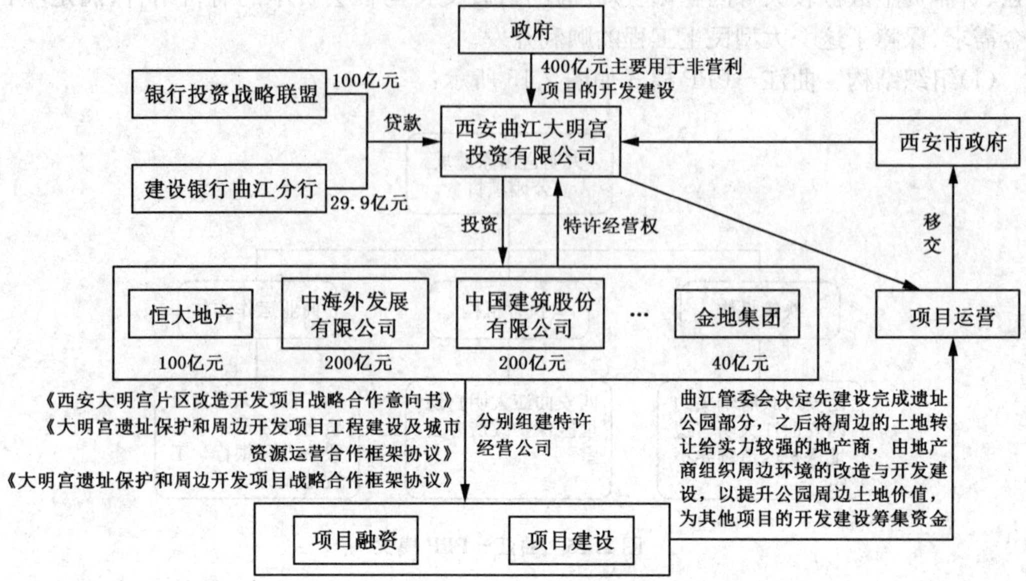

图 2.16 曲江—PPP融资模式

值实现大明宫项目的增值。

社会资本通过参与该公园的改造与施工，提升周围土地价值。第一，通过土地增值获取收益；第二，通过SPV项目公司的运营获取一定的门票回报。

2. 黄山旅游

(1)投资主体。由黄山风景区管委会代表当地政府，设立SPV项目公司，即黄山旅游发展总公司，负责整个项目的建设—施工—运营。

(2)融资模式。主要是采取公开发行股票模式进行融资，即由黄山旅游发展总公司作为独家发起人，以其所有的黄山北海宾馆、黄山桃源宾馆、黄山狮林饭店、黄山索道总公司、黄山玉屏楼宾馆、黄山云谷山庄宾馆、黄山宾馆、黄山海外旅行社、黄山排云楼宾馆和黄山园林开发公司这十家单位全部经营性净资产作为出资，向境内上市外资股权投资者募集股份而设立股份公司，并且采用了发行A、B股，增发等多种方式募集资金。

(3)盈利模式。

1)门票、索道是其主要收入来源，但很大部分需要上缴管委会。黄山旅游的盈利来源主要依赖于门票、索道等旅游类项目，虽然通过索道和门票获得了大量现金收入，但有很大一部分却进入了黄山旅游集团及控制人(黄山风景区管委会)等利益方口袋。除了要把门票扣除税收和成本后的50%交给景区管委会外，黄山旅游还要交遗产保护费23元/每张门票。

2)旅游衍生品。黄山旅游在拓展门票、索道业务之外，开展与旅游有关的衍生品业务，主要是在黄山景区外搞地产、酒店。黄山旅游公司旗下酒店共12家，分为三类：山上(6家)、山下(2家)、市内(4家)。山上酒店垄断经营特征明显，收入较有保障。但其房地产销售与盈利能力很一般。

(4)退出机制。黄山旅游公司作为上市公司，其运作是无期限，不存在项目移交问题。

3. 文旅板块纳税风险管控

(1)文旅板块各主体的税负测算。按照文旅板块的业务安排,共有四个涉税主体,即 SPV 项目公司、第三方公司、EPC 施工企业、项目管理公司。第三方公司如果是项目子公司,或者是独立于中建系统的其他公司,税负计划均不予在模型中考虑。

1)模型中的变量说明(见表 2.33)。

表 2.33　模型中的变量

参数	参数含义
$S_{总}$	整个项目的收入总额
$S_{合同额}$	项目的施工总额
$F_{C项}$	SPV 项目公司资金的融资成本
$A_{R社会}$	EPC 施工企业业务的增值率
$P_{利润率/增值率社会}$	建筑施工行业利润率与增值率的比值
$S_{项}$	SPV 项目公司在总收入中取得的收入
$S_{项管}$	项目管理公司在合同额中取得的收入
$M_{R项管}$	项目管理公司按照项目合同所提取的监管管理费率
$P_{利润率/增值率项管}$	项目管理公司本身业务利润率与增值率的比值
$R_{项管}$	项目管理公司本身业务的利润率
$Z_{第三方t}$	第三方公司运用中每年的增值额
$R_{第三方t}$	第三方公司运用中每年的税前利润
$T_{总}$	SPV 项目公司、EPC 施工企业、东孚公司的总体税负
$T_{项增}$	SPV 项目公司的增值税负
$T_{项所}$	SPV 项目公司的所得税负
$T_{社会增}$	EPC 施工企业的增值税负
$T_{社会所}$	EPC 施工企业的所得税负
$T_{项管增}$	项目管理公司的增值税负
$T_{项管所}$	项目管理公司的所得税负

2)上述变量的逻辑关系说明。

①SPV 项目公司增值额与利润。如果 SPV 项目公司通过控股子公司第三方公司参与项目的运营,SPV 项目公司本身不产生增值额与收入,运营中的增值额与收入是通过第三方公司的增值额与利润体现出来,所以第三方公司的增值额,我们以项目的形式体现出来。

而对于 SPV 项目公司,收入可以视为第三方的利润,成本主要是其融资的利息费用,日常运营费用可以忽略不计。

在文旅板块中,除了施工由 EPC 施工企业负责,SPV 项目公司主要职责是通过第三方公司对两个项目进行运营,运行周期由 SPV 项目公司与当地政府进行谈判。与农业板块类似,我们假设运行周期 30 年,不存在黄山旅游无期限的情况。由此产生 EPC 施工企业与

SPV项目公司的增值额与利润的取得在时间周期的差异，为进行纳税风险管控，我们按照30年的运营周期，将项目每年的增值额与利润进行贴现，统一到项目施工完毕可以运用的时间，这样操作的目的是为了将SPV项目公司的增值税的计算与施工方的增值税统一到一个时间点。

②项目管理公司的收入。项目管理公司收入来源于按照项目建设合同额所提取的管理费，即

$$S_{项管}=S_{合同额}\times M_{R项管}$$

③EPC施工企业的收入。EPC施工企业的收入即施工合同额，即$S_{合同额}$。

3)各业务主体税负计算。

①假设条件。

A. 依据建筑行业的盈利特点，假设施工的增值率即$A_{R社会}$不大于20%；

B. 依据行业特点，项目管理公司所提取的管理费率$M_{R项管}$取值范围为2%～7%之间；

C. SPV项目公司增值税率统一按照6%计算。

②业务主体的增值税与所得税测算。

A. SPV项目公司。按照我们对SPV项目公司的业务假设，SPV项目公司收入来源集中于SPV项目公司运营中的现金流。据此测算SPV项目公司的税负问题。

$$T_{项增}=\sum_{t=1}^{30}\frac{Z_{第三方t}}{(1+y)^t}\times 10\%$$

$$T_{项所}=(\sum_{t=1}^{30}\frac{R_{第三方t}}{(1+y)^t}-融资额\times F_{C项})\times 25\%$$

B. EPC施工企业。EPC施工企业的增值额即按照施工总额乘以施工行业的增值率计算，公式如下：

$$T_{社会增}=S_{合同额}\times A_{R社会}\times 10\%$$

$$T_{社会所}=S_{合同额}\times A_{R社会}\times P_{利润率/增值率社会}\times 15\%$$

C. 项目管理公司。

$$T_{项管增}=S_{合同额}\times M_{R项管}\times A_{R项管}\times 6\%$$

$$T_{项管所}=S_{合同额}\times M_{R项管}\times A_{R项管}\times P_{利润率/增值率项管}\times 25\%$$

4)总体税负测算。

①增值税的总体税负。

$$T_{总增}=T_{项增}+T_{社会增}+T_{项管增}$$

②所得税的总体税负。

$$T_{总所}=T_{项所}+T_{社会所}+T_{项管所}$$

③增值税与所得税的总体税负水平。

$$T_{总}=T_{项增}+T_{项所}+T_{社会增}+T_{社会所}+T_{项管增}+T_{项管所}$$

(2)纳税风险管控与资产配置的模型设计。

1)目标函数。合同额在SPV项目公司、EPC施工企业、东孚公司三个主体分配的目标是基于总体税负最小化。

为更深入问题，我们从增值税、所得税以及总体税负三个指标分别考察。由此在该模型中，目标函数是：

$T_{总增}$ (1)

$T_{总所}$ (2)

$T_{总}$ (3)

求其最小值。

2)约束条件。

①$A_{R总} \geqslant 0, A_{R总} \leqslant 20\%$；

②$M_{R项管} \geqslant 2\%, M_{R项管} \leqslant 7\%$。

按照上述线性规划模型，我们即可以求出在整个收入总额中(收入总额等于施工合同额与第三方公司 30 年运营周期利润贴现额之和)，SPV 项目公司确定给予 EPC 施工企业施工的具体金额。

当然该模型中，最为关键的是第三方公司对未来 30 年运营周期中现金流的测算。

(六)产业园区模式纳税风险管控

产业园区运营模式也在逐步走向成熟，具体来说主要有如下几种(如图 2.17 所示)：

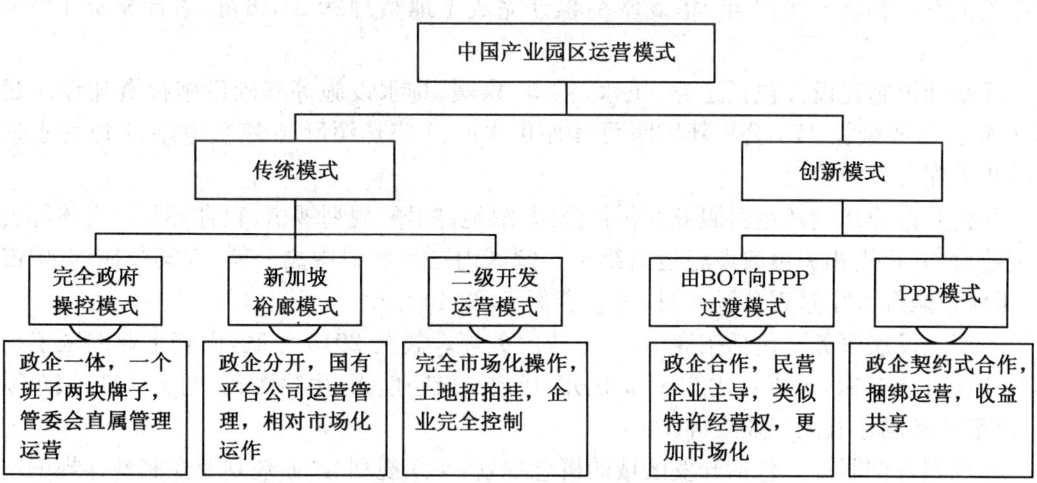

图 2.17 产业园区运营模式

将 PPP 模式引入产业园区的开发建设中，不仅可以提高项目融资效率，减轻财政负担，而且由于私人组织的参与，还会提高产业园区开发建设管理水平，产生巨大的社会与经济效益。目前在产业园区发展中，具有创新价值的主要是两类：

一是由 BOT 向 PPP 过渡模式。该模式的特点是政企合作，民营企业主导，类似特许经营权，更加市场化操作。

典型案例有华夏幸福产业新城、成都置信青羊工业园、万科前海企业公馆、重庆盈田。

二是 PPP 模式。该模式的特点是政企契约式合作，捆绑运营，收益共享。典型案例有：宏泰发展廊坊龙河高新区、中信汕头滨海新区。

本部分以华夏幸福与中信汕头滨海新区两个案例为分析对象。

1. 华夏幸福

(1)项目概况。

1)项目背景。固安工业园区地处河北省廊坊市固安县,与北京大兴区隔永定河相望,距天安门正南50公里,园区总面积34.68平方公里,是经国家公告(2006年)的省级工业园区。2002年固安县政府决定采用市场机制引入战略合作者,投资、开发、建设、运营固安工业园区。同年6月,通过公开竞标,固安县人民政府与华夏幸福基业股份有限公司(简称"华夏幸福公司")签订协议,正式确立了政府和社会资本(PPP)合作模式。按照工业园区建设和新型城镇化的总体要求,采取"政府主导、企业运作、合作共赢"的市场化运作方式,倾力打造"产业高度聚集、城市功能完善、生态环境优美"的产业新城。目前,双方合作范围已拓展至固安新兴产业示范区和温泉休闲商务产业园区。

2)建设内容与规模。固安工业园区PPP新型城镇化项目,是固安县政府采购华夏幸福在产业新城内提供设计、投资、建设、运营一体化服务。

①土地整理服务。配合以政府有关部门为主体进行的集体土地征转以及形成建设用地的相关工作。2008—2013年,华夏幸福累计完成土地整理29 047.6亩,累计投资103.8亿元。

②基础设施建设。包括道路、供水、供电、供暖、排水设施等基础设施投资建设。截至2016年已完成全长170公里新城路网、4座供水厂、3座热源厂、6座变电站、1座污水处理厂等相关配套设施建设。

③公共设施建设及运营服务。包括公园、绿地、广场、规划展馆、教育、医疗、文体等公益设施建设,并负责相关市政设施运营维护。园区内已经建成中央公园、大湖公园、400亩公园、带状公园等大型景观公园4处,总投资额为2.54亿元。

④产业发展服务。包括招商引资、企业服务等。截至2016年底,固安工业园区累计引进签约项目482家,投资额达638.19亿元,形成了航空航天、生物医药、电子信息、汽车零部件、高端装备制造五大产业集群。

⑤规划咨询服务。包括开发区域的概念规划、空间规划、产业规划及控制性详规编制等规划咨询服务,规划文件报政府审批后实施。

(2)运作模式。固安工业园区在方案设计上充分借鉴了英国道克兰港口新城和韩国松岛新城等国际经典PPP合作案例的主要经验,把平等、契约、诚信、共赢等公私合作理念融入固安县政府与华夏幸福公司的协作开发和建设运营之中。其基本特征是:

1)政企合作。固安县政府与华夏幸福公司签订排他性的特许经营协议,设立三浦威特园区建设发展有限公司(简称三浦威特)作为双方合作的SPV项目公司(SPV),华夏幸福公司向SPV项目公司投入注册资本金与项目开发资金。SPV项目公司作为投资及开发主体,负责固安工业园区的设计、投资、建设、运营、维护一体化市场运作,着力打造区域品牌;固安工业园区管委会履行政府职能,负责决策重大事项、制定规范标准、提供政策支持,以及基础设施及公共服务价格和质量的监管等,以保证公共利益最大化。

华夏幸福固安PPP项目组织架构如图2.18所示。

2)特许经营。通过特许协议,固安县政府将特许经营权授予三浦威特,双方形成了长期稳定的合作关系。三浦威特作为华夏幸福公司的全资公司,负责固安工业园区的项目融资,并通过资本市场运作等方式筹集、垫付初期投入资金。此外,三浦威特与多家金融机构建立

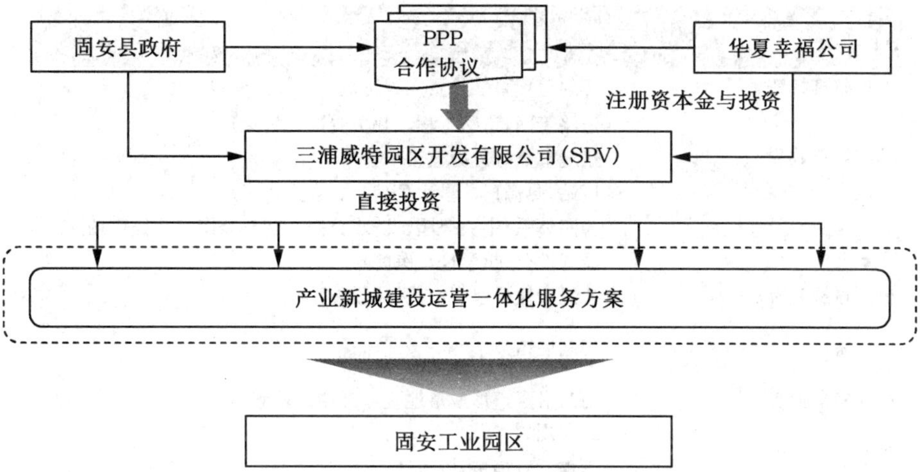

图 2.18　华夏幸福固安 PPP 项目组织架构

融资协调机制，进一步拓宽了融资渠道。

华夏幸福固安 PPP 项目运营模式如图 2.19 所示。

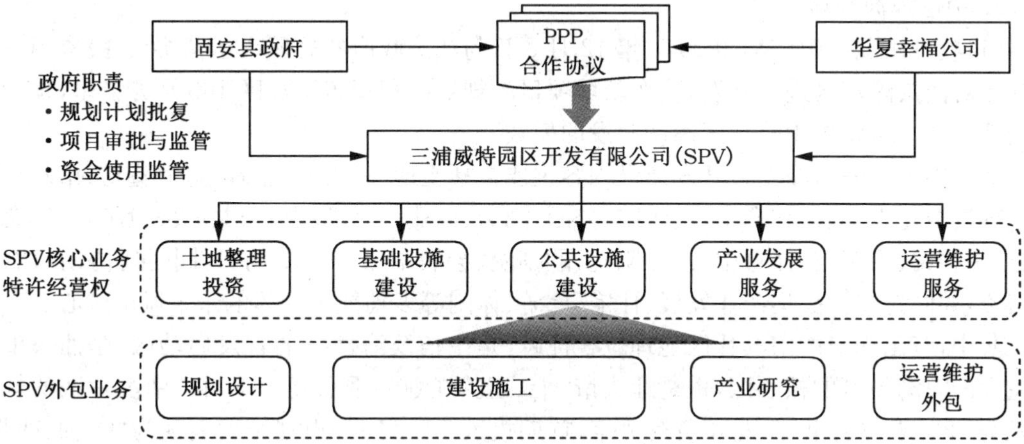

图 2.19　华夏幸福固安 PPP 项目运营模式

3)提供公共产品和服务。基于政府的特许经营权，华夏幸福公司为固安工业园区投资、建设、开发、运营提供一揽子公共产品和服务，包括土地整理、基础设施建设、公共设施建设、产业发展服务，以及咨询、运营服务等。截至 2016 年华夏幸福公司在固安工业园区内累计投资超过 160 亿元，其中，基础设施和公共服务设施投资占到近 40%。

华夏幸福固安 PPP 项目经营模式如图 2.20 所示。

4)收益回报机制。双方合作的收益回报模式是使用者付费和政府付费相结合。固安县政府对华夏幸福公司的基础设施建设和土地开发投资按成本加成方式给予 110%补偿；对于提供的外包服务，按约定比例支付相应费用。两项费用作为企业回报，上限不高于园区财政收入增量的企业分享部分。若财政收入不增加，则企业无利润回报，不形成政府债务。

业务类型	代表业务或约定
土地整理投资	土地整理直接投资安置房规划设计及建设
基础设施建设	道路管网(道路工程、热力管网、桥梁)
	景观节点等魅力建设
	厂站(热源厂、潜水处理厂、自来水厂)
公共设施建设	公园体系(中央公园、滨水公园、门户公园、市民广场)
	经营性公建(学校、医院)
	非经营性公建(体育文化设施)
	规划展馆
产业发展服务	招商引资，形成落地投，后期产业服务
咨询服务	三大规划
	详规、专项策划/设计
运营服务	城市运营 公共设施运营 专项运营

图 2.20　华夏幸福固安 PPP 项目经营模式

2. 中信滨海新城

(1)项目概况。中信集团 2010 年 12 月 8 日与汕头政府签署城市运营协议,投资 500 亿元开始对汕头濠江区进行开发,滨海新城项目的规划面积涵盖濠江区 168 平方公里,预计开发周期为 25 年,将采用分片区滚动开发的模式。

汕头中信滨海新城项目开发建设内容主要包括土地一级开发整理,过海隧道、市政道路等基础设施建设,同时配套学校、医院、公园、酒店、商业等高端城市公共服务设施,建设会议中心、博物馆、展览馆、体育中心、影剧院、歌剧院、会展中心等大型场馆,同时还协助政府招商引资,共同打造汕头集产业发展、住宅、旅游、休闲等多功能于一体的未来城市中心。

其中,背山面海的南滨片区地理位置优越,是中信滨海新城的首发启动区,是汕头市规划建设的海湾新区的核心区,也是汕头市“十二五”规划的重点建设项目。南滨片区的规划面积为 12.4 平方公里,开发周期约 7 年,首期投入 120 亿元;规划结构表现为“一轴、两带、三园、多功能组团”。

在该项目合作上,汕头市和濠江区政府给予中信最大限度的控制权和话语权。在合资公司中,中信方面都占据控股地位,从前期的定位、规划到后期的建设、运营、收益,中信都占据着绝对的掌控优势。

中信滨海新城规划如图 2.21 所示。

(2)运营模式。中信滨海新城运营模式如图 2.22 所示。

(3)盈利模式。在隧道 SPV 项目公司层面,实现未来土地收益,与基础设施运营捆绑,一系列庞大的交易架构,目的就是为了把特许经营权、土地开发结合在一起,解决投资来源问题。

具体的设计是,隧道 SPV 项目公司对 4580 亩统征地一级开发完之后,扣除开发成本,收入有部分专项用于隧道建设资金,余额作为隧道 SPV 项目公司收益。如果建设资金还不

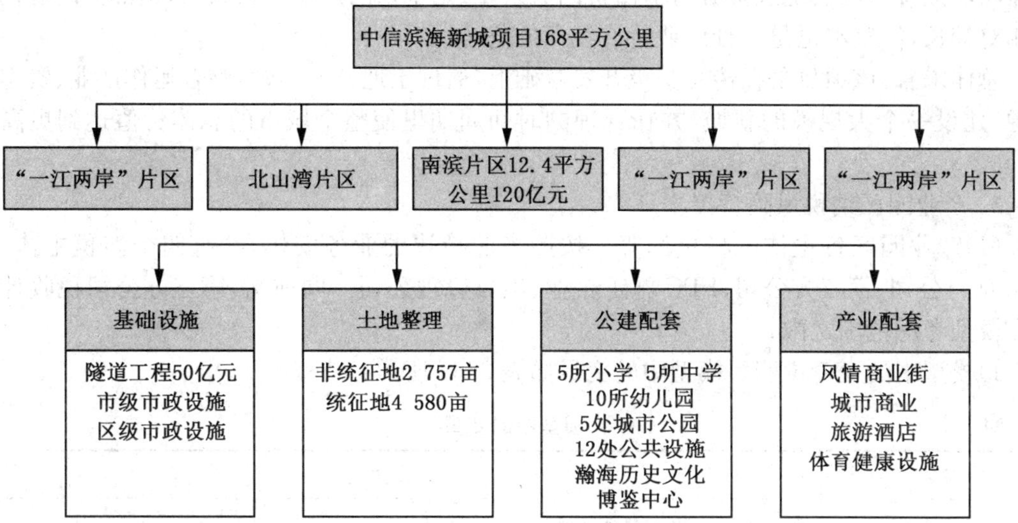

图 2.21　中信滨海新城规划

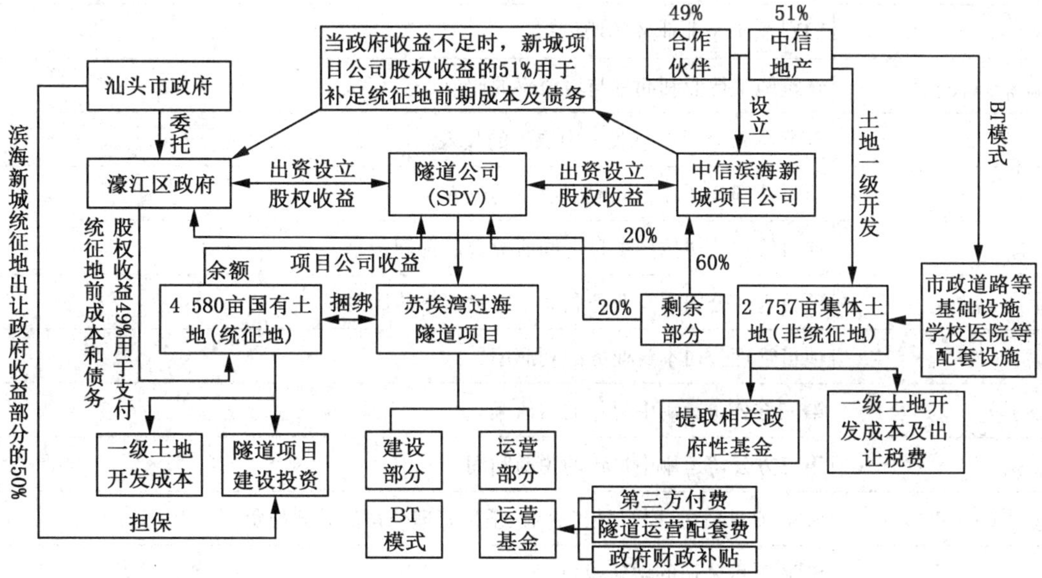

图 2.22　中信滨海新城运营模式

够，则通过向外地车辆收费、年票、收取隧道运营配套费及政府财政补贴解决。

项目土地出让收益扣除项目成本、政府提留的基金税费后的溢价部分由政府和中信集团按照股权比例分成。政府除了获得土地溢价收益还获得了整个城市形象的改善、产业的导入、新增的就业岗位和长期的税源。中信集团通过这个过程获得土地开发收益的分成，实现投资回报。

具体在收益方面，中信地产着重于两个部分：一是土地整理，中信和地方政府共享城市总体功能提升后的土地及资源价值溢价的成果；二是未来的产业经营收入，这部分的孵化周期相对较长，但基本也是一种产业特许经营的范畴。

总体来看，该项目是在传统一级开发基础上，通过土地开发运营，整合运作产业、资本等资源，建设一个大规模的新城，并在合理的时间周期里使整个城市的总体价值达到更高水平。

3. 产业园区纳税风险管控

(1)产业园区各主体的税负测算。按照产业板块的业务安排，共有四个涉税主体，即SPV项目公司、第三方公司、EPC施工企业、项目管理公司。同前文，第三方公司税收计划不在模型考虑范围之内。

1)模型中的变量说明。模型中的变量如表2.34所示：

表2.34　模型中的变量

参数	参数含义
$S_{总}$	整个项目的收入总额
$S_{合同额}$	项目的施工总额
$F_{C项}$	SPV项目公司资金的融资成本
$R_{社会}$	EPC施工企业业务的增值率
$P_{利润率/增值率社会}$	建筑施工行业利润率与增值率的比值
$S_{项}$	SPV项目公司在总收入中取得的收入
$S_{项管}$	项目管理公司在合同额中取得的收入
$M_{R项管}$	项目管理公司按照项目合同所提取的管理费率
$P_{利润率/增值率项管}$	项目管理公司本身业务利润率与增值率的比值
$R_{项管}$	项目管理公司本身业务的利润率
$Z_{第三方t}$	第三方公司运用中每年的增值额
$R_{第三方t}$	第三方公司运用中每年的税前利润
$T_{总}$	SPV项目公司、EPC施工企业、项目管理公司的总体税负
$T_{项增}$	SPV项目公司的增值税负
$T_{项所}$	SPV项目公司的所得税负
$T_{社会增}$	EPC施工企业的增值税负
$T_{社会所}$	EPC施工企业的所得税负
$T_{项管增}$	项目管理公司的增值税负
$T_{项管所}$	项目管理公司的所得税负

2)上述变量的逻辑关系说明。

①SPV 项目公司增值额与利润。在本模型中,SPV 项目公司通过控股子公司第三方公司参与项目的运营,所以 SPV 项目公司本身不产生增值额与收入,运营中的增值额与收入通过第三方公司的增值额与利润体现出来。因为第三方公司系 SPV 项目公司的控股子公司,所以第三方公司的增值额,我们以项目的形式体现出来。

而对于 SPV 项目公司,收入可以视为第三方的利润,成本主要是其融资的利息费用,日常运营费用可以忽略不计。

在上述两个案例中,除了施工由 EPC 施工企业负责,SPV 项目公司主要职责是通过第三方公司对项目进行运营,由此产生 EPC 施工企业与 SPV 项目公司的增值额与利润的取得在时间周期上的差异。

为进行纳税风险管控,我们需要将项目每年的增值额与利润进行贴现,统一到项目施工完毕可以运用的时间,这样操作的目的是为了将 SPV 项目公司的增值税的计算与施工方的增值税统一到一个时间点。

如果采用华夏幸福模式,运营期限为 50 年,将未来 50 年的现金流进行贴现;如果系中信汕头滨海新城模式,则将未来土地增值以及未来产业所获取收入进行贴现。其原理基本类似。我们统一按照 50 年进行贴现。

②项目管理公司的收入。项目管理公司收入来源于按照项目建设合同额所提取的管理费,即

$$S_{项管}=S_{合同额}\times M_{R项管}$$

③EPC 施工企业的收入。EPC 施工企业的收入即是施工合同额,即 $S_{合同额}$。

3)各业务主体税负计算。

①假设条件

A. 依据建筑行业的盈利特点,假设施工的增值率即 $A_{R社会}$ 不大于 20%;

B. 依据行业特点,项目管理公司所提取的管理费率 $M_{R项管}$ 取值范围为 2%~7%;

C. SPV 项目公司增值税率统一按照 6%计算。

②涉税主体的增值税与所得税计算。

A. SPV 项目公司。按照我们对 SPV 项目公司的业务假设,SPV 项目公司的收入主要来源于项目的运营收入。据此测算 SPV 项目公司的税负问题。

$$T_{项增}=\sum_{t=1}^{50}\frac{Z_{第三方t}}{(1+y)^t}\times 10\%$$

$$T_{项所}=(\sum_{t=1}^{50}\frac{R_{第三方t}}{(1+y)^t}-融资额\times F_{C项})\times 25\%$$

B. EPC 施工企业。EPC 施工企业的增值额即按照施工总额乘以施工行业的增值率计算,公式如下:

$$T_{社会增}=S_{合同额}\times A_{R社会}\times 10\%$$

$$T_{社会所}=S_{合同额}\times A_{R社会}\times P_{利润率/增值率社会}\times 15\%$$

C. 项目管理公司。

$$T_{项管增}=S_{合同额}\times M_{项管}\times A_{R项管}\times 6\%$$

$$T_{项管所}=S_{合同额}\times M_{R项管}\times A_{R项管}\times P_{利润率/增值率项管}\times 25\%$$

③总体税负测算。

A. 增值税的总体税负。

$$T_{总增}=T_{项增}+T_{社会增}+T_{项管增}$$

B. 所得税的总体税负。

$$T_{总所}=T_{项所}+T_{社会所}+T_{项管所}$$

C. 增值税与所得税的总体税负水平。

$$T_{总}=T_{项增}+T_{项所}+T_{社会增}+T_{社会所}+T_{项管增}+T_{项管所}$$

(2)纳税风险管控与资产配置的模型设计。

1)目标函数。合同额在 SPV 项目公司、EPC 施工企业、项目管理公司三个主体分配的目标是基于总体税负最小化。

为更深入问题,我们从增值税、所得税以及总体税负三个指标分别考察。由此在该模型中,目标函数是:

$T_{总增}$ (1)

$T_{总所}$ (2)

$T_{总}$ (3)

求其最小值。

2)约束条件。

①$A_{R总}\geqslant 0, A_{R总}\leqslant 20\%$;

②$M_{R项管}\geqslant 2\%, M_{R项管}\leqslant 7\%$。

按照上述线性规划模型,我们即可以求出在整个收入总额中(收入总额等于施工合同额与第三方公司 50 年运营周期利润贴现额之和),SPV 项目公司确定给予 EPC 施工企业施工的具体金额。

当然,该模型中最为关键的是第三方公司对未来 50 年运营周期中现金流的测算。

典型案例:丙村农业 PPP 项目的财税核算及管理

一、项目概况

见正文第 74 页“1. 丙村农业 PPP 项目概况”。

二、村落开发模式比较分析

“十三五”规划以来,国家加大改革创新力度、加快农业现代化建设,积极推进农村一二三产业融合发展,推动传统农业转型升级,着力发展多功能都市现代农业。在这样的背景中,村落开发模式不断推陈出新。

现有的村落开发模式按开发项目主导权在政府、企业、村民中的划分可以分为政府主导模式、政企合作的 SPV 项目公司模式、经营权出让模式、社区自主经营模式,四种模式各有优势与不足(见附表 1)。丙村升级开发项目选择政企合作的 SPV 项目公司模式,降低了政府法规的束缚，解决了政府主导模式的资金短缺问题，又可以为项目注入市场化运作的先进管理经营机制，有利于开发项目落地与完成。

附表 1　　不同村落开发模式优劣分析

开发模式	开发特点	优势	不足	代表案例
政府主导模式	当地政府成立旅游开发领导小组/旅游公司，通过规划和行政审批，从事古镇旅游开发行为	整体规划性强，注重古镇开发综合效益，风险较低，适合大规模项目	权力集中的管理模式不利于对市场做出快速反应；对政府资金要求高	昆山周庄
政企合作的 SPV 项目公司模式	由政府与社会企业合资组建相应的旅游开发公司，开发公司以政府组织注入的资产为抵押，向银行借款，获得的资金用于开发古镇旅游项目，开发的收益用于偿还旅游借款	政府法规的束缚降低；解决旅游开发的资金短缺问题；市场化运作可以带来先进管理经营机制	对当地的旅游环境要求较高，经济比较发达，市场机制比较完善，旅游发展比较好	桐乡乌镇
经营权出让模式	当地政府将辖区内的旅游景点先开发出来，再出让旅游开发经营权，让投资商开发，政府只在宏观层面上对投资商进行管理	开发资金由投资商负责，解决资金短缺问题；避开了市场机制不完善、旅游业发展不佳带来的相关问题	政府管理权限减弱；投资商为了尽快回收投资，可能重视短期利益，造成自然旅游资源的破坏；收益大部分被投资商赚得，当地政府获得收益不大	凤凰古镇
社区自主经营模式	村民自行开发经营，自负盈亏	村民可以自主建设管理，民众参与度高，更利于长久管理	粗放经营，开发速度慢，宣传力度小；旅游创新、客源组织水平较低	黄山西递

三、投资主体、运营模式、盈利模式与退出机制

见正文第 74 页“2. 都市数字农业分析”、第 75 页“3. 古村核心商业街分析”。

四、农业 PPP 指导政策

农业 PPP 相关指导政策如附表 2 所示：

附表 2　　农业 PPP 指导政策

发文单位	发文时间	发文标题
中共中央、国务院	2016 年 12 月 31 日	《关于深入推进农业供给侧结构性改革加快培育农业农村发展新动能的若干意见》(2017 年中央一号文件)
发改委	2017 年 3 月 8 日	《关于深入推进农业供给侧结构性改革实施意见的通知》(发改农经〔2017〕452 号)

续表

发文单位	发文时间	发文标题
农业部	2015 年 9 月 21 日	《关于积极开发农业多种功能大力促进休闲农业发展的通知》(农加发〔2015〕5 号)
	2017 年 3 月 29 日	《关于开展国家现代农业产业园创建工作的通知》(农计发〔2017〕40 号)

(一)农加发〔2015〕5 号

2015 年 9 月 21 日,农业部发布《关于积极开发农业多种功能大力促进休闲农业发展的通知》(农加发〔2015〕5 号),以明确用地政策、加大财税支持、拓宽融资渠道、加大公共服务等手段来完善落实促进休闲农业发展。具体包括:撬动社会资本,推动休闲农业产业的提档升级。落实税收优惠政策,从事休闲农业的经营主体符合税收优惠条件的,可享受有关税收优惠。要切实落实国务院关于减轻企业负担的各项规定。有条件的地方,休闲农业用水用电享受农业收费标准。探索新型融资模式,鼓励利用 PPP 模式、众筹模式、互联网+模式、发行私募债券等方式,加大对休闲农业的金融支持。增强线上线下营销能力,鼓励社会资本参与休闲农业宣传推介平台建设,加快构建网络营销、网络预订和网上支付等公共服务平台,全面提升行业的信息化水平。

(二)2017 年中央一号文件

2016 年 12 月 31 日,中共中央、国务院发布了《关于深入推进农业供给侧结构性改革加快培育农业农村发展新动能的若干意见》,强调要改革财政支农投入机制,创新财政资金使用方式,推广政府和社会资本合作,实行以奖代补和贴息,支持建立担保机制,鼓励地方建立风险补偿基金,撬动金融和社会资本更多投向农业农村。建立健全全国农业信贷担保体系,推进省级信贷担保机构向市县延伸,支持有条件的市县尽快建立担保机构,实现实质性运营。拓宽农业农村基础设施投融资渠道,支持社会资本以特许经营、参股控股等方式参与农林水利、农垦等项目建设运营。鼓励地方政府和社会资本设立各类农业农村发展投资基金。加大地方政府债券支持农村基础设施建设力度。在符合有关法律和规定的前提下,探索以市场化方式筹集资金,用于农业农村建设。研究制定引导和规范工商资本投资农业农村的具体意见。对各级财政支持的各类小型项目,优先安排农村集体经济组织、农民合作组织等作为建设管护主体,强化农民参与和全程监督。

(三)发改农经〔2017〕452 号

2017 年 3 月 8 日,发改委公布了《关于深入推进农业供给侧结构性改革实施意见的通知》(发改农经〔2017〕452 号),指出要积极培育农村新产业新业态,大力发展农产品加工、休闲农业、乡村旅游、农村服务业。实施"互联网"+现代农业行动,发展农产品电子商务。完善农村流通基础设施网络布局,促进传统农资流通网点向现代农资综合服务商转型。提升休闲农业和乡村旅游发展质量,改善公共服务设施条件。推动科技、人文等元素融入农业,积极探索农产品个性化定制服务、会展农业等新型业态。组织开展第三批支持农民工等人员返乡创业试点,进一步扩大返乡创业试点范围。积极调动市场资源,支持返乡创业试点地区加快发展农村电商和县乡特色产业。

该通知又指出,要创新农业投融资体制机制,引导社会资本投入"三农"领域。健全政府和社会资本合作机制,启动农业和林业领域 PPP 试点,积极利用开发性和政策性金融推进林业生态建设。鼓励社会资本以特许经营、参股控股等多种形式参与农林水利等项目建设运营，探索通过股权债权融资、资产证券化等多种方式拓宽农业融资渠道，支持符合条件的涉农企业发行企业债券募集资金用于现代农业项目建设。

(四)农计发〔2017〕40号

2017年3月29日，农业部发布了《关于开展国家现代农业产业园创建工作的通知》(农计发〔2017〕40号)，指出要加大政策支持。各地方应加大对创建国家现代农业产业园的支持力度。统筹现有渠道资金，按照"渠道不乱、用途不变"的原则向园区适当倾斜，形成集聚效应。发挥财政资金的引领作用，通过PPP、政府购买服务、贷款贴息等方式，撬动更多金融和社会资本投入园区建设。鼓励地方创新产业园管理体制和产业园投资、建设、运营方式。

可见，国家鼓励、提倡以PPP模式加大对农业的投融资，鼓励社会资本参与农业项目的建设运营。

五、涉税环节分析

(一)融资环节

项目资金来源主要为自有资金投入与银行借款。在社会资本投资方资信条件下，按自有资金占静态总投资20%～30%的比例，其余资金向银行借贷。原乙镇PPP项目合作银行对该子项目给予融资支持，并在政策范围内给予一定优惠。

本项目采用银行开发贷进行融资，融资成本约4.9%/年。项目总筹资约6.99亿元，自有资金投入1.72亿元，占比24.61%，银行开发贷款5.27亿元，占比75.39%。都市数字农业项目总筹资0.96亿元，自有资金投入1 100万元，银行借款8 500万元。古村核心商业街项目总筹资1.07亿元，自有资金投入1 236万元，银行借款9 500万元。新农村建设项目总筹资4.95亿元，自有资金投入14 858万元，银行借款34 670万元。

各项目资金筹措情况如附表3所示：

附表3　　各项目资金筹措情况

项目名称	科目	金额(万元)
都市数字	自有资金投入	1 100
	银行借款	8 500
合计		9 600
核心商业街	自有资金投入	1 236
	银行借款	9 500
合计		10 736
新农村建设	自有资金投入	14 858
	银行借款	34 670
合计		49 528

印花税：项目资金中银行借款是主要的资金来源。项目自银行取得借款需要缴纳印花税，纳税人为银行与借款公司，税率按“借款合同”为万分之零点五，计税依据为借款合同所载借款金额，存在分次填开借据、以财产做抵押、基建贷款按年度用款计划分年签订借款合同等情况时，按相关法律文件的具体规定进行缴纳。

增值税：根据财税〔2016〕36号文，贷款是指将资金贷与他人使用而取得利息收入的业务活动，2016年5月1日之后，银行发放贷款属于增值税范畴内的应税服务，银行应按“金融服务—贷款服务”缴纳6%的增值税；但根据金融业营改增的有关税收政策，SPV项目公司购买贷款服务所取得进项税额不得从销项税额中抵扣。

所得税：公司支付银行贷款利息产生财务费用，满足资本化条件的，计入资产价值，通过以后年度的折旧抵减该年度应纳税所得额；不满足资本化条件的，直接作为成本扣除当年的应纳税所得额。

（二）建设环节

项目产业定位为以“休闲度假+农业”为底本，发展都市休闲农业旅游、文化创意、农业高科技产业。建设环节覆盖都市数字农业、古村核心商业街、新农村建设，包括土建投资（含各种温室建设）、设备投资（各种先进系统、智能机器人以及自动化设备）、基础设施建设、河道疏浚、房屋修缮等内容。

各子项目建设内容见附表4：

附表4　　各子项目建设内容

都市数字农业项目	大数据云指挥中心、育苗流水生产线、种植流水生产线、营养供给流水线、蔬果生长采摘区及水肥中心、检测中心、废弃物再利用中心、分拣中心及智能管理及运输机器人等系统
古村核心商业街项目	餐饮、零售、民宿、会议等文旅设施建设
新农村建设项目	宅基地腾挪（核心商业街范围内）、美丽乡村提升、基础设施及公建配套、美丽河湖整治、污水处理厂建设，公益性项目（城隍庙、村史馆、章粢堂、思堂馆等老建筑修缮及游客集散中心等）

增值税：公司提供建筑服务需要按“建筑服务”税目缴纳10%①的增值税。建筑服务内容包括温室系统及高科技农业生产线的安装服务，修建餐饮、零售、民宿、污水处理厂的工程服务，城隍庙、村史馆、章粢堂、思堂馆等老建筑修缮服务，平整土地、园林绿化、拆除建筑物或者构筑物等其他建筑服务。

建筑服务抵扣：建筑业营改增后，公司提供建筑服务可能存在销项税额过多、进项税额过少的问题，如果公司采用清包工或甲供工程提供建筑服务，可以选择采用简易计税方法计税，公司可以权衡一般计税方法与简易计税方法下的税收负担，主动做出企业整体税负最小化的选择。

设备进项抵扣：SPV项目公司以商业目的外购的育苗流水生产线、种植流水生产线、Venlo式温室系统等高科技农业生产设备，产生的进项税额可以在购进当期一次性全额可以抵扣销项税额，适用16%的税率。SPV项目公司购入建筑用设备，专用于简易计税方法

① 3月28日国务院常务会议决定，交通运输、建筑和基础电信服务等行业，以及农产品等货物的增值税税率，自2018年5月1日起降至10%。

计税项目、免征增值税项目、集体福利或者个人消费的购进货物、加工修理修配劳务、服务、固定资产、无形资产和不动产，不得抵扣增值税的销项税额；兼用于上述项目固定资产、无形资产和不动产可以在购进当期全额抵扣销项税额。

相关法规：

(1)一般纳税人提供建筑服务按照10％的税率计算缴纳增值税。

一般纳税人以清包工方式提供的建筑服务，可以选择适用简易计税方法计税。

以清包工方式提供建筑服务，是指施工方不采购建筑工程所需的材料或只采购辅助材料，并收取人工费、管理费或者其他费用的建筑服务。

(2)一般纳税人为甲供工程提供的建筑服务，可以选择适用简易计税方法计税。

甲供工程，是指全部或部分设备、材料、动力由工程发包方自行采购的建筑工程。

(3)一般纳税人为建筑工程老项目提供的建筑服务，可以选择适用简易计税方法计税。

建筑工程老项目是指：

(1)《建筑工程施工许可证》注明的合同开工日期在2016年4月30日前的建筑工程项目。

(2)未取得《建筑工程施工许可证》的，建筑工程承包合同注明的开工日期在2016年4月30日前的建筑工程项目。

(3)一般纳税人跨县(市)提供建筑服务，适用一般计税方法计税的，应以取得的全部价款和价外费用为销售额计算应纳税额。纳税人应以取得的全部价款和价外费用扣除支付的分包款后的余额，按照2％的预征率在建筑服务发生地预缴税款后，向机构所在地主管税务机关进行纳税申报。

(4)一般纳税人跨县(市)提供建筑服务，选择适用简易计税方法计税的，应以取得的全部价款和价外费用扣除支付的分包款后的余额为销售额，按照3％的征收率计算应纳税额。纳税人应按照上述计税方法在建筑服务发生地预缴税款后，向机构所在地主管税务机关进行纳税申报。

(5)试点纳税人中的小规模纳税人(以下称小规模纳税人)跨县(市)提供建筑服务，应以取得的全部价款和价外费用扣除支付的分包款后的余额为销售额，按照3％的征收率计算应纳税额。纳税人应按照上述计税方法在建筑服务发生地预缴税款后，向机构所在地主管税务机关进行纳税申报。

(三)运营环节

1. 都市数字农业

(1)SPV项目公司通过租赁取得丙村集体经济组织农用地承包经营。

城镇土地使用税：SPV项目公司通过租赁取得丙村集体经济组织农用地承包经营权，通过招采引入高科技农业企业完成都市数字农业项目的建设及后续运营。SPV项目公司作为丙村集体经济组织农用地的承租人，应缴纳承租土地的城镇土地使用税。对专门经营农产品的农产品批发市场、农贸市场使用(包括自有和承租)的土地，可暂免房产税与城镇土地使用税。

耕地占用税：SPV项目公司占用农用地进行非农建设或生产，要缴纳耕地占用税。建设果菜智能生长区、叶菜智能生长区、草莓智能立体生长区、草莓智能育苗生长区等直接为农业生产服务的生产设施占用前款规定的农用地的，不征收耕地占用税。

取得增值税进项税额抵扣:丙村集体经济组织农用地出租集体所有的土地应按照5%的征收率计算缴纳增值税额,SPV项目公司可要求集体经济组织申请代开增值税专用发票,取得发票后依法申报抵扣进项税额。

相关法规:

①《中华人民共和国城镇土地使用税暂行条例》。

第二条规定:在城市、县城、建制镇、工矿区范围内使用土地的单位和个人,为城镇土地使用税(以下简称土地使用税)的纳税人,应当依照本条例的规定缴纳土地使用税。前款所称单位,包括国有企业、集体企业、私营企业、股份制企业、外商投资企业、外国企业以及其他企业和事业单位、社会团体、国家机关、军队以及其他单位;所称个人,包括个体工商户以及其他个人。

②《财政部国家税务总局关于集体土地城镇土地使用税有关政策的通知》(财税〔2006〕56号)。

规定:在城镇土地使用税征税范围内实际使用应税集体所有建设用地但未办理土地使用权流转手续的,由实际使用集体土地的单位和个人按规定缴纳城镇土地使用税。

③《财政部国家税务总局关于继续实行农产品批发市场、农贸市场房产税城镇土地使用税优惠政策的通知》(财税〔2016〕1号)。

规定:对专门经营农产品的农产品批发市场、农贸市场使用(包括自有和承租,下同)的房产、土地,暂免征收房产税和城镇土地使用税。

④《中华人民共和国耕地占用税暂行条例》。

规定:占用林地、牧草地、农田水利用地、养殖水面以及渔业水域滩涂等其他农用地建房或者从事非农业建设的,比照本条例的规定征收耕地占用税。

建设直接为农业生产服务的生产设施占用前款规定的农用地的,不征收耕地占用税。

⑤《财政部国家税务总局关于进一步明确全面推开营改增试点有关劳务派遣服务、收费公路通行费抵扣等政策的通知》(财税〔2016〕47号)。

规定:纳税人以经营租赁方式将土地出租给他人使用,按照不动产经营租赁服务缴纳增值税。不动产租赁服务增值税税率为10%。

⑥财税〔2016〕36号附件2《营业税改征增值税试点有关事项的规定》。

规定:一般纳税人出租其2016年4月30日前取得的土地使用权,可以选择适用简易计税方法,按照5%的征收率计算应纳税额;小规模纳税人出租其取得的土地使用权,应按照5%的征收率计算应纳税额;其他个人出租其取得的土地使用权,应按照5%的征收率计算应纳税额。

⑦《财政部国家税务总局关于承租集体土地城镇土地使用税有关政策的通知》(财税〔2017〕29号)。

规定:在城镇土地使用税征税范围内,承租集体所有建设用地的,由直接从集体经济组织承租土地的单位和个人,缴纳城镇土地使用税。

(2)都市数字农业的运营收入。

企业所得税:都市数字农业的运营收入来源是番茄、生菜、草莓等果蔬产销收入与观光体验采摘的门票收入,项目取得的收入需要缴纳企业所得税。

增值税:根据《中华人民共和国增值税暂行条例》,农业生产者销售自产农产品免增值税,即企业自产自销番茄、生菜、草莓等农产品免征增值税,对应的进项税额不得抵扣;蔬菜流通环节免征增值税。观光体验采摘的门票收入应按“生活服务业—旅游服务”缴纳增值税,适用6%的税率。

相关法规:

《财政部国家税务总局关于免征蔬菜流通环节增值税有关问题的通知》(财税〔2011〕137号)。

规定:对从事蔬菜批发、零售的纳税人销售的蔬菜免征增值税。蔬菜是指可作副食的草本、木本植物,包括各种蔬菜、菌类植物和少数可作副食的木本植物。蔬菜的主要品种参照《蔬菜主要品种目录》(见附件)执行。经挑选、清洗、切分、晾晒、包装、脱水、冷藏、冷冻等工序加工的蔬菜,属于本通知所述蔬菜的范围。各种蔬菜罐头不属于本通知所述蔬菜的范围。蔬菜罐头是指蔬菜经处理、装罐、密封、杀菌或无菌包装而制成的食品。

2. 古村核心商业街

(1)SPV项目公司通过租用获得丙村古村核心区内的建设用地。

城镇土地使用税:SPV项目公司通过租赁取得丙村集体经济组织农用地承包经营权,修缮丙村核心区内历史建筑,保护传承当地历史文化,开发文旅项目。SPV项目公司为丙村集体经济组织农用地的承租人,应缴纳承租土地的城镇土地使用税。

取得增值税进项税额抵扣:丙村集体经济组织农用地出租集体所有的土地应按照5%的征收率计算缴纳增值税额,SPV项目公司可要求集体经济组织申请代开增值税专用发票,取得发票后依法申报抵扣进项税额。

相关法规:

①《中华人民共和国城镇土地使用税暂行条例》。

第二条规定:在城市、县城、建制镇、工矿区范围内使用土地的单位和个人,为城镇土地使用税(以下简称土地使用税)的纳税人,应当依照本条例的规定缴纳土地使用税。前款所称单位,包括国有企业、集体企业、私营企业、股份制企业、外商投资企业、外国企业以及其他企业和事业单位、社会团体、国家机关、军队以及其他单位;所称个人,包括个体工商户以及其他个人。

②《财政部国家税务总局关于集体土地城镇土地使用税有关政策的通知》(财税〔2006〕56号)。

规定:在城镇土地使用税征税范围内实际使用应税集体所有建设用地但未办理土地使用权流转手续的,由实际使用集体土地的单位和个人按规定缴纳城镇土地使用税。

③《财政部国家税务总局关于进一步明确全面推开营改增试点有关劳务派遣服务、收费公路通行费抵扣等政策的通知》(财税〔2016〕47号)。

规定:纳税人以经营租赁方式将土地出租给他人使用,按照不动产经营租赁服务缴纳增值税。不动产租赁服务增值税税率为10%。

④财税〔2016〕36号附件2《营业税改征增值税试点有关事项的规定》。

规定:一般纳税人出租其2016年4月30日前取得的土地使用权,可以选择适用简易计税方法,按照5%的征收率计算应纳税额;小规模纳税人出租其取得的土地使用权,应按照5%的征收率计算应纳税额;其他个人出租其取得的土地使用权,应按照5%的征收率计算应纳税额。

⑤《财政部税务总局关于承租集体土地城镇土地使用税有关政策的通知》(财税〔2017〕29号)。

规定:在城镇土地使用税征税范围内,承租集体所有建设用地的,由直接从集体经济组织承租土地的单位和个人,缴纳城镇土地使用税。

(2)古村核心商业街的运营收入。

企业所得税:项目收入由商业街运营收入和政府缺口补助组成。商业街运营收入包括餐饮、零售租金收入与民宿或精品酒店客栈类租金收入,租金收入需要缴纳企业所得税。

增值税:根据财税〔2016〕36号文,一般纳税人出租不动产需要按"现代服务—租赁服务"缴纳10%的增值税;出租其2016年4月30日前取得的不动产,可以选择适用简易计税方法。

房产税:项目租金收入应按从租计征方法缴纳12%的房产税,这里的租金收入是不含增值税的租金收入。纳税人出租房产的,自交付出租房产之次月起计征房产税。

印花税:SPV项目公司与商户签订房屋租赁合同,应当于合同书立或者领受时贴花,应该按租赁合同记载金额的千分之一计算缴纳印花税。

相关法规:

①《中华人民共和国企业所得税法实施条例》。

第十九条规定:租金收入,按照合同约定的承租人应付租金的日期确认收入的实现。

②国税函〔2010〕79号《国家税务总局关于贯彻落实企业所得税法若干税收问题的通知》。

第一条规定:企业提供固定资产、包装物或者其他有形资产的使用权取得的租金收入,应按交易合同或协议规定的承租人应付租金的日期确认收入的实现。其中,如果交易合同或协议中规定租赁期限跨年度,且租金提前一次性支付的,根据《实施条例》第九条规定的收入与费用配比原则,出租人可对上述已确认的收入,在租赁期内,分期均匀计入相关年度收入。

③《关于发布〈纳税人提供不动产经营租赁服务增值税征收管理暂行办法〉的公告》(国家税务总局公告2016年第16号)。

规定:一般纳税人出租其2016年4月30日前取得的不动产,可以选择适用简易计税方法,按照5%的征收率计算应纳税额。

不动产所在地与机构所在地不在同一县(市、区)的,纳税人应按照上述计税方法向不动产所在地主管国税机关预缴税款,向机构所在地主管国税机关申报纳税。不动产所在地与机构所在地在同一县(市、区)的,纳税人向机构所在地主管国税机关申报纳税。

一般纳税人出租其2016年5月1日后取得的不动产,适用一般计税方法计税。

不动产所在地与机构所在地不在同一县(市、区)的,纳税人应按照3%的预征率向不动产所在地主管国税机关预缴税款,向机构所在地主管国税机关申报纳税。不动产所在地与机构所在地在同一县(市、区)的,纳税人应向机构所在地主管国税机关申报纳税。

④《中华人民共和国房产税暂行条例》。

第四条规定:依照房产租金收入计算缴纳房产税的,税率为12%。

⑤《关于房产税城镇土地使用税有关政策规定的通知》(国税发〔2003〕89号)。

第二条规定:纳税人出租、出借房产,自交付出租、出借房产之次月起计征房产税和城镇土地使用税。

⑥《中华人民共和国印花税暂行条例》。

第二条规定：下列凭证为应纳税凭证：购销、加工承揽、建设工程承包、财产租赁、货物运输、仓储保管、借款、财产保险合同、技术合同或者具有合同性质的凭证。

第七条规定：应纳税凭证应当于书立或者领受时贴花。

3. 新农村建设项目

新农村建设项目的运营收入需要缴纳企业所得税。

企业所得税：该项目为政府采购模式，由政府采购弥补新农村建设的投资成本并支付合理回报，公司取得政府回款后需要缴纳企业所得税。

4. 政府补贴

企业所得税：乙镇政府对运营项目给予适当的补贴，公司接受政府补贴面临企业所得税的征缴。根据财税〔2011〕70号文，满足以下条件的政府补贴作为不征税收入，无须缴纳企业所得税：(1)能够提供规定资金专项用途的资金拨付文件。(2)单独核算支出。(3)拨付资金部门对该资金有专门的资金管理办法。同时满足三项条件的政府补助才能作为不征税收入，在计算应纳税所得额时从收入总额中减除。

此外，根据财税〔2009〕87号文，作为不征税收入的专项用途财政资金在5年(60个月)内未发生支出且未缴回财政或其他拨付资金的政府部门的部分，应重新计入取得该资金第六年的收入总额，缴纳企业所得税。这要求公司5年内用完财政专项资金，否则第六年会对未使用完的财政专项资金课征所得税。

另外，出于避免双重优惠的考虑，不征税收入用于支出所形成的费用，不得在计算应纳税所得额时扣除；用于支出所形成的资产，其计算的折旧、摊销不得在计算应纳税所得额时扣除。

相关法规：

①《财政部国家税务总局关于专项用途财政性资金企业所得税处理问题的通知》(财税〔2011〕70号)。

规定：企业从县级以上各级人民政府财政部门及其他部门取得的应计入收入总额的财政性资金，若企业能够提供规定资金专项用途的资金拨付文件、单独核算支出，且拨付资金部门对该资金有专门的资金管理办法或具体管理要求，则该部分政府补贴属于不征税收入，SPV项目公司无须就此缴纳所得税。

②《财政部国家税务总局关于专项用途财政性资金有关企业所得税处理问题的通知》(财税〔2009〕87号)。

规定：企业将符合本通知第一条规定条件的财政性资金作不征税收入处理后，在5年(60个月)内未发生支出且未缴回财政或其他拨付资金的政府部门的部分，应重新计入取得该资金第六年的收入总额；重新计入收入总额的财政性资金发生的支出，允许在计算应纳税所得额时扣除。

③《企业所得税实施条例》。

第二十八条规定：不征税收入用于支出所形成的费用，不得在计算应纳税所得额时扣除；用于支出所形成的资产，其计算的折旧、摊销不得在计算应纳税所得额时扣除。

(四)退出环节

据三个子项目各自PPP子合同约定的期限，届满后，SPV项目公司将各子项目移交给乙镇人民政府或其指定单位，并根据评估资产价格，获得补偿。

目前税法并未对PPP项目移交阶段的税务处理进行明确规定，实践中对此存在极大的争议，众多 PPP 项目未在移交环节缴纳税款。部分税务机关在营改增之前曾就移交环节的流转税出台过规则，如《浙江省营业税差额征税管理办法》《重庆市地方税务局关于建筑业营业税有关政策问题的通知》，但随着营改增的实施，上述针对营业税的规则在目前能否当然适用依然存疑。

就法理分析，项目移交环节的税务处理主要取决于移交环节中是否存在项目资产权属的转移，若存在权属转移，应按《财政部国家税务总局关于全面推开营业税改征增值税试点的通知》（财税〔2016〕36 号）及《关于企业处置资产所得税处理问题的通知》（国税函〔2008〕828 号）的规定，缴纳增值税与企业所得税。乙镇人民政府或其指定单位根据评估资产价格，给予 SPV 项目公司补偿，补偿价格偏低或者不补偿的，是否按资产的公允价值进行调整目前税法没有明确规定，这是资产移交的一个风险点，SPV 项目公司应提前做好相关安排。

六、税收测算

（一）融资环节税收测算

融资环节税收测算如附表 5 所示：

附表 5　融资环节税收测算

税种	纳税人	计税依据	税率	测算	备注
印花税	贷款银行、SPV 项目公司	借款合同所载明的贷款金额	0.05‰	借款合同所载明的贷款金额×0.05‰	借款合同的具体签署方式影响印花税的缴纳
所得税	SPV 项目公司	作为财务费用扣减应纳税所得额	25%	财务费用×25%	注意财务费用资本化的期间和条件

（二）建设环节税收测算

建设环节税收测算如附表 6 所示：

附表 6　建设环节税收测算

项目	税种	纳税人	计税依据	税率	测算	备注
都市数字农业	增值税	SPV 项目公司	产生进项税额的支出：主体工程及设备安装支出、辅助工程及设备安装支出、厂区工程支出、规划设计支出、不可预见支出	16%、10%、6%	进项税额＝商品、服务、固定资产的不含税买价×对应税率	清包工或甲供工程可以选择采用简易计税方法计税
	印花税		购买温室系统、高科技农业生产设备等合同的载明价款	0.3‰	购销合同×0.3‰	

续表

项目	税种	纳税人	计税依据	税率	测算	备注
古村核心商业街	增值税	SPV 项目公司	产生进项税额的支出：前期支出(包括规划设计、建筑设计等)，建设开发工程支出(土地租金、古宅修复、商业街建设)等	16%、10%、6%	进项税额＝商品、服务的不含税买价×对应税率	清包工或甲供工程可以选择采用简易计税方法计税
新农村建设	增值税	SPV 项目公司	产生进项税额的支出：前期支出、建设支出(公建配套、新农村示范区、美丽乡村提升、基础设施等)	16%、11%、6%	进项税额＝商品、服务的不含税买价×对应税率	清包工或甲供工程可以选择采用简易计税方法计税
	印花税		建筑安装工程承包合同所载金额、建筑工程勘察设计合同所载金额	0.3‰、0.5‰	建筑安装工程承包合同所载金额×0.3‰、建筑工程勘察设计合同所载金额×0.5‰	

(三)运营环节税收测算

1. 都市数字农业项目

都市数字农业项目运营环节税收测算如附表 7 所示：

附表 7　运营环节——都市数字农业项目税收测算

项目	税种	纳税人	计税依据	税率	测算	备注
都市数字农业	城镇土地使用税	SPV 项目公司	实际占用的土地面积(约 96 亩)	1.5～30 元/每平方米税额	实际占用应税土地面积×适用定额税率	对专门经营农产品的农产品批发市场、农贸市场使用，可暂免城镇土地使用税
	耕地占用税	SPV 项目公司	实际占用的耕地面积	46 元/每平方米	实际占用的耕地面积×46 元/每平方米	直接为农业生产服务的生产设施占用前款规定的农用地的，不征收耕地占用税
	增值税	SPV 项目公司	进项税额：支付给集体经济组织的土地租赁费	5%(征收率)	含税租赁费/(1＋5%)×5%	集体经济体租赁收入应按照 5% 的征收率计算缴纳增值税额
			销项税额：门票收入	6%	含税门票收入/(1＋6%)×6%	农业生产者销售直接生产的农产品免增值税

(1)城镇土地使用税。城镇土地使用税税率为幅度定额税率，上海市为 1.5～30 元/每平方米税额，具体税率详见沪府发〔2007〕42 号《上海市城镇土地使用税实施规定》和沪地税

发〔2007〕63号《关于公布本市城镇土地使用税纳税等级具体范围的通知》。计税依据为纳税人实际占用的土地面积,土地面积计量标准均为每平方米。应纳税额=实际占用应税土地面积(平方米)×适用税额。

(2)增值税。采用一般计税方法时,当期增值税应纳税额=当期销项税额－当期进项税额。采用简易计税方法时,当期增值税应纳税额=含税销售收入/(1+征收率)×征收率。

(3)所得税。都市数字农业项目免征所得税。根据《中华人民共和国企业所得税法》,从事农、林、牧、渔业项目的所得免征企业所得税,公司数字农业项目主要从事瓜果蔬菜的销售应免征企业所得税。

2. 古城核心商业街项目

古城核心商业街项目运营环节税收测算如附表8所示:

表8　　运营环节——古城核心商业街项目税收测算

<table>
<tr><th>项目</th><th>税种</th><th>纳税人</th><th>计税依据</th><th>税率</th><th>测算</th><th>备注</th></tr>
<tr><td rowspan="8">古城核心商业街</td><td>城镇土地使用税</td><td>SPV项目公司</td><td>实际占用的土地面积(约96亩)</td><td>1.5～30元/每平方米税额</td><td>实际占用应税土地面积×适用定额税率</td><td></td></tr>
<tr><td rowspan="2">增值税</td><td rowspan="2">SPV项目公司</td><td>进项税额:支付给集体经济组织的土地租赁费</td><td>5%(征收率)</td><td>含税租赁费/(1+5%)×5%</td><td>集体经济体租赁收入应按照5%的征收率计算缴纳增值税额</td></tr>
<tr><td>销项税额:出租餐饮、零售、民宿客栈给商户的租金收入</td><td>10%</td><td>含税租金/(1+10%)×10%</td><td></td></tr>
<tr><td rowspan="2">房产税</td><td rowspan="2">SPV项目公司</td><td>已出租商铺:从租计征,不含税租金收入</td><td>12%</td><td>不含税租金×12%;</td><td rowspan="2">纳税人出租、出借房产,自交付出租、出借房产之次月起计征房产税和城镇土地使用税</td></tr>
<tr><td>未出租商铺:从价计征,房产原值</td><td>1.2%</td><td>应税房产原值×(1－扣除率)×1.2%</td></tr>
<tr><td>印花税</td><td>SPV项目公司</td><td>商户不动产租赁合同所载价款</td><td>1‰</td><td>合同所载价款×1‰</td><td></td></tr>
<tr><td>所得税</td><td>SPV项目公司</td><td>租金收入</td><td>25%</td><td>应纳税所得额×25%</td><td></td></tr>
</table>

(1)城镇土地使用税。城镇土地使用税税率为幅度定额税率,上海市为1.5～30元/每平方米税额,具体税率详见沪府发〔2007〕42号《上海市城镇土地使用税实施规定》和沪地税发〔2007〕63号《关于公布本市城镇土地使用税纳税等级具体范围的通知》。计税依据为纳税人实际占用的土地面积,土地面积计量标准均为每平方米。应纳税额=实际占用应税土地面积(平方米)×适用税额。

(2)增值税。采用一般计税方法时,当期增值税应纳税额＝当期销项税额－当期进项税额。采用简易计税方法时,当期增值税应纳税额＝含税销售收入/(1＋征收率)×征收率。

土地租赁费:使用集体建设用地的土地租赁费起始租金按 0.3 元/平方米/天(计算依据按当前村内民宅出租价格约 6 万元/年,面积约 230 平方米,折合每天租金价格除以 2)。土地租赁费按 5 年后上涨为 0.4 元/平方米/天,此后每 5 年租金价格上涨 10%。运营期 29 年内总运营成本约41 229万元,平均每年约1 422万元,产生进项税额 67.71 万元。

(3)所得税。项目收入由商业街运营收入和政府缺口补助组成,总收入约 11.83 亿元,其中餐饮、零售租金收入约 4.4 亿元,民宿或精品酒店客栈类租金收入约 7.36 亿元,政府补助约 719 万元。

餐饮类租金起始价格为 4 元/平方米/天,客栈类收入约 3.2 元平方米/天(计算方式参考周边可比项目的客栈类收费约 300 元/间/天,房间面积 40 平方米)。

项目自 2019 年下半年进入运营期,餐饮、酒吧起始出租率按 50%估算,2021—2022 年按 80%估算,2022—2023 年按 90%估算,2024 年以后至运营期满按 95%估算;民宿起始出租率按 45%估算,2021—2022 年按 75%估算,2022—2023 年按 85%估算,2024 年以后至运营期满按 90%估算。

3. 新农村建设项目

新农村建设项目运营环节税收测算如附表 9 所示:

附表 9　　运营环节——新农村建设项目税收测算

项目	税种	纳税人	计税依据	税率	测算	备注
新农村建设项目	增值税	SPV 项目公司	支付的合理回报	10%	支付的合理回报/(1＋10%)×10%	该项目为政府采购模式,其商业实质是政府购买 SPV 项目公司提供的建筑服务,应按 10%缴纳增值税
	企业所得税	SPV 项目公司	建筑服务收入	25%	应纳所得税额×25%	

4. 财政补贴

运营环节政府补贴如附表 10 所示:

附表 10　　运营环节——政府补贴

项目	税种	纳税人	计税依据	税率	测算	备注
政府补贴	企业所得税	SPV 项目公司	财政补贴金额	25%	财政补贴金额×25%	政府补助必须满足 4 项条件才能作为不征税收入(所得税):1.能够提供规定资金专项用途的资金拨付文件;2.单独核算支出;3.拨付资金部门对该资金有专门的资金管理办法;4.五年内用完

(四)退出环节税收测算

退出环节税收测算如附表11所示：

附表11　　退出环节税收测算

公司	收入	税种	税率	备注
资产移交	资产出售收入	增值税	不动产转移税率10%、固定资产转移税率16%	目前税法并未对PPP项目移交阶段的税务处理进行明确规定，实践中对此存在极大的争议，众多PPP项目未在移交环节缴纳税款。就法理分析，存在资产权属转移，就会产生增值税与所得税的纳税义务
		土地增值税	四级超率累进税率	
		所得税	企业所得税率25%	
		印花税	产权转移书据0.5‰	
企业重组	股权转让收入、收回投资收入	所得税	25%	股权转让的一般性税务处理与特殊性税务处理

七、都市数字农业项目

(一)建设目标

都市数字农业项目作为丙村田园综合体项目的农业板块内容，以优质农产品生产及现代设施农业高新技术集中展示示范为主要方向，针对果菜、叶菜及浆果三大特色园艺产品，综合集成全程自动化生产、智慧云平台、设施无土栽培等技术装备，打造一个以实现园艺产品播种、育苗、移栽、运移、生长、收获等全程数字化高效生产为核心，集观光、休闲、科普、体验等功能为一体的现代高效农业产业园区。其功能定位有三：

1. 优质农产品生产

结合上海地区农作物现状及发展趋势，优选适合当地消费者需求的番茄、生菜、草莓品种，并筛选合理的肥料基质等资材，建设2 727.8m^2 果菜全程自动化生产温室和2 436.8m^2 果菜立体栽培温室，果菜种植区域面积6 110m^2；2 817m^2 叶菜水培自动化生产温室和2 436.8m^2 叶菜立体栽培温室，叶菜种植面积6 190m^2；4 278m^2 草莓A字架种植温室和2 436.8m^2 草莓立体栽培温室，种植面积7 505m^2。标准化示范提高农产品质量安全，并培育出一批品质好、效益高的优质农产品，实现年生产优质番茄244.41吨、优质叶菜155吨，特色品种草莓52吨的供给量。

2. 休闲观光旅游

田园综合体项目中建设半球形双层膜草莓采摘体验温室，通过引入高端草莓品种以及组培扩繁进行采摘休闲体验。结合示范展示叶菜、果菜以及草莓全程自动化生产装备与技术，展现出数字农业、现代农业装备与农业种植技术的融合，提供人们在此进行采摘体验、科普教育，也能够感受到农业技术发展的震撼。生产及作业温室内布置参观通道，体现展示现代农业最新的技术手段，起到产业示范的作用，向游人介绍展示现代农业，形成示范展示基地的休闲旅游观光路径。建成后最大可实现单日接纳300人游玩观光，年游客可达51 000人次。

3. 农业科普教育

该项目实施将引领先进农业技术与装备开发与应用水平的快速发展，带动农作物生产水平及标准化自动化生产和智能化管理的快速提升，为后续多品种种植和技术推广打下基础。充分发挥田园综合体对农业发展要素的聚集、示范带动作用，加快推进农业科技领域的创新突破，带动周边地区农业产业的升级换代。农业科普教育应充分与现代农业示范展示基地的资源优势相结合，通过以示范展示基地为载体，可以系统深入地向基地周围农户、周边地区农业人员及青少年普及并推广现代农业知识，了解现代农业技术，推进现代农业的深入发展，有利于从根本上解决“三农”问题，尤其是为培养新型农民找到突破口。

(二)融资环节

都市数字农业项目总投资为9 961.41万元，其 A 集团投资9 353.98万元，建设期利息371.42 万元，流动资金 236.00 万元。项目投资所需资金9 961.41万元中，拟申请银行贷款7 951.42万元(含建设期利息 371.42 万元)，占总投资的 79.82%，资本金(企业自筹)2 009.98万元，占总投资的 20.18%。

项目建设期内(第一年、第二年)取得银行借款共7 580万元，每年收到3 790万元，第一年产生利息 92.86 万元，第二年产生利息 278.7 万元(均为含增值税利息)，符合资本化条件的借款利息应予资本化。项目第三至十二年为生产期，生产期共产生利息2 614.85万元，应计入各年财务费用，项目第六年开始偿还借款，第十二年借款偿清。借款合同按7 580万元本金贴花，产生印花税 0.38 万元。

融资环节税收测算如附表 12 所示：

附表 12　　融资环节税收测算　　单位：万元

项目	第一年	第二年	第三年	第四年	第五年
年初借款累计	0	3 882.86	7 951.42	7 951.42	7 951.42
当期借款	3 790	3 790			
当期应计利息	92.86	278.57	389.62	389.62	389.62
不得抵扣的进项税额	92.86/(1+6%)×6%=5.26	15.77	22.05	22.05	22.05
利息资本化/费用化	属于建设期，符合资本化条件的应予资本化	属于建设期，符合资本化条件的应予资本化	属于生产期，应费用化	属于生产期，应费用化	属于生产期，应费用化
印花税	7 580×0.05‰=0.38				

(三)建设环节[①]

1. 增值税进项税额测算

建设环节主要包括建安工程、场区工程和设备购置三项建设内容。

建安工程包括新建综合处理温室5 053.11m²、果菜生长温室2 727.80m²、草莓高架生长温室4 278.01m²、草莓高架育苗温室1 254.98m²、水立方型立体生长温室 826.26m²、半球形

① 建设环节所用数据已经过模糊化处理。

双层膜草莓采摘体验温室804.25m²。

建安工程内容如附表13所示：

附表13　　建安工程内容

序号	种类	占地面积(平方米)
1	综合处理温室	5 053.11
2	果菜智能生长温室	2 727.80
3	草莓高架生长温室	4 278.01
4	草莓高架育苗温室	1 254.98
5	水立方型立体生长温室——叶菜	826.26
6	水立方型立体生长温室——果菜	826.26
7	水立方型立体生长温室——草莓	826.26
8	半球形双层膜草莓采摘体验温室	804.25
9	组培及生产管理温室	633.48
10	水肥中心	398.64
11	废弃物处理中心	402.49

场区工程包括土地整理、道路工程、景观绿化、围墙大门、给排水工程和电气工程。具体来看：(1)土地平整：60 529m²。(2)道路工程：新建硬化道路4 686.56m²。(3)景观绿化：新建景观绿化41 082m²，景观花卉6 600m²。(4)围墙大门：包括新建砌块金属栅围墙1 832m、参观通道围墙315m。新建大门2个。(5)给排水工程：包括新建De90生活用水管道650m、排水沟2 200m、机井2眼、温室灌溉管道1 030m、给水De200管道650m，地表水提升泵站1座、水处理设备1套、水肥一体化设备4套、小型一体化污水处理设备1套。(6)电气工程：包括埋地10kV供电线路250m、低压埋地线路900m、路灯供电线路600m、630kVA箱式变电站1台、150kW柴油发电机1台、路灯30套、通信系统1套、安防系统1套。

建安工程与场区工程属于增值税规定的建筑安装业，适用税率10%，在建安企业采用一般计税方法时，SPV项目公司可以取得增值税专用发票作进项抵扣，计划产生425.7万元增值税进项税额。建安工程、场区工程增值税进项税额核算如附表14(列示金额均为不含增值税价款)：

附表14　　建安工程、场区工程增值税进项税额核算

序号	名称	单位	数量(栋)	单栋面积	总面积	总价(万元)	增值税税率	增值税进项税额(万元)
一	主体工程				18 031.5	2 780	10%	278
1	综合处理温室	m²	1	5 053.1	5 053.1	700	10%	70
2	果菜智能生长温室	m²	1	2 727.8	2 727.8	400	10%	40
3	水肥中心温室	m²	1	398.6	398.6	50	10%	5

续表

序号	名称	单位	数量(栋)	单栋面积	总面积	总价(万元)	增值税税率	增值税进项税额(万元)
4	废弃物再利用温室	m^2	1	402.5	402.5	50	10%	5
5	组培温室	m^2	1	633.5	633.5	80	10%	8
6	草莓育苗温室	m^2	1	1 255.0	1 255.0	200	10%	20
7	草莓生长温室	m^2	1	4 278.0	4 278.0	600	10%	60
8	立体种植温室	m^2	3	826.3	2 478.8	500	10%	50
9	采摘体验温室	m^2	1	804.3	804.3	200	10%	20
二	厂区工程					1 090	10%	109
1	围护工程					230	10%	23
1.1	围栏	m	1 832			200	10%	20
1.2	参观通道围栏	m	315			20	10%	2
1.3	大门	个	2			10	10%	1
2	道路工程					110	10%	11
2.1	硬化道路	m^2	4 686.56			100	10%	10
2.2	路灯	个	30			10	10%	1
3	给排水工程					210	10%	21
3.1	地表水提升泵站	套	1			20	10%	2
3.2	机井	眼	2			40	10%	4
3.3	生活用水管	m	650			30	10%	3
3.4	生活污水管	m	650			30	10%	3
3.5	灌溉管网	m	1 030			20	10%	2
3.6	排水沟	m	2 200			40	10%	4
3.7	小型污水处理站	套	1			30	10%	3
4	电气工程					100	10%	10
4.1	10kV埋地线路	m	250			10	10%	1
4.2	低压直埋电缆线路	m	900			40	10%	4
4.3	路灯供电线路	m	600			10	10%	1
4.4	电话网线线路	套	1			20	10%	2
4.5	电话网络服务年费	套	1			20	10%	2
5	绿化工程及其他					440	10%	44
5.1	绿化工程及其他	m^2			41 082	150	10%	15

续表

序号	名称	单位	数量(栋)	单栋面积	总面积	总价(万元)	增值税税率	增值税进项税额(万元)
5.2	景观花卉	m^2			6 600	250	10%	25
5.3	场地平整	m^2			60 529.0	40	10%	4
三	合计				18 031.5	3 870	10%	387

设备购置包括农业云系统、主体工程、辅助工程三项内容，购进设备适用增值税税率16%，计划产生928.2万元增值税进项税额。核算如附表15(列示单价均为不含增值税价款)：

附表15　　农业云系统、主体工程、辅助工程增值税进项税额核算

序号	设备名称	型号/参数	单位	数量	金额(万元)	增值税税率	增值税进项税额(万元)
一	主体工程				4 740.00	16%	758.4
1	基质预处理流水线		套	1	60.00	16%	9.6
2	播种流水线		套	1	50.00	16%	8
3	移栽机器人		套	1	80.00	16%	12.6
4	高压清洗机		套	2	40.00	16%	6.4
5	智能育苗机器人		套	2	200.00	16%	32
6	智能立体育苗机器人		套	1	200.00	16%	32
7	叶菜种植机器人		套	1	60.00	16%	9.6
8	智能立体种植机器人		套	6	400.00	16%	64
9	智能取物机器人1		套	5	200.00	16%	32
10	智能取物机器人2		套	3	90.00	16%	14.4
11	智能取物机器人3		套	1	40.00	16%	6.4
12	智能运输机器人1		套	14	600.00	16%	96
13	智能运输机器人2		套	2	200.00	16%	32
14	智能运输机器人3		套	2	300.00	16%	48
15	智能运输机器人充电桩		套	5	40.00	16%	6.4
16	水肥精准供应系统		套	4	300.00	16%	48
17	机器人行走轨道	440m	套	1	60.00	16%	9.6
18	集装箱式育苗室		套	1	60.00	16%	9.6
19	周转车		套	32	30.00	16%	4.8
20	叶菜生长牵引系统		套	15	50.00	16%	8
21	叶菜生长流水线		套	15	200.00	16%	32

续表

序号	设备名称	型号/参数	单位	数量	金额（万元）	增值税税率	增值税进项税额（万元）
22	营养生长流水线		套	16	20.00	16%	3.2
23	生殖流水线	2 952m	套	1	70.00	16%	11.2
24	草莓高架育苗	312m	套	1	60.00	16%	9.6
25	草莓立体生长系统	1 056m	套	1	200.00	16%	32
26	叶菜智能立体生长系统		套	12	100.00	16%	16
27	果菜智能立体生长系统		套	12	100.00	16%	16
28	草莓智能立体生长系统		套	12	100.00	16%	16
29	叶菜采收系统		套	1	10.00	16%	1.6
30	分拣流水线		套	1	20.00	16%	3.2
31	超声波清洗流水线		套	1	20.00	16%	3.2
32	包装流水线		套	1	90.00	16%	14.4
33	智能升降卷帘门		套	43	300.00	16%	48
34	育苗模块		块	400	10.00	16%	1.6
35	叶菜生长模块		块	1 200	10.00	16%	1.6
36	营养生长模块		块	15 120	10.00	16%	1.6
37	生殖模块		块	24 700	50.00	16%	8
38	检测中心设备		套	1	50.00	16%	8
39	组培室设备		套	1	50.00	16%	8
40	废弃物再利用中心设备		套	1	70.00	16%	11.2
41	水处理系统		套	1	100.00	16%	16
42	植物营养供应系统		套	1	40.00	16%	6.4
二	辅助工程				720.00	16%	115.2
1	箱式变电站	660kVA 箱变	套	1	70.00	16%	11.2
2	检测中心模块房	115.2m^2	套	1	30.00	16%	4.8
3	大数据中心模块房	230.4m^2	套	1	50.00	16%	8
4	分拣加工中心模块房	614.4m^2	套	1	200.00	16%	32
5	预冷间模块房	57.6m^2	套	1	30.00	16%	4.8
6	办公室模块房	30m^2	套	1	30.00	16%	48
7	门卫室		套	1	10.00	16%	1.6
8	安防系统		套	1	30.00	16%	4.8
9	农业云系统				270.00	16%	43.2

续表

序号	设备名称	型号/参数	单位	数量	金额(万元)	增值税税率	增值税进项税额(万元)
9.1	智能农业终端系统			20	60.00	16%	9.6
9.2	网关系统			4	20.00	16%	3.2
9.3	农产品质量追溯模块			1	30.00	16%	4.8
9.4	智能制造MES模块			1	90.00	16%	14.4
9.5	数据中心设备			1	70.00	16%	11.2
三	总计				5 460.00	16%	873.6

建设环节除建安工程、场区工程和设备购置外,还包括设计费、工程监理费、预备费等其他费用。综合来看,建设环节预计产生增值税销项税额1 320.8万元,进项税额估算如附表16(列示费用均不含增值税):

附表16 **项目总投资进项税额估算表** 单位:万元

序号	项目	土建工程	设备购置	设备安装费	其他费用	合计	税率	增值税进项税额
1	工程费用	3 870	5 460	460		9 790	16%/10%	1 306.6
1.1	主体工程	2 780	4 740	400		7 920	16%/10%	1 076.4
1.2	辅助工程	0	720	60		780	16%/10%	121.2
1.3	厂区工程	1 090	0	0		1 090	16%/10%	109
2	工程建设其他费用					820	10%	82
2.1	建设单位管理费				100	100	10%	10
2.2	前期咨询费				30	30	10%	3
2.3	勘察费				40	40	10%	4
2.4	设计费				300	300	10%	30
2.5	招标代理服务费				40	40	10%	4
2.6	工程监理费				200	200	10%	20
2.7	环境评估费				10	10	10%	1
2.8	建设期租地费				40	40	10%	4
2.9	办公家具购置费				10	10	10%	1
2.10	施工图审查费				10	10	10%	1
2.11	竣工图编制费				20	20	10%	2
2.12	培训费				20	20	10%	2
3	预备费				500	500	6%	30
	合计					11 110		1 418.6

2. 印花税核算

购销合同适用印花税税率 0.3‰，建筑安装工程承包合同适用印花税税率 0.3‰，预计建设环节需缴纳印花税 2.54 万元。印花税税额估算如附表 17 所示。

附表 17　　印花税税额估算表

项目	总金额(万元)	印花税税率	印花税(万元)
土建工程	3 870	0.3‰	1.16
设备购置	5 460	0.3‰	1.64
设备安装费	460	0.3‰	0.14
合计	9 790	—	2.94

(四)运营环节

1. 增值税销项税额测算

数字农业项目建成后达产期年收入为2 380万元，产出物的价格以建设单位近几年产品平均价格为参照依据(不含销项税)。其中番茄、生菜、草莓正常生产情况下预计年销售额为1 930万元，门票预计年销售额为 450 万元，根据相关税收法规，农业生产者销售直接生产的农产品免增值税，即番茄、生菜、草莓的销售额免征增值税，门票销售额按 6%缴纳增值税，则项目成熟后预计增值税销项税额测算如附表 18 所示：

附表 18　　项目运营成熟期间增值税销项税额测算

名称	单位	数量	不含税单价(元/吨)	总价(万元)	销项税额(万元)
番茄	吨	250	34 000	850	免税
生菜	吨	160	30 000	480	免税
草莓	吨	60	100 000	600	免税
门票	张	50 000	90	450	27
合计				2 380	27

项目预计建设期两年，运营期 10 年，运营期前两年生产负荷为 70%、90%，第三年负荷 100%，4～10 年保持不变，则整个运营期增值税销项税额合计估算为 259.2 万元(见附表 19)。

附表 19　　项目运营期间增值税销项税额测算

项目	第 1 年	第 2 年	第 3 年	第 4—10 年	合计
生产负荷(%)	70%	90%	100%	100%	
销售收入(万元)	1 631	2 097	2 330	2 330	22 368
番茄	595	765	850	850	8 160
生菜	336	432	480	480	4 680
草莓	420	540	600	600	5 760

续表

项目	第 1 年	第 2 年	第 3 年	第 4—10 年	合计
门票	315	405	450	450	3 840
销项税额(万元)	18.9	24.3	27	27	259.2

2. 增值税进项税额测算

项目成熟期预计年生产成本为 650 万元,其中涉及增值税进项税额的成本项目主要有原料、燃料动力、修理费用、电话网络服务年费、土地租金等,测算年进项税额为 65.5 万元(见附表 20)。

附表 20　　项目成熟期进项税额测算

名称	单位	数量	总价(万元)	税率	进项税额(万元)
种苗	棵	106 800	5	扣除率 10%	0.5
肥料	亩	21	20	10%	2
基质	立方米	440	50	10%	5
包装材料	吨产品	140	60	16%	9.6
采摘包装材料	吨产品	25	15	16%	2.4
原料合计			150		19.5
生活用水	吨	4 200	5	10%	0.5
电	万度	52	40	16%	6.4
燃料动力合计			45		6.9
修理费用	项	1	200	16%	32
电话网络服务年费	项	1	20	10%	2
土地租金	亩	96	20	征收率 5%	0.95
合计					61.35

项目预计建设期两年,运营期 10 年,运营期前两年生产负荷为 70%、90%,第三年负荷 100%,4—10 年保持不变,则整个运营期增值税进项税额合计估算为 629.09 万元(见附表 21)。

附表 21　　项目运营期间增值税销项税额测算　　单位:万元

项目	第 1 年	第 2 年	第 3 年	第 4—10 年	合计
生产负荷	70%	90%	100%	100%	
原料合计	13.65	17.55	19.5	19.5	187.2
燃料动力合计	4.83	6.21	6.9	6.9	66.24

续表

项目	第 1 年	第 2 年	第 3 年	第 4—10 年	合计
修理费用	22.4	28.8	32	32	307.2
电话网络服务年费	1.4	1.8	2	2	19.2
土地租金	0.95	0.95	0.95	0.95	9.5
进项税额(万元)	43.23	55.31	61.35	61.35	589.34

3. 城镇土地使用税与耕地占用税测算

乙镇隶属上海市甲区。根据沪府发〔2007〕42 号《上海市城镇土地使用税实施规定》和沪地税发〔2007〕63 号《关于公布本市城镇土地使用税纳税等级具体范围的通知》,属于城市四级区域,城镇土地使用税每平方米年税额 6 元。

根据《上海市人民政府关于印发〈上海市耕地占用税实施办法〉的通知》(沪府发〔2015〕43 号),本市耕地占用税的适用税额为各区每平方米 46 元,崇明县每平方米 33 元。占用林地、草地、农田水利用地、养殖水面以及渔业水域滩涂等其他农用地建房或者从事非农业建设的,按照前款规定的适用税额征收耕地占用税。占用基本农田的适用税额,在上述标准上提高 50%。

都市农业项目占地约 96 亩(64 000平方米),扣除温室、水肥室、种植室等农用面积18 031.5平方米,则非农用面积约45 968.5平方米。假设占用 96 亩土地均为耕地,测算城镇土地使用税与耕地占用税如附表 22 所示:

附表 22　　城镇土地使用税与耕地占用税税额估算表

税种	计税依据(平方米)	税率(元/平方米)	税额(万元)
城镇土地使用税	64 000	6	38.4
耕地占用税	45 968.5	46	211.46

(五)财税核算

综上,都市数字农业项目从建设期至运营期,融资、建设、运营阶段财税核算如附表 23 所示:

附表 23　　都市数字农业项目财税核算表　　单位:万元

	增值税		印花税	城镇土地使用税	耕地占用税
	进项税额	销项税额			
融资环节	—	—	0.38	—	—
建设环节	1 418.6	—	2.94	—	—
运营环节	589.34	259.2	—	460.80	211.46
合计	2 007.94	259.2	3.32	460.80	211.46

第三章

PPP项目纳税指导及管理手册

一、PPP模式税收管理方向

(一)项目付费模式下的税收考量

PPP项目是基于契约模式下的政府采购与社会资本提供产品的关系，而PPP项目付费模式是项目公司运行成本费用补偿及利润获得的主要方式。设置科学合理的PPP项目付费模式，是吸引社会资本进入PPP项目的关键，也是保证PPP项目有序运行的根本。

PPP项目主要有以下三种付费模式：

一是使用者付费模式。

使用者付费模式(User Charges)是指由最终消费用户直接付费购买公共产品和服务。项目公司直接从最终消费用户处收取费用，以收回项目的建设成本和运营成本并获得合理回报。这种付费模式主要适用于经营性PPP项目，其具有购买的公共产品数量或公共服务质量便于量化，受益对象明确，交易价格可以事先约定，交易结算便利等特点。常见的使用者付费模式如高速公路收费、桥梁隧道收费、地铁等公共交通收费以及城市供水供热收费等。

使用者付费模式下，项目公司从最终消费者(使用者)处获得的收入，应当作为主营业务收入处理，并规定缴纳流转税与企业所得税。

项目公司直接从最终用户处收取费用，由于在使用者付费项目中项目公司的成本回收和收益取得与项目的使用者实际需求量(即市场风险)直接挂钩，为确保PPP项目能够顺利获得融资支持和合理回报，建议项目公司在PPP项目合同中增加唯一性条款，即要求政府承诺在一定期限内不在项目附近批准新建与本项目有竞争的项目。

二是政府付费模式。

政府付费模式(Government Payment)是指政府直接付费购买公共产品和服务。这种付费模式主要应用于公益性项目，如市政道路、城市亮化工程、排水管网、生态环境治理等项目。由于这些项目的受益对象、质量难以量化，项目公司向社会公众的收费环节难以确定，项目公司获得的政府付费是项目公司运营收入的主要方式。

政府付费模式下，项目公司从政府获得的收入，也应当作为主营业务收入，按规定缴纳流转税与企业所得税。在政府付费机制下，政府可以依据项目设施的可用性、产品或服务的使用量以及质量向项目公司付费。政府付费是公用设施类和公共服务类项目中较为常用的付费机制，在一些公共交通项目中也会采用这种机制。政府付费是指由政府直接付费购买公共产品或服务，其与使用者付费的最大区别在于付费主体是政府，而非项目的最终使用者。根据项目类型和风险分配方案的不同，政府付费机制下，政府，通常会依据项目的可用性、使用量和绩效中的一个或多个要素的组合向项目公司付费。(1)可用性付费(Availability Payment)，是指政府依据项目公司所提供的项目设施或服务是否符合合同约定的标准和要求来付费。(2)使用量付费(Usage Payment)，是指政府主要依据项目公司所提供的项目设施或服务的实际使用量来付费。在按使用量付费的项目中，项目的需求风险通常主要由项目公司承担。因此，在按使用量付费的项目中，项目公司通常需要对项目需求有较为乐观的预期或者有一定影响能力。实践中，污水处理、垃圾处理等部分公用设施项目较多地采用使用量付费。(3)绩效付费(Performance Payment)是指政府依据项目公司所提供的公共产品或服务的质量付费，通常会与可用性付费或者使用量付费搭配使用。

三是可行性缺口补助模式。

可行性缺口补助(Viability Gap Funding，VGP)是指使用者付费不足以满足项目公司成本回收和合理回报时，由政府给予项目公司一定的经济补助，以弥补使用者付费之外的缺口部分。可行性缺口补助模式是在政府付费模式与使用者付费模式之外的一种折中选择。这种模式的基本原则是"补缺口"，不能使项目公司获得超额利润。

由于可行性缺口补助形式多样，税收风险大，税收待遇不易确定。若补助形式是价格补贴，则应将该补助认定为项目公司取得营业收入的一部分，按规定缴纳流转税与企业所得税。当缺口补助的形式为政府给项目公司无偿划拨土地、贷款贴息以及投资入股等方式时，该补偿的价值或是价格乃至补偿数量有时需要评估机构的支持，对获得的无偿划拨土地等资产或权益，按其折算补偿的公共产品或服务的"公共价值"金额，确认无偿划拨土地等资产或权益入账价值，并入项目公司主营业务收入，并按规定缴纳增值税。

可行性缺口补助是在政府付费机制与使用者付费机制之外的一种折中选择。在我国实践中，可行性缺口补助的形式多种多样，包括土地划拨、投资入股、投资补助、优惠贷款、贷款贴息、放弃分红权、授予项目相关开发收益权等其中的一种或多种。可行性缺口补贴(Viability Gap Funding)是指使用者付费不足以满足SPV成本回收和合理回报时，由政府以财政补贴、股本投入、优惠贷款和其他优惠政策等形式，给予SPV的经济补贴，一般表现为定期财政补贴方式。

根据财金〔2015〕21号文件相关规定，其常见的计算公式为：

当年运营补贴支出数额=[项目全部建设成本×(1+合理利润率)×(1+年度折现率)n/财政运营补贴周期(年)]+年度运营成本×(1+合理利润)-当年使用者付费数额

其中：n为折现年数。财政运营补贴周期为财政提供运营补贴的年数。合理利润率应以商业银行中长期贷款利率水平为基准，充分考虑可用性付费、使用量付费、绩效付费的不同情景，结合风险等因素确定。

(二)项目付费模式下的税收风险

1. 使用者付费模式

PPP 关系本质上是一种购买关系,是政府和社会资本通过契约达成的一种购买关系,项目公司提供公共产品和服务,使用者进行付费,与社会生活中其他的经济活动关系并无很大差异,收到的使用者付费计入主营业务收入,按照税法进行税务处理。

对于政府付费类型的 PPP 项目,社会资本需要注意地方政府的信用以及 SPV 公司的履约能力。从社会资本获得启动项目的财力并不现实。就行业来看,适合且能够实现收入覆盖投入的行业并不是很多,而缺口性补助与政府购买则占据了绝大多数。对于使用者付费 PPP 项目,主要分析项目类型、市场前景和项目公司的履约能力。

2. 政府付费模式

无论是使用者付费还是政府购买都与一般形式下的商品交易经济实质相同,但是由于政府付费情况下有其特殊性,因此也存在着一些税收风险。

项目公司将建好的资产低价转移给政府,是否按照市场价值进行调整尚不明确。项目公司将资产移交给政府,象征性地收取费用而发生应税行为价格明显偏低,税务机关若按照市场价格核定销售额会造成 SPV 现金收入少而税负支出大的结果,造成现金流的不匹配,给社会资本的顺利退出造成了挑战。

另一方面,“以奖代补”政策纳税方式也不明确。国家为支持 PPP 项目,出台了“以奖代补”等政策,对于示范项目,由中央财政奖励资金,鼓励社会资本投资。对于“以奖代补”的资金是否属于专项财政资金、是否纳税等问题尚不明确。一般来说,若奖励资金符合财政性资金的条件,可以按照不征税收入处理,相应的支出或者费用也不得在税前扣除;若不满足财政性资金的使用条件,则相应补贴纳入企业收入范围进行纳税,形成的费用也可以在税前扣除。但是对于“以奖代补”的资金是否按照上述税务处理还有待商榷和进一步明确。

3. 可行性缺口补助模式

可行性缺口补助(政府补贴 +使用者付费)的 PPP 项目,需要分析政府信用、项目的市场收入和项目公司的履约能力,还要分析项目发生不确定性因素后,各方利益和责任协调机制是否完善、平衡。

(三)会计核算模式下的税收考量

1.《国际财务报告解释公告 12 号——服务特许权安排》对 PPP 会计政策的规定

2006 年,国际财务报告解释委员会颁布了 IFRIC 12,对典型的特许服务权安排予以规范,从社会资本角度,对使用特许服务权范围、权力、义务的确认、计量的原则予以了阐述。该国际财务报告解释结合 PPP 项目梳理分析如下:

(1)背景。

1)公告范围内的服务协议通常被描述为“建设—运营—转移”、“修复—运营—转移”或者“公共—私营”服务特许协议。

2)公共范围内的服务协议的特征。

①经营方承担的责任具有公共服务性质。服务协议通过合同形式保证经营方代表政府部门将服务提供给公众。

②经营方并不单纯扮演授予方代理人的角色,其至少要负责基础设施的一部分管理和相关服务工作。

③合同设定了经营方收费的最初定价，并对服务协议期间的价格修订进行管制。

④不论基础设施最初是由哪方融资建造，在服务协议期末，经营方都要以极少或没有增量对价将规定状态的基础设施移交给授予方。

(2)范围。公告适用于具备如下条件的公共私营服务特许权协议：

1)授予方控制或者管制经营方使用基础设施必须提供的服务类型、提供服务的对象和服务的价格。

2)在服务协议期末，授予方通过所有权、收益权或其他形式控制该基础设施的重大剩余权益。

(3)PPP相关会计处理的规定。

1)经营方对基础设施的权利的会计处理。基础设施应确认为经营方的不动产、厂场和设备。

理由：签订的服务协议没有将用于提供公共服务的基础设施的控制权移交给经营方。经营方有权按照合同规定条款，代表授予方使用基础设施来提供公共服务。

2)协议对价的确认和计量。经营方应按照《国际会计准则第11号——建造合同》和《国际会计准则第18号——收入》确认和计量其所提供服务产生的收入。

如果经营方根据单一合同或协议提供多项服务(即建造或改良服务和运营服务)，当所提供服务的金额能单独认定时，应将协议已收或应收的对价按照所提供服务的相对公允价值进行分配。

3)建造或改良服务。经营方应按照《国际会计准则第11号——建造合同》，对与建造或改良服务有关的收入和成本进行会计处理。

4)授予方给经营方提供的对价。如果经营方提供了建造或改良基础设施的服务，经营方应以公允价值确认已收或应收的对价。

①金融资产。经营方应将因建造服务而应从授予方或在授予方指示下，收取现金或其他金融资产的合同权利确认为一项金融资产。

经营方具有无条件收取现金的权利，如果授予方从合同上保证向经营方支付规定或可确定的金额，或者应收公共服务使用者的金额与约定或可确定金额之间的差额。

②无形资产。如果经营方取得一项公共服务使用者收费的权利(许可)，就应当确认为一项无形资产。因为公共服务使用者收费的权利不是无条件收取现金的权利，收取的金额取决于公众使用服务的程度。

③混合资产。如果经营方提供建造服务，既得到金融资产，又得到无形资产，那就有必要对经营方对价的各组成部分单独进行会计处理。已收或应收两个组成部分的对价应按照应收或已收对价的公允价值进行初始计量。

5)运营服务。经营方应按照《国际会计准则第18号——收入》对与运营服务相关的收入和成本进行会计处理。

6)将基础设施恢复到特定服务水平的合同义务。经营方可能必须履行如下的合同义务：维持该基础设施规定的服务能力或在服务协议期为移交给授予方之前，将该基础设施恢复到规定状态。

维护和恢复基础设施的这些合同义务，除改良部分外，均应按照《国际会计准则第37号——准备、或有负债和或有资产》确认和计量，即按报告期末清偿现时义务要求的最佳支出估计数计量。

7)经营方发生的借款费用。根据《国际会计准则第23号——借款费用》,可归属于协议的借款费用应在发生时确认为费用,除非经营方根据合同有取得无形资产的权利(向公共服务适用本号收费的权利)。在这种情况下,根据该准则,可归属于协议的借款费用应当在协议的建造阶段资本化。

8)金融资产。

①根据《国际会计准则第39号——金融工具确认和计量》,应从授予方收取的金额或根据授予方指示应收的金额将处理为:一项贷款或应收款项;一项可供出售金融资产;初始确认为被指定为以公允价值计量且其变动计入损益的金融资产。

②如果应收授予方的金额被处理为一项贷款或应收款项或可供出售金融资产,《国际会计准则第39号——金融工具确认和计量》要求使用实际利率法计算利息并确认为损益。

9)无形资产。《国际会计准则第38号——无形资产》适用于确认的无形资产和通过非货币性资产交换,或用货币性资产和非货币性资产结合取得的无形资产的计量。

10)授予方向经营方提供的项目。授予方为了服务协议目的向经营方提供的基础设施项目不能确认为经营方的不动产、厂场和设备。

授予方向经营方提供的其他项目,如果构成了因提供的服务授予方应付对价的一部分,就不是《国际会计准则第20号——政府补助会计和对政府援助的揭示》定义的政府补助。它们确认为经营方的资产,在初始确认时以公允价值计量。对于因交换资产而承担的未履行义务,经营方应确认为负债。

11)过渡性规定。会计政策变更应按照《国际会计准则第8号——会计政策、会计估计变动及错误》进行会计处理,即追溯调整。

12)特殊的服务协议。如果经营方在列报最早期间的开始采用本解释公告是不切实可行的,则应当:

①在列报最早期间的开始确认金融资产和无形资产;

②使用金融资产和无形资产前期账面金额(无论以前如何分类)作为该日的账面金额;

③在该日对金融资产和无形资产进行减值测试,除非不切实可行,在这种情况下,应在本期开始进行减值测试。

2. 财政部《企业会计准则解释第2号》对PPP会计政策的规定

企业采用建设—经营—移交(BOT)方式参与公共基础设施建设业务,在《财政部关于印发〈企业会计准则解释第2号〉的通知》(财会〔2008〕11号)中,对PPP中最重要的BOT运作模式的会计核算与处理做了明确规定。

(1)BOT业务应当同时满足的条件。

1)合同授予方为政府及其有关部门或政府授权进行招标的企业。

2)合同投资方为按照有关程序取得该特许经营权合同的企业。合同投资方按照规定设立项目公司进行项目建设和运营。项目公司除取得建造有关基础设施的权利外,在基础设施建造完成以后的一定期间负责提供后续经营服务。

3)特许经营权合同对所建造基础设施的质量标准、工期、开始经营后提供服务的对象、收费标准及后续调整作出约定,同时在合同期满,合同投资方负有将有关基础设施移交给合同授予方的义务,并对基础设施在移交时的性能、状态等作出明确规定。

(2)与BOT业务相关收入的确认。

1)建造期间。项目公司对于所提供的建造服务应当按照《企业会计准则第15号——建造合同》确认相关的收入和费用。基础设施建成后,项目公司应当按照《企业会计准则第14号——收入》确认与后续经营服务相关的收入。

建造合同收入应当按照收取或应收对价的公允价值计量,并在确认收入的同时,确认金融资产或无形资产:

①合同规定基础设施建成后的一定期间内,项目公司可以无条件地自合同授予方收取确认金额的货币资金或其他金融资产的;或在项目公司提供经营服务的收费低于某一限定金额的情况下,合同授予方按照合同规定负责将有关差价补偿给项目公司的,应当在确认收入的同时确认金融资产,并按照《企业会计准则第22号——金融工具确认和计量》的规定处理。

②合同规定项目公司在有关基础设施建成后,从事经营的一定期间内有权利向获取服务的对象收取费用,但收费金额不确定的,该权利不构成一项无条件收取现金的权利,项目公司应当在确认收入的同时确认无形资产。

建造过程如发生借款利息,应当按照《企业会计准则第17号——借款费用》的规定处理。

2)项目公司未提供实际建造服务,将基础设施建设发包给其他方的,不应确认建造服务收入,应当按照建造过程中支付的工程价款等考虑合同规定,分别确认金融资产或无形资产。

3)按照合同规定,企业为使有关基础设施保持一定的服务能力或在移交给合同授予方之前保持一定的使用状态,预计将发生的支出,应当按照《企业会计准则第13号——或有事项》的规定处理。

4)按照特许经营权合同规定,项目公司应提供不止一项服务(如既提供基础设施建造服务,又提供建成后经营服务)的,各项服务能够单独区分时,其收取或应收的对价应当按照各项服务的相对公允价值比例分配给所提供的各项服务。

5)BOT业务所建造基础设施不应作为项目公司的固定资产。

6)在BOT业务中,授予方可能向项目公司提供除基础设施以外的其他资产,如果该资产构成授予方应付合同价款的一部分,不应作为政府补助处理。项目公司自授予方取得资产时,应以其公允价值确认,未提供与获取该资产相关的服务前应确认为一项负债。

《财政部关于印发〈企业会计准则解释第2号〉的通知》(财会〔2008〕11号)发布前,企业已经进行的BOT项目,应当进行追溯调整;进行追溯调整不切实可行的,应以与BOT业务相关的资产、负债在所列报最早期间期初的账面价值为基础重新分类,作为无形资产或是金融资产,同时进行减值测试;在列报的最早期间期初进行减值测试是不切实可行的,应在当期期初进行减值测试。

(3)关于印发修订《企业会计准则第16号——政府补助》的通知(财会〔2017〕15号)。

为了适应社会主义市场经济发展需要,规范政府补助的会计处理,提高会计信息质量,根据《企业会计准则——基本准则》,财政部对《企业会计准则第16号——政府补助》进行了修订。修订之后的新准则自2017年6月12日起施行。企业对2017年1月1日存在的政府补助采用未来适用法处理,对2017年1月1日至2017年6月12日之间新增的政府补助根据本准则进行调整。

政府补助指的是企业从政府无偿取得货币性资产或非货币性资产，主要具有以下两个特征：

第一，来源于政府的经济资源。对于企业收到的来源于其他方的补助，有确凿证据表明政府是补助的实际拨付者，其他方只起到代收代付作用的，该项补助也属于来源于政府的经济资源。

第二，无偿性。即企业取得来源于政府的经济资源，不需要向政府交付商品或服务等对价。

企业从政府取得的经济资源，如果与企业销售商品或提供服务等活动密切相关，且是企业商品或服务的对价或者是对价的组成部分，适用《企业会计准则第 14 号——收入》等相关会计准则。而相关的所得税减免适用《企业会计准则第 18 号——所得税》。若政府以投资者身份向企业投入资本，享有相应的所有者权益，不适用本准则。

政府补助为货币性资产的，应当按照收到或应收的金额计量。政府补助为非货币性资产的，应当按照公允价值计量；公允价值不能可靠取得的，按照名义金额计量。

1)与资产相关的政府补助。与资产相关的政府补助，应当冲减相关资产的账面价值或确认为递延收益。与资产相关的政府补助确认为递延收益的，应当在相关资产使用寿命内按照合理、系统的方法分期计入损益。按照名义金额计量的政府补助，直接计入当期损益。

相关资产在使用寿命结束前被出售、转让、报废或发生毁损的，应当将尚未分配的相关递延收益余额转入资产处置当期的损益。

2)与收益相关的政府补助。与收益相关的政府补助，应当分情况按照以下规定进行会计处理：

①用于补偿企业以后期间的相关成本费用或损失的，确认为递延收益，并在确认相关成本费用或损失的期间，计入当期损益或冲减相关成本。

②用于补偿企业已发生的相关成本费用或损失的，直接计入当期损益或冲减相关成本。

对于同时包含与资产相关部分和与收益相关部分的政府补助，应当区分不同部分分别进行会计处理；难以区分的，应当整体归类为与收益相关的政府补助。

3)政策性优惠贷款贴息。

若企业取得政策性优惠贷款贴息的，应当区分财政将贴息资金拨付给贷款银行和财政将贴息资金直接拨付给企业两种情况。

①财政将贴息资金拨付给贷款银行。由贷款银行以政策性优惠利率向企业提供贷款的，企业可以选择下列方法之一进行会计处理：

A. 以实际收到的借款金额作为借款的入账价值，按照借款本金和该政策性优惠利率计算相关借款费用。

B. 以借款的公允价值作为借款的入账价值并按照实际利率法计算借款费用，实际收到的金额与借款公允价值之间的差额确认为递延收益。递延收益在借款存续期内采用实际利率法摊销，冲减相关借款费用。

企业选择了上述两种方法之一后，应当一致地运用，不得随意变更。

②财政将贴息资金直接拨付给企业。企业应当将对应的贴息冲减相关借款费用。

4)财政补贴税收政策。根据《关于专项用途财政性资金企业所得税处理问题的通知》(财税〔2011〕70号)的规定，企业从县级以上各级人民政府财政部门及其他部门取得的应计入收入总额的财政性资金，凡同时符合条件的，可以作为不征税收入。但是不征税收入所形成的费用、折旧和摊销不得在计算应纳税所得额时扣除。上述规定造成如果企业在取得不征税收入的当期全部用于支出形成当期费用，则这笔收入是作为不征税收入处理亦或作为应税收入处理，对当期的企业所得税影响效果都是一样的。只有企业取得的不征税收入用于以后几个年度的支出后购置资产在以后年度摊销时，不征税收入实际给企业提供的是一个延期纳税的税收优惠，优惠体现在货币资金的时间价值上。

另一方面，由于企业所得税征缴时须按6∶4比例在中央和地方之间分享，如果PPP项目企业获得的财政专项补贴来自地方政府，无形中形成了一种变相的地方财政补中央财政，加重了地方政府的财政负担。为解决上述问题，建议：一是对符合条件的不征税收入，调整为免征企业所得税政策，其用于支出形成的当期费用、摊销可以在计算应纳税所得额时扣除。二是对不是严格符合条件的，由政府拨付给项目公司的财政补贴、可行性缺口补助资金，对其应缴纳的企业所得税实行即征即退政策。

(4)最新有关收入准则的内容。

1)企业会计准则解释第10号——关于以使用固定资产产生的收入为基础的折旧方法。

企业在按照《企业会计准则第4号——固定资产》(财会〔2006〕3号，以下简称第4号准则)的规定选择固定资产折旧方法时，应当根据与固定资产有关的经济利益的预期消耗方式做出决定。由于收入可能受到投入、生产过程、销售等因素的影响，这些因素与固定资产有关经济利益的预期消耗方式无关，因此，企业不应以包括使用固定资产在内的经济活动所产生的收入为基础进行折旧。

该解释自2018年1月1日起施行，不要求追溯调整。

2)企业会计准则解释第11号——关于以使用无形资产产生的收入为基础的摊销方法。

企业在按照《企业会计准则第6号——无形资产》(财会〔2006〕3号，以下简称第6号准则)的规定选择无形资产摊销方法时，应根据与无形资产有关的经济利益的预期消耗方式做出决定。由于收入可能受到投入、生产过程和销售等因素的影响，这些因素与无形资产有关经济利益的预期消耗方式无关，因此，企业通常不应以包括使用无形资产在内的经济活动所产生的收入为基础进行摊销，但是，下列极其有限的情况除外：

①企业根据合同约定确定无形资产固有的根本性限制条款(如无形资产的使用时间、使用无形资产生产产品的数量或因使用无形资产而应取得固定的收入总额)的，当该条款为因使用无形资产而应取得的固定的收入总额时，取得的收入可以成为摊销的合理基础，如企业获得勘探开采黄金的特许权，且合同明确规定该特许权在销售黄金的收入总额达到某固定的金额时失效。

②有确凿的证据表明收入的金额和无形资产经济利益的消耗是高度相关的。企业采用车流量法对高速公路经营权进行摊销的，不属于以包括使用无形资产在内的经济活动产生的收入为基础的摊销方法。

该解释自2018年1月1日起施行，不要求追溯调整。

二、PPP 模式全周期税务政策

(一)基于 PPP 业务流程的主要税种、税目、税率

基于 PPP 业务流程涉及的主要税种,如表 3.1 所示:

表 3.1　　基于 PPP 业务流程涉及的主要税种

PPP 业务流程	可能涉及的主要税种		备注
	社会资本方	项目公司	
项目发起	印花税		法律法规、会计、审计等方面的咨询不属于技术咨询,其所立的合同不贴印花税
	增值税		
	企业所得税		
项目筹备谈判	印花税		法律法规、会计、审计等方面的咨询不属于技术咨询,其所立的合同不贴印花税
	增值税		
	企业所得税		
项目融资	印花税	印花税	与银行或其他金融机构签订的担保合同,不属于印花税的应税凭证
	增值税	增值税	
	企业所得税	企业所得税	
项目执行	印花税	印花税	
	增值税	增值税	
	企业所得税	企业所得税	
项目建设	印花税	印花税	社会资本方同时兼任施工方的情况下所涉及的税种
	增值税	增值税	
	企业所得税	企业所得税	
	耕地占用税		
项目运营	企业所得税	印花税	
		增值税	
		企业所得税	
		房产税	
		契税	
		城镇土地使用税	
		车辆购置税	
项目移交	印花税	印花税	
	增值税	增值税	
	企业所得税	企业所得税	

PPP 项目主要涉及的税目与税率，如表 3.2 所示：

表 3.2　　PPP 项目主要涉及的税目与税率

税目	税率	示例
应税劳务	16%	垃圾处理、污泥处理、污水处理
货物	16%	水力发电、太阳能发电、光伏发电、沼气发电
不动产租赁	10%(5%)	高速公路
建筑服务	10%(3%)	建筑服务
交通运输服务	10%	客运交通枢纽、轨道运输
商务辅助服务	6%	物业管理
贷款服务	6%	贷款

(二)基于 PPP 国家税收优惠的政策、解读、办理

1. PPP 税收优惠政策汇总

表 3.3、表 3.4 分别从增值税与企业所得税两方面汇总 PPP 项目主要涉及的税收优惠政策。

表 3.3　　PPP 项目增值税主要税收优惠表

项目	增值税优惠	政策依据
垃圾处理、污水处理、污泥处理、工业废气处理	即征即退 70%	《财政部国家税务总局关于印发〈资源综合利用产品和劳务增值税优惠目录〉的通知》(财税〔2015〕78 号)
水力发电	超税负(12%)返还	《关于大型水电企业增值税政策的通知》(财税〔2014〕10 号)
太阳能发电	即征即退 50%	《关于继续执行光伏发电增值税政策的通知》(财税〔2016〕81 号)
核力发电	先征后退：自正式商业投产次月起 5 个年度内，返还比例为已入库税款的 75%，以此类推，6～10 年为 70%，11～15 年为 55%。	《财政部国家税务总局关于核电行业税收政策有关问题的通知》(财税〔2008〕38 号)
垃圾发电与热力	即征即退 100%	《财政部国家税务总局关于印发〈资源综合产品和劳务增值税优惠目录〉的通知》(财税〔2015〕78 号)
公共交通运输	简易计税	《财政部国家税务总局关于全面推开营业税改征增值税试点的通知》(财税〔2016〕36 号)
道路通行服务	简易计税	《财政部国家税务总局关于全面推开营业税改征增值税试点的通知》(财税〔2016〕36 号)
饮水工程	免征	《关于继续实行农村饮水安全工程建设运营优惠税收政策的通知》(财税〔2016〕19 号)
供热工程	采暖费收入免征	《关于供热企业增值税、房产税、城镇土地使用税优惠税收政策的通知》(财税〔2016〕94 号)

续表

项目	增值税优惠	政策依据
购进专用设备	免征进口环节增值税	《关于调整重大技术装备进口税收政策有关目录的通知》(财关税〔2015〕51 号)
不动产租赁	简易计税	《财政部国家税务总局关于全面推开营业税改征增值税试点的通知》(财税〔2016〕36 号)

表 3.4　PPP 项目企业所得税主要税收优惠表

项目	企业所得税优惠	政策依据
垃圾处理、污泥处理、污水处理、工业废气处理、饮水工程、港口、码头、机场、铁路、公路、城市公共交通、电力、水利等	符合条件的环境保护、节能节水项目的所得,自项目取得第一笔生产经营收入所纳税年度起,三免三减半	《中华人民共和国企业所得税法》《中华人民共和国企业所得税法实施条例》《财政部国家税务总局关于执行公共基础设施项目企业所得税优惠目录有关问题的通知》(财税〔2008〕46 号)、《国家税务总局关于实施国家重点扶持的公共基础设施项目企业所得税优惠问题的通知》(国税发〔2009〕80 号)
核电发力	自 2008 年 1 月 1 日起,核力发电企业取得的增值税退税款,专项用于还本付息,不征收企业所得税	《财政部国家税务总局关于核电行业税收政策有关问题的通知》(财税〔2008〕38 号)
环境保护、节能节水、安全生产专用设备	符合规定的专用设备,可按专用设备投资额的 10%抵免当年所得税应纳税额。不足抵免,可向后结转,但不超过 5 个纳税年度	《财政部国家税务总局关于执行环境保护专用设备企业所得税优惠目录、节能节水专用设备企业所得税优惠目录和安全生产专用设备企业所得税优惠目录有关问题的通知》(财税〔2008〕48 号)
权益性投资收益	符合条件的居民企业间的股息、红利等权益性投资收益为免税收入	《企业所得税法》
西部大开发	设在西部地区的鼓励类产业减按 15%的税率征收企业所得税(湖北省恩施土家苗族自治州比照执行)	《关于深入实施西部大开发战略有关税收政策问题的通知》(财税〔2011〕58 号)
高新技术企业	国家需要重点扶持的高新技术企业,减按 15%的税率征收企业所得税	《企业所得税法》
加计扣除	研发费加计扣除 50%、加计摊销 50%;科技型中小企业为 75%	《关于完善研究开发费用税前加计扣除政策的通知》(财税〔2015〕119 号)、《关于提高科技型中小企业研究开发费用税前加计扣除比例的通知》(财税〔2017〕34 号)
	安置残疾人工资加计扣除 100%	《关于残疾人员就业有关企业所得税优惠政策问题的通知》(财税〔2009〕70 号)

2. PPP 项目具体税收优惠政策解读

根据我国目前的相关政策,PPP 项目的税收优惠政策大致分为以下几类:

(1)垃圾处理、污泥处理处置、污水处理、工业废气处理相关 PPP 项目的优惠政策。

(2)购进专用设备相关PPP项目的税收优惠政策。

(3)不动产租赁相关PPP项目的税收优惠政策。

(4)保障房税收优惠政策。

(5)太阳能发电相关PPP项目的税收优惠。

具体政策内容详见附录。

3. PPP项目税收优惠办理

(1)增值税即征即退税收优惠的办理。

1)办理条件。纳税人销售资产的资源综合利用产品和提供资源综合利用劳务，可享受增值税即征即退政策。具体综合利用的资源名称、综合利用产品和劳务名称、技术标准和相关条件、退税比例等按照《资源综合利用产品和劳务增值税优惠目录》(以下简称《目录》)。

纳税人从事《目录》所列的资源综合利用项目，其申请享受本通知规定的增值税即征即退政策时，应同时符合下列条件：

①属于增值税一般纳税人。

②销售综合和利用产品和劳务，不属于国家发展改革委员会《产品结构调整指导目录》中的禁止类、限制类项目。

③销售综合和利用产品和劳务，不属于环境保护部《环境保护综合名录》中"高污染、高环境风险"产品或者重污染工艺。

④综合利用的资源，属于环境保护部《国家危险废物名录》列明的危险废物的，应当取得省级及以上环境保护部门颁布的《危险废物经营许可证》，且许可经营范围包括该危险废物的利用。

⑤纳税信用等级不属于税务机关评定的C级或D级。

纳税人在办理退税事宜时，应向主管税务机关提供其符合本条规定的上述条件以及《目录》规定的技术标准和相关条件的书面声明材料，未提供书面声明材料或者出具虚假材料的，税务机关不得给予退税。

2)注意事项。已享受本通知规定的增值税即征即退政策的纳税人，因违反税收、环境保护的法律法规受到处罚(警告或单次1万元以下罚款除外)的，自处罚决定下达的次月起36个月内，不得享受增值税即征即退政策。

纳税人应当单独核算适用增值税即征即退政策的综合利用产品和劳务的销售额和应纳税额。未单独核算的，不得享受增值税即征即退政策。

3)即征即退资格备案。从事政策规定的资源综合利用的纳税人，在首次办理税收优惠或条件发生变化时向税务机关进行资格备案。报送资料及注意事项如下：

①《税务资格备案表》两份。

②产品认定证书或者质量检测报告原件及复印件，以及产品质量执行标准。

③污染物排放地环境保护部门确定的该纳税人应予执行的污染物排放标准以及污染物排放地环境保护部门在此前6个月以内出具的该纳税人的污染物排放符合上述标准的证明材料原件及复印件。已展开环保核查的行业，应以环境保护部门发布的符合环境法律法规要求的企业名单公告作为证明材料原件及复印件。

④部分企业应提供《资源综合利用认定证书》原件及复印件，危险废弃物综合利用企业应提供《危险废物经营许可证》原件及复印件，塑料综合利用生产企业应提供通过ISO9000、

ISO14000 认证的证明等原件及复印件。

⑤纳税人生产、利用资源综合利用产品及劳务的建设项目已按照《中华人民共和国环境影响评价法》编制环境影响评价文件，且已获得经法律规定的审批部门批准同意的证明文件原件及复印件。

⑥自 2010 年 1 月 1 日起，纳税人未因违反《中华人民共和国环境保护法》等环境保护法律法规受到刑事处罚或者县级以下环保部门相应的行政处罚的声明，声明由纳税人法定代表人签署。

4)增值税即征即退优惠办理(见图 3.1)。

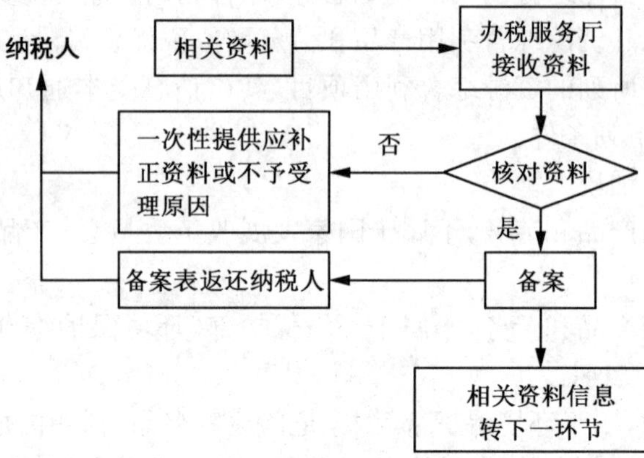

图 3.1　增值税即征即退税收优惠办理流程图

①增值税即征即退办理是指税务机关对按规定缴纳的税款，在征税时部分或全部退还纳税人，PPP 项目涉及的具体事项包括：综合利用产品及劳务增值税即征即退、水力发电增值税即征即退、光伏发电增值税即征即退等。

②报送资料有：

A.《退(抵)税申请审批表》3 份。

B. 退税申请报告(列明基本情况、退税理由、依据、范围、期限、已缴金额、应退金额等，并加盖公章)。

C.《中华人民共和国税收缴纳书(银行经收专用)》或《中华人民共和国税收完税证明》原件及复印件。

D. 未进行产品或企业资格认定的优惠事项，纳税人需按相关文件及政策提供相应的产品、劳务或服务的合同原件及复印件，或质量检测机构出具的质量检测合格报告原件及复印件，或相关行业主管部门批准从事该业务的文件原件及复印件，或项目核准文件原件及复印件等。

E. 省税务机关规定的其他证明文件。

③注意事项。本事项在 20 个工作日内办结。当减免税条件发生变化时，纳税人应自发生变化之日起 15 个工作日内向税务机关报告。

(2)增值税免税优惠的办理。

1)办理项目。增值税优惠备案是指符合增值税优惠条件的纳税人将相关资料报税务机关备案。PPP 项目主要涉及的税收优惠如表 3.5 所示。

表 3.5　　PPP 项目主要涉及税收优惠一览表

减免性质代码	减免项目名称	政策依据
01064020	供热企业免征增值税优惠	《财政部国家税务总局关于供热企业增值税房产税城镇土地使用税税收优惠政策的通知》(财税〔2016〕94 号)
01092314	农村饮水安全工程免征增值税优惠	《财政部国家税务总局关于继续实行农村饮水安全工程建设运营税收优惠政策的通知》(财税〔2016〕19 号)

2)报送资料。

①《纳税人减免税备案登记表》两份。

②减免税依据的相关法律、法规、规章和规范性文件要求报送的资料。

3)基本流程。增值税减免税优惠办理流程如图 3.2 所示：

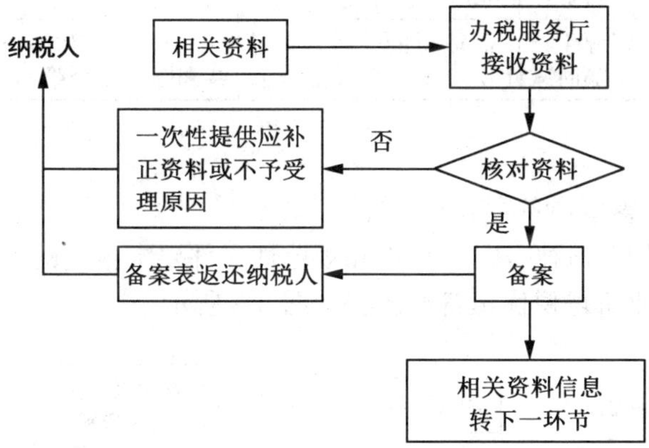

图 3.2　增值税减免税税收优惠办理流程图

4)注意事项。纳税人应在享受优惠政策的首个纳税申报期内,在申报环节向主管税务机关提供备案材料。

(3)企业所得税优惠的办理。

1)办理项目。企业所得税优惠备案是指符合企业所得税优惠条件的纳税人,按规定将相关资料报税务机关备案。PPP 项目主要涉及税收优惠政策如表 3.6 所示：

表 3.6　　PPP 项目涉及主要税收优惠政策信息表

减免性质代码	减免项目名称	政策依据
04012704	安置残疾人员及国家鼓励安置的其他就业人员所支付的工资加计扣除	《中华人民共和国企业所得税法》(中华人民共和国主席令第 63 号)
04024401	开发新技术、新产品、新工艺发生的研究开发费用加计扣除	《中华人民共和国企业所得税法》(中华人民共和国主席令第 63 号)
04024501	国家需要重点扶持的高新技术企业减按 15%的税率征收企业所得税	《中华人民共和国企业所得税法》(中华人民共和国主席令第 63 号)

续表

减免性质代码	减免项目名称	政策依据
04033302	设在西部地区的鼓励类产业企业减按 15% 的税率征收企业所得税	《财政部海关总署国家税务总局关于深入实施西部大开发战略有关税收政策问题的通知》(财税〔2011〕58 号)
04061004	从事符合条件的环境保护、节能节水项目的所得定期减免征收企业所得税	《中华人民共和国企业所得税法》(中华人民共和国主席令第 63 号)
04061009	购置用于环境保护、节能节水、安全生产等专用设备的投资额按一定比例实施税额抵免	《中华人民共和国企业所得税法》(中华人民共和国主席令第 63 号)
04121101	从事国家重点扶持的公共基础设施项目投资经营的所得定期减免征收企业所得税	《中华人民共和国企业所得税法》(中华人民共和国主席令第 63 号)
04083907	符合条件的居民企业之间的股息、红利等权益性投资收益免征企业所得税	《中华人民共和国企业所得税法》(中华人民共和国主席令第 63 号)
04064005	综合利用资源生产产品取得的收入在计算应纳税所得额时减计收入	《中华人民共和国企业所得税法》(中华人民共和国主席令第 63 号)

2)报送资料。

①《企业所得税优惠事项备案表》两份。

②减免税依据的相关法律、法规、规章和规范性文件要求报送的资料。

3)基本流程。企业所得税优惠备案流程如图 3.3 所示：

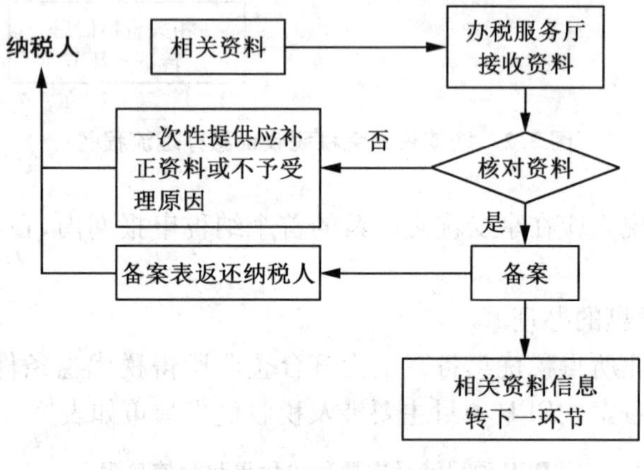

图 3.3 企业所得税优惠备案流程

(4)简易征收备案的办理。

1)办理项目。增值税一般纳税人生产销售特定的货物或提供应税劳务服务，向税务机关申请采用简易办法计算缴纳增值税。

2)报送资料。

①《增值税一般纳税人建议征收备案表》两份。

②一般纳税人选择简易征收办法征收备案事项说明。

③选择简易征收的产品、服务符合条件的证明材料，或者企业符合条件的证明材料。

3)办理流程。简易纳税办理流程如图 3.4 所示：

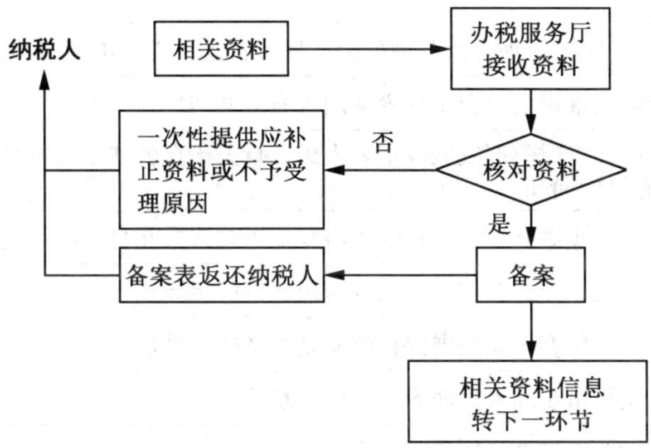

图 3.4　简易纳税办理流程

三、PPP 项目前期与税务处理

(一)区域、项目涉税政策研究

1. 法律法规(以时间顺序)

表 3.7　　相关法律法规

编号	文件名
1	《中华人民共和国预算法》
2	《中华人民共和国政府采购法》
3	《中华人民共和国政府采购法实施条例》
4	《关于印发〈新增地方政府债务限额分配管理暂行办法〉的通知》

2. 国务院规范性文件

表 3.8　　国务院规范性文件

编号	文件名
1	《国务院关于加强城市基础设施建设的意见》
2	《国务院关于加强地方政府性债务管理的意见》
3	《国务院关于深化预算管理制度改革的决定》
4	《国务院关于创新重点领域投融资机制鼓励社会投资的指导意见》
5	《国务院办公厅关于政府向社会力量购买服务的指导意见》
6	《国务院办公厅关于推行环境污染第三方治理的意见》

续表

编号	文件名
7	《中共中央、国务院关于加大改革创新力度加快农业现代化建设的若干意见》
8	《国务院关于印发推进财政资金统筹使用方案的通知》
9	《国务院办公厅转发财政部发展改革委人民银行关于在公共服务领域推广政府和社会资本合作模式指导意见的通知》
10	《国务院关于进一步做好城镇棚户区和城乡危房改造及配套基础设施建设有关工作的意见》
11	《国务院办公厅关于推进城市地下综合管廊建设的指导意见》
12	国务院印发《关于国有企业发展混合所有制经济的意见》
13	《国务院关于实行市场准入负面清单制度的意见》
14	《国务院办公厅关于推进海绵城市建设的指导意见》
15	《国务院办公厅转发卫生计生委等部门关于推进医疗卫生与养老服务相结合指导意见的通知》
16	《国务院关于积极发挥新消费引领作用加快培育形成新供给新动力的指导意见》
17	《国务院办公厅关于印发深化医药卫生体制改革 2016 年重点工作任务的通知》
18	《国务院关于印发 2016 年推进简政放权放管结合优化服务改革工作要点的通知》推广 PPP 模式
19	《国务院关于印发土壤污染防治行动计划的通知》要求积极采用 PPP 模式
20	国务院办公厅发文:鼓励采用 PPP 模式引导社会资本参与健康医疗大数据应用发展
21	《国务院办公厅关于进一步做好民间投资有关工作的通知》
22	中共中央办公厅、国务院办公厅印发《国家信息化发展战略纲要》
23	《国务院办公厅关于印发地方政府性债务风险应急处置预案的通知》
24	《国务院办公厅关于对真抓实干成效明显地方加大激励支持力度的通知》
25	《国务院关于加强政务诚信建设的指导意见》
26	《国务院办公厅关于创新管理优化服务培育壮大经济发展新动能加快新旧动能接续转换的意见》
27	《国务院关于印发全国国土规划纲要(2016—2030 年)的通知》
28	《国务院关于西部大开发"十三五"规划的批复》
29	《国务院关于北部湾城市群发展规划的批复》
30	国务院正式印发《"十三五"现代综合交通运输体系发展规划》
31	《国务院办公厅关于印发国务院 2017 年立法工作计划的通知》
32	《国务院关于修改和废止部分行政法规的决定》
33	国务院办公厅转发《生活垃圾分类制度实施方案》
34	《国务院办公厅关于印发贯彻实施〈深化标准化工作改革方案〉重点任务分工(2017—2018 年)的通知》
35	《国务院关于印发矿产资源权益金制度改革方案的通知》

续表

编号	文件名
36	《国务院关于印发推进财政资金统筹使用方案的通知》
37	《国务院办公厅关于进一步激发社会领域投资活力的意见》
38	《国务院办公厅关于全面放开养老服务市场提升养老服务质量的若干意见》
39	《国务院办公厅关于加快发展健身休闲产业的指导意见》
40	《国务院关于印发"十三五"国家老龄事业发展和养老体系建设规划的通知》
41	《国务院关于印发国家教育事业发展"十三五"规划的通知》
42	《国务院关于印发"十三五"卫生与健康规划的通知》
43	《国务院关于印发"十三五"旅游业发展规划的通知》
44	《国务院办公厅关于进一步扩大旅游文化体育健康养老教育培训等领域消费的意见》
45	《国务院办公厅关于进一步完善国有企业法人治理结构的指导意见》
46	中共中央办公厅、国务院办公厅印发《国家"十三五"时期文化发展改革规划纲要》
47	国务院通知开展第四次大督查，包括推进PPP、查处违法违规融资担保和变相举债等
48	《国务院办公厅关于印发政府网站发展指引的通知》
49	《国务院办公厅关于创新农村基础设施投融资体制机制的指导意见》
50	国务院办公厅：鼓励采取PPP模式推进畜禽养殖废弃物资源化利用
51	国办通报16个督查问责典型案例

3. 部门规范性文件

表3.9　　部门规范性文件

编号	文件名
1	《财政部关于政府和社会资本合作示范项目实施有关问题的通知》
2	《关于推广运用政府和社会资本合作模式有关问题的通知》
3	《关于规范政府和社会资本合作合同管理工作的通知》
4	《财政部关于印发政府和社会资本合作模式操作指南（试行）的通知》
5	《关于市政公用领域开展政府和社会资本合作项目推介工作的通知》
6	《关于推进开发性金融支持政府和社会资本合作有关工作的通知》
7	《关于鼓励和引导社会资本参与重大水利工程建设运营的实施意见》
8	《财政部关于印发〈政府采购竞争性磋商采购方式管理暂行办法〉的通知》
9	财政部关于印发《政府和社会资本合作项目政府采购管理办法》的通知
10	关于印发《地方政府存量债务纳入预算管理清理甄别办法》的通知
11	关于印发《政府购买服务管理办法（暂行）》的通知
12	《关于做好政府购买养老服务工作的通知》

续表

编号	文件名
13	《关于鼓励民间资本参与养老服务业发展的实施意见》
14	《关于在收费公路领域推广运用政府和社会资本合作模式的实施意见》
15	《关于运用政府和社会资本合作模式推进公共租赁住房投资建设和运营管理的通知》
16	财政部关于印发《政府和社会资本合作项目财政承受能力论证指引》的通知
17	财政部、住房和城乡建设部关于印发《城市管网专项资金管理暂行办法》的通知
18	《财政部关于政府采购竞争性磋商采购方式管理暂行办法有关问题的补充通知》
19	财政部要求认真做好政府采购信息公开工作
20	《交通运输部关于深化交通运输基础设施投融资改革的指导意见》
21	关于印发《中央财政服务业发展专项资金管理办法》的通知
22	《关于积极开发农业多种功能大力促进休闲农业发展的通知》
23	《关于组织申报 2015 年海绵城市建设试点城市的通知》
24	《住房和城乡建设部关于印发海绵城市建设技术指南——低影响开发雨水系统构建(试行)的通知》
25	水利部发文推进海绵城市建设水利工作
26	《关于银行业支持重点领域重大工程建设的指导意见》
27	关于印发《政府投资基金暂行管理办法》的通知
28	《关于城市地下综合管廊实行有偿使用制度的指导意见》
29	《关于实施政府和社会资本合作项目以奖代补政策的通知》
30	关于印发《农田水利设施建设和水土保持补助资金使用管理办法》的通知
31	《关于规范政府和社会资本合作(PPP)综合信息平台运行的通知》
32	关于印发《PPP 物有所值评价指引(试行)》的通知
33	《关于对地方政府债务实行限额管理的实施意见》
34	《关于印发城市管网专项资金绩效评价暂行办法的通知》
35	《关于实施政府和社会资本合作项目以奖代补政策的通知》
36	《关于积极发挥环境保护作用促进供给侧结构性改革的指导意见》
37	中华人民共和国财政部令第 81 号《基本建设财务规则》
38	《关于 2016 年开展全国政府采购代理机构监督检查工作的通知》
39	住房和城乡建设部、财政部《关于开展工程建设领域各类保证金清查工作的通知》
40	国家卫生计生委办公厅、民政部办公厅《关于印发医养结合重点任务分工方案的通知》
41	《关于中央财政支持实施蓝色海湾整治行动的通知》
42	《关于组织申报 2016 年蓝色海湾整治行动资金的通知》
43	财政部《关于采取有效措施进一步加强地方财政库款管理工作的通知》

续表

编号	文件名
44	财政部关于印发《政府投资基金暂行管理办法》的通知
45	《关于进一步共同做好政府和社会资本合作(PPP)有关工作的通知》
46	《文化部办公厅关于做好第三批政府和社会资本合作示范项目申报筛选工作的补充通知》
47	《关于开展农业综合开发高标准农田建设模式创新试点的通知》:扶持产业发展应更多采取PPP等方式
48	财政部、环境保护部《关于申报水污染防治领域PPP推介项目的通知》
49	财政部、环境保护部《关于申报市政公用领域PPP推介项目的通知》
50	财政部关于印发《法治财政建设实施方案》的通知
51	十四部门印发《公共资源交易平台管理暂行办法》
52	住房和城乡建设部、国家发展和改革委员会、财政部《关于开展特色小镇培育工作的通知》
53	财政部关于印发《普惠金融发展专项资金管理办法》的通知
54	《关于在公共服务领域深入推进政府和社会资本合作工作的通知》
55	中华人民共和国财政部令第85号《国际金融组织和外国政府贷款赠款管理办法》
56	关于印发《政府和社会资本合作项目财政管理暂行办法》的通知
57	财政部就《政府和社会资本合作物有所值评价指引(修订稿)》征求意见
58	国土资源部办公厅关于印发《产业用地政策实施工作指引》的通知
59	关于印发《地方预决算公开操作规程》的通知
60	关于印发《政府采购评审专家管理办法》的通知
61	关于征求《政府会计准则第3号——固定资产》应用指南(征求意见稿)意见的函
62	关于印发《地方政府一般债务预算管理办法》的通知
63	关于印发《地方政府专项债务预算管理办法》的通知
64	《关于进一步加强政府采购需求和履约验收管理的指导意见》
65	关于印发《中央财政水利发展资金使用管理办法》的通知
66	关于印发《财政部驻各地财政监察专员办事处实施地方政府债务监督暂行办法》的通知
67	关于印发《财政部政府和社会资本合作(PPP)专家库管理办法》的通知
68	最高人民法院《关于充分发挥审判职能作用切实加强产权司法保护的意见》
69	财政部《关于切实做好2017年基本民生支出保障工作的通知》
70	关于印发《政府和社会资本合作(PPP)综合信息平台信息公开管理暂行办法》的通知
71	国土资源部印发《关于完善建设用地使用权转让、出租、抵押二级市场的试点方案》的通知
72	十三部门联合发布《关于加快推进养老服务业放管服改革的通知》
73	国土资源部、财政部《关于新增建设用地土地有偿使用费转列一般公共预算后加强土地整治工作保障的通知》

续表

编号	文件名
74	交通运输部、国家旅游局、国家铁路局、中国民用航空局、中国铁路总公司、国家开发银行《关于促进交通运输与旅游融合发展的若干意见》
75	住房和城乡建设部《关于加强生态修复城市修补工作的指导意见》
76	《关于取消、调整部分政府性基金有关政策的通知》
77	《关于 PPP 咨询机构库管理暂行办法的解读》
78	《政府和社会资本合作(PPP)咨询机构库管理暂行办法》
79	财政部关于印发《政府和社会资本合作(PPP)咨询机构库管理暂行办法》的通知
80	农业部和财政部联合发文鼓励通过 PPP 等方式建设现代农业产业园
81	银监会:依法合规开展 PPP,不得异化形成违规政府性债务
82	住房和城乡建设部办公厅《关于做好取消城市园林绿化企业资质核准行政许可事项相关工作的通知》
83	十部委联合发文,鼓励运用 PPP 模式防治近岸海域污染
84	国土资源部、财政部印发《关于新增建设用地土地有偿使用费转列一般公共预算后加强土地整治工作保障的通知》
85	《关于进一步规范地方政府举债融资行为的通知》
86	《关于印发财政部 2017 年政务公开工作要点的通知》
87	《财政部关于进一步做好政府采购信息公开工作有关事项的通知》
88	中国保监会《关于保险资金投资政府和社会资本合作项目有关事项的通知》
89	财政部关于印发《国际金融组织和外国政府贷款赠款项目财务管理办法》的通知
90	财政部发文坚决制止地方以政府购买服务名义违法违规融资行为
91	财政部有关负责人就印发《财政部关于坚决制止地方以政府购买服务名义违法违规融资的通知》答记者问
92	财政部、农业部《关于深入推进农业领域政府和社会资本合作的实施意见》
93	财政部《关于开展田园综合体建设试点工作的通知》
94	农业部、财政部《关于做好 2017 年中央财政农业生产发展等项目实施工作的通知》
95	农业部、财政部等 14 部门《关于大力发展休闲农业的指导意见》
96	五部门印发通知扎实推进农业水价综合改革

4. 地方规范性文件

表 3.10　　地方规范性文件

编号	文件名
1	《福建省人民政府关于推广政府和社会资本合作(PPP)试点的指导意见》
2	《河南省人民政府关于推广运用政府和社会资本合作模式的指导意见》
3	《河北省人民政府关于推广政府和社会资本合作(PPP)模式的实施意见》

续表

编号	文件名
4	《江苏省关于推进政府与社会资本合作(PPP)模式有关问题的通知》
5	《湖南省财政厅关于推广运用政府和社会资本合作模式的指导意见》
6	《浙江省人民政府办公厅关于推广运用政府和社会资本合作模式的指导意见》
7	《北京市人民政府关于创新重点领域投融资机制鼓励社会投资的实施意见》
8	《厦门市人民政府关于印发〈厦门市推广运用政府和社会资本合作(PPP)模式实施方案〉的通知》
9	《新疆维吾尔自治区关于加快城镇基础设施建设的实施意见》
10	《安庆市人民政府关于推广运用政府和社会资本合作模式的实施意见(试行)》
11	《广元市人民政府关于开展政府和社会资本合作的意见》
12	《南昌市推广政府与社会资本合作(PPP)模式的实施意见(试行)》
13	《三明市人民政府关于鼓励和引导社会资本参与基础设施等领域建设的实施意见》
14	《丽水市人民政府关于促进社会资本进入公共设施建设领域的实施意见(试行)》
15	《四川省财政厅关于支持推进政府与社会资本合作有关政策的通知》
16	《四川省财政厅关于印发〈四川省"政府与社会资本合作"项目管理办法(试行)〉的通知》
17	《安徽省财政厅关于推广运用政府和社会资本合作模式的意见》
18	《常州市财政局关于印发常州市 PPP 试点工作实施方案的通知》
19	《河南省人民政府关于进一步加快推进铁路建设的意见》
20	《甘肃省发展和改革委员会关于开展政府和社会资本合作的实施意见》
21	《徐州市政府关于推进政府与社会资本合作(PPP)模式的实施意见(试行)》
22	《乌鲁木齐市推广政府与社会资本合作指导意见》
23	《沈阳市人民政府关于加快发展养老服务业的实施意见》
24	《沈阳市人民政府关于开展政府和社会资本合作试点的实施意见》
25	《福建省人民政府办公厅关于推广政府和社会资本合作(PPP)试点扶持政策的意见》
26	《云南省推广运用政府和社会资本合作模式实施方案》
27	贵州省政府办公厅出台《关于推广政府和社会资本合作模式的实施意见》
28	《濮阳市人民政府关于推广运用政府和社会资本合作模式的实施意见》
29	《郑州市人民政府关于推广运用政府和社会资本合作(PPP)模式的实施意见》
30	《内蒙古自治区人民政府关于公共服务领域推广政府和社会资本合作模式的实施意见》
31	《广西壮族自治区人民政府办公厅关于推广运用政府和社会资本合作模式增加公共产品供给的指导意见》
32	山东省关于印发《山东省 2015 年政府和社会资本合作项目奖补资金管理办法》的通知
33	山东省人民政府办公厅转发省财政厅省发展改革委人民银行济南分行《关于在公共服务领域推广政府和社会资本合作模式的指导意见的通知》

续表

编号	文件名
34	《辽宁省人民政府关于推广运用政府和社会资本合作模式的实施意见》
35	东莞市《关于在公共服务领域推广政府和社会资本合作模式的实施意见》
36	广东省人民政府办公厅转发省财政厅省发展改革委人民银行广州分行《关于在公共服务领域推广政府和社会资本合作模式实施意见的通知》
37	《四川省人民政府关于在公共服务领域推广政府与社会资本合作模式的实施意见》
38	《江苏省政府关于在公共服务领域推广政府和社会资本合作模式的实施意见》
39	《厦门市人民政府办公厅关于推广政府和社会资本合作 PPP 模式试点扶持政策的意见》
40	新疆维吾尔自治区《关于在公共服务领域加快推行政府和社会资本合作模式的指导意见》
41	云南省人民政府办公厅转发省财政厅省发展改革委人民银行昆明中心支行《关于在公共服务领域加快推进政府和社会资本合作模式实施意见的通知》
42	《北京市人民政府办公厅关于在公共服务领域推广政府和社会资本合作模式的实施意见》
43	《海南省财政厅关于推广运用政府和社会资本合作模式的实施意见》
44	《海南省财政厅关于印发政府和社会资本合作模式操作指南(试行)的通知》
45	黑龙江省人民政府办公厅关于转发省财政厅省发改委人民银行哈尔滨中心支行《黑龙江省推广运用政府和社会资本合作(PPP)模式工作实施方案的通知》
46	《吉林省关于印发政府和社会资本合作模式操作指南(试行)的通知》
47	《陕西省人民政府办公厅关于在公共服务领域推广政府和社会资本合作模式的实施意见》
48	《天津市人民政府关于推进政府和社会资本合作的指导意见》
49	《江西省人民政府关于开展政府和社会资本合作的实施意见》
50	《湖北省人民政府关于在公共服务领域推广运用政府和社会资本合作模式的实施意见》
51	《浙江省财政厅关于推广运用政府和社会资本合作模式的实施意见》

5. PPP 地方指导意见汇编

表 3.11　　PPP 地方指导意见汇编

编号	文件名
1	《海南省人民政府关于鼓励在公共服务领域推广政府和社会资本合作模式的实施意见》
2	河北省人民政府办公厅转发省财政厅省发展改革委人行石家庄中心支行《关于在全省公共服务领域推广政府和社会资本合作模式实施意见的通知》
3	安徽省人民政府办公厅转发省财政厅省发展改革委人行合肥中心支行《关于在公共服务领域推广政府和社会资本合作模式实施意见的通知》
4	《山西省人民政府办公厅关于推进城市地下综合管廊建设的实施意见》
5	《浙江省财政厅关于印发浙江省推广政府和社会资本合作模式综合奖补资金管理暂行办法的通知》
6	《贵州省关于开展推选政府和社会资本合作示范县示范项目工作的通知》
7	河南省财政厅 PPP 项目库入库指南(试行)

续表

编号	文件名
8	甘肃省人民政府批转省财政厅等部门《关于在公共服务领域推广政府和社会资本合作模式实施意见的通知》
9	《浙江省关于在公共服务领域推广政府和社会资本合作模式的实施意见》
10	北京市财政局关于印发《北京市推广政府和社会资本合作(PPP)模式奖补资金管理办法》的通知
11	《山西省人民政府办公厅关于加快推进政府和社会资本合作的若干政策措施》
12	《浙江省财政厅关于印发浙江省基础设施投资(含 PPP)基金管理办法的通知》
13	《青海省人民政府关于在公共服务领域推广政府和社会资本合作模式的实施意见》
14	江苏省财政厅关于印发《政府和社会资本合作(PPP)项目奖补资金管理办法(试行)》的通知
15	江西省财政厅关于印发《支持政府和社会资本合作模式发展专项奖励资金管理暂行办法》的通知
16	上海市人民政府办公厅关于印发《本市推广政府和社会资本合作模式的实施意见》
17	湖南省关于对一些 PPP 项目给予前期费用补助
18	《湖北省财政厅关于政府采购评审专家劳务报酬支付标准的通知》
19	宁夏回族自治区政府印发进一步推进 PPP 的实施意见

(二)项目获取关键工作与税务管理

项目获取过程中,涉及的关键工作包括项目所在地财政信息收集、“两报告一方案”解读与税务因素、PPP 项目招投标与涉税测算等事项,对应需要做好各项税务管理工作。

1. 财政信息收集

(1)按照《中国建筑股份有限公司投资项目基本标准实施细则》要求,查询投资项目所在地政府财政公共信息,包括不限于实施机构的行政级别、预算来源与支出等。

(2)查询政府年度预算报告、政府工作报告或政府统计报告,掌握当地政府近 3 年一般公共预算规模、税收收入结构、平均增长率与发展趋势。

(3)调研当地产业特性、企业规模、招商引资状况,掌握纳税百强企业经营状况与财税贡献情况。

2.“两报告一方案”涉税业务

(1)合规性审查。在识别、审查 PPP 项目时,应当向政府方索取该项目的评价报告、财政承受能力论证报告和该项目实施方案,以确保该 PPP 项目满足合规性条件。

(2)预算支付责任:PPP 项目中政府支出义务纳入政府财政预算前需要满足三个基本条件:

1)通过财政可承受能力评价且经同级人民政府审核同意实施;

2)列入地方 PPP 项目目录;

3)纳入 PPP 综合信息平台。

(3)政府方出资代表。充分考虑 PPP 项目中政府方出资代表的性质、参与经营活动情况、股东分配机制等,从合作框架层面考虑投资与经营活动对应的税收影响与安排。

（4）投资与涉税测算。对于各项核心成果文件涉税事项，应对投资项目区分非经营性、准经营性、经营性三类进行投入产出测算，考虑不同项目回报机制、纳税主体、运营模式等因素评价税收测算、税收优惠政策的合理性、适当性。

3. 竞争性磋商

PPP 项目采购应按照相关法律法规及相关规章制度执行，采购方式包括公开招标、竞争性谈判、邀请招标、竞争性磋商和单一来源采购。项目实施机构应根据项目采购需求特点，依法选择适当采购方式。

竞争性磋商采购方式，是指采购人、政府采购代理机构通过组建竞争性磋商小组与符合条件的供应商就采购货物、工程和服务事宜进行磋商，供应商按照磋商文件的要求提交响应文件和报价，采购人从磋商小组评审后提出的候选供应商名单中确定成交供应商的采购方式。

符合下列情形的项目，可以采用竞争性磋商方式开展采购：（1）政府购买服务项目；（2）技术复杂或者性质特殊，不能确定详细规格或者具体要求的；（3）因艺术品采购、专利、专有技术或者服务的时间、数量事先不能确定等原因不能事先计算出价格总额的；（4）市场竞争不充分的科研项目，以及需要扶持的科技成果转化项目；（5）按照招标投标法及其实施条例必须进行招标的工程建设项目以外的工程建设项目。竞争性磋商采购流程如表 3.12 所示：

表 3.12　竞争性磋商采购流程

采购公告发布及报名	竞争性磋商公告应在省级以上人民政府财政部门指定的媒体上发布。公告应包括项目实施机构和项目名称、项目结构和核心边界条件、是否允许未进行资格预审的社会资本参与采购活动等内容。提交响应文件的时间自公告发布之日起不得少于 10 日
资格审查及采购文件发售	已进行资格预审的，评审小组在评审阶段不再对社会资本资格进行审查。允许进行资格后审的，由评审小组在响应文件评审环节对社会资本进行资格审查。采购文件售价不得以营利为目的。采购文件的发售期限自开始之日起不得少于 5 个工作日
采购文件的澄清或修改	提交首次响应文件截止之日前，实施机构可对已发出的采购文件进行必要的澄清或修改，澄清或修改的内容应作为采购文件的组成部分。澄清或修改的内容可能影响响应文件编制的，实施机构应在提交首次响应文件截止时间至少 5 日前，书面通知所有获取采购文件的社会资本；不足 5 日的，应顺延提交响应文件的截止时间
响应文件评审	项目实施机构应按照采购文件规定组织响应文件的接收和开启。评审小组对响应文件进行两阶段评审。第一阶段，确定最终采购需求方案。评审小组可与社会资本进行多轮谈判。具体程序按照《政府采购非招标方式管理办法》及有关规定执行。第二阶段为综合评分。最终采购需求方案确定后，由评审小组对社会资本提交的最终响应文件进行综合评分，编写评审报告，并提交候选社会资本的排序名单。具体程序按照《政府采购货物和服务招标投标管理办法》及有关规定执行
监督检查	各级财政部门应加强对 PPP 项目采购活动的监督检查，及时处理采购活动中的违法违规行为。项目实施机构应在资格预审公告、采购公告等文件中，列明对本国社会资本的优惠措施及幅度、外方社会资本采购我国生产的货物和服务要求等相关政府采购政策，以及对社会资本参与采购活动和履约保证的强制担保要求

达到公开招标数额标准的货物、服务采购项目，拟采用竞争性磋商采购方式的，采购人应当在采购活动开始前，报经主管预算单位同意后，依法向设区的市、自治州以上人民政府财政部门申请批准。

采购人、采购代理机构应当通过发布公告、从省级以上财政部门建立的供应商库中随机抽取或者采购人和评审专家分别以书面推荐的方式邀请不少于3家符合相应资格条件的供应商参与竞争性磋商采购活动。采取采购人和评审专家书面推荐方式选择供应商的，采购人和评审专家应当各自出具书面推荐意见。采购人推荐供应商的比例不得高于推荐供应商总数的50％。

采用公告方式邀请供应商的，采购人、采购代理机构应当在省级以上人民政府财政部门指定的政府采购信息发布媒体发布竞争性磋商公告。竞争性磋商公告应当包括以下主要内容：(1)采购人、采购代理机构的名称、地点和联系方法；(2)采购项目的名称、数量、简要规格描述或项目基本概况介绍；(3)采购项目的预算；(4)供应商资格条件；(5)获取磋商文件的时间、地点、方式及磋商文件售价；(6)响应文件提交的截止时间、开启时间及地点；(7)采购项目联系人姓名和电话。

竞争性磋商文件应当根据采购项目的特点和采购人的实际需求制定，并经采购人书面同意。采购人应当以满足实际需求为原则，不得擅自提高经费预算和资产配置等采购标准，磋商文件不得要求或者标明供应商名称或者特定货物的品牌，不得含有指向特定供应商的技术、服务等条件。磋商文件应当包括供应商资格条件、采购邀请、采购方式、采购预算、采购需求、政府采购政策要求、评审程序、评审方法、评审标准、价格构成或者报价要求、响应文件编制要求、保证金交纳数额和形式以及不予退还保证金的情形、磋商过程中可能实质性变动的内容、响应文件提交的截止时间、开启时间及地点以及合同草案条款等。

从磋商文件发出之日起至供应商提交首次响应文件截止之日止不得少于10日。磋商文件售价应当按照弥补磋商文件制作成本费用的原则确定，不得以营利为目的，不得以项目预算金额作为确定磋商文件售价依据。磋商文件的发售期限自开始之日起不得少于5个工作日。提交首次响应文件截止之日前，采购人、采购代理机构或者磋商小组可以对已发出的磋商文件进行必要的澄清或者修改，澄清或者修改的内容作为磋商文件的组成部分。澄清或者修改的内容可能影响响应文件编制的，采购人、采购代理机构应当在提交首次响应文件截止时间至少5日前，以书面形式通知所有获取磋商文件的供应商；不足5日的，采购人、采购代理机构应当顺延提交首次响应文件截止时间。

采购人、采购代理机构可以要求供应商在提交响应文件截止时间之前交纳磋商保证金。磋商保证金应当采用支票、汇票、本票或者金融机构、担保机构出具的保函等非现金形式交纳。磋商保证金数额应当不超过采购项目预算的2％。供应商未按照磋商文件要求提交磋商保证金的，响应无效。供应商为联合体的，可以由联合体中的一方或者多方共同交纳磋商保证金，其交纳的保证金对联合体各方均具有约束力。供应商应当在磋商文件要求的截止时间前，将响应文件密封送达指定地点。在截止时间后送达的响应文件为无效文件，采购人、采购代理机构或者磋商小组应当拒收。供应商在提交响应文件截止时间前，可以对所提交的响应文件进行补充、修改或者撤回，并书面通知采购人、采购代理机构。补充、修改的内容作为响应文件的组成部分。补充、修改的内容与响应文件不一致的，以补充、修改的内容为准。

磋商小组由采购人代表和评审专家共3人以上单数组成，其中评审专家人数不得少于磋商小组成员总数的2/3。采购人代表不得以评审专家身份参加本部门或本单位采购项目的评审。采购代理机构人员不得参加本机构代理的采购项目的评审。采用竞争性磋商方式的政府采购项目，评审专家应当从政府采购评审专家库内相关专业的专家名单中随机抽取。符合本办法第三条第四项规定情形的项目，以及情况特殊、通过随机方式难以确定合适的评审专家的项目，经主管预算单位同意，可以自行选定评审专家。技术复杂、专业性强的采购项目，评审专家中应当包含 1 名法律专家。

采购人、采购代理机构可以视采购项目的具体情况，组织供应商进行现场考察或召开磋商前答疑会，但不得单独或分别组织只有一个供应商参加的现场考察和答疑会。磋商小组在对响应文件的有效性、完整性和响应程度进行审查时，可以要求供应商对响应文件中含义不明确、同类问题表述不一致或者有明显文字和计算错误的内容等作出必要的澄清、说明或者更正。供应商的澄清、说明或者更正不得超出响应文件的范围或者改变响应文件的实质性内容。磋商小组要求供应商澄清、说明或者更正响应文件应当以书面形式作出。供应商的澄清、说明或者更正应当由法定代表人或其授权代表签字或者加盖公章。由授权代表签字的，应当附法定代表人授权书。供应商为自然人的，应当由本人签字并附身份证明。

磋商小组所有成员应当集中与单一供应商分别进行磋商，并给予所有参加磋商的供应商平等的磋商机会。在磋商过程中，磋商小组可以根据磋商文件和磋商情况实质性变动采购需求中的技术、服务要求以及合同草案条款，但不得变动磋商文件中的其他内容。实质性变动的内容，须经采购人代表确认。对磋商文件作出的实质性变动是磋商文件的有效组成部分，磋商小组应当及时以书面形式同时通知所有参加磋商的供应商。

磋商文件能够详细列明采购标的的技术、服务要求的，磋商结束后，磋商小组应当要求所有实质性响应的供应商在规定时间内提交最后报价，提交最后报价的供应商不得少于 3 家。

磋商文件不能详细列明采购标的的技术、服务要求，需经磋商由供应商提供最终设计方案或解决方案的，磋商结束后，磋商小组应当按照少数服从多数的原则投票推荐 3 家以上供应商的设计方案或者解决方案，并要求其在规定时间内提交最后报价。最后报价是供应商响应文件的有效组成部分。符合本办法第三条第四项情形的，提交最后报价的供应商可以为 2 家。已提交响应文件的供应商，在提交最后报价之前，可以根据磋商情况退出磋商。采购人、采购代理机构应当退还退出磋商的供应商的磋商保证金。经磋商确定最终采购需求和提交最后报价的供应商后，由磋商小组采用综合评分法对提交最后报价的供应商的响应文件和最后报价进行综合评分。综合评分法，是指响应文件满足磋商文件全部实质性要求且按评审因素的量化指标评审得分最高的供应商为成交候选供应商的评审方法。综合评分法评审标准中的分值设置应当与评审因素的量化指标相对应。磋商文件中没有规定的评审标准不得作为评审依据。评审时，磋商小组各成员应当独立对每个有效响应的文件进行评价、打分，然后汇总每个供应商每项评分因素的得分。

综合评分法货物项目的价格分值占总分值的比重（即权值）为 30％～60％，服务项目的价格分值占总分值的比重（即权值）为 10％～30％。采购项目中含不同采购对象的，以占项目资金比例最高的采购对象确定其项目属性。符合本办法第三条第三项的规定和执行统一价格标准的项目，其价格不列为评分因素。有特殊情况需要在上述规定范围外设定价格分权重的，应当经本级人民政府财政部门审核同意。综合评分法中的价格分统一采用低价优先法计算，即满足磋商文件要求且最后报价最低的供应商的价格为磋商基准价，其价格分为满分。其他供应商的价格分统一按照下列公式计算：磋商报价得分＝（磋商基准价/最后磋商报价)×价格权值×100。项目评审过程中,不得去掉最后报价中的最高报价和最低报价。

磋商小组应当根据综合评分情况,按照评审得分由高到低顺序推荐3名以上成交候选供应商,并编写评审报告。符合本办法第二十一条第三款情形的,可以推荐2家成交候选供应商。评审得分相同的,按照最后报价由低到高的顺序推荐。评审得分且最后报价相同的,按照技术指标优劣顺序推荐。竞争性磋商的法律依据见表3.13。

表3.13　　竞争性磋商法律依据

1	《中华人民共和国预算法》
2	《中华人民共和国政府采购法》
3	《中华人民共和国合同法》
4	《国务院关于加强地方政府性债务管理的意见》(国发〔2014〕43号)
5	《国务院关于深化预算管理制度改革的决定》(国发〔2014〕45号)
6	《财政部关于推广运用政府和社会资本合作模式有关问题的通知》(财金〔2014〕76号)
7	《政府采购竞争性磋商采购方式管理暂行办法》(财库〔2014〕214号文)

4. 项目招投标涉税处理

(1)项目投标主体。通常社会资本方中标后,待项目公司成立后单独签订承继合同,因而投标主体相关涉税事项也同步转移到项目公司,所以考虑投标主体影响下的纳税主体有必要性。

1)社会资本单独投标:考虑投资、建设、运营的不同税务影响;2)社会资本联合体投标:通常联合体仅为一种合同关系,不构成纳税主体,应分析商业合作模式下税务可行性安排,比如"投资建设企业+金融机构""投资建设企业+第三方运营机构"。

(2)两标并一标。这是PPP投资项目管理的核心,在商业模式设定中重点考虑税收策划,应做到分类测算,做到整体税负平衡管理。

1)"投资+施工总承包"模式;2)"投资+房地产开发"模式;3)"投资+产业运营"模式;4)以上几种混合模式等。

(3)投标文件与合同体系。

1)招标文件涉税管理重点考虑融资方案、商务方案、运营方案,明确纳税环节、纳税主体、税收优惠政策等;2)合同作为投标文件的重要部分,重点关注投资价款组成、政府付费确认方式、政府回购方式、使用者付费方式、会计收入实现等因素,确定税收影响与应对措施,并完善在正式合同中。

(4)财务指标测算与税务处理。对应招投标阶段不同回报机制的项目,考虑建设成本、运营成本、利润结构、建设与运营期限等因素,评价不同模式下对应政府付费和使用者付费的税务影响。

1)对政府付费模式的项目,在项目运营补贴期间,政府承担全部直接付费责任。政府每年直接付费数额包括:社会资本方承担的年均建设成本(折算成各年度现值)、年度运营成本和合理利润。其计算公式为:

$$当年运营补贴支出数额=\frac{项目全部建设成本\times(1+合理利润率)\times(1+年度折现率)n}{财政运营补贴周期(年)}+年度运营成本\times(1+合理利润率)$$

2)对可行性缺口补助模式的项目，在项目运营补贴期间，政府承担部分直接付费责任。政府每年直接付费数额包括：社会资本方承担的年均建设成本(折算成各年度现值)、年度运营成本和合理利润，再减去每年使用者付费的数额。其计算公式为：

$$当年运营补贴支出数额=\frac{项目全部建设成本\times(1+合理利润率)\times(1+年度折现率)n}{财政运营补贴周期(年)}+年度运营成本\times(1+合理利润率)-当年使用者付费数额$$

3)在招投标阶段，税收测算主要考虑三个方面：一是投资建设期税收测算；二是投资运营期税收测算；三是移交退出期税收测算。

(三)PPP 项目合同涉税条款安排

PPP 项目的合同通常包括 PPP 项目合同、股东协议、履约合同(包括工程承包合同、运营服务合同、原料供应合同、产品或服务购买合同等)、融资合同和保险合同等。其中，PPP 项目合同是项目实施机构与项目公司签订的约定项目合作主要内容和双方基本权利义务的协议，是整个 PPP 项目合同体系的核心。

因项目所在地不同，地方政府对税收返还各不相同。而税收是影响社会资本方投资收益率的重要因素。因此，在合同谈判过程中，社会资本方应当向政府争取更多的税收优惠。

1. 工程承包合同

项目公司一般只作为融资主体和项目运营管理者而存在，本身不一定具备自行设计、采购、建设项目的条件，因此可能会将部分或全部设计、采购、建设工作委托给工程承包商，签订工程承包合同。项目公司可以与单一承包商签订总承包合同，也可以分别与不同承包商签订合同。承包商的选择要遵循相关法律法规的规定。

由于工程承包合同的履行情况往往直接影响 PPP 项目合同的履行，进而影响项目的贷款偿还和收益情况，因此，为了有效转移项目建设期间的风险，项目公司通常会与承包商签订一个固定价格、固定工期的“交钥匙”合同，将工程费用超支、工期延误、工程质量不合格等风险全部转移给承包商。此外，工程承包合同中通常还会包括履约担保和违约金条款，进一步约束承包商妥善履行合同义务。

根据项目具体情况的不同，在项目正式实施之前需要满足的前提条件也不尽相同，工程承包合同中会出现的前提条件为：项目公司已根据项目合同中有关规定签订工程总承包合同及其他主要分包合同，并且向政府方提交了有关合同的复印件。

项目移交时，项目公司在项目建设和运营阶段签订的一系列重要合同可能仍然需要继续履行，因此可能需要将这些尚未履行完毕的合同由项目公司转让给政府或政府指定的其他机构。为能够履行上述义务，项目公司应在签署这些合同时即与相关合同方(如承包商或运营商)明确约定，在项目移交时同意项目公司将所涉合同转让给政府或政府指定的其他机构。实践中，可转让的合同可能包括项目的工程承包合同、运营服务合同、原料供应合同、产品或服务购买合同、融资租赁合同、保险合同以及租赁合同等。

通常政府会根据上述合同对于项目继续运营的重要性，决定是否进行合同转让。此外，如果这些合同中包含尚未期满的相关担保，也应该根据政府的要求全部转让给政府或者政府指定的其他机构。

2. 融资合同

从广义上讲,融资合同可能包括项目公司与融资方签订的项目贷款合同、担保人就项目贷款与融资方签订的担保合同、政府与融资方和项目公司签订的直接介入协议等多个合同。其中,项目贷款合同是最主要的融资合同。

在项目贷款合同中一般会包括以下条款:陈述与保证、前提条件、偿还贷款、担保与保障、抵销、违约、适用法律与争议解决等。同时,出于贷款安全性的考虑,融资方往往要求项目公司以其财产或其他权益作为抵押或质押,或由其母公司提供某种形式的担保或由政府作出某种承诺,这些融资保障措施通常会在担保合同、直接介入协议以及 PPP 项目合同中予以具体体现。

需要特别强调的是, PPP 项目的融资安排是 PPP 项目实施的关键环节,鼓励融资方式多元化、引导融资方式创新、落实融资保障措施,对于增强投资者信心、维护投资者权益以及保障 PPP 项目的成功实施至关重要。

根据项目具体情况的不同,在项目正式实施之前需要满足的前提条件也不尽相同,融资合同中会出现的前提条件为:完成融资交割——通常由项目公司负责满足。

完成融资交割是 PPP 项目合同中最重要的前提条件,只有在确定项目公司及融资方能够为项目的建设运营提供足够资金的情况下,项目的顺利实施才有一定保障。

根据项目双方的约定不同,完成融资交割的定义也可能会不同,通常是指:项目公司已为项目建设融资的目的签署并向融资方提交所有融资文件,并且融资文件要求的就本项目获得资金的所有前提条件得到满足或被豁免。

违约和提前终止条款是 PPP 项目合同中的重要条款之一,通常会规定违约事件、终止事由以及终止后的处理机制等内容。此处有一种特殊情形,即在 PPP 项目合同中规定了融资方介入权或者政府、融资方和项目公司三方签署了直接接入协议的情形下,项目公司违约事件发生且在限期内无法补救时,还会允许融资方或其指定的第三方进行补救。

常见的合同附件中包括商务附件:该附件用于阐述 PPP 项目的商业方案,例如财务模型、融资计划、项目公司设立方案等。

财政部《PPP 项目合同指南(试行)》中第二章第五节专门介绍了 PPP 项目的融资相关问题,具体内容见附录。

3. PPP 项目合同签订的一般要点

(1)关键条款(唯一性条款)。为了确保项目能够顺利获得融资支持和稳定回报,项目公司或社会资本方通常要求政府承诺在一定期限内不在项目附近新建竞争性项目。

唯一性条款的设计要点。一是范围约定须精确、明晰。根据项目特征,有以直径数值为基数的,也有以起始、终点为基数的。在确定范围前应注意查阅城市未来规划方案,至少做到与现有或已定的规划不发生冲突。若有冲突则须考虑该规划是否有调整的可能性,若无调整的可能性,社会资本方则须将该部分非唯一性事实作为亏损计算在内;其次,注意考察约定范围的行政管辖区划是否在政府方的控制范围内,若涉及多省市交汇的,须要求政府进行事先协调,通盘考虑。二是竞争性项目种类的约定。比如杭州湾大桥项目,若当初约定唯一性条款,则须考虑各种形态的交通项目,同样的起始与目的地,桥梁、高速公路、省道等项目是否均属于竞争性项目。三是竞争性项目发起的时间约束。政府不可能为了这一项目,

10 年或者 20 年都不进行同业态的规划，即使有这样的承诺，这种僵化的合同治理必定会在后期出现违约情况。对时间约定有两种方式：其一，社会资本方自行测算项目收益，在预测收回成本，并达到一定利润的时候，约定放弃该条款；其二，政府约定固定年限后开放该条款，但考虑到本项目经营者的利润，可以进行浮动补贴，即以另一项目的部分收益补贴该项目，从而达到唯一性条款的利益诉求。

(2)调价机制。在长达 20～30 年的 PPP 项目全生命周期中，各种因素的波动均会直接引起项目运营成本的变化，进而影响项目公司的收益情况。设置合理的价格调整机制，可以将项目收益维持在合理范围，防止过高或过低付费导致项目公司亏损或获得超额利润，有利于实现物有所值的目标。

1)引起成本变化的因素。根据付费机制的不同，因素会有所区别，通常包括消费者物价指数、生产者物价指数、劳动力市场指数、利率变动、汇率变动、竞争者数量等。每个项目也会有所不同，比如污水处理项目，调价因子往往包括动力费、生产人员的薪酬、化学品费、污泥处理处置费。

2)调价方式的约定。①静态调价机制，即在签订合同时约定启动条件。包括公式调整机制，指通过设定价格调整公式来建立政府付费价格与某些特定系数之间的联动关系，以反映成本变动等因素对项目价格的影响，当特定系数变动导致根据价格调整公式测算的结果达到约定的调价条件时，将触发调价程序，按约定幅度自动调整定价；基准比价机制，指定期将项目公司提供服务的定价与同类服务的市场价格进行对比，如发现差异，则项目公司与政府可以协商对政府付费进行调价；市场测试机制，指在 PPP 项目合同约定的某一特定时间，对项目中某项特定服务在市场范围内重新进行采购，以确保项目物有所值。②动态调价机制，即协商调价机制。对运营要求比较高、难度比较大的项目，比如污水处理、港口建设、机场火车站等大型物业运营项目中，后期运营的实际收益往往与前期测算产生很大的差异，即使前期有专业测算，也很难确保后期政府补贴或政府付费部分能够无缝对接。而这些因素在前期合同拟定时是无法确定的，甚至无法用公式表述，故无法用静态调价机制来约束。动态调价机制主要的要素有调价年限、调价因素范围、调价发生条件等。

(3)政府监管条款的分布。PPP 项目与传统项目最大的区别是政府监管职能的转变。从传统的行政监管转为行政与民事并行的全生命周期的监管。PPP 项目政府一般会入股项目公司，占股比例从 1%到 30%不等，无论占股比例如何，政府由于缴纳了部分资本金而成为项目公司的股东，此行为赋予了其《公司法》上的权利义务。

对于政府而言，如何运用好股东地位，与项目是否能够合规合法、成功运作息息相关。具体表现为以下几点：向项目公司派驻人员，政府可以在章程中约定派驻的董事、管理人员、监事的数量及名单；一票否决权的设置，政府方委派的董事对影响公共利益或公共安全的事项享有一票否决权；审计，审计条款一般约定在《PPP 项目合同》中，一般约定年审、施工方退出时审、融资方退出时审、项目移交时审；建设期介入，项目公司出现放弃或视为放弃情形的，政府方有权指定第三方取代项目公司承担项目建设，以便实现完工，同时应约定介入后费用的结算依据，一般约定在《PPP 项目合同》中；临时接管措施，在项目公司严重违约事件发生并持续时，若项目公司不继续履行合同或发生的事项对项目公司建设、运营、维护项目设施的能力产生严重不利影响，则政府方有权，在任何情况下临时接管该项目，替代项目公司建设和运营，同时应约定临时接管时的一切费用与风险的分担机制，并约定临时接管的交还条件或永久接管的条件。

4. 营改增后PPP项目合同中涉税条款的拟定

(1)合同当事人条款的拟定。合同当事人必须确保“三流合一”。在PPP项目合同体系中，一定要明确具体的合同当事人名称。在“三流”中的当事人必须与合同当事人名称保持一致。对于此项规定，以集团公司名义去投标中标PPP项目的社会投资人更需要注意，不能以以往的思维，集团公司中标后将工程交给下属子公司来实施，如果按照此种方式实施，将会面临“三流”不一致的严重问题。

另外，合同当事人信息必须具体全面。一是要明确合同当事人是一般纳税人还是小规模纳税人。二是要明确合同当事人的准确名称、税号、账号、开户行、地址、电话等相关基本信息，以便开具增值税专用发票，进而作为进项税额的扣税凭证。对于合同当事人的准确名称，必须与《营业执照》《组织机构代码证》《税务登记证》等中的名称保持一致，做到不多一字、不少一字。如“有限责任公司”不能简化为“有限公司”，虽然法律属性都一样，但在发票开具上会存在相应的风险。

(2)合同标的条款的拟定。分别约定不同种类及范围的应税行为和税率。因为根据前述《营业税改征增值税试点实施办法》第十五条的规定，应税行为不同，增值税税率即不同。对于应税行为，建议严格按照《营业税改征增值税试点实施办法》所附《销售服务、无形资产、不动产注释》中的规定予以约定，不能想当然地对应税行为和税率予以约定。对于不同合同标的应分别予以约定，尤其是在工程总承包合同、EPC合同中，须将设计与施工分别约定，或者将采购、设计、施工等分别约定。

(3)合同价款条款的拟定。不同应税行为分别约定不同价款。要转变以往的惯性思维习惯，如在工程总承包合同或EPC合同中，以往通常不对勘察、设计、采购、施工等费用加以区分，而采取总体概括为工程价款的约定，或者将勘察、设计等费用视为包含在工程量清单或者工程价款中。如果在2016年5月1日后继续采取如此约定，将导致无法区分勘察费额、设计费额、采购费额、施工费额等，也就将导致被按照《营业税改征增值税试点实施办法》第三十九条的规定从高征税的税务风险。

(四)PPP项目前期费用处理

1. 开办费税务处理

开办费是指企业在被批准筹建之日起，到开始生产、经营(包括试生产、试营业)之日止的期间(即筹建期间)发生的费用支出，包括筹建期人员工资、办公费、培训费、差旅费、印刷费、注册登记费以及不计入固定资产和无形资产构建成本的汇总损益和利息支出。

《国家税务总局关于企业所得税若干税务事项衔接问题的通知》(国税函〔2009〕98号)和《国家税务总局关于贯彻落实企业所得税法若干税收问题的通知》(国税函〔2010〕79号)规定：企业从事生产经营之前进行筹办活动期间发生筹办费用支出，不得计算为当期的亏损，即应当将会计核算确认的管理费用(开办费)作纳税调整增加，开始经营后，可以在当年一次性扣除，也可以按照不低于3年分期扣除。

2. 招标代理费

根据《企业所得税法》第二十一条规定，对企业依据财务会计制度规定，并实际在财务会计处理上已确认的支出，凡没有超过《企业所得税法》和有关税收法规规定的税前扣除范围和标准的，可按企业实际会计处理确认的支出，在企业所得税前扣除，计算其应纳税所得额。

税法与会计处理无差异，企业所得税并未对投标费用作特殊性规定，所以发生的投标费用可以税前扣除。

3. 项目咨询费

政府方可能涉及的咨询费包括：可行性研究报告、物有所值评价报告、财政承受能力论证报告、PPP项目实施方案。社会资本方可能涉及的开办费包括：项目投资可行性评估、财政咨询、法律咨询、风险评估等。

项目咨询费的进项税可以按照正常的税务处理流程进行，合规的进项税额票据可以抵扣。

4. 征地拆迁费

按《中华人民共和国土地增值税暂行条例》规定，转让国有土地使用权、地上的建筑物及其附着物并取得收入的单位和个人，为土地增值税的纳税义务人。土地增值税按照纳税人转让房地产所取得的增值额和规定的税率计算征收。纳税人转让房地产所取得的收入，包括货币收入、实物收入和其他收入。拆迁补偿费属于货币收入，因此应按规定计算缴纳土地增值税。同时税法规定，因国家建设需要依法征用、收回的房地产或因城市实施规划、国家建设的需要而搬迁，由纳税人自行转让原房地产的，免征土地增值税。符合上述免税规定的单位和个人，须向房地产所在地税务机关提出免税申请，经税务机关审核后，免予征收土地增值税。

5. 前期印花税

合同包括：融资合同、保险合同、建筑工程合同、原材料采购合同、PPP主合同等；资金账簿、产权转移书据等（见表3.14）。

表3.14　　项目前期印花税

税目	范围	税率	纳税人
融资合同	借款合同	0.05‰	立合同人
保险合同	包括财产、责任、保证、信用等合同	1‰	立合同人
建筑工程合同	建筑、安装工程合同	0.3‰	立合同人
原材料采购合同	供应、预购、采购、购销等	0.3‰	立合同人
营业账簿	生产、经营用账簿	记载资金的按照实收资本和资本公积的0.5‰减半征收；其他账簿免征	立账簿人
产权转移书据	财产所有权、版权、商标专用权、土地使用权出让合同等	0.5‰	立据人

缴纳印花税方法：

(1)贴花法。由纳税人根据规定自行计算应纳税额，购买印花税票贴在应税凭证上，并在每枚税票与凭证交接骑缝处盖戳注销或画销。

(2)采用缴款书代替贴花法。一份应税凭证应纳税额超过500元的，应向当地税务机关申请用缴款书或者完税证完税，并将其中一联粘贴在凭证上或由税务机关在凭证上加盖完税戳记代替贴花，这是缴纳印花税必不可少的方法。

(3)按期汇总缴纳法。汇总缴纳的期限限额由当地税务机关确定,但最长期限不得超过1个月的规定,修改为"同一种类应纳税凭证,需频繁贴花的,纳税人可以根据实际情况自行决定是否采用按期汇总缴纳印花税的方式。汇总缴纳的期限为1个月"。采用按期汇总缴纳方式的纳税人应事先告知主管税务机关。缴纳方式一经选定,1年内不得改变。

(4)代扣代缴法。为简化贴花手续,对于贴花次数频繁的企业,纳税人可向税务机关提出申请,采取按期汇总缴纳的办法,这是如何缴纳印花税的重点方法。

(五)项目公司(SPV)成立的税务处理

项目公司成立的方式不同,其税务处理也不同。

1. 新设成立的税务处理

新成立项目公司,是目前主要的项目公司成立方式,一般由政府下属的投资平台等与中标的社会资本方共同注资。

《公司法》第二十七条规定:股东可以用货币出资,也可以用实物、知识产权、土地使用权等可以用货币估价并可以依法转让的非货币财产作价出资;但是,法律、行政法规规定不得作为出资的财产除外。

如果出资方对项目公司的出资包括实物资产或无形资产,则视同销售,需要依法缴纳增值税及附加税、印花税、所得税等。

增值税按照该资产作价的出资金额与销售资产的适用税率计算缴纳,如销售材料使用的税率一般为16%;销售使用过的固定资产可以选择简易计税办法依3%的征收率减按2%计算缴纳增值税(开具增值税普通发票),或直接按3%的征收率计算缴纳增值税(可开具增值税普通发票);销售不动产与土地使用权适用税率为10%;销售无形资产(不含土地使用权)适用税率为6%。其中,以不动产作价出资,符合《营业税改征增值税试点有关事项的规定》(财税〔2016〕36号)附件2中"(八)销售不动产"的相关规定的,可以选择简易计税办法按照5%的征收率计算缴纳增值税。

如果资产作价高于新购资产的购买成本或者已有资产的摊余成本,则企业所得税纳税人的出资方,还需就高出部分计入企业应纳税所得额,计算缴纳企业所得税。

以资产出资,出资方作为立据人需缴纳印花税,按照产权转移书据(包括财产所有权、版权、商标专用权、专利权、专有技术使用权、土地使用权出让合同、商品房销售合同)所载金额的0.5‰贴花。

另外,出资方如果以房屋或土地出资,根据《财政部国家税务总局关于企业改制重组有关土地增值税政策的通知》(财税〔2015〕5号)相关规定,出资方还可能需要缴纳土地增值税。

同时,产权承受方即项目公司还可能需要缴纳印花税、城镇土地使用税。

2. 收购成立的税务处理

收购成立项目公司,指的是社会资本方收购已成立的项目公司。

在股权交易方式下,出让股权方可能需就股权溢价部分缴纳企业所得税,受让方不涉及。采用股权交易方式出资可以避免增值税、土地增值税,但如果资产有增值,则应缴纳企业所得税。可参阅《财政部国家税务总局关于企业重组业务企业所得税处理若干问题的通知》(财税[2009]59号)、《财政部国家税务总局关于促进企业重组有关企业所得税问题处理的通知》(财税〔2014〕109 号)、《关于企业重组业务企业所得税征收管理若干问题的公告》(国税〔2015〕48 号)等文件的相关规定执行。

采用股权交易方式项目公司同样涉及 0.5‰的印花税。

3. 有限合伙形式的税务处理

成立有限合伙企业涉及的税务处理与公司制企业涉及的税务处理的区别在于:合伙企业的“先分后税”,即合伙企业以每一个合伙人为纳税义务人。《关于合伙企业合伙人所得税问题的通知》(财税〔2008〕159 号)规定,合伙企业的合伙人为自然人的,缴纳个人所得税;合伙企业的合伙人是法人或其他组织的,缴纳企业所得税。有限合伙企业本身并不涉及所得税问题。

同时,财税〔2008〕159 号文件又指出,合伙企业合伙人的应税所得包括合伙企业分配给所有合伙人的所得和企业当年留存的所得(利润)。因此,合伙人即使没有分配到所得,也可能承担一定的税负。若为自然人合伙人的需要在合伙企业所得所在地缴纳个人所得税,当地税务机关可能会要求合伙企业代扣代缴个人所得税后再进行收益分配。

4. 特许权的再转让税务处理

特许权再转让的税务处理主要涉及两个问题,首先是社会资本方将投标获得的“项目经营权”移交项目公司的税收问题,第二个是 PPP 项目投资人受让土地后,向项目公司移交土地的税收问题。

在具体的税务处理中,政府的项目实施机构是先与中选的社会资本方签署 PPP 项目合同。PPP 项目公司成立后,政府的项目实施机构再与社会资本方控股的项目公司重新签署项目合同,或签署关于承继项目合同的补充合同,不属于社会资本方向项目公司转让特许权,无须计算缴纳相关税收。

具体内容请见附录。

四、PPP 项目前期财税业务处理

通常情况下,PPP 业务模式如图 3.5 所示。

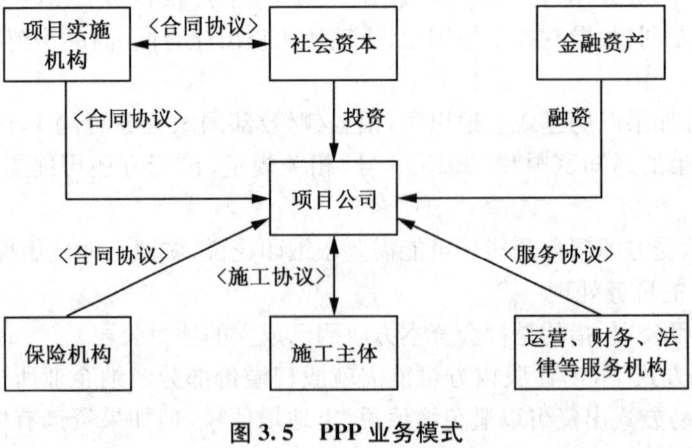

图 3.5 PPP 业务模式

(一)各纳税主体

(1)项目实施机构:代表政府方。

(2)社会资本:代表非政府企业,一般是规模较大、管理规范,且有与标的项目相关资质的法人企业,由政府机构按照招标等政府工作程序,从多家候选企业中择优选择。

(3)项目公司:由政府方和中标社会资本企业,针对特定项目共同设立,具体负责项目的设计、建设等各项工作。

(4)施工主体:负责承建标的项目的施工方,可以是项目公司自行设立,也可以是独立的第三方施工企业。

(5)金融机构:为项目公司提供贷款的银行等机构。

(6)保险机构:项目公司购买防风险产品的保险公司。

(7)其他服务机构:提供运营、财务、法律服务的各类机构,如会计师事务所、律师事务所服务等。

(二)社会资本方的有关财税规定

1. 社会资本方

与政府方共同出资设立项目公司,通常直接以资金出资;根据其所占股权比例,及与政府机构合作协议具体规定,分如下三种情况:

(1)持股比例50%以上,且能控制项目公司,以长期股权投资处理,采用成本法核算,并将项目公司纳入合并报表范围。

(2)持股比例达到50%以上,但不能控制公司,或持股比例未达到50%,但具有共同控制、重大影响,以长期股权投资处理,采用权益法核算,不纳入合并范围,应将关联交易涉及损益按持股比例抵消。

(3)持股比例较低,不具有共同控制且具有重大影响,按可供出售金融资产处理。

2. 相关税务规定

(1)如果采用部分非货币性资产出资,按视同销售缴纳相关税金(增值税),企业所得税可适用5年分期缴纳的优惠政策(财税〔2014〕116号《关于非货币性资产投资企业所得税政策问题的通知》)。

(2)如取得分红,可适用居民企业税收优惠,免征企业所得税(《企业所得税法》第二十六条第二项规定)。

(3)退出项目公司,转让股权时,按转让股权公允价值与长期股权投资(或可供出售金融资产)账面价值的差额,计入应纳税所得额,缴纳企业所得税。

(三)项目公司

1. 项目公司

由政府方和中标社会资本企业,针对特定项目共同设立,具体负责PPP项目的设计、建设、运营等各项工作;PPP项目获取回报的实现方式,通常不是由政府直接回购,而是在项目建成后,给予一定期限的特许经营权,以项目的运营相关收益,回收投资,偿还贷款及利息,并获取合理回报;在考虑实际投资额、贷款成本、各项税费等前提下,考虑合理比例的回报,结合项目预期收益的实现方式,政府方与社会资本方双方谈判确定。

项目公司在PPP业务处理过程中主要的会计处理(以BOT方式,即建设—运营—移交为例)如下:

(1)收到投资款,作为实收资本处理;收到融资款,作为企业贷款,确认长期借款,借款费用应当按照《企业会计准则第17号——借款费用》的规定处理,相应的利息支出,符合资本化条件的,计入相应资产;不符合资本化条件的,直接计入当期费用。

(2)发生相关支出时,如可行性研究、设计费、建设方工程款等,根据与政府前期谈判预期收益实现方式,分别确定金融资产(长期应收款)或无形资产。

1)预期能收回确定金额,如政府直接付款,或可行性缺口由政府直接付款,确认长期应收款,发生支出时:

借:长期应收款

贷:相关科目(银行存款、应付账款、应付职工薪酬等)未实现融资收益(考虑货币时间价值)

2)预期收回金额不确定,如由使用者付款,确认为无形资产,发生相关支出时:

借:无形资产

贷:相关科目

3)混合模式:预收能收回部分确定金额+不确定金额,总体思路是:

借:长期应收款(确定金额)

无形资产(差额)

贷:相关科目

未实现融资收益(考虑货币时间价值)

(3)运营阶段。

1)分期收回确定金额时,冲减长期应收款,同时确认相应的融资收益:

借:银行存款

贷:长期应收款

借:未实现融资收益

贷:财务费用(利息收入)

根据是否开票,确认是否按照适用税率,计提相应的增值税销项税额。

2)收到不确定金额时(使用者付费),确认收入,无形资产摊销入成本:

借:银行存款/现金

贷:主营业务收入

应交税费——应交增值税(销项税额)

借:主营业务成本

贷:累计摊销

3)发生运营成本:

借:管理费用

主营业务成本

应交税费——应交增值税(进项税额)

贷:相关科目(银行存款、原材料、应付账款等)

2. 税务规定

(1)基础设施、节能节水项目:自取得第一笔经营收入年度起,企业所得税三免三减半;[《国家税务总局关于实施国家重点扶持的公共基础设施项目企业所得税优惠问题的通知》

(国税发〔2009〕80 号)、《财政部国家税务总局关于公共基础设施项目和环境保护节能节水项目企业所得税优惠政策问题的通知》(财税〔2012〕10 号)]。

(2)购置用于环境保护、节能节水、安全生产等专用设备的,按投资额的 10%抵减应纳税所得额,一次抵减不完的,可以五年内抵免[《国家税务总局关于环境保护节能节水安全生产等专用设备投资抵免企业所得税有关问题的通知》(国税函〔2010〕256 号)]。

(3)专项拨款:如贷款利息补贴、其他符合规定的专用款项,符合条件的,按不征税收入处理;对应的支出也不得税前抵扣[《财政部国家税务总局关于专项用途财政性资金企业所得税处理问题的通知》(财税〔2011〕70 号)、《中华人民共和国企业所得税法实施条例》(中华人民共和国国务院令第 512 号)第二十八条]。

政府往往会通过政府补贴的方式给予项目公司一定的补助。企业取得的政府补贴从税收角度看可以分为两种情形:应税收入及不征税收入。根据《财政部国家税务总局关于专项用途财政性资金企业所得税处理问题的通知》(财税〔2011〕70 号)的规定,企业从县级以上各级人民政府财政部门及其他部门取得的应计入收入总额的财政性资金,若企业能够提供规定资金专项用途的资金拨付文件、单独核算支出,且拨付资金部门对该资金有专门的资金管理办法或具体管理要求,则该部分政府补贴属于不征税收入,项目公司无须就此缴纳所得税。除此之外,项目公司取得的其他政府补贴属于应税收入,仍须履行所得税纳税义务。对于不征税收入,《企业所得税实施条例》第二十八条规定,不征税收入用于支出所形成的费用,不得在计算应纳税所得额时扣除;用于支出所形成的资产,其计算的折旧、摊销不得在计算应纳税所得额时扣除。

(四)施工主体

1. 财务处理

具体负责项目施工;对于所提供的建造服务应当按照《企业会计准则第 15 号——建造合同》确认相关的收入和费用。

(1)发生工程成本支出:

借:工程施工——合同成本

贷:有关科目(银行存款、应付账款、应付职工薪酬、原材料、工程物资等)

(2)登记已结算合同价款,确认应收款项:

借:应收账款

贷:工程结算

收到款项时:

借:银行存款

贷:应收账款

(3)按完工百分比法确认建造收入及成本:

借:主营业务成本

工程施工——合同毛利

贷:主营业务收入

应交税费——应交增值税(销项税额)

(4)项目建设完工:

借:工程结算

贷:工程施工——合同成本

工程施工——合同毛利

2. 税务相关

(1)一般纳税人清包工或甲提供材料方式下提供的建筑服务,可以选择适用简易计税方法计税:施工方可以选择按简易办法适用 3%增值税征收率,不抵扣进项;也可以选择按一般计税方法,适用 10%增值税率,可以抵扣按规定取得的进项税额;具体选用哪种方式,需测算能够取得的可抵扣进项税的货物或服务价值占总合同金额的比例。

1)一般纳税人以清包工方式提供的建筑服务,可以选择适用简易计税方法计税。以清包工方式提供建筑服务,是指施工方不采购建筑工程所需的材料或只采购辅助材料,并收取人工费、管理费或者其他费用的建筑服务。

2)一般纳税人为甲方提供原材料、工程物资等建筑服务,可以选择适用简易计税方法计税。甲供工程,是指全部或部分设备、材料、动力由工程发包方自行采购的建筑工程。

3)一般纳税人为建筑工程老项目提供的建筑服务,可以选择适用简易计税方法计税。建筑工程老项目是指:

①《建筑工程施工许可证》注明的合同开工日期在 2016 年 4 月 30 日前的建筑工程项目;

②未取得《建筑工程施工许可证》的,建筑工程承包合同注明的开工日期在 2016 年 4 月 30 日前的建筑工程项目。

(2)一般纳税人以总承包方式提供建筑服务:适用 10%增值税率;不能选择适用简易计税办法;发生的支出成本,尽可能取得增值税专用发票;当适用不同增值税率,价格有差异的情况下,以如下思路确定哪种情况更合适,如:从一般纳税人处采购,能获取 16%进项税专用发票,含税采购价为 100 元;对比如下:①从适用 10%一般纳税人处采购,含税价格低于 93.15 元时可行,否则采购 16%更有利;②从小规模纳税人处采购(代开 3%的发票),含税价格低于 87.64 元时,采购可行;③取得普通发票,含税价格低于 84.83 元时,采购可行;④无法取得发票,价格低于 63.28 元时,采购可行,否则,仍然从 16%一般纳税人处采购。

五、PPP 项目融资与税会处理

(一)项目公司投资方式与税会处理

1. 投资方式

(1)股权投资。根据沪建房管联〔2016〕839 号《上海市住房和城乡建设管理委员会上海市规划和国土资源管理局关于进一步加强本市房地产市场监管促进房地产市场平稳健康发展的意见》,在申请参加土地招拍挂时,应承诺资金来源为合规的自有资金。[①] 项目子公司在支付土地价款时,应为自有资金,这就要求项目公司股权投资成为必需的方式。

(2)债权投资。债权投资可以锁定固定收入,流通性好,不一定要到到期才能还本,随时可以到次级市场变现;可以利用附买回及卖出回购约定灵活调度资金,且有不同的到期日可

① 银行贷款、信托资金、资本市场融资、资管计划配资、保险资金等不得用于缴付土地竞买保证金、定金及后续土地出让价款。竞买人在申请参加土地招拍挂活动时,应承诺资金来源为合规的自有资金。

供选择。当项目公司的所得税率低于子公司的税率时，相比股权投资取得的税后收益，债权投资的回报率更高。

在债权投资中，要注意是否存在统借统还业务。统借统还业务是指：企业集团或者企业集团中的核心企业向金融机构借款或对外发行债券取得资金后，将所借资金分拨给下属单位并向下属单位收取用于归还金融机构或债券购买方本息的业务。企业集团向金融机构借款或对外发行债券取得资金后，由集团所属财务公司与企业集团或者集团内下属单位签订统借统还贷款合同并分拨资金，并向企业集团或者集团内下属单位收取本息，再转付企业集团，由企业集团统一归还金融机构或债券购买方的业务。

(3)混合性投资。企业混合性投资业务，是指兼具权益和债权双重特性的投资业务。若同时符合《企业混合性投资业务企业所得税处理问题的公告》的五个条件①，按债权投资进行处理。

(4)融资租赁。融资租赁可以分为直租型融资租赁和融资性售后回租两类。

直租型融资租赁服务，是指具有融资性质和所有权转移特点的租赁活动。即出租人根据承租人所要求的规格、型号、性能等条件购入有形动产或者不动产租赁给承租人，合同期内租赁物所有权属于出租人，承租人只拥有使用权，合同期满付清租金后，承租人有权按照残值购入租赁物，以拥有其所有权。不论出租人是否将租赁物销售给承租人，均属于融资租赁。按照标的物的不同，融资租赁服务可分为有形动产融资租赁服务和不动产融资租赁服务。

融资性售后回租业务是指承租方以融资为目的将资产出售给经批准从事融资租赁业务的企业后，又将该项资产从该融资租赁企业租回的行为。融资性售后回租业务中承租方出售资产时，资产所有权以及与资产所有权有关的全部报酬和风险并未完全转移。两类融资租赁的税务处理并不相同。相关政策见表 3.15。

表 3.15　　投融资相关政策

部门	政策
国务院	《国务院办公厅印发关于进一步激发民间有效投资活力促进经济持续健康发展的指导意见》《国务院办公厅关于创新农村基础设施投融资体制机制的指导意见》(国办发〔2017〕17 号)、《国务院办公厅关于进一步做好民间投资有关工作的通知》(国办发明电〔2016〕12 号)、《关于进一步做好城镇棚户区和城乡危房改造及配套基础设施建设有关工作的意见》(国发〔2015〕37 号)、《国务院关于创新重点领域投融资机制鼓励社会投资的指导意见 》(国发〔2014〕60 号)
多部联发	《关于规范开展政府和社会资本合作项目资产证券化有关事宜的通知》(财金〔2017〕55 号)、《关于市政公用领域开展政府和社会资本合作项目推介工作的通知 》(财建〔2015〕29 号)、《财政部关于政府和社会资本合作示范项目实施有关问题的通知》(财金〔2014〕112 号)、《中国保监会关于保险资金投资政府和社会资本合作项目有关事项的通知》(保监发〔2017〕41 号)、《关于印发〈普惠金融发展专项资金管理办法〉的通知》(财金[2016]85 号)、《关于运用政府和社会资本合作模式推进公共租赁住房投资建设和运营管理的通知》(财综〔2015〕15 号)、《城镇保障性安居工程贷款贴息办法》(财综〔2014〕76 号)、《政府投资基金暂行管理办法》(财预〔2015〕210 号)、《政府出资产业投资基金管理暂行办法》(发改财金规〔2016〕2008 号)

① (一)被投资企业接受投资后，需要按投资合同或协议约定的利率定期支付利息(或定期支付保底利息、固定利润、固定股息，下同)；(二)有明确的投资期限或特定的投资条件，并在投资期满或者满足特定投资条件后，被投资企业需要赎回投资或偿还本金；(三)投资企业对被投资企业净资产不拥有所有权；(四)投资企业不具有选举权和被选举权；(五)投资企业不参与被投资企业日常生产经营活动。

项目公司融资示意图见图 3.6。

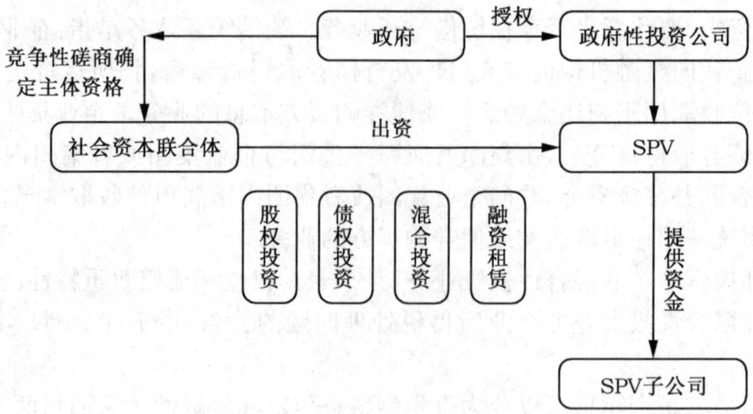

图 3.6 项目公司融资示意图

2. 投资环节税务处理

(1)股权投资。按照股东投资形式,可以分为货币性资产投资和非货币性资产投资。股东若以货币性资产投资,无增值税、所得税纳税义务;股东以非货币性资产投资,实质上可以拆解成资产出售和以货币投资两个环节,即股东先将非货币性财产出售给公司,再以出售资产所获取的现金对公司缴付出资。因此,非货币性资产投资在视同出售环节负有所得税、增值税纳税义务。

增值税方面,非货币性资产投资视同销售,按照资产性质的不同,依照 16%、13%[①]、10%、6%的税率缴纳增值税。项目公司接受非货币性资产投资后,资产对应的增值税进项税额可以抵扣。

所得税方面,为避免股东缴付税款的资金压力,根据财税〔2014〕116 号《财政部、国家税务总局关于非货币性资产投资企业所得税政策问题的通知》的规定,非货币性资产转让所得可在不超过 5 年内递延纳税。此外,国家税务总局公告 2016 年第 62 号《关于完善股权激励和技术入股有关所得税政策的通知》,就技术入股的所得税处理进行了特别规定,除可享受上述 5 年递延纳税之外,还允许股东在投资入股当期可暂不纳税,允许递延至转让股权时,按股权转让收入减去技术成果原值和合理税费后的差额计算缴纳所得税。

(2)债权投资。

1)一般债权投资。增值税方面,营改增后,贷款服务属于增值税范畴内的应税服务,应缴纳增值税。股东提供借款给公司,股东按提供贷款服务 6%的税率缴纳增值税。[②]

---

① 依据财税〔2017〕37 号《关于简并增值税税率有关政策的通知》,自 2017 年 7 月 1 日后,13%税率将取消。

② 法律依据:《销售服务、无形资产、不动产注释》第五条第一款规定金融服务,是指经营金融保险的业务活动。包括贷款服务、直接收费金融服务、保险服务和金融商品转让。贷款服务,是指将资金贷与他人使用而取得利息收入的业务活动。根据《营业税改征增值税试点实施办法》第三章第十五条(一)纳税人发生应税行为,除本条第(二)项、第(三)项、第(四)项规定外,税率为 6%。(二)提供交通运输、邮政、基础电信、建筑、不动产租赁服务,销售不动产,转让土地使用权,税率为 10%。(三)提供有形动产租赁服务,税率为 16%。(四)境内单位和个人发生的跨境应税行为,税率为零。具体范围由财政部和国家税务总局另行规定。

所得税方面，利息收入应确认为企业所得税应税收入[①]，并按合同约定的应付利息的日期确认收入。股东借款给公司，由于股东和公司属于关联利益方，要注重是否存在资本弱化，要按照独立交易原则进行交易。不超过金融企业同期同类贷款利率范围且股东借款数额不超过股东实缴投资的两倍部分对应的利息支出可以税前扣除。

2)统借统还。根据《营业税改征增值税试点过渡政策的规定》，统借统还业务中，企业集团或企业集团中的核心企业以及集团所属财务公司按不高于支付给金融机构的借款利率水平或者支付的债券票面利率水平，向企业集团或者集团内下属单位收取的利息，免征增值税；高于支付给金融机构借款利率水平或者支付的债券票面利率水平的，应全额缴纳增值税。

所得税方面，企业集团或其成员企业统一向金融机构借款，分摊集团内部其他成员企业使用的，取得的利息收入应纳入应纳税所得额，缴纳所得税。借入方凡能出具从金融机构取得借款的证明文件，可以在使用借款的企业间合理分摊利息费用，使用借款的企业分摊的合理利息准予在税前扣除。

(3)混合性投资。满足条件的混合性投资，投资企业对于被投资企业支付的利息应于被投资企业应付利息的日期，确认收入的实现并计入当期应纳税所得额；对于被投资企业赎回的投资，投资双方应于赎回时将赎价与投资成本之间的差额确认为债务重组损益，分别计入当期应纳税所得额。[②]

(4)融资租赁。在增值税方面，直租型融资租赁的出租人应按动产租赁服务16%的税率或者不动产租赁服务10%的税率缴纳增值税；融资性售后回租业务的出租人应按贷款服务6%的税率缴纳增值税。[③]

在所得税方面，直租型融资租赁的出租人就取得的租金收入逐年缴纳所得税；根据国家税务总局公告〔2010〕13号《国家税务总局关于融资性售后回租业务中承租方出售资产行为有关税收问题的公告》，融资性售后回租业务中，项目子公司出售资产的行为不确认为销售收入，仍按出售前原账面价值对出售资产计提折旧，支付的属于融资利息的部分，作为企业财务费用在税前扣除。项目公司就子公司支付的属于融资利息的部分款项按贷款服务收入缴纳所得税。

项目公司不同投资方式税款测算如表3.16所示：

---

① 根据《企业所得税法实施条例》第十八条规定：《企业所得税法》第六条第（五）项所称利息收入，是指企业将资金提供他人使用但不构成权益性投资，或者因他人占用本企业资金取得的收入，包括存款利息、贷款利息、债券利息、欠款利息等收入。利息收入，按照合同约定的债务人应付利息的日期确认收入的实现。

② 根据国家税务总局公告〔2013〕41号《关于企业混合性投资业务企业所得税处理问题的公告》第一条，同时符合下列条件的混合性投资业务，按本公告进行企业所得税处理：（一）被投资企业接受投资后，需要按投资合同或协议约定的利率定期支付利息（或定期支付保底利息、固定利润、固定股息，下同）；（二）有明确的投资期限或特定的投资条件，并在投资期满或者满足特定投资条件后，被投资企业需要赎回投资或偿还本金；（三）投资企业对被投资企业净资产不拥有所有权；（四）投资企业不具有选举权和被选举权；（五）投资企业不参与被投资企业日常生产经营活动。

③ 在增值税方面，根据《销售服务、无形资产、不动产注释》第六条第五款租赁服务，包括融资租赁服务和经营租赁服务。融资租赁服务，是指具有融资性质和所有权转移特点的租赁活动。即出租人根据承租人所要求的规格、型号、性能等条件购入有形动产或者不动产租赁给承租人，合同期内租赁物所有权属于出租人，承租人只拥有使用权，合同期满付清租金后，承租人有权按照残值购入租赁物，以拥有其所有权。不论出租人是否将租赁物销售给承租人，均属于融资租赁。按照标的物的不同，融资租赁服务可分为有形动产融资租赁服务和不动产融资租赁服务。融资性售后回租不按照本税目缴纳增值税。根据《销售服务、无形资产、不动产注释》第五条第一款融资性售后回租按照贷款服务缴纳增值税。

表 3.16　　项目公司不同投资方式税款测算

融资方式	具体模式	收入	税种	税率
股权投资	货币性资产投资	无	无	无
	非货币性资产投资	非货币性资产投资视同销售	增值税 所得税 印花税 契税	16%、13%①、10%、6% 25%(15%)/5 年递延② 产权转移书据、权利许可证件定额贴花 3%③
债权投资	一般债权投资	贷款收入	增值税 所得税	6%； 25%(15%)
	统借统还	贷款收入	增值税 所得税	6%(不高于支付给金融机构的借款利率水平或者支付的债券票面利率水平免增值税) 25%(15%)
混合性投资	明股实债	贷款收入	增值税 所得税	6%； 25%(15%)
融资租赁 ①直租型融资租赁；②融资性售后回租	出租人	①租金收入 ②贷款收入	增值税 所得税	直租：动产租赁服务 16%； 融资：贷款业务 6%； 25%(15%)

3. 投资环节会计处理

(1)股权投资。

1)初始确认。根据《企业会计准则第 2 号——长期股权投资》，除企业合并形成的长期股权投资以外，其他方式取得的长期股权投资，应当按照下列规定确定其初始投资成本：以支付现金取得的长期股权投资，应当按照实际支付的购买价款作为初始投资成本。初始投资成本包括与取得长期股权投资直接相关的费用、税金及其他必要支出。图 3.7 为股权架构示意图。

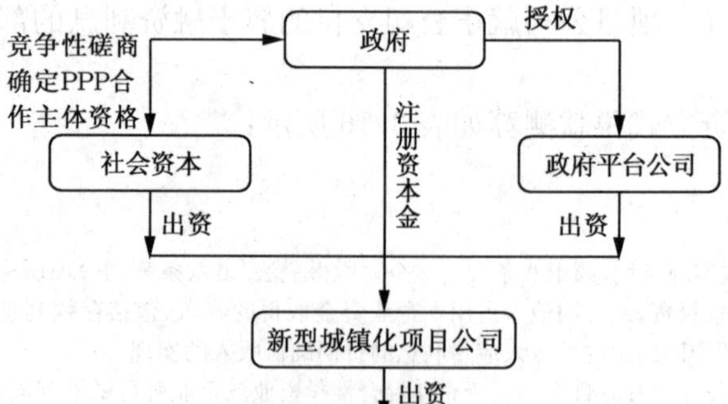

图 3.7　股权架构示意图

① 依据财税〔2017〕37 号《关于简并增值税税率有关政策的通知》，自 2017 年 7 月 1 日后，13%税率将取消。

② 根据《财政部、国家税务总局关于非货币性资产投资企业所得税政策问题的通知》(财税〔2014〕116 号)的规定，非货币性资产转让所得可在不超过 5 年内递延纳税。

③ 沪府发[1997]第 48 号《关于本市贯彻〈中华人民共和国契税暂行条例〉若干意见的通知》。

2)后续计量。后续计量分为权益法和成本法。权益法下,长期股权投资的初始投资成本大于投资时应享有被投资单位可辨认净资产公允价值份额的,不调整长期股权投资的初始投资成本;长期股权投资的初始投资成本小于投资时应享有被投资单位可辨认净资产公允价值份额的,其差额应当计入当期损益,同时调整长期股权投资的成本。被投资单位可辨认净资产的公允价值,应当比照《企业会计准则第 20 号——企业合并》的有关规定确定。投资方取得长期股权投资后,应当按照应享有或应分担的被投资单位实现的净损益和其他综合收益的份额,分别确认投资收益和其他综合收益,同时调整长期股权投资的账面价值;投资方按照被投资单位宣告分派的利润或现金股利计算应享有的部分,相应减少长期股权投资的账面价值;投资方对于被投资单位除净损益、其他综合收益和利润分配以外所有者权益的其他变动,应当调整长期股权投资的账面价值并计入所有者权益。采用成本法核算的长期股权投资应当按照初始投资成本计价。追加或收回投资应当调整长期股权投资的成本。被投资单位宣告分派的现金股利或利润,应当确认为当期投资收益。

社会资本与政府通过竞争性磋商确定 PPP 合作主体资格,作为 PPP 项目唯一的社会资本合作对象。社会资本中标后,与政府平台公司共同成立项目公司——新型城镇化投资发展有限公司。城镇化公司通过设立子公司的形式,分别负责各个子项目的运作。按照《企业会计准则第 2 号——长期股权投资》,投资方能够对被投资单位实施控制的长期股权投资应当采用成本法核算。所以城镇化公司对子公司的长期股权投资采用成本法模式。股权投资会计处理如表 3.17 所示:

表 3.17　　股权投资会计处理

社会资本	会计分录
①初始确认	借:长期股权投资 　　贷:银行存款
后续计量	
①初始投资成本调整	股权投资的 PPP 项目公司为新设公司,不会出现被投资企业可辨认净资产公允价值份额大于长期股权投资的初始投资成本,不需要调整。
②投资收益确认	借:长期股权投资——损益调整 　　贷:投资收益 借:应收股利 　　贷:长期股权投资——损益调整 借:银行存款 　　贷:应收股利
城镇化公司	会计分录
①初始确认	借:长期股权投资 　　贷:银行存款
②后续计量	借:应收股利 　　贷:投资收益

(2)混合性投资。

1)初始计量。根据《企业会计准则第 37 号——金融工具列报》,企业应当根据所发行金融工具的合同条款及其所反映的经济实质而非仅以法律形式,结合金融资产、金融负债和权益工具的定义,在初始确认时将该金融工具或其组成部分分类为金融资产、金融负债或权益工具。对于混合性投资，由于一般都具有固定的投资期限和投资回报，从实质重于形式税务角度，属于债券类金融资产，而非股权类金融资产。

2)后续计量。债权类金融资产在后续计量时采用实际利率法确认利息收入。实际利率，是指将金融资产或金融负债在预期存续期间或适用的更短期间内的未来现金流量，折现为该金融资产或金融负债当前账面价值所使用的利率。

(3)融资租赁。融资租赁会计处理如表3.18所示：

表3.18　融资租赁会计处理

直租性融资租赁	
初始计量	借：长期应收款——应收融资租赁款 贷：融资租赁资产 银行存款 未实现融资收益
收到租金	借：银行存款 贷：长期应收款——应收融资租赁款 借：未实现融资收益 贷：融资收入
或有租金	借：应收账款 贷：租赁收入
融资性售后回租	
初始计量	借：融资租赁资产 贷：银行存款
后续计量	其他相关会计处理与一般融资租赁业务的会计处理同

4. 项目公司税款计算

项目公司税款测算如表3.19所示：

表3.19　项目公司税款测算

税种	税款测算
增值税	应纳税额＝销项税额－进项税额，销项税额＝年度投资额×约定回报率/(1＋6%)×6%＋管理费收入×6% ＋非货币性资产视同出售收入×16%/10%/6%＋…
契税	契税税率为3%～5%幅度税率，根据沪府发〔1997〕48号《关于本市贯彻〈中华人民共和国契税暂行条例〉若干意见的通知》，上海市契税比例3%。计税依据为成交价格。出让的土地具体有城镇化公司拥有还是项目子公司拥有，还需进一步的明确。营改增后，政府对契税的计税依据进行了明确，根据财税〔2016〕43号《财政部国家税务总局关于营改增后契税、房产税、土地增值税、个人所得税计税依据问题的通知》，计征契税的成交价格不含增值税。契税税额＝计税依据×税率
耕地占用税	根据《城中村改造项目合作协议》，城中村改造项目中一共涉及约129亩的现状农用地待转为建设用地，上述土地共有10处区块，保障房建设是否占用耕地及占用多少有待进一步数据支持。税率为地区差别定额税率。上海为45元/每平方米。计税依据为纳税人占用的耕地的面积。税额计算：应纳税额＝实际占用耕地面积(平方米)×适用定额税率

续表

税种	税款测算
城镇土地使用税	城镇土地使用税税率为幅度定额税率，上海市为1.5～30元/每平方米税额，具体税率详见沪府发〔2007〕42号上海市人民政府关于发布《上海市城镇土地使用税实施规定》和沪地税发〔2007〕63号《关于公布本市城镇土地使用税纳税等级具体范围的通知》。计税依据为纳税人实际占用的土地面积，土地面积计量标准均为每平方米。应纳税额＝实际占用应税土地面积(平方米)×适用税额
所得税	城镇化公司的收入包括利息收入、管理费收入、政府付费收入，扣除税前准予抵扣的成本、费用、税金和损失为应纳税所得额。所得税＝应税所得税额×25％

(二)项目子公司融资方式与税会处理

1. 融资方式

(1)股权融资。根据沪建房管联〔2016〕839号《上海市住房和城乡建设管理委员会上海市规划和国土资源管理局关于进一步加强本市房地产市场监管促进房地产市场平稳健康发展的意见》，在申请参加土地招拍挂活动时，应承诺资金来源为合规的自有资金。项目子公司在支付土地价款时，应为自有资金，这就要求股权融资成为必需的渠道。

(2)债务融资。项目子公司可以通过国开行贷款、产业基金、银团贷款、发行债券、发行资产支持证券等方式全方位多元化筹集资金，源源不断地为项目建设运营提供资金支持。债务融资中，集团母公司或财务公司对下属企业的统借统还业务要注意符合相关规定。

(3)混合型融资。企业混合型融资业务，是指兼具权益和债权双重特性的融资业务。若同时符合《企业混合性投资业务企业所得税处理问题的公告》的五个条件，按债权融资进行处理。

(4)融资租赁。融资租赁可以分为直租型融资租赁和融资性售后回租两类。两类融资租赁的税务处理并不相同。在上文中我们已经介绍过了两类融资租赁的定义，在此不再赘述。

2. 融资环节税务处理

(1)股权融资。按照股权融资形式，可以分为货币性股权融资和非货币性股权融资。

增值税方面，对于收取现金的股权融资，不涉及相关税务处理；对于非货币性股权融资，从投资方来看，实质上可以拆解成资产出售和以货币出资两个环节，即股东先将非货币性财产出售给公司，再以出售资产所获取的现金对公司缴付出资。因此，非货币性资产出资在视同出售环节负有增值税纳税义务。相应的项目子公司由于收取非货币性资产而获取的增值税专用发票，符合条件的，可以作为进项税额抵扣。

所得税方面，股东以非货币性资产对项目子公司进行投资时①，项目子公司应以非货币性资产的评估价格入账。同时根据财税〔2016〕101号《关于完善股权激励和技术入股有关所得税政策的通知》第三条第二款(二)企业或个人选择适用上述任一项政策，均允许被投资企业按技术成果投资入股时的评估值入账并在企业所得税前摊销扣除。

(2)债务融资。

1)一般债务融资。在增值税方面，营改增后，根据《营业税改征增值税试点实施办法》第

① 根据财税〔2014〕116号《财政部国家税务总局关于非货币性资产投资企业所得税政策问题的通知》第三条“被投资企业取得非货币性资产的计税基础，应按非货币性资产的公允价值确定”。

二十七条第六款“购进的旅客运输服务、贷款服务、餐饮服务、居民日常服务和娱乐服务”的进项税额不得抵扣。

所得税上，要特别注意向非金融机构借款和股东借款的税务处理。非金融企业向非金融企业借款的利息支出，不超过按照金融企业同期同类贷款利率计算的数额的部分，准予税前扣除。[①] 在具体操作上，根据国家税务总局〔2011〕34号公告《关于企业所得税若干问题的公告》第一条：鉴于目前我国对金融企业利率要求的具体情况，企业在按照合同要求首次支付利息并进行税前扣除时，应提供“金融企业的同期同类[②]贷款利率情况说明”，以证明其利息支出的合理性。“金融企业的同期同类贷款利率情况说明”中，应包括在签订该借款合同时，本省任何一家金融企业提供同期同类贷款利率情况。该金融企业应为经政府有关部门批准成立的可以从事贷款业务的企业，包括银行、财务公司、信托公司等金融机构。

股东借款给公司，由于股东和公司属于关联利益方，要注重是否存在资本弱化，要按照独立交易原则进行交易。根据财税〔2008〕121号《关于企业关联方利息支出税前扣除标准有关税收政策问题的通知》第一条：“在计算应纳税所得额时，企业实际支付给关联方的利息支出，不超过以下规定比例和税法及其实施条例有关规定计算的部分，准予扣除，超过的部分不得在发生当期和以后年度扣除。企业实际支付给关联方的利息支出，除符合本通知第二条规定外，其接受关联方债权性投资与其权益性投资比例为：金融企业，5∶1；其他企业，2∶1。企业如果能够按照税法及其实施条例的有关规定提供相关资料，并证明相关交易活动符合独立交易原则的；或者该企业的实际税负不高于境内关联方的，其实际支付给境内关联方的利息支出，在计算应纳税所得额时准予扣除。”

项目公司在取得股东借款时，须符合财税〔2008〕121号的相关规定。但是，项目子公司若能提供资料证明交易活动符合独立交易原则，即可不受关联企业债资比的限制。

2)统借统还。在增值税方面，资金的进项不得抵扣，无论项目子公司是否取得专票，都不得抵扣。所得税方面，根据《营业税改征增值税试点过渡政策的规定》，企业集团或其成员企业统一向金融机构借款，分摊集团内部其他成员企业使用的，借入方凡能出具从金融机构取得借款的证明文件，可以在使用借款的企业间合理分摊利息费用，使用借款的企业分摊的合理利息准予在税前扣除。

(3)混合型融资。满足条件的混合型融资，根据国家税务总局公告〔2013〕41号《关于企业混合性投资业务企业所得税处理问题的公告》，项目子公司应于应付利息的日期，确认利息支出，并按税法和《国家税务总局关于企业所得税若干问题的公告》(2011年第34号)第一条的规定，进行税前扣除；对于被投资企业赎回的投资，投资双方应于赎回时将赎价与投资成本之间的差额确认为债务重组损益，分别计入当期应纳税所得额。

(4)融资租赁。融资租赁可以分为直租型融资租赁和融资性售后回租两类，两类融资租赁的税务处理并不相同。在增值税方面，直租型融资租赁的出租人应按动产租赁服务、不动产租赁服务16%、10%的税率缴纳增值税，就取得的进项税额进行抵扣；融资性售后回租业

① 根据《实施条例》第三十八条。

② 同期同类贷款利率是指在贷款期限、贷款金额、贷款担保以及企业信誉等条件基本相同情况下，金融企业提供贷款的利率。既可以是金融企业公布的同期同类平均利率，也可以是金融企业对某些企业提供的实际贷款利率。

务的出租人应按贷款服务 6％的税率缴纳增值税，所取得进项税额不得从销项税额中抵扣除。所得税方面，直租型融资租赁的承租人项目公司作为承租人按租赁合同约定的付款总额和缔约过程中发生的相关费用为计税基础，作为其他业务成本或费用可以税前扣除；在融资性售后回租业务中，项目公司出售资产的行为不确认为销售收入，仍按出售前原账面价值对出售资产计提折旧，支付的属于融资利息的部分，作为企业财务费用在税前扣除。项目子公司不同融资模式税务处理如表 3.20 所示：

表 3.20　　项目子公司不同融资模式税务处理

融资方式	具体模式	增值税	备注
股权融资	货币性资产	无	对于收取现金的股权融资，不涉及相关税务处理
	非货币性资产	符合条件，进项可抵扣	被投资企业取得非货币性资产的计税基础，应按非货币性资产的公允价值确定
债务融资	一般债务融资	资金进项不可抵	①非金融企业向非金融企业借款的利息支出，不超过按照金融企业同期同类贷款利率计算的数额的部分，准予税前扣除；②注意是否存在资本弱化：金融企业，为 5∶1；其他企业，为 2∶1
	统借统还	资金进项不可抵	借入方凡能出具从金融机构取得借款的证明文件，可以在使用借款的企业间合理地分摊利息费用，使用借款的企业分摊的合理利息准予在税前扣除
混合型融资	明股实债	资金进项不可抵	被投资企业应于应付利息的日期，确认利息支出；对于被投资企业赎回的投资，投资双方应将赎价与投资成本之间的差额确认为债务重组损益，分别计入当期应纳税所得额
融资租赁	直租型融资租赁	进项按动产、不动产租赁服务，可抵扣	所得税方面，直租型融资租赁的承租人按租赁合同约定的付款总额和缔约过程中发生的相关费用为计税基础，作为其他业务成本或费用可以税前扣除
	融资性售后回租	作为资金进项不可抵扣	承租方出售资产的行为不确认为销售收入，仍按出售前原账面价值对出售资产计提折旧，支付的属于融资利息的部分，作为企业财务费用在税前扣除

3. 项目子公司会计处理

（1）权益融资。项目子公司接受股东货币性资产投资，应当借记“银行存款”，贷记“实收资本”；非货币性资产投资，借记“存货”“固定资产”“无形资产”，贷记“实收资本”“资本公积”等。

（2）债务融资。根据《企业会计准则第 17 号——借款费用》，企业发生的借款费用，可直接归属于符合资本化条件的资产的购建或者生产的，应当予以资本化，计入相关资产成本；其他借款费用，应当在发生时根据其发生额确认为费用，计入当期损益。项目子公司在取得借款的时候，借记“银行存款”，贷记“短期借款”“长期借款”等。

（3）融资租赁。融资租赁会计处理如表 3.21 所示。

表 3.21　　融资租赁会计处理

直租性融资租赁	
初始确认	借:固定资产——融资租入固定资产 　未确认融资费用 　　贷:长期应付款——应付融资租赁款 　　　银行存款
支付租金	借:长期应付款——应付融资租赁款 　　贷:银行存款 借:财务费用 　　贷:未确认融资费用
计提折旧	借:制造费用 　　贷:累计折旧
或有租金	借:销售费用/管理费用 　　贷:其他应付款
融资性售后回租	
出售资产	借:固定资产清理 　累计折旧 　　贷:固定资产
收到出售价款	借:银行存款 　　贷:固定资产清理 　　　递延收益——未实现售后租回损益
租回资产	借:融资租入固定资产 　未确认融资费用 　　贷:长期应付款——应付融资租赁款
分摊	借:递延收益——未实现售后租回损益 　　贷:制造费用/销售费用/管理费用

4. 项目子公司税款计算

表 3.22　　子公司税款测算

税种	税款测算
增值税	增值税=工程承包额×约定回报率/(1+6%)×6% － 进项税额。进项税额包括支付给总承包公司的工程款、支付给代开发单位的管理费、支付给监理单位的代建管理费支出、工程勘察设计支出等
契税	契税税率为3%～5%幅度税率,根据沪府发(1997)48号《关于本市贯彻〈中华人民共和国契税暂行条例〉若干意见的通知》,上海市契税税率为3%。计税依据为成交价格。保障房的土地采用协议出让的形式。出让的土地具体有城镇化公司拥有还是项目子公司拥有,还需进一步明确。营改增之后,政府对契税的计税依据进行了明确,根据财税〔2016〕43号《财政部国家税务总局关于营改增后契税、房产税、土地增值税、个人所得税计税依据问题的通知》,计征契税的成交价格不含增值税。保障房的税额计算=计税依据×税率
耕地占用税	根据《城中村改造项目合作协议》,城中村改造项目中一共涉及约129亩的现状农用地待转为建设用地,上述土地共有10处区块,保障房建设是否占用耕地及占用多少有待进一步数据支持。税率为地区差别定额税率。上海为45元/平方米。计税依据为纳税人占用的耕地的面积。税额计算:应纳税额=实际占用耕地面积(平方米)×适用定额税率

续表

税种	税款测算
城镇土地使用税	城镇土地使用税税率为幅度定额税率，上海市为1.5～30元/平方米税额，具体税率详见沪府发〔2007〕42号上海市人民政府关于发布《上海市城镇土地使用税实施规定》和沪地税发〔2007〕63号《关于公布本市城镇土地使用税纳税等级具体范围的通知》。计税依据为纳税人实际占用的土地面积，土地面积计量标准均为每平方米。应纳税额＝实际占用应税土地面积(平方米)×适用税额。根据财税〔2015〕139号财政部国家税务总局《关于公共租赁住房税收优惠政策的通知》，对公共租赁住房建设期间用地及公共租赁住房建成后占地免征城镇土地使用税。在其他住房项目中配套建设公共租赁住房，依据政府部门出具的相关材料，按公共租赁住房建筑面积占总建筑面积的比例免征建设、管理公共租赁住房涉及的城镇土地使用税
印花税	根据财税〔2015〕139号财政部国家税务总局《关于公共租赁住房税收优惠政策的通知》，对公共租赁住房经营管理单位免征建设公共租赁住房涉及的印花税。在其他住房项目中配套建设公共租赁住房，依据政府部门出具的相关材料，按公共租赁住房建筑面积占总建筑面积的比例免征建设公共租赁住房涉及的印花税。对公共租赁住房经营管理单位购买住房作为公共租赁住房，免征印花税；对公共租赁住房租赁双方免征签订租赁协议涉及的印花税
土地增值税	营改增后纳税人转让房地产的土地增值税应税收入不含增值税。适用增值税一般计税方法的纳税人，其转让房地产的土地增值税应税收入不含增值税销项税额；适用简易计税方法的纳税人，其转让房地产的土地增值税应税收入不含增值税应纳税额。为方便纳税人，简化土地增值税预征税款计算，房地产开发企业采取预收款方式销售自行开发的房地产项目的，可按照以下方法计算土地增值税预征计征依据：土地增值税预征的计征依据＝预收款－应预缴增值税税款。营改增后，计算土地增值税增值额的扣除项目中"与转让房地产有关的税金"不包括增值税。营改增后，房地产开发企业实际缴纳的城市维护建设税、教育费附加，凡能够按清算项目准确计算的，允许据实扣除。不能按清算项目准确计算的，则按该清算项目预缴增值税时实际缴纳的城建税、教育费附加扣除。其他转让房地产行为的城建税、教育费附加扣除比照上述规定执行。土地增值税＝(保障房转让收入－允许扣除项目)×适用税率－扣除项目金额×速算扣除率
所得税	项目子公司的收入包括土地储备、销售收入、政府合同付费、出售收入、其他收入等。扣除税前准予抵扣的成本、费用、税金和损失为应纳税所得额，所得税＝应税所得税额×25%

(三)PPP项目产业基金

1. 政府引导基金与税收政策

(1)政府引导基金类型。根据财政部财预〔2015〕210号《政府投资基金暂行管理办法》有关规定，设立政府投资基金，可采用公司制、有限合伙制和契约制等不同组织形式。

1)公司型产业投资基金。公司型产业投资基金是指该基金公司本身是具有法人资格的股份有限公司，可通过发行股票或受益凭证来募集资金。

2)契约型产业投资基金。契约型产业投资基金涉及投资人、管理人、托管人三方当事人，通过签订基金契约的形式发行受益凭证而设立的一种基金。契约型基金不具有法人地位，投资人无法作为管理者进行管理。

3)有限合伙型产业投资基金。有限合伙型产业投资基金是指设立合伙企业的方式设立产业基金，由有限合伙人和普通合伙人出资共同成立基金，有限合伙人不参与合伙企业的运作。该基金类型是目前最常见、使用最广泛的基金投资类型。

(2)投资领域。财政部财预〔2015〕210号《政府投资基金暂行管理办法》第七条规定："各级财政部门一般应在以下领域设立投资基金：(一)支持创新创业。为了加快有利于创新发展的市场环境，增加创业投资资本的供给，鼓励创业投资企业投资处于种子期、起步期等创业早期的企业。(二)支持中小企业发展。为了体现国家宏观政策、产业政策和区域发展规划意图，扶持中型、小型、微型企业发展，改善企业服务环境和融资环境，激发企业创业创新活力，增强经济持续发展内生动力。（三）支持产业转型升级和发展。为了落实国家产业政策，扶持重大关键技术产业化，引导社会资本增加投入，有效解决产业发展投入大、风险大的问题，有效实现产业转型升级和重大发展，推动经济结构调整和资源优化配置。（四）支持基础设施和公共服务领域。为改革公共服务供给机制，创新公共设施投融资模式，鼓励和引导社会资本进入基础设施和公共服务领域，加快推进重大基础设施建设，提高公共服务质量和水平。”

（3）相关税收政策。

1）公司型产业投资基金。基金公司取得标的公司股息红利所得，根据《企业所得税法》第二十六条规定，符合条件的居民企业之间的股息、红利等权益性投资收益免征企业所得税。

基金公司转让标的公司股权取得的股权转让所得或损失需并入基金公司当年度应纳税所得额计算缴纳企业所得税。

公司型产业投资基金是法人企业，要先交税再进行分工，对于来自基金公司分配的股息红利所得，当投资人是公司时，符合《企业所得税法》第二十六条规定，免征企业所得税；当投资人是个人时，就取得的所得按照“股息红利所得”缴纳 20%的个人所得税。

2）契约型产业投资基金。契约制基金，本身并不是一个纳税主体。契约实际上是代人理财，也就是信托，受托人不是财产的真正所有者，而真正的财产所有者是受益人。对信托型基金层面的税收，契约型基金不需缴纳所得税。由受益人缴纳所得税，从而避免了双重征税的问题。信托型基金投资人层面的税收，对于自然人作为信托基金投资人的，要缴纳个人所得税。而对于机构作为契约型基金投资人，需缴纳企业所得税。

3）有限合伙型产业投资基金。根据财税〔2008〕159 号《财政部国家税务总局关于合伙企业合伙人所得税问题的通知》规定：“合伙企业生产经营所得和其他所得采取‘先分后税’的原则，合伙企业以每一个合伙人为纳税义务人。合伙企业合伙人是自然人的，缴纳个人所得税；合伙人是法人和其他组织的，缴纳企业所得税。”

自然人合伙人缴纳个人所得税，法人合伙人缴纳企业所得税。这种纳税形式在一定程度上避免了双重征税。

政府引导基金税务处理如表 3.23 所示：

表 3.23　　政府引导基金税务处理

基金类型	政策	备注
公司型产业投资基金	《企业所得税法》 《企业所得税法实施条例》	公司型产业投资基金是法人企业，要先交税再分配，对于来自基金公司分配的股息红利所得，投资人是公司时若符合《企业所得税法》第二十六条规定免征企业所得税，投资人是个人时就取得的所得按照“股息红利所得”缴纳 20%的个人所得税。基金公司转让股权取得的股权转让所得或损失需并入基金公司当年度应纳税所得额计算缴纳企业所得税
契约型产业投资基金	《企业所得税法》 《企业所得税法实施条例》	①信托型基金层面：契约型基金不需缴纳所得税，由受益人缴纳 ②投资人层面：自然人投资人缴纳个人所得税；机构缴纳企业所得税

续表

基金类型	政策	备注
有限合伙型产业投资基金	《财政部国家税务总局关于合伙企业合伙人所得税问题的通知》	合伙企业生产经营所得和其他所得采取“先分后税”的原则，合伙企业以每一个合伙人为纳税义务人。合伙企业合伙人是自然人的，缴纳个人所得税；合伙人是法人和其他组织的，缴纳企业所得税

2. 产业基金会计处理

根据《企业会计准则第 2 号——长期股权投资》，投资方对联营企业和合营企业的长期股权投资，应当按照本准则第十条至第十三条规定，采用权益法核算。投资方对联营企业的权益性投资，其中一部分通过风险投资机构、共同基金、信托公司或包括投连险基金在内的类似主体间接持有的，无论以上主体是否对这部分投资具有重大影响，投资方都可以按照《企业会计准则第 22 号——金融工具确认和计量》的有关规定，对间接持有的该部分投资选择以公允价值计量且其变动计入损益，并对其余部分采用权益法核算。

产业基金会计处理如表 3.24 所示：

表 3.24　　产业基金会计处理

产业基金	会计分录
初始确认	借:长期股权投资 　　贷:银行存款
后续计量	
①初始投资成本调整	股权投资的 PPP 项目公司为新设公司，不会出现被投资企业可辨认净资产公允价值份额大于长期股权投资的初始投资成本，不需要调整
②投资收益确认	借:长期股权投资——损益调整 　　贷:投资收益 借:应收股利 　　贷:长期股权投资——损益调整 借:银行存款 　　贷:应收股利

3. 税款测算

税款测算如表 3.25 所示：

表 3.25　　税款测算

税种	税款测算
所得税	公司型基金层面所得税＝股息红利收入×25%（居民企业之间符合条件的免税）＋（股权转让收入－股权成本）×25%＋其他收入×25% 契约型或有限合伙型基金所得税——先分后税：投资人为个人，交纳个人所得税。个人所得税＝股息红利收入×20%＋（股权转让收入－股权原值－合理税费）×20%，投资人为法人，企业所得税＝股息红利收入×25%（居民企业之间符合条件的免税）＋（股权转让收入－股权成本）×25%＋其他收入×25%
印花税	印花税＝借款合同×0.05‰＋产权转移书据×0.5‰＋（实收资本＋资本公积）×0.25‰＋权利许可证件数×5

4. 社会资本产业基金与结构化融资税收政策

社会资本产业基金，是指一种对未上市企业进行股权投资和提供经营管理服务的利益共享、风险共担的集合投资制度，即通过向多数投资者发行基金份额设立基金公司，由基金公司自任基金管理人或另行委托基金管理人管理基金资产，委托基金托管人托管基金资产，从事创业投资、企业重组投资和基础设施投资等实业投资。

社会资本产业基金的组织形式和政府引导基金的组织形式类似，也可以分为三种类型，即公司型、契约型和合伙型基金。相关的税收政策与政府引导基金基本类似，在此不再赘述。下面我们将介绍社会资本产业基金的一种特殊融资模式——结构化融资模式。

结构化融资是在投资项目公司前，先设立投资基金，投资基金采用结构化融资方式，分为优先级投资方和劣后级投资方。在遭受损失时，劣后受益人本金将对优先受益人进行支持；在取得盈利时，优先受益人按照事先约定的比例进行分红。

对于结构化融资，要注意是否符合混合型投资的条件，对于满足国家税务总局公告〔2013〕41 号《关于企业混合性投资业务企业所得税处理问题的公告》五个条件的，投资企业对于被投资企业支付的利息应于被投资企业应付利息的日期，确认收入的实现并计入当期应纳税所得额；对于被投资企业赎回的投资，投资双方应于赎回时将赎价与投资成本之间的差额确认为债务重组损益，分别计入当期应纳税所得额。

(四)收益权转让业务税务处理

收益权转让是再融资的一种方式。一些特定资产所有权持有人在不想放弃资产所有权的同时希望获得资金流动性补充，而一些持有现金的投资人希望有机会获取资产投资的超额收益。为了满足双方的需求，保障双方权益并控制风险，资产收益权转让应需而生。

资产收益权转让，特别是未来债权，可能存在资产本身并不确定，比如 BT 工程还未100%完工或者还未验收合格或者存在质量保证金的尾款问题，所以收益权的基础存在或有的纠纷或争议。但是，受让方可以通过“补足”“赎回”以及“保证”条款来弥补，即三方约定：若资产不足，出让方无条件补足差额；若资产严重不合格或者无法收回大部分的现金流，出让方赎回；特别是，若出让方在一定期限内不赎回，则原债务人无条件向受让方支付剩余全部款项。

收益权的转让，并未转移基础资产，而基础资产也未出表；另外，在转让协议中，可能约定基础资产的现金流不够，出让人可能承担差额补足的责任，即资产的风险未真正转移，极易被法院认定为融资性担保。因此，收益权的转让极容易被视为非真实销售，难以实现基础资产和出让人之间的破产隔离。

(五)涉税文件汇编

涉税文件汇编见表 3.26。

表 3.26　　涉税文件汇编

国税〔2010〕13 号公告	《关于融资性售后回租业务中承租方出售资产行为有关税收问题的公告》
国税〔2013〕41 号公告	《企业混合性投资业务企业所得税处理问题的公告》
财税〔2014〕116 号	《关于非货币性资产投资企业所得税政策问题的通知》
财税〔2016〕101 号	《关于完善股权激励和技术入股有关所得税政策的通知》

续表

国税〔2011〕34号公告	《关于企业所得税若干问题的公告》
财税〔2008〕121号	《关于企业关联方利息支出税前扣除标准有关税收政策问题的通知》
财预〔2015〕210号	《政府投资基金暂行管理办法》
发改财金规〔2016〕2008号	《政府出资产业投资基金管理暂行办法》
沪国税函〔2016〕11号	《关于落实企业资产(股权)划转特殊性税务处理申报工作的实施意见》
国税发〔2009〕31号	《房地产开发经营业务企业所得税处理办法》
财税〔2016〕36号	《关于全面推开营业税改征增值税试点的通知》
国税〔2011〕34号	《关于企业所得税若干问题的公告》
中华人民共和国国务院令第512号	《中华人民共和国企业所得税法实施条例》
中华人民共和国主席令第六十三号	《中华人民共和国企业所得税法》
国务院令第11号	《中华人民共和国印花税暂行条例》
财税〔2016〕36号附件	《销售服务、无形资产、不动产注释》
财税〔2016〕36号附件	《营业税改征增值税试点实施办法》
财税〔2016〕36号附件	《营业税改征增值税试点过渡政策的规定》
沪建房管联〔2016〕839号	《上海市住房和城乡建设管理委员会上海市规划和国土资源管理局关于进一步加强本市房地产市场监管促进房地产市场平稳健康发展的意见》
国家税务总局公告2016年第15号	国家税务总局关于发布《不动产进项税额分期抵扣暂行办法》的公告
国家税务总局公告2016年第73号	《关于纳税人转让不动产缴纳增值税差额扣除有关问题的公告》
国家税务总局公告2015年第40号	《国家税务总局关于资产(股权)划转企业所得税征管问题的公告》
财税〔2011〕70号	财政部国家税务总局《关于专项用途财政性资金企业所得税处理问题的通知》
财税〔2010〕94号	财政部、国家税务总局、住房和城乡建设部《关于调整房地产交易环节契税个人所得税优惠政策的通知》
沪府发(1997)4号	上海市人民政府批转市财政局关于本市贯彻《中华人民共和国契税暂行条例》若干意见的通知
财法字〔1997〕52号	《中华人民共和国契税暂行条例》

六、PPP项目建设与税务处理

(一)社会资本与总承包一体化

从20世纪80年代初开始，我国许多工程建设相继推行工程总承包和项目管理工作，经过几十年的不断探索、试点和推广，在许多重点行业如石化、铁路等取得了显著的成绩。现阶段随着我国 PPP 模式的火热，社会资本方作为施工企业或其关联方凭借之前在工程总承包领域积累的经验，在施工组织、管理体系方面比较成熟，再加上自身具备较强的施工、施工图设计和深化等技术优势和资金优势，在政府与社会资本合作领域大有可为空间。

建设工程的总承包，一般又被称为“交钥匙承包”，是指建设工程任务的总承包，即发包人将建设工程的勘察、设计、施工等工程建设的全部任务一并发包给一个具备相应的总承包资质条件的承包人，由该承包人对工程建设的全过程向发包人负责，直至工程竣工，向发包人交付验收合格、符合发包人要求的建设工程的发承包方式。

社会资本在参与 PPP 项目中通过投标与政府部门或地方政府签订政府采购合同(PPP 合同)，自己单独或联合融资机构等第三方或政府指定单位组成特殊项目公司，由项目公司负责筹资、建设和运营。目前建筑企业的操作模式大多是中标后由中标单位牵头成立项目公司，项目公司成立后与中标单位签订总承包合同由中标单位负责项目的建设。一般情况下总承包商往往是社会资本方的全资子公司或关联企业。在该情况下，社会资本方既作为项目投资者，又作为项目的实际建造施工方，需要考虑整个项目全过程中的总承包一体化问题，需要在招标采购阶段兼顾社会资本与工程建设单位的选择。故在签订 PPP 合同后，选择合适的实力强的 EPC 总承包商来建设和落实项目，发挥 PPP＋EPC 结合的优势，成为项目的重要事项。

社会资本方在合作模式中选择总承包一体化，有利于整个 PPP 项目工程设计与施工之间的衔接配合，可以避免各环节的相互脱节而引起的差错、遗漏、变更、返工及纠纷；在设计阶段就可以提出施工阶段可能出现的问题，并提前提出方案以备解决，减少工期延误、工程成本超支的可能性；也可以合理组织分段设计与施工，缩短建设工期，提高 PPP 项目的建设和运营效率。

另外，社会资本方在承包一体化有效作业的背景下，需要综合考虑整个 PPP 项目的会计核算和税负分配问题，考虑项目公司整个生命周期以及总承包方和分包方的整体税负，打通全部关联主体的税务支出链条，选择综合税负最低、税后利润最大化的计税方式。

(二)PPP 项目建造后形成不同资产的会计处理

基于 PPP 各子项目公共资源配置的不同的性质，在项目合作模式上采取了“1＋X”模式，其中 X 就是根据各子项目的性质不同，在资源整合利用、项目实施运作以及投资激励等方面创新合作方式，分别为：经营性项目采用特许经营权模式，准经营性项目采用特许经营权授予与缺口补偿结合模式，非经营性项目采用政府购买服务模式。因而在各项目建造后形成不同资产的核算上也会有不同处理，其中对采用政府购买服务模式的非经营性项目形成的资产按“金融资产”模式核算，对采用特许经营权模式的经营性项目按“无形资产”模式核算，对采用特许经营权授予与缺口补偿结合模式的准经营性项目一般则用“混合模式”进行核算。

1. PPP 项目建造后形成无形资产的会计处理

如果合同规定项目公司在有关基础设施建设后，取得的只是在未来特定期间运营基础设施并取得运营收入的权利，且该权利并不构成一项无条件收取固定或可确定现金的权利，即有权向获取服务的消费对象收取费用，但收费金额不确定，则应当确认为一项无形资产(特许经营权)，自行提供建造服务的则应在确认建造收入的同时确认无形资产。无形资产模式主要适用于根据特许服务权协议，经营方对于所提供的建筑服务将基于基础设施的使用情况而获取相应“收款”的权利，即使用者付费，经营方没有无条件获取现金的权利。形成无形资产模式的合同安排主要特征为社会资本方以承担一定的需求风险为基础获得基础设施未来运营的许可权利，期满后移交政府方退出安排。

在国内现今的大多PPP项目中，确认为无形资产的模式主要适用于可经营系数高、财务效益良好的行业，一般为高速公路、供水、供气、地铁及机场建设等项目。

在上篇甲镇PPP项目中打造的高新技术产业集聚区和以“福泉文化”为核心的文化长廊，属于经营性性质的项目，在建造完成后的资产会计核算中则可用“无形资产”模式。

项目建成后形成无形资产的会计核算，主要涉及“在建工程”和“无形资产”两个科目，项目公司自己施工的还涉及“工程施工”科目。在建工程科目主要核算项目公司建设期发生的相关成本费用，包括项目建造期发生的监理、设计、征地拆迁、评估、预备费等费用，其他各项开工前的费用，建造期发生的管理费用，工程发包后与施工单位结算的工程价款及发生的专门借款产生的利息费用。项目建设期完成后，在建工程科目借方发生额转入无形资产科目，并进行后续的会计核算。

对于需要项目公司自行建造基础设施的安排，项目公司应当按照《企业会计准则第15号——建造合同》确认建造收入；对于项目公司将项目外包的安排，应按照《解释第2号》的规定，不确认建造服务收入，而是按照建造过程中支付的工程价款等考虑合同规定，分别确认金融资产或无形资产。现以项目公司未提供实际建造基础设施为例，主要涉及的会计核算如下：

实际建造时，应通过“在建工程”科目进行建设成本与费用的归集。

(1)项目开工前期费用的核算。

借：在建工程——直接成本——项目前期费用

　应交税费——应交增值税（进项税额）

　　贷：银行存款

(2)勘察设计费用的核算。

借：在建工程——直接成本——项目前期费用

　应交税费——应交增值税（进项税额）

　　贷：银行存款

(3)发生的征地拆迁补偿费用核算。

借：在建工程——直接成本——工程建设其他费用

　　贷：银行存款

(4)其他各项开工前的费用（增值税应税项目）。

借：在建工程——直接成本——工程建设其他费用

　应交税费——应交增值税（进项税额）

　　贷：银行存款

(5)项目建设前发生的管理费用。

借：在建工程——直接成本——工程建设其他费用

　应交税费——应交增值税（进项税额）

　　贷：银行存款

(6)工程发包后与施工单位结算的工程价款核算。

借:在建工程——直接成本——建筑安装工程投资

应交税费——应交增值税(进项税额)

贷:应付账款

(7)项目公司支付工程价款核算。

借:应付账款

贷:银行存款

(8)项目核算筹建项目发生的专门借款利息,应予以资本化,按照《企业会计准则第 17 号——借款费用》规定进行核算。

借:在建工程——资本化利息

贷:应付利息

(9)支付利息费用。

借:应付利息

贷:银行存款

(10)每年年末,将在建工程本年发生额结转为无形资产。

借:无形资产

贷:在建工程

案例 1 某市政府欲建一高速公路,决定采取 BOT 方式筹建,投资方经营收费 30 年,期满归还政府。2010 年甲公司投资组建了高速公路投资有限责任公司。甲公司在签订 BOT 合同后组建了项目公司并开始项目运作。丙公司中标承建该项目的主要工程,并于 2010 年下半年进入施工建设阶段,整个建设工程预计在 2013 年 10 月 1 日前完工。经营期间通行费收入按 7∶3 比例进行分配,甲公司占收入的 70%,地方政府占 30%,经营管理费用由甲公司承担。预计经营期间总的车流量能达到60 000万辆,假设 2014 年的车流量为 150 万辆。

《企业会计准则解释第 2 号》要求:BOT 业务所建造基础设施不应作为项目公司的固定资产,而是作为无形资产或者金融资产。

(1)项目开工前的会计核算。

项目进行土地预审、环境评价、水土保持及工程可行性研究发生的前期费用(暂不考虑增值税):

借:在建工程

贷:银行存款

(2)建造期间,甲公司按合同规定支付给丙公司工程款。

借:在建工程

贷:应付账款——丙公司

(3)建造过程如发生借款利息,应当按照《企业会计准则第 17 号——借款费用》的规定处理。

借:在建工程——资本化利息

贷:应付利息

(4)建造完工后。

借:无形资产

贷:在建工程

(5)通过预测高速公路的大修周期,为保证高速公路移交时保持良好的运营状态,高速公路移交前的运营期内,每年需预计发生的大修等费用,按现值计算预计负债。

借:管理费用

贷:预计负债

(6)经营期间发生的各项经营养护管理费用,计入损益。

借:管理费用等

贷:银行存款

(7)经营期间,按合同规定分配通行费收入。

借:银行存款

贷:主营业务收入(70%)

应付账款——地方政府(30%)

(8)经营期内每年采用"车流量法"对无形资产进行摊销。

借:管理费用——经营特许权

贷:累计摊销

(9)30年特许经营期满,项目移交政府时,高速公路收费权——"无形资产"在特许经营期间已经摊销完毕,无须再作会计处理,只进行实物交接。

案例2 某市政府为推进市公用事业改革,决定以BOT方式修建A污水处理厂,B公司中标。合同安排约定,该筹建的污水处理厂特许经营期为20年,自基础设施建成并正式运营之日起算,期满无偿移交市政府,建设期为2年。B公司按照中标合同组建了项目公司,基础设施的具体施工由项目公司的母公司即社会资本方B公司负责,建设的第一年建设施工方与项目公司当年需结算的合同价款为6 000万元,实际支付4 500万元,第二年按合同应结算价款为4 500万元,建设期期末即第二年年末一次性付清剩余价款。项目公司取得专项贷款2 000万元,年利率6%,每年年末支付利息,并在建设工程施工前支出前期费用(暂不考虑前期费用产生的增值税)2 000万元。

本例中项目公司自身未提供建造施工服务,不应该确认建造阶段的收入和成本,而是应该将期间支付的工程价款等作为无形资产的成本进行确认。

(1)前期费用处理(单位:万元,下同)。

借:在建工程　　2 000

贷:银行存款　　2 000

第一年根据建造合同结算的工程价款:

借:在建工程　　6 000

贷:应付账款　　6 000

实际支付工程价款:

借:应付账款　　4 500

贷:银行存款　　4 500

计提、支付贷款年末利息,应予以资本化:

借:在建工程——利息资本化 120
　　贷:应付利息 120
借:应付利息 120
　　贷:银行存款 120

(2)第二年根据合同结算的工程价款。

借:在建工程 4 500
　　贷:应付账款 4 500

结算全部工程价款:

借:应付账款 6 000
　　贷:银行存款 6 000

计提、支付借款利息:

借:在建工程——利息资本化 120
　　贷:应付利息 120
借:应付利息 120
　　贷:银行存款 120

(3)将在建工程转入无形资产科目。

借:无形资产 10 740
　　贷:在建工程 10 740

2. PPP项目建造后形成金融资产的会计处理

合同规定基础设施建成后的一定期间内,项目公司可以无条件地自合同授予方收取确定金额的货币资金或其他金融资产的,或在项目公司提供经营服务的收费低于某一限定金额的情况下,合同授予方按照合同规定负责将有关差价补偿给项目公司的,应当在确认收入的同时确认金融资产,并按照《企业会计准则第22号——金融工具确认和计量》的规定处理。金融资产模式主要适用于根据特许权服务协议,经营方对于所提供的建筑服务有权无条件从授予方或按照授予方的指示取得的约定的或可确定金额的安排。这些合同安排与需求风险没有固定的挂钩关系,授予方在合同安排时需要事先约定支付或担保的最低付款金额,可以为固定金额或根据事先双方约定的条件可确定的金额。

金融资产模式通常适用于可经营系数低、不具备营利性的公益行业,主要有垃圾焚烧、污水处理、市政道路和河道治理等。在上文甲镇PPP项目中建造的诸如"福泉山遗址文化"公园等非经营性项目,不具有向获取服务对象收费的基础,授予方会基于相关的协议对项目运营方给予其确定的补偿,则可采用"金融资产"模式核算该类项目建造完成后的资产。

如果项目公司将施工服务外包,项目建成后形成金融资产的会计核算,主要涉及"在建工程"和"长期应收款"科目。项目建造期发生的各项费用,可以参照项目建造后形成无形资产的会计处理。在这里,项目建成后形成金融资产的项目建设期发生的借款费用不能资本化,应该确认为当期费用。待项目进入运营期后,应该根据合同中约定运营期内固定收费总金额,计入"长期应收款"科目,确认为金融资产。

会计核算可参照前述无形资产模式处理,其中借款费用产生的利息应该予以费用化,年末再将在建工程发生额结转入"长期应收款——成本"科目中。

(1)借款利息费用化。

借:财务费用——利息支出

　　贷:应付利息

(2)年末结转在建工程,运营期内政府付费总额与建设总成本、待结转的销项税额之差作为融资回报。

借:长期应收款——成本

　　贷:在建工程

　　　　未确认融资收益

　　　　应交税费——应交增值税(待结转销项税额)

如果项目公司自己提供实际的建造服务,应根据《企业会计准则第15号——建造合同》的规定,确认建造阶段的收入和成本,按建造服务完工进度确认建造收入,并同时确认金融资产。主要会计核算步骤如下:

(1)根据本期实际发生的施工成本和合同毛利确认建造收入。

借:工程施工——合同毛利

　　主营业务成本

　　贷:主营业务收入

(2)转入在建工程或直接转入长期应收款(若直接转入长期应收款,第二年需确认该年的未确认融资费用)。

借:在建工程

　　贷:工程结算

(3)期间发生的借款利息费用化。

借:财务费用——利息化支出

　　贷:应付利息

案例3　某市政府为推进市环境建设,决定以BOT方式修建A生活垃圾处理厂,B公司中标。合同安排约定,该筹建的污水处理厂特许经营期为10年,自基础设施建成并正式运营之日起算,期满无偿移交市政府,建设期为2年。B公司按照中标合同组建了全资项目子公司,基础设施的具体施工由项目公司负责,项目公司取得贷款5 000万元,年利率6%,每年年末支付利息。合同约定,甲方就项目公司建设的生活垃圾填埋场工程每年支付对价1 700万元,加上每年年底向项目公司固定支付的垃圾处理费合计2 500万元。

建设项目的基本数据如表3.27所示:

表3.27　　**建设项目的基本数据**　　单位:万元

	第一年	第二年
累计发生的施工成本	4 000	10 000
完成施工尚需发生的成本	6 000	—
建造服务总成本	10 000	10 000
建造服务毛利率	6%	6%
建造服务总收入	10 600	10 600

续表

	第一年	第二年
建造服务总完工进度	40%	100%
依据完工程度确认的建造收入	4 240	10 600

项目公司建设期间的会计核算如下(单位:万元):

(1)第一年归集建造成本。

借:工程施工　　4 000

　　贷:原材料/应付职工薪酬等　　4 000

确认建造收入:

借:工程施工——合同毛利　　240

　　主营业务成本　　4 000

　　贷:主营业务收入　　4 240

借款发生的利息费用化:

借:财务费用　　300

　　贷:应付利息　　300

借:应付利息　　300

　　贷:银行存款　　300

(2)第二年归集成本。

借:工程施工　　6 000

　　贷:原材料/应付职工薪酬等　　6 000

确认建造收入:

借:工程施工——合同毛利　　360

　　主营业务成本　　6 000

　　贷:主营业务收入　　6 360

借款发生的利息费用化:

借:财务费用　　300

　　贷:应付利息　　300

借:应付利息　　300

　　贷:银行存款　　300

(3)工程结算转入长期应收款。

借:长期应收款　　10 600

　　贷:工程结算　　10 600

项目公司应从正式运营的第一年起,确认政府对建造服务的偿还,按照实际利率确认长期应收款的利息收入。

3. PPP项目建造后形成混合资产的会计处理

混合模式是指授予方和经营方共同承担需求风险,如经营方向使用者收费,授予方提供差额部分担保的安排,可以看作是无形资产模式与金融资产模式的结合,即政府付费和使用者付费的混合模式。在上文甲镇PPP项目中建造的诸如养护院等具有准经营性的项目,项目运营方取得收入的方式符合前述特点，可以采用“混合模式”进行项目建造完成后的资产核算。在国内实际众多的PPP项目中，混合模式通常适用于可经营系数较低、财务效益欠佳、直接向最终使用者提供服务，但是该收费无法覆盖投资和运营回报的基础设施项目，典型行业有医院、学校、文化及体育场馆；或价格调整滞后以及需求不足的网络型市政公用项目，如公共交通、交通流量不足的收费公路等基础设施建设项目。

根据现有企业会计准则的精神，会计核算上，经营方应该将已获得担保部分的对价确认为金融资产，并将剩余部分确认为无形资产，这部分无形资产代表经营方从使用者处收取的超出最低限额部分的权利。在实务中这类合同安排双方共担风险的协议比较普遍，需要项目公司仔细审阅安排协议的内容以确定经营方所获得对价的性质，以便在财务中正确核算。

混合资产模式的会计核算主要涉及“在建工程”“长期应收款”和“无形资产”等科目，类似于前两种资产模式的结合。项目建造期发生各项费用，可以参照项目建成后形成无形资产的会计处理；项目建造期发生的借款费用，在混合模式下，项目公司发生的借款费用应针对无形资产所占份额部分进行资本化，针对金融资产所占份额部分确认为当期费用，具体比例可以按照金融资产和无形资产的相对公允价值比例确定，也可以以其他合理的方式进行分配；在项目进入运营期后，应根据合同中约定的运营期内固定收费金额部分的总金额，计入“长期应收款”科目，根据合同中浮动收费金额部分金额计入“无形资产——特许经营权”科目。

(1)项目建设前期费用参照前述处理。

(2)确认混合模式中金融资产和无形资产的会计核算。

借：长期应收款(固定收费部分)

　　贷：在建工程(按项目贴现率运营期保底收费折现总额)

　　　　未确认融资收益

借：无形资产——特许经营权

　　贷：在建工程

(3)建设期的利息费用按无形资产和金融资产公允价值之比分配，其中金融资产对应部分计入财务费用，无形资产部分资本化处理。

借：在建工程

　　贷：应付利息

借：财务费用

　　贷：应付利息

(4)建设完工后，在建工程转入无形资产。

借：无形资产——特许经营权

　　贷：在建工程

需要注意的是，在之后的运营期内，每年年末需要对前期确认的“未确认融资收益”进行摊销，并收回固定收费部分。

(三)增值税——建筑业、房地产业

项目建设期内PPP税务处理主要有增值税、企业所得税、房产税和城镇土地使用税。其中增值税的税务处理主要分为两方面：一是项目公司与总承包方之间的税务处理；二是总承包方与分包方的税务处理。

1. 增值税的纳税处理

(1)一般计税与简易计税并存。自2016年5月1日营业税改征增值税完成起，全国范围内建筑业、房地产业、金融业、生活服务业全部营业税改交增值税，营业税从此退出历史舞台。增值税一般纳税人提供建筑服务，按营业税改征增值税后的10%税率缴纳增值税。建筑企业中的增值税一般纳税人，可以就不同的项目，分别选择适用一般计税方法或简易计税方法。在EPC施工企业提供建筑服务时，应按发生的实际项目与适用税率计算缴纳增值税。合同签订、账务核算中对不同的应税事项进行分别约定与核算，如果涉及EPC总承包合同，应分别对工程施工按10%、设计按6%、销售货物按16%确定销售额，并计算缴纳增值税。EPC施工企业在提供施工劳务的时候，也需要考虑供应商身份的问题。若一些施工材料的供应商为小规模纳税人，其不被允许开具增值税专用发票，必须由其向主管税务机关申请代开增值税专用发票。

同时为了保证建筑业的平稳过渡，政策规定“建筑工程老项目、甲供工程和清包方式”三种建筑工程可以选择适用“简易征收政策”。清包方式提供建筑劳务，是指施工方不采购建筑工程所需的材料或只采购辅助材料，并收取人工费、管理费或者其他费用的建筑服务。甲供工程，是指全部或部分设备、材料、动力由工程发包方自行采购的建筑工程。一般纳税人在选择清包或甲供工程时，可以选择适用简易方法计税，依3%的征收率计算缴纳增值税，施工企业需缴纳的增值税=(业务收入-分包额)×3%，不得抵扣增值税进项。并且一经选择，36个月内不得变更。对符合财税〔2016〕36号文规定的选择甲供或清包方式的增值税纳税人，必须与企业的其他项目分开核算，结合企业具体的税负情况，利用建筑业简易征税的税收优惠政策，达到降低税收负担的目的。

但在具体的实施过程中，由于合同甲方建设期间沉淀的增值税进项税额相对较少，应该依项目运营收入的具体增值税适用税率选择不同的施工方式。如果项目运营收入适用6%的税率或者适用增值税即征即退政策，选择甲供等简易计税方法是个不错的选择。如果项目运营收入适用16%或10%的税率，选择适用简易计税方法则有可能会加大未来运营期间的税收负担。

另外，需要注意的是，按照国家税务总局公告2016年第17号文《纳税人跨县(市、区)提供建筑服务增值税征收管理暂行办法》规定，纳税人跨县(市、区)提供建筑服务，应按照本文件规定的纳税义务发生时间和计税方法，向建筑服务发生地主管国税机关预缴税款，向机构所在地主管国税机关申报纳税。如果一般纳税人跨县(市、区)提供建筑服务，选择适用简易计税方法计税的，以取得的全部价款和价外费用扣除支付的分包款后的余额，按照3%的征收率计算应预缴税款；如果适用一般计税方法计税的，以取得的全部价款和价外费用扣除支付的分包款后的余额，按照2%的预征率计算应预缴税款。建筑公司向建筑服务发生地主管国税机关预缴增值税，致使所缴纳的增值税与机构所在地无关，可能会影响到机构所在地的税务等各项指标。

在《财政部国家税务总局关于租入固定资产进项税额抵扣等增值税政策的通知》(财税〔2017〕90号)文中，对增值税进项税额抵扣有了新的规定。在2018年1月1日之后，对于项目公司在建设和运营阶段、施工企业在建设阶段租入的固定资产和不动产，如果其将租入的资产既用于一般计税方法计税项目，又用于简易计税方法计税项目、免征增值税项目、集体福利或者个人消费的，其进项税额准予从销项税额中全额抵扣。[①] 相比之前的旧规定，这部分可以全额抵扣的进项税额会一定程度地减轻企业的税负。但是，如果仅用于前述简易计税方法计税项目、免征增值税项目、集体福利或者个人消费，不满足“同时”条件，此时该进项税额依然不能够全额抵扣。

（2）一般计税方式。2016 年 5 月 1 日后新签订的 PPP 项目合同，如果不满足甲供或清包的简易计税方式要求，则不得选择简易计税方式，应当使用一般计税方法。

建筑方在具体施工的过程中，由于建筑的人工费用、地方料（如砂、土、石料）等无法取得专用发票，无形中会增加购进建筑服务的项目公司的税负，不可避免地增加合同双方的结算额。综上所述，具体选择何种纳税方式，项目公司需要在建设前期做整体的税负测算，合理地在合同双方之间分摊税负，选择对双方综合税负最低的纳税方案。

（3）简易计税和一般计税的选择。企业选择何种计税方法，受到许多实际情况的影响，客户的计税方式也是影响因素之一。如果客户是简易计税方式，包括客户是小规模纳税人，或者客户是一般纳税人但选择简易计税方式，理论上选择简易计税更合理。如果客户是一般计税，那么采取一般计税方式更为合理。

简易计税虽然采取的征收率低，通常情况下税负较小，但并不是采用简易计税就好。简易计税有时会给企业带来一些负面影响：

一是增加了建筑企业的财务管理工作量。建筑企业会有很多工程，有些工程采取一般计税方法，有些工程采取简易计税方法，这就要求建筑企业要按项目分别进行明细核算。如果没有做到项目层面的明细核算，建筑企业将难以证明哪些采购属于一般计税方法的项目，哪些采购属于简易计税方法的项目，有可能导致主管税务机关按照较高的增值税率要求企业纳税。

二是采取简易计税方法的税负实际上有可能更重。一般计税方法的应纳税额＝当期销项税额－当期进项税额。若建筑企业在固定资产投资较多的年份，购买固定资产的进项税额可以直接抵扣。若当期进项税额较大时，一般计税方法的应纳税额有可能会出现负数，形成进项留抵税额。或者会出现小于按简易计税方法计算的应纳税税额的情况。

三是建筑企业在选择何种计税方法时，要考虑其客户（一般纳税人）的需求。如果按一般计税方法计税，则客户可按购进价格的 10％抵扣进项税额；而如果按简易计税方法计税，则客户只能按购进价格的 3％抵扣进项税额。在其他条件相同的情况下，客户会选择采用一般计税方法的建筑企业，从而不利于建筑企业扩大市场份额。

那么，对于可以选择简易计税的工程项目，能否找到一个简易计税与一般计税选择的平衡点，以指导建筑企业在计税方法选择上的实务操作呢？换句话理解，就是在什么情况下，对同一个工程项目而言，简易计税办法与一般计税办法下计算出来的应交增值税相等。根据该原理，建立如下简单的等式。

1）式 1：

假设总承包合同含税金额为 A，分包合同含税金额为 B，可取得进项税金额为 X。则

$(A-B)/1.03\times 3\%=A/1.1\times 10\%-X$

---

① 自 2018 年 1 月 1 日起，纳税人租入固定资产、不动产，既用于一般计税方法计税项目，又用于简易计税方法计税项目、免征增值税项目、集体福利或者个人消费的，其进项税额准予从销项税额中全额抵扣。

经过推算可求得，X＝0.061 783A＋0.029 126B

2)等式 2：

假设总承包合同不含税金额为 A，分包合同不含税金额为 B，可取得进项税金额为 X，则

(A－B)×3％＝A×10％－X

经过推算求得，X＝0.07A＋0.03B

3)等式 3：

假设合同不含税金额为 A，可取得 16％税率的发票不含税金额 X，则

A×3％＝A×10％－X×16％

经过推算求得，X＝A×43.75％

4)等式 4：

假设合同含税金额为 A，可取得 16％税率的发票含税金额 X，则

A/1.03×3％＝A/1.1×10％－X/1.16×16％

经过推算求得，X＝A×44.79％

根据以上推算结果，可得出初步结论：对于可以选择简易计税办法的工程项目，选简易计税并非一定合适，需要建筑企业相关部门根据经验数据及市场调研判断，进行精细测算后，再选择相应的计税方法。需要提醒的是，工程计税方法测算是建立在项目已中标，而且可与业主就计税方法进行沟通的基础之上的。对于正在投标中的项目，还要区分业主类型、招标要求及沟通结果，确定投标报价时的工程计价方法。

案例 4 上海某公司中标某 PPP 项目，承包其中一个合同值为2 000万元的建筑安装工程服务项目，并把其中1 000万元的部分项目分包给具有相应资质的分包人甲公司，工程完工后，该工程项目最终结算值为1 000万元。总包公司、分包公司的进项税额分别为 a、b，总分包采用简易计税模式下合同甲方提供的材料可以忽略不计。

(1)假设项目公司为一般纳税人，总包公司和分包公司都采用一般计税：

总包公司上海公司的增值税额＝(2 000－1 000)/(1＋10％)×10％－a＝90.91－a

分包方甲公司的增值税额＝1 000/(1＋10％)×10％－b＝90.91－b

项目公司的进项税额＝2 000/(1＋10％)×10％＝181.82(万元)

(2)假设项目公司为一般纳税人，总包公司和分包公司都采用简易计税：

总包公司上海公司的增值税额＝(2 000－1 000)/(1＋3％)×3％－a＝29.13－a

分包方甲公司的增值税额＝1 000/(1＋3％)×3％－b＝29.13－b

项目公司的进项税额＝2 000/(1＋3％)×3％ ＝58.25(万元)

根据上面简单的案例可知，总分包公司采取不同的增值税计税模式，对项目产生的可抵扣的进项税额是不同的。从增值税进项抵扣理论上，项目公司选择一般计税模式比简易计税模式更合理，但在实际业务中，项目公司需要具体考虑工程中标方的业务模式和需求，也要考虑大量进项占用公司资金的影响。

2. 特殊事项——土地费用的处理

根据国税发〔2009〕31 号文《国家税务总局关于印发〈房地产开发经营业务企业所得税处理办法〉的通知》第二十七条可知，其中的土地征用费及拆迁补偿费指为取得土地开发使用权(或开发权)而发生的各项费用，主要包括土地买价或出让金、大市政配套费、契税、耕地

占用税、土地使用费、土地闲置费、土地变更用途和超面积补交的地价及相关税费、拆迁补偿支出、安置及动迁支出、回迁房建造支出、农作物补偿费、危房补偿费等。而征地拆迁费用又是房地产企业开发产品计税成本支出的重要部分，对这部分费用的正确核算与处理有着重要的意义。现就其中一些主要的税费处理规定展开说明。

在 PPP 项目合同的实施过程中，合同金额中往往包括金额较大的土地征用、拆迁补偿、青苗补偿等费用。营业税改征增值税后，因为该费用直接付给村委会和村民，对方无法提供任何可以抵扣的增值税专用发票，而按一般计税方法执行的项目将按 10％的税率计算增值税额，这无疑会增加企业的税收负担。因此，在这种情况下，项目公司可以考虑按以下方式进行：以代委托方式向原土地使用权人支付拆迁补偿费的，按照“服务业—代理业”缴纳增值税，以提供劳务取得的全部收入减去其代委托方支付的拆迁补偿费后的余额为计税依据计算缴纳增值税。对于拆迁补偿费的具体金额，按照《国有土地房屋征收与补偿条例》第十七条的相关规定确定。

另外，对于拆迁中开发商（拆迁方），按照《财政部国家税务总局关于明确金融房地产开发教育辅助服务等增值税政策的通知》（财税〔2016〕140 号）及《营业税改征增值税试点有关事项的规定》（财税〔2016〕36 号）第一条第（三）项规定，其向政府部门支付的土地价款，包括土地受让人向政府部门支付的征地和拆迁补偿费用、土地前期开发费用和土地出让收益等。房地产开发企业中的一般纳税人销售其开发的房地产项目（选择简易计税方法的房地产老项目除外），在取得土地时向其他单位或个人支付的拆迁补偿费用也允许在计算销售额时扣除。纳税人按上述规定扣除拆迁补偿费用时，应提供拆迁协议、拆迁双方支付和取得拆迁补偿费用凭证等能够证明拆迁补偿费用真实性的材料。

财税〔2016〕36 号文规定：“土地使用者将土地使用权归还土地所有者，免征增值税。”只要出具符合国税函〔2008〕277 号文件和《国税总局关于政府收回土地使用权及纳税人代垫拆迁补偿费有关营业税问题的通知》规定的正式文件，无论支付征地补偿费的资金来源是否为政府财政资金，都可以免征增值税。另按《土地增值税暂行条例》第八条规定，拆迁补偿费免征土地增值税。对于获得土地拆迁补偿的个人，按财税〔2005〕45 号文规定，免征个人所得税。而对于获得拆迁补偿的主体，如果是企业法人的话，会计核算上应该将其作为营业外收入，目前对此没有相应的免税规定，应当照章征收企业所得税。

按照项目相关合作协议，一般由项目公司负责土地一级开发服务，包括基本建设（七通一平）和基础设施公建配套建设服务，并移交给合同甲方或甲方指定单位。在该环节，项目公司重点是对各项作业发生的成本及费用的核算，准确核算征地补偿费、拆迁补偿费和土地平整过程中发生的各种成本和费用，并且根据不同的费用种类，对所发生的费用进行归集分配。并且，也需要对前述征地、拆迁不可预见费用进行合理的估计。对于土地整理和基础配套设施建设完成后，“生地”已经达到“熟地”条件是否移交政府问题，若涉及较大的土地增值税，可以考虑与立项政府沟通，能否直接进入后续的二级联动开发环节，避免移交环节。

（四）企业所得税——专项设备优惠政策

企业所得税按正常的一般计税方法处理，在此主要就 PPP 项目企业的所得税优惠政策（主要是专项设备优惠政策）进行梳理分析。

购置专项设备的优惠政策文件和具体规定如表 3.28 所示。

表 3.28　　购置专项设备的优惠政策文件和具体规定

文件	具体规定
《企业所得税法》第三十四条	企业购置用于环境保护、节能节水、安全生产等专用设备的投资额，可以按一定比例实行税额抵免
《企业所得税法》第二十七条	企业的下列所得，可以免征、减征企业所得税： 从事国家重点扶持的公共基础设施项目投资经营的所得； 从事符合条件的环境保护、节能节水项目的所得
《企业所得税法》第八十八条	企业所得税法第二十七条第（三）项所称符合条件的环境保护、节能节水项目，包括公共污水处理、公共垃圾处理、沼气综合开发利用、节能减排技术改造、海水淡化等。项目的具体条件和范围由国务院财政、税务主管部门商国务院有关部门制订，报国务院批准后公布施行。企业从事前款规定的符合条件的环境保护、节能节水项目的所得，自项目取得第一笔生产经营收入所属纳税年度起，第一年至第三年免征企业所得税，第四年至第六年减半征收企业所得税
《企业所得税法实施条例》第一百条	企业所得税法第三十四条所称税额抵免，是指企业购置并实际使用《环境保护专用设备企业所得税优惠目录》《节能节水专用设备企业所得税优惠目录》和《安全生产专用设备企业所得税优惠目录》规定的环境保护、节能节水、安全生产等专用设备的，该专用设备的投资额的 10%可以从企业当年的应纳税额中抵免；当年不足抵免的，可以在以后 5 个纳税年度结转抵免
国税函〔2010〕256 号文	自 2009 年 1 月 1 日起，增值税一般纳税人购进固定资产发生的进项税额可从其销项税额中抵扣，因此，自 2009 年 1 月 1 日起，纳税人购进并实际使用《环境保护专用设备企业所得税优惠目录》《节能节水专用设备企业所得税优惠目录》和《安全生产专用设备企业所得税优惠目录》范围内的专用设备并取得增值税专用发票的，在按照《财政部国家税务总局关于执行环境保护专用设备企业所得税优惠目录节能节水专用设备企业所得税优惠目录和安全生产专用设备企业所得税优惠目录有关问题的通知》（财税〔2008〕48 号）第二条规定进行税额抵免时，如增值税进项税额允许抵扣，其专用设备投资额不再包括增值税进项税额；如增值税进项税额不允许抵扣，其专用设备投资额应为增值税专用发票上注明的价税合计金额。企业购买专用设备取得普通发票的，其专用设备投资额为普通发票上注明的金额
财税〔2008〕115 号文、财税〔2008〕118 号文	专用设备的具体目录表

案例 5　某地 PPP 项目公司在基础设施投入运营后，购置了用于环境保护的专用设备，该项目已经税务机关审批确认符合投资抵免所得税优惠条件，环保设备 200 万元、增值税 34 万元，取得设备发票，当月认证已抵扣，运费及安装费 5 万元。公司当年的利润为 2 000 万元，企业所得税率为 25%。

专用设备投资额＝200（万元），投资为自筹资金符合抵免条件，但投资额不包括抵扣的进项税、运费及安装费。

专用设备投资额抵免限额＝200×10%＝20（万元）

应纳所得税额＝应纳所得额×25%＝2 000×25%＝500（万元）

故公司当年的应纳所得税额为 500－20＝480（万元）

(五)其他税种——耕地占用税、土地使用税、房产税等减免政策

1. 耕地占用税的纳税处理

耕地占用税的纳税处理如表 3. 29。

表 3. 29　　耕地占用税的纳税处理

文件	具体规定
《耕地占用税暂行条例》第八条	学校、幼儿园、养老院、医院占用耕地等免征土地增值税
《耕地占用税暂行条例》第九条	铁路线路、公路线路、飞机场跑道、停机坪、港口、航道占用耕地，减按每平方米 2 元的税额征收耕地占用税。根据实际需要，国务院财政、税务主管部门商国务院有关部门并报国务院批准后，可以对前款规定的情形免征或者减征耕地占用税
《耕地占用税暂行条例》第十四条	占用林地、牧草地、农田水利用地、养殖水面以及渔业水域滩涂等其他农用地建房或者从事非农业建设的，比照本条例的规定征收耕地占用税。建设直接为农业生产服务的生产设施占用前款规定的农用地的，不征收耕地占用税
《耕地占用税暂行条例实施细则》第九至十七条	(1)条例第八条规定免税的学校，具体范围包括县级以上人民政府教育行政部门批准成立的大学、中学、小学、学历性职业教育学校以及特殊教育学校。学校内经营性场所和教职工住房占用耕地的，按照当地适用税额缴纳耕地占用税。(2)条例第八条规定免税的幼儿园，具体范围限于县级人民政府教育行政部门登记注册或者备案的幼儿园内专门用于幼儿保育、教育的场所。(3)条例第八条规定免税的养老院，具体范围限于经批准设立的养老院内专门为老年人提供生活照顾的场所。(4)条例第八条规定免税的医院，具体范围限于县级以上人民政府卫生行政部门批准设立的医院内专门用于提供医护服务的场所及其配套设施
财税〔2004〕60 号文	对在绿化隔离地区内将农村集体耕地征为国家建设用地的，以及占用耕地建房或者从事其他非农业建设的，应照章征收耕地占用税。因搬迁绿化隔离地区内村庄而占用不属于基本农田的耕地，且原宅基地开垦为耕地的，新建住宅占用耕地面积少于原宅基地的，免征耕地占用税；超过原宅基地的，其超过部分征收耕地占用税。因搬迁绿化隔离地区内企业和其他单位而占用耕地的，应照章征收耕地占用税
国税函〔2010〕490 号文	按照《土地利用现状分类》(GB/T21010—2007)，综合性水利工程占地不属于农田水利用地，应按照法定税率征收耕地占用税

2. 城镇土地使用税的纳税处理

城镇土地使用税的纳税处理如表 3.30 所示：

表 3. 30　　城镇土地使用税的纳税处理

文件	具体规定
《城镇土地使用税暂行条例》第六条	公园、名胜古迹自用的土地，市政街道、广场、绿化地带等公共用地和直接用于农、林、牧、渔业的生产用地免缴土地使用税
《城镇土地使用税暂行条例》第七条	除本条例第六条规定外，纳税人缴纳土地使用税确有困难需要定期减免的，由省.自治区、直辖市税务机关审核后，报国家税务局批准
《城镇土地使用税暂行条例》第九条	新征用的土地，依照下列规定缴纳土地使用税：(一)征用的耕地，自批准征用之日起满一年时开始缴纳土地使用税；(二)征用的非耕地，自批准征用次月起缴纳土地使用税

续表

文件	具体规定
财税〔2016〕16号文	一、对城市公交站场、道路客运站场、城市轨道交通系统运营用地，免征城镇土地使用税。 二、城市公交站场运营用地，包括城市公交首末车站、停车场、保养场、站场办公用地、生产辅助用地。 道路客运站场运营用地，包括站前广场、停车场、发车位、站务用地、站场办公用地、生产辅助用地。 城市轨道交通系统运营用地，包括车站（含出入口、通道、公共配套及附属设施）、运营控制中心、车辆基地（含单独的综合维护中心、车辆段）以及线路用地，不包括购物中心、商铺等商业设施用地。 三、城市公交站场、道路客运站场，是指经县级以上（含县级）人民政府交通运输主管部门等批准建设的，为公众及旅客、运输经营者提供站务服务的场所。
国家税务总局公告2014年第1号	从事国家鼓励和扶持产业或社会公益事业发生严重亏损，缴纳城镇土地使用税确有困难的，可给予定期减免税。对从事国家限制或不鼓励发展的产业不予减免税

3. 房产税的纳税处理

房产税的税收优惠如表3.31所示：

表3.31　房产税的税收优惠

文件	具体规定
《房产税暂行条例》第五条	公园、名胜古迹自用的房产免征房产税
《房产税暂行条例》第六条	纳税人纳税确有困难的，可由省级人民政府确定，定期减征或免征房产税
财税地字〔1986〕8号文	企业办的各类学校、医院、托儿所、幼儿园自用的房产，可以比照由国家财政部门拨付事业经费的单位自用的房产，免征房产税
财税〔2000〕97号文	从2000年10月1日起，对政府部门和企事业单位、社会团体以及个人等社会力量投资兴办的福利性、非营利性的老年服务机构，包括老年社会福利院、敬老院、养老院、老年服务中心、老年公寓、老年护理院、康复中心、托老所等，其自用的房产，免征房产税

但在实际的PPP合同中，政府或政府平台公司向项目公司授予特许经营权时，一般不会一并转交国家所有的房产的使用权和土地的所有权，产权不归项目公司所有，则项目公司也就不会构成房产税的纳税义务人。因此，在PPP合同项目的建设期间，一般不会涉及房产税。

4. PPP主要涉税主体的税负核算

在该新型城镇化项目中，我们以新型城镇化发展有限公司（SPV项目公司）在甲镇PPP项目中，启动的一级土地开发及城中村改造项目为例，分析测算各个纳税主体的税负情况。在一级土地开发及保障房建设合同中涉税主体主要有甲镇新型城镇化项目公司、社会资本投资方和管理单位项目管理公司，其中项目管理公司的涉税情况与社会资本投资方相似。现以项目公司、施工单位和项目管理公司在前期准备阶段土地一级开发环节中的税负核算为例，并就一些税收事项提请注意，后续建设和运营阶段可依实际涉税情况进行参照核算。

(1)城镇化项目公司。SPV项目公司涉税分析如表3.32所示：

表3.32 SPV项目公司涉税分析

涉税主体	税种	应纳税额计算	备注与注意事项
城镇化项目公司	增值税	年度投资额×7.385%/(1+6%)×6%－进项税额	注意对不能进行抵扣的进项税额(贷款利息)的区分；财税〔2016〕36号《关于全面推开营业税改征增值税试点的通知》规定："以货币资金投资收取的固定利润或者保底利润，按照贷款服务缴纳增值税。"按约定7.385%收取固定投资收益
	契税	310×96×3%＝892.8万元 (311.1＋73.3)×450×3%＝5 189.4万元	根据沪府发〔1997〕48号，上海市契税税率为3%；96亩动迁安置房用地出让金以310万元/亩计价，以国有土地使用权协议出让的方式，出让给城镇化项目公司；311.1亩住宅用地和73.3亩商办用地出让金暂按450万元/亩计价，并办理定向出让手续
	耕地占用税	129×666.67×46＝576.2万元	城中村改造项目中一共涉及约129亩的现状农用地待转为建设用地；上海地区耕地占用税定额税率为46元/每平方米(沪府发〔2015〕43号)
	城镇土地使用税	实际占用应税土地面积(平方米)×适用定额税额	幅度定额税率，上海市为1.5～30元/每平方米税额，具体税率按沪府发〔2015〕45号文
	印花税	建筑安装工程承包合同按承包金额×0.3‰＋(建筑工程勘察设计合同按收取金额＋土地使用权出让合同金额＋销售合同金额)×0.5‰	项目合同主要包括土地使用权出让合同、建筑安装工程承包合同、建筑工程勘察设计合同、销售合同，土地使用权出让合同和销售合同为比例税率，按所载金额0.5‰贴花；建筑安装工程承包合同按承包金额的0.3‰，建筑工程勘察设计合同按收取金额0.5‰；若涉及熟地的移交转让，按定额税率每件5元贴花
	土地增值税	(一级土地开发金额－允许扣除项目)×适用税率－扣除项目金额×速算扣除率	是否能够避免土地一级开发环节的"熟地"转让，直接进入二级联动开发
	企业所得税	所得税＝应税所得额×25%	注意对征税收入和免税收入的区分
	城建税及教育费附加	缴纳的流转税额×适用税率(征收率)	《上海市城市维护建设税实施细则》规定上海市区税率为7%，县城或县属镇税率为5%；教育费附加征收比率为3%；地方教育费附加征收比率为2%

(2)社会资本投资方(EPC施工企业)。社会资本投资方(EPV施工企业)涉税分析见表3.33。

表 3.33　　社会资本投资方(EPC 施工企业)涉税分析

涉税主体	税种	应纳税额计算	备注与注意事项
社会资本投资方(EPC施工企业)	增值税	建筑服务销售额/(1+10%)×10%−进项税额	因机构所在地与项目施工地不同,可能存在税款预交或者汇总纳税的问题;施工主体会因选择清包或甲供方式而适用简易计税方法,适用3%征收率,进项税额不得抵扣;适用不同税率的不同业务之间的增值税应该分开核算;关于进项税额,要考虑原料供应商的身份选择问题
	印花税	建筑安装工程承包合同按承包金额×0.3‰+(建筑工程勘察设计合同按收取金额+土地使用权出让合同金额+销售合同金额)×0.5‰	项目合同:土地使用权出让合同、建筑安装工程承包合同、建筑工程勘察设计合同、销售合同
	企业所得税	所得税=应税所得额×25%(或15%)	符合认定条件的高新技术企业可以减按15%税率征收企业所得税,实现税收优惠;注意对征税收入和免税收入的区分
	城建税及教育费附加	缴纳的流转税额×适用税率(征收率)	《上海市城市维护建设税实施细则》规定上海市区税率为7%,县城或县属镇税率为5%;教育费附加征收比率为3%;地方教育费附加征收比率为2%

七、PPP 项目运营与税务处理

(一)按收入准则依据项目合同确认收入、成本,并正常纳税

建造期间,项目公司对于所提供的建造服务应当按照《企业会计准则第 15 号——建造合同》确认相关的收入和费用。基础设施建成后,项目公司应当按照《企业会计准则第 14 号——收入》确认与后续经营服务相关的收入。

在运营阶段,按照 PPP 不同的运作方式,项目公司有时会将项目部分的运营和维护事务交给专业运营商负责。但按照项目性质、风险分配以及运营商资质能力等不同,专业运营商在不同项目中承担的工作和风险也会不同。在一些付费机制的项目中,项目公司不承担需求风险或仅承担有限需求风险,可能会将大部分运营事务交由专业运营商负责;而在一些采用使用者付费机制的项目中,由于项目公司存在较大的需求风险,项目公司可能仅仅将部分非核心的日常运营管理事务交由专业运营商负责。

因此,对于 PPP 合同规定的不同付费机制的项目,应该按照相关的准则规定《企业会计准则第十四号——收入》进行正确的收入和成本的核算,并且正常纳税。

(二)使用者付费收入

使用者付费模式在 BOT 和 TOT 等项目中应用比较广泛,一般适用于经营性项目,其特点是可经营系数高、经济效益好、直接面向最终消费者提供服务。在一些基础设施和公用事业项目的建设,如高速公路、桥梁、地铁及供水、供热可以采用使用者付费模式。采取何种收费模式,一般在政府与社会资本合作的立项阶段或谈判阶段完成,如果出现一些未约定的事项发生,双方可以签署补充协议,对回报方式进行修改和重新约定。

1. 会计核算

通过使用者付费模式取得的收入会计上应确认为主营业务收入,结算方式一般为现金

和非现金方式。按照《增值税会计处理》(财会〔2016〕22 号文)的规定,如果项目运营适用简易计税方法,应当在“应交税费”科目下设置“简易计税”明细科目,进行增值税会计核算。

(1)基础设施建成后,项目公司应当按照《企业会计准则第 14 号——收入》确认与后续经营服务相关的收入。

项目公司按特许经营权合同获准对公共基础设施的服务对象收费时,借记“银行存款”等科目,贷记“主营业务收入”科目。准则规定:按照特许经营权合同规定,项目公司应提供不止一项服务的,各项服务能够单独区分时,其收取或应收的对价应当按照各项服务的相对公允价值比例分配给所提供的各项服务。

(2)费用的确认。项目公司在后续服务中支付的各种费用,除管理人员及管理活动费用、应该费用化的借款利息、税金及附加、所得税以及与经营活动无关的费用损失等按规定应分别记入“管理费用”“销售费用”“税金及附加”“财务费用”“营业外支出”等相应科目外,其他与经营活动有关的费用均应记入“主营业务成本”科目。

(3)无形资产(收益权)摊销。收益权的价值应在特许经营权合同规定的经营期内,按直线法摊销,借记“主营业务成本”科目,贷记“累计摊销”科目。

2. 税务处理

本部分税务处理主要是指对使用者付费收入纳税义务时间的确认。根据《营业税改征增值税试点实施办法》(财税〔2016〕36 号文)第四十五条的规定,“纳税人发生应税行为并收讫销售款项或者取得销售款项凭据的当天为纳税义务发生时间,取得索取销售款项凭据的当天,是指书面合同确定的付款日期”。因此,项目公司在获得消费者付费收入的次月,应当进行增值税收入的申报,并且正常纳税。

(三)政府付费收入:增值税优惠政策与发票管理

政府付费收入是指由政府支付项目公司的运营收入。采用政府付费收入模式的项目一般为准经营性项目或非经营性项目,一般不直接面向最终消费用户提供服务,如市政污水处理、垃圾焚烧发电及市政道路修建等。

政府付费收入模式与消费者付费模式的会计核算与税务处理基本相同,参照前述进行处理。

1. 增值税优惠政策

PPP 政府付费收入模式的增值税优惠政策(即征即退)如表 3.34 所示:

表 3.34 PPP 政府付费收入模式的增值税优惠政策

文件	具体规定
财税〔2015〕78 号第二条	纳税人从事《目录》所列的资源综合利用项目,其申请享受本通知规定的增值税即征即退政策时,应同时符合下列条件: (一)属于增值税一般纳税人 (二)销售综合利用产品和劳务,不属于国家发展改革委《产业结构调整指导目录》中的禁止类、限制类项目 (三)销售综合利用产品和劳务,不属于环境保护部《环境保护综合名录》中的“高污染、高环境风险”产品或者重污染工艺 (四)综合利用的资源,属于环境保护部《国家危险废物名录》列明的危险废物的,应当取得省级及以上环境保护部门颁发的《危险废物经营许可证》,且许可经营范围包括该危险废物的利用 (五)纳税信用等级不属于税务机关评定的 C 级或 D 级

续表

文件	具体规定
资源综合利用产品和劳务增值税优惠目录（参考附件）	(1)增值税即征即退70%：污水经加工处理后符合《城镇污水处理厂污染物排放标准》(GB18918—2002)规定的技术要求或达到相应的国家或地方水污染物排放标准中的直接排放限值；经治理、处理后符合《大气污染物综合排放标准》(GB 16297－1996)规定的技术要求或达到相应的国家或地方水污染物排放标准中的直接排放限值 (2)目录中规定的其他的综合利用产品和劳务

2. 增值税发票管理制度

PPP政府付费业务增值税发票管理制度规定主要如表3.35所示：

表3.35　PPP政府付费业务增值税发票管理制度

文件	具体规定
财综〔2010〕111号	(1)没有财务隶属关系事业单位等之间发生的往来资金，如科研院所之间、高校之间、科研院所与高校之间发生的科研课题经费等，涉及应税的资金，应使用税务发票；不涉及应税的资金，应凭银行结算凭证入账。 (2)行政事业单位取得上级主管部门拨付的资金，形成本单位收入，不再向下级单位转拨的，可凭银行结算凭证入账；转拨下级单位的，属于暂收代收性质，可使用行政事业单位资金往来结算票据。

由于是政府部门对项目公司运营进行付费，考虑到期无须抵扣进项税额，项目公司应就收取的政府付费部分开具增值税普通发票。

(四)运营期其他业务收入

项目公司在运营期间除了取得主营业收入外，还有一些由于辅助设置和功能带来的收入，在会计核算上一般确认为其他业务收入，如在项目运营期间让渡部分资产(包括资金)使用权取得收入。

1. 利息收入

PPP项目实施过程中企业在实际经营活动中取得的利息收入、资金占用费收入主要是指公司将资金存入银行取得的存款利息、将资金提供给他人使用取得的资金占用费收入和销售货物或提供应税劳务，因对方延期付款而向对方收取的价款之外的利息收入。

根据财税〔2016〕36号文附件《营业税改征增值税试点实施办法》规定："贷款，是指将资金贷与他人使用而取得利息收入的业务活动。各种占用、拆借资金取得的收入，包括金融商品持有期间(含到期)利息(保本收益、报酬、资金占用费、补偿金等)收入、信用卡透支利息收入、买入返售金融商品利息收入、融资融券收取的利息收入，以及融资性售后回租、押汇、罚息、票据贴现、转贷等业务取得的利息及利息性质的收入，按照贷款服务6%税率缴纳增值税。"故根据规定的原则，前述银行存款取得利息不纳入流转税的征税项目，而后两项应该纳入流转税范围，不计入费用的抵减项目，在实际业务中通过收入进行核算。

2. 使用费收入

这部分主要是指企业转让资产使用权(如商标权、专利权、专营权及版权等)形成的使用费收入。按企业会计准则关于收入的规定，使用费收入确认为收入需要满足以下条件：(1)取得的使用费收入使得相关的经济利益能够流入企业；(2)取得的使用费金额能够可靠地计量。

按照使用费收取方式的不同，会计核算上确认收入也有所不同，区别如表 3.36 所示：

表 3.36　　会计核算模式确认方式

收费方式	收入确认方法
一次性收费	提供后续服务的，应在合同或协议规定的有效期内分期确认收入；不提供后续服务的，应当视同销售该项财产一次性确认收入
分期收费	按合同或协议规定的收款时间和金额或规定的收费方法计算确定的金额分期确认收入

案例 6　某企业将一项商标权出租给另一个企业使用，该商标权账面余额为 300 万元，摊销期限为 10 年，出租合同规定，按年结算使用费，承租方每销售一件用该商标生产的产品，必须付给出租方 10 元商标权使用费。假定承租方 12 月 31 日支付了当年销售该产品 10 万件的使用费。出租方的账务处理如下(单位：万元，下同)：

借：银行存款　　100

　　贷：其他业务收入　　100

借：其他业务成本　　30

　　贷：累计摊销——无形资产摊销　　30

但在税法上，这类收入被界定为"特许权使用费"收入，按照《企业所得税法实施细则》规定，特许权使用费收入的所得税税收收入确认的时间和会计对该收入确认的时间规定基本是一致的。特许权使用费收入，应按合同约定的特许权使用人应付特许权使用费的日期确认收入的实现。

(五)运营期成本费用税收处理——无形资产摊销、利息费用处理(委贷资金、控股股东资金集中)

PPP 项目运营期间的成本支出主要为利息支出、固定资产和无形资产的折旧摊销、人工费、养护维护费、征收业务费及管理费等。现主要对无形资产的确认及摊销、利息费用及资金管理等方面进行分析。

1. 无形资产确认及摊销

在 BOT 项目的建设过程中，招投标的发包方一般是项目公司。项目公司没有取得相应资产的控制权，只拥有在一定期间内的特许经营权，该特许经营权一般确认为无形资产，由政府方授予项目公司进行特许经营。承包建筑服务的建筑企业一般将建筑发票开具给项目公司。依据《企业会计准则解释第二号》规定，在会计核算时，应该按实际发生的公共基础设施的建造支出确认为无形资产的原值，在特许经营期内进行摊销。

在税法上，自行开发的无形资产的计税基础应以开发过程中该资产符合资本化条件后至达到预定用途前发生的支出为计税基础。《企业所得税法实施条例》第六十七条规定："无形资产按照直线法计算的摊销费用，准予扣除。无形资产的摊销年限不得低于 10 年。作为投资或者受让的无形资产，有关法律规定或者合同约定了使用年限的，可以按照规定或者约定的使用年限分期摊销。"因此，对于无形资产的原值，会计和税法上一般不存在差异。如果会计选择直线法计提摊销，会计和税法上也不存在差异。如果在无形资产折旧上，项目公司选择加速计提摊销，则会计和税法上存在差异，应当进行纳税调整。

2. 利息费用的处理

项目运营期间的财务费用，主要核算的是借款利息支出、存款利息收入和手续费等。一般情形下，PPP 项目建设中大部分资金来源于借款，以银行借款居多，且多为银行贷款。利息费用主要分为资本化或费用化两种处理，在前述形成不同资产模式时，建造期间发生的借款利息费用处理是不同的，应仔细甄别，正确核算。

按照《企业会计准则第十七号——借款费用》的规定，企业发生的借款费用，可直接归属于符合资本化条件的资产的购建或者生产的，应当予以资本化，计入相关资产成本；其他借款费用，应当在发生时根据其发生额确认为费用，计入当期损益。符合资本化条件的资产，是指需要经过相当长时间的购建或者生产活动才能达到预定可使用或者可销售状态的固定资产、投资性房地产和存货等资产。

在借款费用的企业所得税税前扣除上，《企业所得税法》第三十七条规定："企业在生产经营活动中发生的合理的不需要资本化的借款费用，准予扣除。企业为购置、建造固定资产、无形资产和经过 12 个月以上的建造才能达到预定可销售状态的存货发生借款的，在有关资产购置、建造期间发生的合理的借款费用，应当作为资本性支出计入有关资产的成本，并依照本条例的规定扣除。"

总的来说，建设期间发生的利息费用，应当按照权责发生制原则，一般计入无形资产或固定资产科目，不得在发生当期直接扣除，有特殊规定的除外。投入运营后发生的利息支出，可以计入财务费用科目，在发生的当期直接扣除，即会计和税法上不存在差异。

3. 委贷资金、控股股东占用资金

所谓委贷，即由委托人提供合法来源的资金转入委托银行一般委存账户，委托银行根据委托人确定的贷款对象、用途、金额、期限、利率等代为发放、监督使用并协助收回的贷款业务。委托人可以是政府部门、企事业单位、个人等。针对短期闲散资金，项目公司或集团总公司可以进行委贷处理，最大限度发挥公司资金的效益，管理流动性，但在具体使用时需要注意其使用范围，结合财务公司或结算中心模式等，严控集团资金管理制度。另外，也需要重视委贷的实施成本和融资风险转移问题，稳定集团内各资金链条。

在税务方面，《关于全面推开营业税改征增值税试点的通知》(财税〔2016〕36 号)所附《销售服务、无形资产、不动产注释》规定，贷款，是指将资金贷与他人使用而取得利息收入的业务活动。对委托方而言，将资金通过银行提供给借款人使用取得的利息收入，属于销售贷款服务，应缴纳增值税。如果委托方为小规模纳税人，应按提供贷款服务取得的全部利息及利息性质的收入为销售额，依 3%的征收率计缴增值税。如果委托方为一般纳税人，应按贷款服务取得的全部利息及利息性质的收入为销售额，依 6%的税率计算销项税额。委托方取得的合规增值税扣税凭证，不需要与销项税额一一对应；除用于规定的不得抵扣范围外，均可以抵扣。

在短期闲散资金的理财方面，主要有银行存款和资管产品，其中资管产品又包括基金、信托和理财产品等。

根据《营业税改征增值税试点有关事项的规定》(财税〔2016〕36 号)第一条第(二)款规定，存款利息收入属于不征增值税项目。企业的银行存款利息收入可以直接冲减企业当期的财务费用，影响了会计利润，进而影响企业所得税。

对于资管产品如基金和信托，根据财税〔2016〕140 号文相关规定，不属于利息或利息性质的收入，不征收增值税。另外，理财类产品，分为约定保本和约定非保本两类。非保本理财产品持有期间取得的收入，同信托和基金一样处理。而保本型理财产品取得的持有收益，同贷款服务的利息收入处理，按照6%的税率缴纳增值税。

资管产品属于税法规定中的金融商品，根据财税〔2016〕36号文及附件规定："金融商品转让，是指转让外汇、有价证券、非货物期货和其他金融商品所有权的业务活动。其他金融商品转让包括基金、信托、理财产品等各类资产管理产品和各种金融衍生品的转让。金融商品转让，按照卖出价扣除买入价后的余额为销售额。转让金融商品出现的正负差，按盈亏相抵后的余额为销售额。若相抵后出现负差，可结转下一纳税期与下期转让金融商品销售额相抵，但年末时仍出现负差的，不得转入下一个会计年度。金融商品的买入价，可以选择按照加权平均法或者移动加权平均法进行核算，选择后36个月内不得变更。"金融商品转让的销项税额＝(转让价－买入价)÷(1＋6%)×6%，并且不得开具增值税专用发票。

项目公司的控股股东，有时会利用对项目公司的控制关系，将项目公司的闲置的流动资金进行占用或者挪动给其关联公司使用。从微观角度看，大股东对控股公司资金的长期占用可能会导致项目公司营运资金匮乏，拖累公司业绩，影响到合作安排中基础设施的建设等问题。因此，对待此问题，为保证项目稳定有序地进行，控股股东与项目公司双方需要约定具体的补偿机制，签订相应的借款合同，明确具体的还款方式、期限、利息和违约责任等内容。

但在实际情况中，这种资金占用关系，一般也会出现约定为无偿情况，但在税法上却是不予认可，在涉税上应该按照贷款服务缴纳增值税，具体缴纳办法参照前述利息收入的缴纳办法。主要文件及规定如表3.37所示：

表3.37　资金借贷的有关税法条款

文件	具体规定
《税收征收管理法》(2015年修订)第三十六条	企业或者外国企业在中国境内设立的从事生产、经营的机构、场所与其关联企业之间的业务往来，应当按照独立企业之间的业务往来收取或者支付价款、费用；不按照独立企业之间的业务往来收取或者支付价款、费用，而减少其应纳税的收入或者所得额的，税务机关有权进行合理调整
《营业税改征增值税实施办法》财税〔2016〕36号	下列情形视同销售服务、无形资产或者不动产：(一)单位或者个体工商户向其他单位或者个人无偿提供服务，但用于公益事业或者以社会公众为对象的除外

(六)政府补助的不同税务处理——财政拨款、财政贴息和税收返还等

根据《企业会计准则第16号——政府补助》第二条及财办会〔2016〕31号文规定，政府补助是指企业从政府无偿取得货币性资产或非货币性资产，但不包括政府作为企业所有者投入的资本，其中政府包括各级政府及其所属机构。对企业收到的来源于其他机构的补助，有确凿证据表明政府是补助的实际拨付者，其他机构只是起到代收代付的作用，则该项补助也属于来源于政府的经济资源。政府补助是无偿的，政府与企业之间双向、互惠的交易不属于政府补助。政府以投资者身份向企业投入资本，享有企业相应的所有权，政府与企业之间是投资者与被投资者的关系，属于互惠交易。政府拨入的投资补助等专项拨款中，国家相关文件要求作为所有者权益进行会计处理的，不属于准则规范的政府补助。

政府补助主要包括财政拨款、税收返还、财政贴息、无偿划拨非货币性资产等形式。其

中，税收返还是政府按照国家有关规定采取先征后返（退）、即征即退等办法向企业返还的税款，属于以税收优惠形式给予的一种政府补助。

其中有关的文件与政策主要如表 3.38 所示：

表 3.38　　政府补助有关文件与政策

文件	具体规定
《企业会计准则第 16 号——政府补助》	政府补助是指企业从政府无偿取得货币性资产或非货币性资产，但不包括政府作为企业所有者投入的资本。对企业收到的来源于其他机构的补助，有确凿证据表明政府是补助的实际拨付者，其他机构只是起到代收代付的作用，则该项补助也属于来源于政府的经济资源
财办会〔2016〕31 号文	政府补助主要包括财政拨款、税收返还、财政贴息、无偿划拨非货币性资产等形式。其中，税收返还是政府按照国家有关规定采取先征后返（退）、即征即退等办法向企业返还的税款，属于以税收优惠形式给予的一种政府补助
财税〔2015〕78 号	纳税人销售自产的资源综合利用产品和提供资源综合利用劳务（以下称销售综合利用产品和劳务），可享受增值税即征即退政策
财税〔2015〕73 号	对纳税人销售自产的列入本通知所附《享受增值税即征即退政策的新型墙体材料目录》（以下简称《目录》）的新型墙体材料，实行增值税即征即退 50%的政策
财税〔2016〕81 号	自 2016 年 1 月 1 日至 2018 年 12 月 31 日，对纳税人销售自产的太阳能电力产品，实行增值税即征即退 50%的政策。文到之日前，已征的按照通知规定予以退还的增值税，可递减纳税人以后月份应缴纳的增值税或予以退还
财税〔2015〕74 号	自 2015 年 7 月 1 日起，对纳税人销售自产的利用风力生产的电力产品，实行增值税即征即退 50%的政策
财税〔2014〕10 号	装机容量超过 100 万千瓦的水力发电站（含抽水蓄能电站）销售自产电力产品，自 2013 年 1 月 1 日至 2015 年 12 月 31 日，对其增值税实际税负超过 8%的部分实行即征即退政策；自 2016 年 1 月 1 日至 2017 年 12 月 31 日，对其增值税实际税负超过 12%的部分实行即征即退政策
财税〔2016〕36 号	一般纳税人提供管道运输服务，对其增值税实际税负超过 3%的实行增值税即征即退
	经中国人民银行、银监会或者商务部批准从事融资租赁业务的试点纳税人中的一般纳税人，提供有形动产融资租赁服务和有形动产融资性售后回租服务，对其增值税实际税负超过 3%的部分实行增值税即征即退政策

1. 财政拨款、财政贴息和税收返还

企业所得税法第七条第（一）项所称财政拨款，是指各级人民政府对纳入预算管理的事业单位、社会团体等组织拨付的财政资金，但国务院和国务院财政、税务主管部门另有规定的除外。

根据财税〔2008〕151 号《财政部国家税务总局关于财政性资金行政事业性收费政府性基金有关企业所得税政策问题的通知》文件规定，财政性资金，是指企业取得的来源于政府及其有关部门的财政补助、补贴、贷款贴息，以及其他各类财政专项资金，包括直接减免的增值税和即征即退、先征后退、先征后返的各种税收返还，但不包括企业按规定取得的出口退税款。企业取得的各类财政性资金，除属于国家投资和资金使用后要求归还本金的以外，均应计入企业当年收入总额。对企业取得的由国务院财政、税务主管部门规定专项用途并经国务院批准的财政性资金，准予作为不征税收入，在计算应纳税所得额时从收入总额中减除。

对于准予作为不征税收入的财政性资金，财税〔2011〕70号文《财政部国家税务总局关于专项用途财政性资金企业所得税处理问题的通知》又规定："企业从县级以上各级人民政府财政部门及其他部门取得的应计入收入总额的财政性资金，凡同时符合以下条件的，可以作为不征税收入，在计算应纳税所得额时从收入总额中减除：(一)企业能够提供规定资金专项用途的资金拨付文件；(二)财政部门或其他拨付资金的政府部门对该资金有专门的资金管理办法或具体管理要求；(三)企业对该资金以及以该资金发生的支出单独进行核算。"也就是说，只要企业取得的财政性资金满足前述三个条件，才可以作为不征税收入。

另外，根据企业所得税实施条例第二十八条的规定，上述不征税收入用于支出所形成的费用，不得在计算应纳税所得额时扣除；用于支出所形成的资产，其计算的折旧、摊销不得在计算应纳税所得额时扣除。如果企业对该资金及以该资金发生的支出未单独进行核算，其就不属于不征税收入，这是企业需要注意的一方面。

2. 政府补助的分类及税务处理

政府补助分为与资产相关的政府补助和与收益相关的政府补助。与资产相关的政府补助，是指企业取得的、用于购建或以其他方式形成长期资产的政府补助。与收益相关的政府补助，是指除与资产相关的政府补助之外的政府补助。

企业取得的与资产有关的政府补助，不能直接确认为当期损益，而应确认为递延收益，自相关资产达到预定可使用状态时起，在该资产适用寿命内平均分配，分次计入以后各期的损益。相关资产在使用寿命结束前被出售、转让、报废或发生毁损的，应将尚未分配的递延收益余额一次性转入资产处置当期的损益(营业外收入)。

企业取得的与收益相关的政府补助，用于补偿企业以后期间相关费用和损失的，取得时确认为递延收益，在确认费用期间计入当期损益(营业外收入)；如果是用于补偿企业已发生的相关费用或损失的，取得时应直接计入当期损益(营业外收入)。

对于政府付费模式来说，可行性缺口补助和政府付费大多属于与收益相关的"政府补助"，该补助一般在PPP相关协议签订时已经过政府方与社会资本方商议确定。该类模式获得的"政府的补助"不属于前述的不征税收入的财政性资金补助，按照财税〔2008〕151号文《财政部国家税务总局关于财政性资金行政事业性收费政府性基金有关企业所得税政策问题的通知》的规定："企业取得的各类财政性资金，除属于国家投资和资金使用后要求归还本金的以外，均应计入企业当年收入总额"，企业应当在实际收款的当年企业所得税汇算清缴时进行纳税调增处理，在实际支出的年度企业所得税汇算清缴时作纳税调减处理。

如果企业取得的是与资产相关的政府补助，一般属于专项用途财政资金，按前述财税〔2011〕70号文规定满足三个条件后可以作为不征税收入处理，税法和会计上不存在差异，不进行纳税调整。需注意的是，企业收到的政府补助征税或不征税与会计账务处理无关，只与是否符合税法上的不征税条件有关。从账务处理来看，政府补助征税收入和不征税收入的会计分录差别不大，但是税务处理却不相同，主要体现在企业年度汇算清缴时，通过填报不同的附表，达到从会计利润调整为应纳税所得额的途径上。整体归纳为：符合不征税收入条件的政府补助是通过填报《专项用途资金纳税调整明细表》(A105040)实现应纳税所得额的调整目的,而不符合不征税收入条件的政府补助是通过填报《未按权责发生制确认收入纳税调整明细表》(A105020)实现调整应纳税所得额的目的。不符合不征税条件的政府补助,用于补偿企业以后期间的相关费用或损失的,在《未按权责发生制确认收入纳税调整明细表》填列,以达到调整应纳税所得额的目的。

案例 7 PPP 项目公司新建基础设施项目为当地政府的重点支持项目。2016 年 1 月 1 日,甲公司收到政府拨款2 000万元,用于补充建设资金。2017 年 6 月 25 日基础设施完工达到预定可使用状态交付使用,成本12 000万元,预计使用年限 20 年,采用直线法计提折旧,不考虑净残值。假定直线法为分摊政府补助的合理方法。

该项政府补助为与资产相关的政府补助:

2017 年固定资产(基础设施)计提折旧=12 000/20×6/12=300(万元)

2017 年递延收益分摊转为其他收益=2 000/20×6/12=75(万元)

案例 8 某企业购置环保设备,按照相关政策可以申请获得政府补贴。为补偿企业在该环保设备上的支出,该企业于 2008 年 1 月向政府有关部门提交了 210 万元的补助申请。2008 年 3 月 15 日,企业收到政府补助 210 万元。2008 年 4 月 20 日企业购入不需要安装的环保设备,实际成本为 480 万元,使用寿命 10 年,采用直线法计提折旧,不考虑净残值。2016 年 4 月企业出售了这台设备,取得价款 120 万元。不考虑增值税。该企业会计处理如下(分录单位:万元)。

(1)2008 年 3 月 15 日,实际收到财政拨款确认递延收益。

借:银行存款　　210

　贷:递延收益　　210

(2)2008 年 4 月 20 日购入设备。

借:固定资产　　480

　贷:银行存款　　480

(3)自 2008 年 5 月起,每个资产负债表日(月末)计提折旧,同时分摊递延收益。

①计提折旧(假设该设备用于污染物排放测试,折旧费用计入制造费用):

借:制造费用　　4

　贷:累计折旧　　4(480/10/12)

②月末分摊递延收益:

借:递延收益　　1.75(210/10/12)

　贷:其他收益　　1.75

(4)2016 年 4 月出售设备同时转销递延收益余额。

①出售设备:

借:固定资产清理　　96

　累计折旧　　384

　贷:固定资产　　480

借:银行存款　　120

　贷:固定资产清理　　96

　　营业外收入　　24

②转销的递延收益余额：

借：递延收益　　42

　　贷：营业外收入　　42

由于税法与会计规定的差异，税法规定凡不符合不征税条件的政府补助，均应计入企业当年收入总额，企业应当在实际收款的当年企业所得税汇算清缴时进行纳税调增处理，在实际支出的年度企业所得税汇算清缴时作纳税调减处理。

（七）文件汇编

相关文件汇编如表 3.39 所示：

表 3.39　PPP 项目运营与税务处理文件汇编

文号	文件名
财税〔2017〕90 号	《财政部国家税务总局关于租入固定资产进项税额抵扣等增值税政策的通知》
财税〔2016〕81 号	《财政部国家税务总局关于继续执行光伏发电增值税政策的通知》
财税〔2016〕36 号	《财政部国家税务总局关于全面推开营业税改征增值税试点的通知》
财税〔2016〕16 号	《财政部国家税务总局关于城市公交站场道路客运站场城市轨道交通系统城镇土地使用税优惠政策的通知》
财税〔2016〕140 号	《财政部国家税务总局关于明确金融房地产开发教育辅助服务等增值税政策的通知》
财税〔2015〕74 号	《财政部国家税务总局关于风力发电增值税政策的通知》
财税〔2015〕73 号	《财政部国家税务总局关于新型墙体材料增值税政策的通知》
财税〔2015〕78 号	《财政部国家税务总局关于印发〈资源综合利用产品和劳务增值税优惠目录〉的通知》
财税〔2014〕10 号	《财政部国家税务总局关于大型水电企业增值税政策的通知》
财税〔2011〕70 号	《财政部国家税务总局关于专项用途财政性资金企业所得税处理问题的通知》
财税〔2008〕151 号	《财政部国家税务总局关于财政性资金行政事业性收费政府性基金有关企业所得税政策问题的通知》
财税〔2008〕118 号	《财政部国家税务总局安全监管总局关于公布〈安全生产专用设备企业所得税优惠目录(2008 年版)〉的通知》
财税〔2008〕115 号	《财政部国家税务总局国家发展改革委关于公布节能节水专用设备企业所得税优惠目录(2008 年版)和环境保护专用设备企业所得税优惠目录(2008 年版)的通知》
财税〔2005〕45 号	《财政部国家税务总局关于城镇房屋拆迁有关税收政策的通知》
财税〔2004〕60 号	《财政部国家税务总局关于营业税改征增值税试点有关文化事业建设费政策及征收管理问题的补充通知》
财税〔2000〕97 号	《财政部国家税务总局关于对老年服务机构有关税收政策问题的通知》

续表

文号	文件名
财办会〔2016〕31 号	《财政部关于征求〈企业会计准则第 16 号——政府补助[修订][征求意见稿]〉意见的函》
财会〔2016〕22 号	《财政部关于印发〈增值税会计处理规定〉的通知》
财综〔2010〕111 号	《财政部关于行政事业单位资金往来结算票据使用管理有关问题的补充通知》
国家税务总局公告 2016 年第 17 号	《纳税人跨县(市、区)提供建筑服务增值税征收管理暂行办法》
国家税务总局公告 2014 年第 1 号	《国家税务总局关于下放城镇土地使用税困难减免税审批权限有关事项的公告》
国税函〔2008〕277 号	《国家税务总局关于土地使用者将土地使用权归还给土地所有者行为营业税问题的通知》
国税函〔2010〕256 号	《关于环境保护节能节水安全生产等专用设备投资抵免企业所得税有关问题的通知》
国税函〔2010〕490 号	《国家税务总局关于跨地区经营建筑企业所得税征收管理问题的通知》
国税发〔2009〕31 号文	《国家税务总局关于印发〈房地产开发经营业务企业所得税处理办法〉的通知》
沪府发〔2015〕43 号	《上海市人民政府关于印发〈上海市耕地占用税实施办法〉的通知》
沪府发〔2015〕45 号	《上海市人民政府关于印发〈上海市城镇土地使用税实施规定〉的通知》
沪府发〔1997〕48 号	《关于本市贯彻〈中华人民共和国契税暂行条例〉的若干意见》
	《企业会计准则第 14 号——收入》
	《企业会计准则解释第 2 号》
	《企业会计准则第 17 号——借款费用》
	《企业会计准则第 16 号——政府补助》
	《土地增值税暂行条例》
	《国有土地房屋征收与补偿条例》
	《企业所得税法实施条例》《企业所得税法》
	《房产税暂行条例》
	《上海市城市维护建设税实施细则》
	《城镇土地使用税暂行条例》
	《耕地占用税暂行条例》《耕地占用税暂行条例实施细则》

附件：资源综合利用产品和劳务增值税优惠目录（见表 3.40）

表 3.40　**资源综合利用产品和劳务增值税优惠目录**

类别	序号	综合利用的资源名称	综合利用产品和劳务名称	技术标准和相关条件	退税比例
一、共、伴生矿产资源	1.1	油母页岩	页岩油	产品原料 95%以上来自所列资源。	70%
	1.2	煤炭开采过程中产生的煤层气（煤矿瓦斯）	电力	产品燃料 95%以上来自所列资源。	100%
	1.3	油田采油过程中产生的油污泥（浮渣）	乳化油调和剂、防水卷材辅料产品	产品原料 70%以上来自所列资源。	70%
二、废渣、废水（液）、废气	2.1	废渣	砖瓦（不含烧结普通砖）、砌块、陶粒、墙板、管材（管桩）、混凝土、砂浆、道路井盖、道路护栏、防火材料、耐火材料（镁铬砖除外）、保温材料、矿（岩）棉、微晶玻璃、U 型玻璃	产品原料 70%以上来自所列资源。	70%
	2.2	废渣	水泥、水泥熟料	1.42.5 及以上等级水泥的原料 20%以上来自所列资源，其他水泥、水泥熟料的原料 40%以上来自所列资源； 2.纳税人符合《水泥工业大气污染物排放标准》（GB4915-2013）规定的技术要求。	70%
	2.3	建（构）筑废物、煤矸石	建筑砂石骨料	1.产品原料 90%以上来自所列资源； 2.产品以建（构）筑废物为原料的，符合《混凝土用再生粗骨料》（GB/T 25177-2010）或《混凝土和砂浆用再生细骨料》（GB/T 25176-2010）的技术要求；以煤矸石为原料的，符合《建设用砂》（GB/T 14684-2011）或《建设用卵石、碎石》（GB/T 14685-2011）规定的技术要求。	50%
	2.4	粉煤灰、煤矸石	氧化铝、活性硅酸钙、瓷绝缘子、煅烧高岭土	氧化铝、活性硅酸钙生产原料 25%以上来自所列资源，瓷绝缘子生产原料中煤矸石所占比重 30%以上，煅烧高岭土生产原料中煤矸石所占比重 90%以上。	50%

续表

类别	序号	综合利用的资源名称	综合利用产品和劳务名称	技术标准和相关条件	退税比例
二、废渣、废水（液）、废气	2.5	煤矸石、煤泥、石煤、油母页岩	电力、热力	1.产品燃料 60%以上来自所列资源； 2.纳税人符合《火电厂大气污染物排放标准》（GB13223-2011）和国家发展改革委、环境保护部、工业和信息化部《电力（燃煤发电企业）行业清洁生产评价指标体系》规定的技术要求。	50%
	2.6	氧化铝赤泥、电石渣	氧化铁、氢氧化钠溶液、铝酸钠、铝酸三钙、脱硫剂	1.产品原料 90%以上来自所列资源； 2.生产过程中不产生二次废渣。	50%
	2.7	废旧石墨	石墨异形件、石墨块、石墨粉、石墨增碳剂	1.产品原料 90%以上来自所列资源； 2.纳税人符合《工业炉窑大气污染物排放标准》（GB9078-1996）规定的技术要求。	50%
	2.8	垃圾以及利用垃圾发酵产生的沼气	电力、热力	1.产品燃料 80%以上来自所列资源； 2.纳税人符合《火电厂大气污染物排放标准》（GB13223-2011）或《生活垃圾焚烧污染控制标准》（GB18485-2014）规定的技术要求。	100%
	2.9	退役军用发射药	涂料用硝化棉粉	产品原料 90%以上来自所列资源。	50%
	2.10	废旧沥青混凝土	再生沥青混凝土	1.产品原料 30%以上来自所列资源； 2.产品符合《再生沥青混凝土》（GB/T 25033-2010）规定的技术要求。	50%
	2.11	蔗渣	蔗渣浆、蔗渣刨花板和纸	1.产品原料 70%以上来自所列资源； 2.生产蔗渣浆及各类纸的纳税人符合国家发展改革委、环境保护部、工业和信息化部《制浆造纸行业清洁生产评价指标体系》规定的技术要求。	50%
	2.12	废矿物油	润滑油基础油、汽油、柴油等工业油料	1.产品原料 90%以上来自所列资源； 2.纳税人符合《废矿物油回收利用污染控制技术规范》（HJ 607-2011）规定的技术要求。	50%

续表

类别	序号	综合利用的资源名称	综合利用产品和劳务名称	技术标准和相关条件	退税比例
二、废渣、废水(液)、废气	2.13	环己烷氧化废液	环氧环己烷、正戊醇、醇醚溶剂	1.产品原料90%以上来自所列资源; 2.纳税人必须通过ISO9000、ISO14000认证。	50%
	2.14	污水处理厂出水、工业排水(矿井水)、生活污水、垃圾处理厂渗透(滤)液等	再生水	1.产品原料100%来自所列资源; 2.产品符合《再生水水质标准》(SL368-2006)规定的技术要求。	50%
	2.15	废弃酒糟和酿酒底锅水,淀粉、粉丝加工废液、废渣	蒸汽、活性炭、白碳黑、乳酸、乳酸钙、沼气、饲料、植物蛋白	产品原料80%以上来自所列资源。	70%
	2.16	含油污水、有机废水、污水处理后产生的污泥,油田采油过程中产生的油污泥(浮渣),包括利用上述资源发酵产生的沼气	微生物蛋白、干化污泥、燃料、电力、热力	产品原料或燃料90%以上来自所列资源,其中利用油田采油过程中产生的油污泥(浮渣)生产燃料的,原料60%以上来自所列资源。	70%
	2.17	煤焦油、荒煤气(焦炉煤气)	柴油、石脑油	1.产品原料95%以上来自所列资源; 2.纳税人必须通过ISO9000、ISO14000认证。	50%
	2.18	燃煤发电厂及各类工业企业生产过程中产生的烟气、高硫天然气	石膏、硫酸、硫酸铵、硫磺	1.产品原料95%以上来自所列资源; 2.石膏的二水硫酸钙含量85%以上,硫酸的浓度15%以上,硫酸铵的总氮含量18%以上。	50%
	2.19	工业废气	高纯度二氧化碳、工业氢气、甲烷	1.产品原料95%以上来自所列资源; 2.高纯度二氧化碳产品符合(GB10621-2006),工业氢气产品符合(GB/T3634.1-2006),甲烷产品符合(HG/T 3633-1999)规定的技术要求。	70%
	2.20	工业生产过程中产生的余热、余压	电力、热力	产品原料100%来自所列资源。	100%

续表

类别	序号	综合利用的资源名称	综合利用产品和劳务名称	技术标准和相关条件	退税比例
三、再生资源	3.1	废旧电池及其拆解物	金属及镍钴锰氢氧化物、镍钴锰酸锂、氯化钴	1.产品原料中95%以上利用上述资源；2.镍钴锰氢氧化物符合《镍、钴、锰三元素复合氢氧化物》(GB/T26300-2010)规定的技术要求。	30%
	3.2	废显(定)影液、废胶片、废像纸、废感光剂等废感光材料	银	1.产品原料95%以上来自所列资源； 2.纳税人必须通过ISO9000、ISO14000认证。	30%
	3.3	废旧电机、废旧电线电缆、废铝制易拉罐、报废汽车、报废摩托车、报废船舶、废旧电器电子产品、废旧太阳能光伏器件、废旧灯泡(管)，及其拆解物	经冶炼、提纯生产的金属及合金(不包括铁及铁合金)	1.产品原料70%来自所列资源； 2.法律、法规或规章对相关废旧产品拆解规定了资质条件的，纳税人应当取得相应的资质。	30%
	3.4	废催化剂、电解废弃物、电镀废弃物、废旧线路板、烟尘灰、湿法泥、熔炼渣、线路板蚀刻废液、锡箔纸灰	经冶炼、提纯或化合生产的金属、合金及金属化合物(不包括铁及铁合金)，冰晶石	1.产品原料70%来自所列资源； 2.纳税人必须通过ISO9000、ISO14000认证。	30%
	3.5	报废汽车、报废摩托车、报废船舶、废旧电器电子产品、废旧农机具、报废机器设备、废旧生活用品、工业边角余料、建筑拆解物等产生或拆解出来的废钢铁	炼钢炉料	1.产品原料95%以上来自所列资源； 2.炼钢炉料符合《废钢铁》(GB4223-2004)规定的技术要求； 3.法律、法规或规章对相关废旧产品拆解规定了资质条件的，纳税人应当取得相应的资质； 4.纳税人符合工业和信息化部《废钢铁加工行业准入条件》的相关规定； 5.炼钢炉料的销售对象应为符合工业和信息化部《钢铁行业规范条件》或《铸造行业准入条件》并公告的钢铁企业或铸造企业。	30%
	3.6	稀土产品加工废料，废弃稀土产品及拆解物	稀土金属及稀土氧化物	1.产品原料95%以上来自所列资源； 2.纳税人符合国家发展改革委、环境保护部、工业和信息化部《稀土冶炼行业清洁生产评价指标体系》规定的技术要求。	30%

续表

类别	序号	综合利用的资源名称	综合利用产品和劳务名称	技术标准和相关条件	退税比例
三、再生资源	3.7	废塑料、废旧聚氯乙烯(PVC)制品、废铝塑(纸铝、纸塑)复合纸包装材料	汽油、柴油、石油焦、碳黑、再生纸浆、铝粉、塑木(木塑)制品、(汽车、摩托车、家电、管材用)改性再生专用料、化纤用再生聚酯专用料、瓶用再生聚对苯二甲酸乙二醇酯(PET)树脂及再生塑料制品	1.产品原料70%以上来自所列资源； 2.化纤用再生聚酯专用料杂质含量低于0.5 mg/g、水分含量低于1%，瓶用再生聚对苯二甲酸乙二醇酯(PET)树脂乙醛质量分数小于等于1ug/g； 3.纳税人必须通过ISO9000、ISO14000认证。	50%
	3.8	废纸、农作物秸秆	纸浆、秸秆浆和纸	1.产品原料70%以上来自所列资源； 2.废水排放符合《制浆造纸工业水污染物排放标准》(GB3544-2008)规定的技术要求； 3.纳税人符合《制浆造纸行业清洁生产评价指标体系》规定的技术要求； 4.纳税人必须通过ISO9000、ISO14000认证。	50%
	3.9	废旧轮胎、废橡胶制品	胶粉、翻新轮胎、再生橡胶	1.产品原料95%以上来自所列资源； 2.胶粉符合(GB/T19208-2008)规定的技术要求；翻新轮胎符合(GB7037-2007)、(GB14646-2007)或(HG/T3979-2007)规定的技术要求；再生橡胶符合(GB/T13460-2008)规定的技术要求； 3.纳税人必须通过ISO9000、ISO14000认证。	50%
	3.10	废弃天然纤维、化学纤维及其制品	纤维纱及织布、无纺布、毡、粘合剂及再生聚酯产品	产品原料90%以上来自所列资源。	50%
	3.11	人发	档发	产品原料90%以上来自所列资源。	70%
	3.12	废玻璃	玻璃熟料	1.产品原料95%以上来自所列资源； 2.产品符合《废玻璃分类》(SB/T 10900-2012)的技术要求； 3.纳税人符合《废玻璃回收分拣技术规范》(SB/T11108-2014)规定的技术要求。	50%

续表

类别	序号	综合利用的资源名称	综合利用产品和劳务名称	技术标准和相关条件	退税比例
四、农林剩余物及其他	4.1	餐厨垃圾、畜禽粪便、稻壳、花生壳、玉米芯、油茶壳、棉籽壳、三剩物、次小薪材、农作物秸秆、蔗渣，以及利用上述资源发酵产生的沼气	生物质压块、沼气等燃料，电力、热力	1.产品原料或者燃料 80%以上来自所列资源； 2.纳税人符合《锅炉大气污染物排放标准》(GB13271-2014)、《火电厂大气污染物排放标准》(GB13223-2011)或《生活垃圾焚烧污染控制标准》(GB18485-2001)规定的技术要求。	100%
	4.2	三剩物、次小薪材、农作物秸秆、沙柳	纤维板、刨花板、细木工板、生物炭、活性炭、栲胶、水解酒精、纤维素、木质素、木糖、阿拉伯糖、糠醛、箱板纸	产品原料 95%以上来自所列资源。	70%
	4.3	废弃动物油和植物油	生物柴油、工业级混合油	1.产品原料 70%以上来自所列资源； 2.工业级混合油的销售对象须为化工企业。	70%
五、资源综合利用劳务	5.1	垃圾处理、污泥处理处置劳务			70%
	5.2	污水处理劳务		污水经加工处理后符合《城镇污水处理厂污染物排放标准》(GB18918-2002)规定的技术要求或达到相应的国家或地方水污染物排放标准中的直接排放限值。	70%
	5.3	工业废气处理劳务		经治理、处理后符合《大气污染物综合排放标准》(GB 16297-1996)规定的技术要求或达到相应的国家或地方水污染物排放标准中的直接排放限值。	70%

备注：

1. 概念和定义。

“纳税人”，是指从事表中所列的资源综合利用项目的增值税一般纳税人。

“废渣”，是指采矿选矿废渣、冶炼废渣、化工废渣和其他废渣。其中，采矿选矿废渣，是指在矿产资源开采加工过程中产生的煤矸石、粉末、粉尘和污泥；冶炼废渣，是指转炉渣、电炉渣、铁合金炉渣、氧化铝赤泥和有色金属灰渣，但不包括高炉水渣；化工废渣，是指硫铁矿渣、硫铁矿煅烧渣、硫酸渣、硫石膏、磷石膏、磷矿煅烧渣、含氰废渣、电石渣、磷肥渣、硫磺渣、碱渣、含钡废渣、铬渣、盐泥、总溶剂渣、黄磷渣、柠檬酸渣、脱硫石膏、氟石膏、钛石膏和废石膏模；其他废渣，是指粉煤灰、燃煤炉渣、江河(湖、海、渠)道淤泥、淤沙、建筑垃圾、废玻璃、污水处理厂处理污水产生的污泥。

“蔗渣”，是指以甘蔗为原料的制糖生产过程中产生的含纤维50％左右的固体废弃物。

“再生水”，是指对污水处理厂出水、工业排水(矿井水)、生活污水、垃圾处理厂渗透(滤)液等水源进行回收，经适当处理后达到一定水质标准，并在一定范围内重复利用的水资源。

“冶炼”，是指通过焙烧、熔炼、电解以及使用化学药剂等方法把原料中的金属提取出来，减少金属中所含的杂质或增加金属中某种成分，炼成所需要的金属。冶炼包括火法冶炼、湿法提取或电化学沉积。

“烟尘灰”，是指金属冶炼厂火法冶炼过程中，为保护环境经除尘器(塔)收集的粉灰状及泥状残料物。

“湿法泥”，是指湿法冶炼生产排出的污泥，经集中环保处置后产生的中和渣，且具有一定回收价值的污泥状废弃物。

“熔炼渣”，是指有色金属火法冶炼过程中，由于比重的差异，金属成分因比重大沉底形成金属锭，而比重较小的硅、铁、钙等化合物浮在金属表层形成的废渣。

“农作物秸秆”，是指农业生产过程中，收获了粮食作物(指稻谷、小麦、玉米、薯类等)、油料作物(指油菜籽、花生、大豆、葵花籽、芝麻籽、胡麻籽等)、棉花、麻类、糖料、烟叶、药材、花卉、蔬菜和水果等以后残留的茎秆。

“三剩物”，是指采伐剩余物(指枝丫、树梢、树皮、树叶、树根及藤条、灌木等)、造材剩余物(指造材截头)和加工剩余物(指板皮、板条、木竹截头、锯沫、碎单板、木芯、刨花、木块、篾黄、边角余料等)。

“次小薪材”，是指次加工材(指材质低于针、阔叶树加工用原木最低等级但具有一定利用价值的次加工原木，按《次加工原木》(LY/T1369-2011)标准执行)、小径材(指长度在2米以下或径级8厘米以下的小原木条、松木杆、脚手杆、杂木杆、短原木等)和薪材。

“垃圾”，是指城市生活垃圾、农作物秸秆、树皮废渣、污泥、合成革及化纤废弃物、病死畜禽等养殖废弃物等垃圾。

“垃圾处理”，是指运用填埋、焚烧、综合处理和回收利用等形式，对垃圾进行减量化、资源化和无害化处理处置的业务。

“污水处理”，是指将污水(包括城镇污水和工业废水)处理后达到《城镇污水处理厂污染物排放标准》(GB18918-2002)，或达到相应的国家或地方水污染物排放标准中的直接排放限值的业务。其中，城镇污水是指城镇居民生活污水，机关、学校、医院、商业服务机构及各种公共设施排水，以及允许排入城镇污水收集系统的工业废水和初期雨水。工业废水是指工业生产过程中产生的，不允许排入城镇污水收集系统的废水和废液。

“污泥处理处置”，是指对污水处理后产生的污泥进行稳定化、减量化和无害化处理处置的业务。

2. 综合利用的资源比例计算方式。

(1)综合利用的资源占生产原料或者燃料的比重，以重量比例计算。其中，水泥、水泥熟料原料中掺兑废渣的比重，按以下方法计算：

①对经生料烧制和熟料研磨阶段生产的水泥，其掺兑废渣比例计算公式为：掺兑废渣比例＝(生料烧制阶段掺兑废渣数量＋熟料研磨阶段掺兑废渣数量)÷(除废渣以外的生料数量＋生料烧制和熟料研磨阶段掺兑废渣数量＋其他材料数量)×100％；

②对外购水泥熟料采用研磨工艺生产的水泥，其掺兑废渣比例计算公式为：掺兑废渣比例＝熟料研磨阶段掺兑废渣数量÷(熟料数量＋熟料研磨阶段掺兑废渣数量＋其他材料数量)×100％；

③对生料烧制的水泥熟料，其掺兑废渣比例计算公式为：掺兑废渣比例＝生料烧制阶段掺兑废渣数量÷(除废渣以外的生料数量＋生料烧制阶段掺兑废渣数量＋其他材料数量)×100％。

(2)综合利用的资源为余热、余压的，按其占生产电力、热力消耗的能源比例计算。

3. 表中所列综合利用产品，应当符合相应的国家或行业标准。既有国家标准又有行业标准的，应当符合相对高的标准；没有国家标准或行业标准的，应当符合按规定向质量技术监督部门备案的企业标准。

表中所列各类国家标准、行业标准，如在执行过程中有更新、替换，统一按最新的国家标准、行业标准执行。

八、PPP 项目移交与税会处理

(一)股权转让方式

1. 税务处理

股权转让税务处理如表 3.41 所示：

表 3.41 股权转让税务处理

税种	税务处理
所得税(法人)	企业转让股权取得的收入属于转让财产收入。[①] 转让财产收入列入企业收入总额范围。[②] 就股权转让来说，股权计税成本及与股权转让相关的印花税等税费可以扣除。[③] 转让股权收入扣除为取得该股权所发生的成本后，为股权转让所得。[④] 若企业对外投资发生损失[⑤]，在计算企业应纳税所得额时一次性扣除。符合相关条件，适用特殊性税务处理[⑥]
所得税(个人)	个人转让股权应缴纳个人所得税，个人转让股权，以股权转让收入减除股权原值和合理费用[⑦]后的余额为应纳税所得额，按财产转让所得缴纳个人所得税
增值税	对股权转让不征收营业税。[⑧] 营改增将金融服务纳入征税范围。根据(财税〔2016〕36 号)《附件 1:营业税改征增值税试点实施办法》规定，金融服务，是指经营金融保险的业务活动。包括贷款服务、直接收费金融服务、保险服务和金融商品转让。其中，金融商品转让，是指转让外汇、有价证券、非货物期货和其他金融商品所有权的业务活动。对于股权转让是否应按照金融商品转让征收增值税各界观点不一，而目前出台的营改增规定也并未将股权转让免征营业税的优惠政策平移适用，因而，股权转让是否缴纳增值税并不十分明确。对于发生股权转让业务的股东而言，应与税务机关充分沟通后决定如何进行税务处理
印花税	一般企业之间股权转让，由转让双方按万分之五的税率，适用“产权转移书据”税目缴纳印花税。根据国税发〔1991〕155 号《国家税务局关于印花税若干具体问题的解释和规定的通知》规定，财产所有权转移书据的征税范围是：经政府管理机关登记注册的动产、不动产的所有权转移所立的书据，以及企业股权转让所立的书据。适用税率按所载金额万分之五贴花。同时，印花税暂行条例施行细则第十六条规定，产权转移书据由立据人贴花，如未贴或者少贴印花，书据的持有人应负责补贴印花。所立书据以合同方式签订的，应由持有书据的各方分别按全额贴花

① 《中华人民共和国企业所得税法实施条例》第十六条“ 企业所得税法第六条第(三)项所称转让财产收入，是指企业转让固定资产、生物资产、无形资产、股权、债权等财产取得的收入”。

② 根据《中华人民共和国企业所得税法》第六条第三项规定。

③ 根据企业所得税法第八条规定，企业实际发生的与取得收入有关的、合理的支出，包括成本、费用、税金、损失和其他支出，准予在计算应纳税所得额时扣除。

④ 根据国税函〔2010〕79 号《关于贯彻落实企业所得税法若干税收问题的通知》，“三、关于股权转让所得确认和计算问题 企业转让股权收入，应于转让协议生效、且完成股权变更手续时，确认收入的实现。企业在计算股权转让所得时，不得扣除被投资企业未分配利润等股东留存收益中按该项股权所可能分配的金额”。

⑤ 根据《关于企业股权投资损失所得税处理问题的公告》，“企业对外进行权益性投资所发生的损失，在经确认的损失发生年度，作为企业损失在计算企业应纳税所得额时一次性扣除”。

⑥ 根据财税〔2009〕59 号《关于企业重组业务企业所得税处理若干问题的通知》和财税〔2014〕109 号《关于促进企业重组有关企业所得税处理问题的通知》，若股权转让符合相关条件的，可以适用于特殊性税务处理。

⑦ 合理费用是指股权转让时按照规定支付的有关税费。

⑧ 《财政部国家税务总局关于股权转让有关营业税问题的通知》(财税〔2002〕191 号)第二条明确规定。

注：个人转让股权收入核定收入情况如下：申报的股权转让收入明显偏低[①]且无正当理由的[②]；未按照规定期限办理纳税申报，经税务机关责令限期申报，逾期仍不申报的；转让方无法提供或拒不提供股权转让收入的有关资料；其他应核定股权转让收入的情形。

2. 法律依据

股权转让法律依据如表3.42所示：

表3.42　股权转让法律依据

税种	法规	税务处理
所得税	《中华人民共和国企业所得税法实施条例》第十六条	企业股权转让收入属于转让财产收入
	《关于贯彻落实企业所得税法若干税收问题的通知》	转让股权收入扣除为取得该股权所发生的成本后，为股权转让所得。企业在计算股权转让所得时，不得扣除被投资企业未分配利润等股东留存收益中按该项股权所可能分配的金额
	《关于企业重组业务企业所得税处理若干问题的通知》《关于促进企业重组有关企业所得税处理问题的通知》	若符合相关条件的，可以适用于特殊性税务处理
	《国家税务总局关于企业股权投资损失所得税处理问题的公告》	企业对外进行权益性投资所发生的损失，在经确认的损失发生年度，作为企业损失在计算企业应纳税所得额时一次性扣除
	《股权转让所得个人所得税管理办法（试行）》	个人转让股权，以股权转让收入减除股权原值和合理费用后的余额为应纳税所得额，按"财产转让所得"缴纳个人所得税
增值税	《财政部国家税务总局关于股权转让有关营业税问题的通知》《财政部国家税务总局关于全面推开营业税改征增值税试点的通知》	股权转让是否缴纳增值税并不十分明确，对于发生股权转让业务的股东而言，应与税务机关充分沟通后决定如何进行税务处理
印花税	《国家税务局关于印花税若干具体问题的解释和规定的通知》	产权转移书据

3. 会计处理方式

根据《企业会计准则第2号——长期股权投资》，处置长期股权投资，其账面价值与实际取得价款之间的差额，应当计入当期损益。采用权益法核算的长期股权投资，在处置该项投资时，采用与被投资单位直接处置相关资产或负债相同的基础，按相应比例对原计入其他综合收益的部分进行会计处理。

---

① （一）申报的股权转让收入低于股权对应的净资产份额的。其中，被投资企业拥有土地使用权、房屋、房地产企业未销售房产、知识产权、探矿权、采矿权、股权等资产的，申报的股权转让收入低于股权对应的净资产公允价值份额的；（二）申报的股权转让收入低于初始投资成本或低于取得该股权所支付的价款及相关税费的；（三）申报的股权转让收入低于相同或类似条件下同一企业同一股东或其他股东股权转让收入的；（四）申报的股权转让收入低于相同或类似条件下同类行业的企业股权转让收入的；（五）不具合理性的无偿让渡股权或股份；（六）主管税务机关认定的其他情形。

② （一）能出具有效文件，证明被投资企业因国家政策调整，生产经营受到重大影响，导致低价转让股权；（二）继承或将股权转让给其能提供具有法律效力身份关系证明的配偶、父母、子女、祖父母、外祖父母、孙子女、外孙子女、兄弟姐妹以及对转让人承担直接抚养或者赡养义务的抚养人或者赡养人；（三）相关法律、政府文件或企业章程规定，并有相关资料充分证明转让价格合理且真实的本企业员工持有的不能对外转让股权的内部转让；（四）股权转让双方能够提供有效证据证明其合理性的其他合理情形。

股权转让会计处理如表 3.43 所示：

表 3.43　股权转让会计处理

社会资本方	
成本法下	借:银行存款 　　贷:长期股权投资——投资成本 　　　　投资收益
权益法下	借:银行存款 　　贷:长期股权投资——投资成本 　　　　长期股权投资——损益调整 　　　　投资收益 借:其他综合收益 　　贷:投资收益
项目公司	
	借:实收资本——A 公司 　　贷:实收资本——B 公司

4. 税款计算

税款测算如表 3.44 所示：

表 3.44　税款测算

税种	税款测算
所得税	企业所得税＝(转让股权收入－为取得该股权所发生的成本－合理税费)×25%/15% 个人所得税＝(股权转让收入－股权原值和合理费用)×20%
增值税	关于股权转让是否应按照金融商品转让征收增值税各界观点不一,而目前出台的营改增规定也并未将股权转让免征营业税的优惠政策平移适用,因而,股权转让是否缴纳增值税并不十分明确。对于发生股权转让业务的股东而言,应与税务机关充分沟通后决定如何进行税务处理
印花税	印花税＝产权转移书据×0.5‰

(二)资产移交

1. 移交税务处理

(1)按是否受偿。按是否受偿,可以分为整体资产有偿移交、部分资产有偿移交、无偿移交。

1)整体资产有偿移交。根据《营业税改征增值税试点有关事项的规定》,在资产重组过程中,通过合并、分立、出售、置换等方式,将全部或者部分实物资产以及与其相关联的债权、负债和劳动力一并转让给其他单位和个人,其中涉及的不动产、土地使用权转让行为无须缴纳增值税。实物资产以及与其相关联的债权、负债和劳动力一并转让称之为整体资产转让,不征收增值税,所得税上应确认收入和成本。

2)部分资产有偿移交。部分资产有偿移交介于整体资产有偿移交和无偿移交之间。若移交价格偏低,《营业税改征增值税试点实施办法》第四十四条规定处理:“纳税人发生应税行为价格明显偏低或者偏高且不具有合理商业目的的,或者发生本办法第十四条所列行为而无销售额的,主管税务机关有权按照下列顺序确定销售额:(一)按照纳税人最近时期销售同类服务、无形资产或者不动产的平均价格确定。(二)按照其他纳税人最近时期销售同类服务、无形资产或者不动产的平均价格确定。(三)按照组成计税价格确定。组成计税价格的公式为:组成计税价格=成本×(1+成本利润率)。成本利润率由国家税务总局确定。”

PPP合同约定无偿转移或部分有偿转移资产,这与移交环节不计价或计价过低不是一个单独的经济行为,应放在PPP整个阶段中进行考虑。

3)无偿移交。根据《营业税改征增值税试点实施办法》第十四条下列情形视同销售服务、无形资产或者不动产。“(二)单位或者个人向其他单位或者个人无偿转让无形资产或者不动产,但用于公益事业或者以社会公众为对象的除外。”

若项目公司在转让无形资产或不动产的过程中,符合“用于公益事业或者以社会公众为对象”,不视同销售,不需纳税。在视同销售的情况下,销售额应按《营业税改征增值税试点实施办法》第四十四条规定处理:“纳税人发生应税行为价格明显偏低或者偏高且不具有合理商业目的的,或者发生本办法第十四条所列行为而无销售额的,主管税务机关有权按照下列顺序确定销售额:(一)按照纳税人最近时期销售同类服务、无形资产或者不动产的平均价格确定。(二)按照其他纳税人最近时期销售同类服务、无形资产或者不动产的平均价格确定。(三)按照组成计税价格确定。组成计税价格的公式为:组成计税价格=成本×(1+成本利润率)。成本利润率由国家税务总局确定。”

资产是否受偿税务处理如表3.45所示:

表3.45　　资产按是否受偿税务处理

模式	法规	税务处理
整体资产有偿移交	《营业税改征增值税试点有关事项的规定》《中华人民共和国企业所得税法》《中华人民共和国企业所得税法实施条例》	在资产重组过程中,通过合并、分立、出售、置换等方式,将全部或者部分实物资产以及与其相关联的债权、负债和劳动力一并转让给其他单位和个人,其中涉及的不动产、土地使用权转让行为无须缴纳增值税;资产转让收入缴纳所得税
无偿移交	《营业税改征增值税试点实施办法》《中华人民共和国企业所得税法》《中华人民共和国企业所得税法实施条例》	单位或者个人向其他单位或者个人无偿转让无形资产或者不动产,视同销售,但用于公益事业或者以社会公众为对象的除外
部分资产有偿移交	《营业税改征增值税试点实施办法》《中华人民共和国企业所得税法》《中华人民共和国企业所得税法实施条例》	纳税人发生应税行为价格明显偏低或者偏高且不具有合理商业目的的,税务机关有权核定销售额

(2)按权属是否转移。按权属是否发生转移,可以分为资产权属发生转移和资产权属不发生转移。

目前税法并未对PPP项目移交阶段的税务处理进行明确规定。就法理分析,项目移交环节的税务处理主要取决于移交环节中是否存在项目资产权属的转移。若地方政府与社会资本方明确项目资产建成后权属即归属于地方政府,项目公司仅享有特许经营权,则在项目移交中不涉及权属的变更,在所得税及增值税上无须按视同销售进行处理。若项目资产的权属属于项目公司,则此时应根据《财政部国家税务总局关于全面推开营业税改征增值税试点的通知》(财税〔2016〕36号)及《关于企业处置资产所得税处理问题的通知》(国税函〔2008〕828号文)的规定,在所得税及增值税上按视同销售进行税务处理。

1)项目资产权属发生转移。所得税方面,根据国税函〔2008〕828 号《国家税务总局关于企业处置资产所得税处理问题的通知》第二条第六款“其他改变资产所有权属的用途”,若项目资产所有权属发生转移,应该视同销售,计入应纳税所得额。

若资产权属转移符合相关条件,可以适用于特殊性税务处理。[①] 对于房地产开发经营企业,《房地产开发经营业务企业所得税处理办法》(国税发〔2009〕31 号)第十七条规定:“企业在开发区内建造的会所、物业管理场所、电站、热力站、水厂、文体场馆、幼儿园等配套设施,按以下规定进行处理:(一)属于非营利性且产权属于全体业主的,或无偿赠予地方政府、公用事业单位的,可将其视为公共配套设施,其建造费用按公共配套设施费的有关规定进行处理。(二)属于营利性的,或产权归企业所有的,或未明确产权归属的,或无偿赠予地方政府、公用事业单位以外其他单位的,应当单独核算其成本。除企业自用应按建造固定资产进行处理外,其他一律按建造开发产品进行处理。

企业在开发区内建造的邮电通信、学校、医疗设施应单独核算成本,其中,由企业与国家有关业务管理部门、单位合资建设,完工后有偿移交的,国家有关业务管理部门、单位给予的经济补偿可直接抵扣该项目的建造成本,抵扣后的差额应调整当期应纳税所得额。

增值税方面,国家税务总局公告〔2011〕13 号《国家税务总局关于纳税人资产重组有关增值税问题的公告》规定:“纳税人在资产重组过程中,通过合并、分立、出售、置换等方式,将全部或者部分实物资产以及与其相关联的债权、负债和劳动力一并转让给其他单位和个人,不属于增值税的征税范围,其中涉及的货物转让,不征收增值税。”

2)项目资产权属未发生转移。项目移交中不涉及权属的变更,所得税方面,根据国税函〔2008〕828 号《国家税务总局关于企业处置资产所得税处理问题的通知》第一条第六款“其他不改变资产所有权属的用途”不视同销售,相关资产的计税基础延续计算。若项目资产权属未发生转移,不视同销售,无增值税纳税义务。

资产按权属是否转移税务处理如表 3.46 所示:

表 3.46　资产按权属是否转移税务处理

模式	法规	税务处理
资产权属转移	《国家税务总局关于企业处置资产所得税处理问题的通知》	“其他改变资产所有权属的用途”视同销售
	《关于促进企业重组有关企业所得税处理问题的通知》《关于资产(股权)划转企业所得税征管问题的公告》	符合相关条件,可以适用于特殊性税务处理
	《国家税务总局关于纳税人资产重组有关增值税问题的公告》	实物资产、相关联债权债务、劳动力一并转让,不征收增值税;其他情况,需纳税
资产权属未转移	《国家税务总局关于企业处置资产所得税处理问题的通知》	不视同销售,无增值税、所得税纳税义务

退出环节税款测算如表 3.47 所示。

① 根据财税〔2014〕109 号《关于促进企业重组有关企业所得税处理问题的通知》和国税〔2015〕40 号《关于资产(股权)划转企业所得税征管问题的公告》。

表 3.47 退出环节税款测算

模式	收入	税种	税率	备注
资产转让	政府付费收入、出售收入、其他收入	增值税 印花税 所得税 土地增值税	不动产转移税率10% 产权转移书据0.5‰ 所得税率25% 四级超率累进税率	对于政府参与的资产交易计价偏低或者不计价的，是否按资产的公允价值进行调整目前税法无明确界定
股权转让	股权转让收入、收回投资收入	所得税 印花税	25% 产权转移书据0.5‰	①股权转让的一般性税务处理与特殊性税务处理；②国税发〔1991〕155号《国家税务局关于印花税若干具体问题的解释和规定的通知》：股权转让按产权转移书据

注：销售服务、无形资产或者不动产。销售服务、无形资产或者不动产，是指有偿提供服务、有偿转让无形资产或者不动产①，但属于下列非经营活动的情形除外：（一）行政单位收取的同时满足以下条件的政府性基金或者行政事业性收费。1.由国务院或者财政部批准设立的政府性基金，由国务院或者省级人民政府及其财政、价格主管部门批准设立的行政事业性收费；2.收取时开具省级以上（含省级）财政部门监（印）制的财政票据；3.所收款项全额上缴财政。（二）单位或者个体工商户聘用的员工为本单位或者雇主提供取得工资的服务。（三）单位或者个体工商户为聘用的员工提供服务。②（四）财政部和国家税务总局规定的其他情形。

【相关知识】

1. 政府性基金

《政府性基金管理暂行办法》规定：政府性基金，是指各级人民政府及其所属部门根据法律、行政法规和中共中央、国务院文件规定，为支持特定公共基础设施建设和公共事业发展，向公民、法人和其他组织无偿征收的具有专项用途的财政资金。本条规定的属于非经营活动的政府性基金，必须是国务院或财政部批准设立的政府性基金。例如：铁路建设基金、民航发展基金、教育费附加、文化事业建设费等。

---

① 纳税人只有发生有偿提供应税服务、有偿转让无形资产或者不动产的行为才能征收增值税。非经营活动即使是有偿的，也不征收增值税。非经营活动包括：（一）行政单位收取的同时满足规定条件的政府性基金或者行政事业性收费。（二）单位或者个体工商户聘用的员工为本单位或者雇主提供取得工资的服务。（三）单位或者个体工商户为聘用的员工提供服务。（四）财政部和国家税务总局规定的其他情形。如何理解“有偿”：（一）有偿，是确立一项经济行为是否缴纳增值税的前置条件之一。（二）有偿，包括取得货币、货物或者其他经济利益。（三）例外情形。按照《试点实施办法》第十四条规定，单位或者个体工商户向其他单位或者个人无偿提供服务、无偿转让无形资产或者不动产，除用于公益事业或者以社会公众为对象的外，应视同销售服务、无形资产或者不动产，征收增值税。如何理解单位或者个体工商户聘用的员工为本单位或者雇主提供取得工资的服务，虽然发生有偿行为但不属于增值税的征收范围。在解读第一条时我们提到，“应税服务必须是为他人提供的”，是确立一项经济行为是否缴纳增值税的四个必备条件之一，也就是说服务的接受者是除自己以外的其他单位或者个人，即自我服务不征收增值税。员工为本单位或雇主提供服务就是属于自我服务的范畴。

② 只有单位或个体经营者聘用的员工为本单位或者雇主提供取得工资的服务才属于非经营活动，不缴纳增值税，非本单位或个体经营者聘用的员工为本单位或者雇主提供的服务，属于应税行为，应照章缴纳增值税。员工为本单位或者雇主提供的服务不需要缴纳增值税，应限定为其提供的职务性服务，即取得工资范围内的服务。前面我们介绍了员工应当具备哪些条件，但并不是说只要具备了员工的条件，对员工为本单位或者雇主提供的所有服务都不征税，例如员工将自己的房屋出租给本单位使用收取房租、员工利用自己的交通工具为本单位运输货物收取运费、员工将自有资金贷给本单位使用收取利息等等，对这些情况如果不征税显然与增值税立法精神不符，也相对于其他单位和个人不公平，因此，员工为本单位或者雇主提供的不征税的服务应仅限于员工为本单位或雇主提供的取得工资的职务性服务，员工向用人单位或雇主提供与工作（职务）无关的服务，凡属于《注释》范围的，仍应当征收增值税。

2. 行政事业性收费

《行政事业性收费标准管理暂行办法》规定：行政事业性收费，是指国家机关、事业单位、代行政府职能的社会团体及其他组织根据法律法规等有关规定，依照国务院规定程序批准，在实施社会公共管理，以及在向公民、法人提供特定公共服务过程中，向特定对象收取的费用。本条规定的属于非经营活动的行政事业性收费，必须是由国务院或者省级人民政府及其财政、价格主管部门批准设立的行政事业性收费。例如：机动车号牌工本费、商标注册收费、银行业监管费、房屋所有权登记费等。

2. 会计处理

(1)金融资产模式。项目公司对项目资产不具有控制权，合同规定基础设施建成后一定期间，项目公司可以无条件地向合同授予方收取可确定的货币资产或其他资产，或在项目公司运营低于某一限定金额的情况下，合同授予方按照合同规定将差价补足。此时，项目公司应确认为金融资产，按照《企业会计准则第 22 号——金融工具确认和计量》确认。金融资产模式移交如表 3.48 所示：

表 3.48　金融资产模式移交

期满有偿移交	
固定价值移交	若合同规定按固定价值移交，则在项目初始确认时，将该移交对价的现金流量考虑在内，将规定的固定资产价值折现进入金融资产，期满移交时冲减金融资产账面价值
公允价值移交	在项目初始确认时，应对预计的公允价值进行折现确认，后期公允价值发生变化，将修订后的公允价值与原价值的差额确认为当期损益。
	借：银行存款 （坏账准备） 贷：长期应收款
提前终止移交	
无偿移交	借：营业外支出 贷：长期应收款
有偿移交	借：银行存款 （营业外支出） 贷：长期应收款 （营业外收入）

(2)无形资产模式。项目公司对项目资产不拥有控制权，合同规定项目公司在有关基础设施建成后，从事经营的一定期间有权利向获取服务的对象收取费用，但收费金额不确定，该权利不构成无条件收取确定金额的货币资金或其他金融资产的权利，项目公司应当确认为无形资产。

根据《企业会计准则第 6 号——无形资产》，企业出售无形资产，应当将取得的价款与该无形资产账面价值的差额计入当期损益。无形资产模式移交见表 3.49。

表 3.49　无形资产模式移交

期满无偿移交	无形资产核算模式下，期满无偿移交，项目公司在经营期内已把特许经营权全部摊销完毕，无须进行会计处理。

续表

提前终止无偿移交	借：营业外支出 　　累计摊销 　　贷：无形资产——特许经营权
	借：银行存款 　　营业外支出(或营业外收入)累计摊销 　　贷：无形资产——特许经营权

(3)固定资产模式。合同规定基础设施建成后，项目公司拥有项目设施的控制权，确认为项目公司的固定资产，根据《企业会计准则第4号——固定资产》，企业出售、转让、报废固定资产或发生固定资产毁损，应当将处置收入扣除账面价值和相关税费后的金额计入当期损益。固定资产的账面价值是固定资产成本扣减累计折旧和累计减值准备后的金额。固定资产模式移交见表3.50。

表3.50　　固定资产模式移交

固定资产转入清理	借：固定资产清理 　　累计折旧 　　固定资产减值准备 　　贷：固定资产
计提增值税 (简易计税)	借：固定资产清理 　　贷：应交税费——简易计税
收到补偿款	借：银行存款 　　贷：固定资产清理 　　　　营业外收入

(4)混合模式。混合模式是需求风险在授予方和经营方之间共同分担的一种模式。一般经营方向使用者收费，授予方提供差额担保，经营方将已获担保部分的对价确认为金融资产，剩余部分确认为无形资产。

3. 税款计算

税款测算如表3.51所示：

表3.51　　税款测算

税种	税款测算
土地增值税	营改增后，纳税人转让房地产的土地增值税应税收入不含增值税。适用增值税一般计税方法的纳税人，其转让房地产的土地增值税应税收入不含增值税销项税额；适用简易计税方法的纳税人，其转让房地产的土地增值税应税收入不含增值税应纳税额。为方便纳税人，简化土地增值税预征税款计算，房地产开发企业采取预收款方式销售自行开发的房地产项目的，可按照以下方法计算土地增值税预征计征依据：土地增值税预征的计征依据＝预收款－应预缴增值税税款。营改增后，计算土地增值税增值额的扣除项目中"与转让房地产有关的税金"不包括增值税。营改增后，房地产开发企业实际缴纳的城市维护建设税、教育费附加，凡能够按清算项目准确计算的，允许据实扣除。凡不能按清算项目准确计算的，则按该清算项目预缴增值税时实际缴纳的城建税、教育费附加扣除。其他转让房地产行为的城建税、教育费附加扣除比照上述规定执行。土地增值税＝(保障房转让收入－允许扣除项目)×适用税率－扣除项目金额×速算扣除率

续表

税种	税款测算
所得税	项目公司的收入包括土地储备、销售收入、政府合同付费、出售收入、其他收入等。扣除税前准予抵扣的成本、费用、税金和损失为应纳税所得额。所得税＝(土地储备＋销售收入＋政府合同付费＋出售收入＋其他收入－成本、费用、税金和损失)×25%/15%
增值税	增值税＝不动产转让收入×10%＋出售残料其他收入×16%－进项税额
契税	契税税率为3%～5%幅度税率，根据沪府发(1997)48号《关于本市贯彻〈中华人民共和国契税暂行条例〉若干意见的通知》，上海市契税比例为3%。计税依据为成交价格。营改增之后，政府对契税的计税依据进行了明确，根据财税〔2016〕43号《财政部国家税务总局关于营改增后契税、房产税、土地增值税、个人所得税计税依据问题的通知》，计征契税的成交价格不含增值税。契税＝计税依据×税率
印花税	印花税＝产权转移书据×0.5‰＋权利许可证照×5

(三)资产证券化方式

PPP 项目资产证券化，就是将 PPP 项目资产转移给特殊目的机构 SPV，并将 PPP 项目资产的风险和收益要素进行分离与重组，以该 PPP 项目资产的未来收益要素构建资产池，以此为基础发行债券，是非信贷资产证券化表现形式之一。资产池资产作为 PPP 项目资产证券化发行载体的财产或财产权利，应能够在未来产生可预测的稳定的现金流，企业对资产池资产拥有所有权并可以合法转让。

一般来说，步骤包括设立特殊目的机构 SPV－实现资产池资产转让－信用增级和信用评级－资产支持证券的发行－后续管理服务与证券偿还。

1. PPP 项目资产证券化的主要特点与主要模式

(1)PPP 项目资产证券化的主要特点。PPP 项目资产证券化与一般类型项目资产证券化在运作原理、操作流程等方面并无本质区别，但由于 PPP 模式本身的特点而使其开展的资产证券化呈现出不同特点，具体包括：

1)运营管理权和收费收益权相分离。根据《基础设施和公用事业特许经营管理办法》(2015 年第 25 号令)，在交通运输、环境保护、市政工程等领域的 PPP 项目往往涉及特许经营，因此在这些 PPP 项目资产证券化的过程中，项目基础资产与政府特许经营权是紧密联系的。同时，由于我国对特许经营权的受让主体有严格的准入要求，PPP 项目资产证券化中要转移运营管理权比较困难，因此实际操作中更多的是将收益权分离出来作为基础资产进行证券化。

2)财政补贴作为基础资产。《资产证券化业务基础资产负面清单指引》中将“以地方政府为直接或间接债务人的基础资产”列入负面清单，但提出“地方政府按照事先公开的收益约定规则，在政府和社会资本合作(PPP)模式下应当支付或承担的财政补贴除外”，这一规定为 PPP 项目资产证券化提供了政策可能。实际上，财政补贴作为部分 PPP 项目收入的重要来源，可以产生稳定的、可预测的现金流，符合资产证券化中基础资产的一般规定。

3)资产证券化产品期限要与 PPP 项目期限相匹配。PPP 项目的期限一般为 10～30 年，相较于目前我国存在的一般类型的资产证券化产品的期限(多数在 7 年以内)要长很多。因此要设计出与 PPP 项目周期长特点相匹配的 PPP 项目资产证券化产品，需要在投资主体准入和产品流动性方面提出更严的标准和更高的要求，并不断推动政策的完善和交易机制的创新。

4)更关注 PPP 项目本身。《关于进一步做好政府和社会资本合作项目示范工作的通知》(财金〔2015〕57 号)中明确规定,“严禁通过保底承诺、回购安排、明股实债等方式进行变相融资”。这禁止了地方政府对 PPP 项目违规担保承诺行为,也对 PPP 资产抵质押提出了更高要求。因此,在 PPP 项目资产证券化过程中应更注重项目现金流的产生能力和社会资本的增信力度,保证 PPP 项目资产证券化的顺利开展。

(2)PPP 项目资产证券化的主要模式。如表 3.51 所示,PPP 项目资产证券化的基础资产主要包括收益权资产、债权资产和股权资产等,其中收益权资产是 PPP 项目资产证券化最主要的基础资产类型。从我国推广运用 PPP 模式的实践情况来看,以收益权为基础开展 PPP 项目资产证券化也相对成熟。因此本文对适合以收益权为基础资产的三种模式,即资产支持计划、资产支持票据、资产支持专项计划进行研究。

表 3.52　　PPP 资产证券化的主要模式与特点

类别	基础资产	发行人	产品
收益权资产	收费收益权、财政付款、收费收益权和财政补贴	PPP 项目公司	资产支持专项计划(考虑到由发改委及证监会发布文件,此类可能性更大)、资产支持票据或资产支持计划
债权资产	PPP 项目银行贷款或 PPP 项目金融租赁债券	商业银行或金融租赁公司	信贷资产支持证券
企业应收账款/委托贷款	承/分包商	资产支持专项计划、资产支持票据或资产支持计划	
股权资产	股权、基金份额所有权或股权收益权	PPP 项目公司、PPP 项目公司股东	REITs 或类 REITs

1)以收益权作为基础资产的三种类型。研究以收益权为基础开展 PPP 项目资产证券化,首先要厘清收益权资产在 PPP 项目中的不同类型。PPP 项目收费模式一般可分为使用者付费、政府付费和可行性缺口补助三种,而收益权资产也相应可分为使用者付费模式下的收费收益权、政府付费模式下的财政补贴、可行性缺口补助模式下的收费收益权和财政补贴。

①使用者付费

使用者付费模式下的基础资产是项目公司在特许经营权范围内直接向最终使用者供给相关服务和基础设施而享有的收益权。这类支付模式通常用于财务情况较好、可经营系数较高及直接面向使用者提供基础设施和公共服务的项目。此模式下的 PPP 项目往往具有需求量可预测性强、现金流稳定且持续的特点。但特许经营权对被授予的资金实力、管理经验和技术等要求较高,因此在使用者付费模式下转让给 SPV 的基础资产一般是特许经营权产生的未来现金流入,而不是特许经营权的直接转让。这种模式的 PPP 项目主要包括市政供热和供水、道路收费权(铁路、公路、地铁等)、机场收费权等。

②政府付费

政府付费模式下的基础资产是 PPP 项目公司提供基础设施和服务而享有的财政补贴的权利。这种模式下项目公司获得的财政补贴和提供的基础设施和服务数量、质量和效率相挂钩，项目公司也不直接向最终使用者提供基础设施和服务，如垃圾处理、污水处理和市政道路等。但这种模式下财政补贴应遵循财政承受能力的相关要求，即不能超过一般公共预算支出的10%。因此，以财政补贴为基础资产的PPP项目资产证券化要重点考虑政府财政支付能力、预算程序等影响。

③可行性缺口补助

可行性缺口补助是指在使用者付费无法满足社会资本或项目公司的成本回收和合理回报时，由政府以财政补贴、股本投入、优惠贷款和其他优惠政策的形式，给予社会资本或项目公司的经济补助。这种模式通常运用于可经营性系数相对较低、财务效益相对较差、直接向最终用户提供服务但仅凭收费收入无法覆盖投资和运营回报的项目，例如科教文卫和保障房建设等领域。可行性缺口补助模式下的基础资产是收益权和财政补贴，因此兼具上述两种模式的特点。

2)PPP 项目资产证券化的三种模式。

①资产支持专项计划

资产支持专项计划是指将特定的基础资产或资产组合通过结构化方式进行信用增级，以资产基础所产生的现金流为支持，发行资产证券化产品的业务活动。由证监会负责监管资产支持专项计划业务，但在具体实施中不要求对具体产品进行审核，产品一般在上交所、深交所或机构间私募产品报价与服务系统挂牌审核，并由基金业协会负责事后备案管理。

PPP 项目如果以收益权为基础资产开展资产支持专项计划，其运作流程归纳为：由券商或基金子公司等作为管理人设立资产支持专项计划，并作为销售机构向投资者发行资产支持证券募集资金；管理人以募集资金向 PPP 项目公司购买基础资产（收益权资产），PPP 项目公司负责收益权资产的后续管理；基础资产产生的现金流将定期归集到 PPP 项目公司开立的资金归集账户，并定期划转到专项计划账户；托管人按照管理人的划款指令进行本息分配，向投资者兑付产品本息。

②资产支持票据

资产支持票据是指非金融企业在银行间债券市场发行的，由基础资产所产生的现金流提供支持的，约定在一定时间内还本付息的债务融资工具。

PPP 项目中其操作流程是：PPP 项目公司向投资者发行资产支持票据；PPP 项目公司将其基础资产产生的现金流定期归集到资金监管账户，PPP 项目公司对基础资产产生的现金流与资产支持票据应付本息差额部分承担补足义务；监管银行将本期应付票据本息划转至上海清算所账户；上海清算所将本息及时分配给资产支持票据持有人。

③资产支持计划

资产支持计划是将基础资产托付给保险资管公司等专业管理机构，以基础资产所产生的现金流为支持，由受托机构作为发行人设立支持计划，合格投资者购买产品而获得再融资资金的业务活动。

PPP 项目以收益权为基础资产开展资产支持计划，其运作流程为：保险资管公司等专业管理机构设立资产支持计划；PPP 项目公司依照约定将基础资产移交给资产支持计划；保险资产管理公司面向保险机构等合格投资者发行受益凭证，受益凭证可按规定在保险资产登记交易平台发行、登记和转让；由托管人保管资产支持计划资产并负责资产支持计划项下资金拨付；托管人根据保险资产管理公司的指令，及时向受益凭证持有人分配本金和收益。

2. PPP 项目资产证券化的主要参与方

在 PPP 模式下进行证券化中，涉及多个参与方，具体主要包括：原始权益人（PPP 项目公司/股东/承包商）、特殊目的实体、各个相关的服务机构诸如证券公司、托管银行、会计师事务所、信用评级机构、律师事务所等。每个参与方，在 PPP 模式下资产证券化中都起着至关重要的作用。某一个环节中任何一个参与方出现问题，PPP 模式资产证券化都可能以失败告终。所以本节将对各参与方进行具体的介绍与分析。PPP 模式下资产证券化的主要参与方及其职责如表 3.53 所示：

表 3.53　　主要参与方及职责

参与方	主要责任	主要机构
发起人（原始权益人）	组建资产池之前要先选取优良的基础资产，并将组建好的资产池出售给特别目的载体（SPV）	PPP 项目公司/PPP 社会资本方/商业银行/工程承包商
特别目的载体（SPV）	支付资金并接受转让资产从而达到真实出售的目的，发行证券	可以是 PPP 项目公司的附属机构，或者是仅仅为发行资产证券化业务而设立的机构
投资者	从市场上购买资产支持证券	可以是个人投资者也可以是机构投资者，以机构投资者为主
信用增级机构	采取相关措施增加资产支持证券的信用，使其获得较高的信用评级，分为内部增信和外部增信	项目公司及其股东或第三方机构，后者有：保险公司、金融担保公司、金融机构等
信用评级机构	对资产支持证券的信用等级进行评价，投资者在购买证券时会将其作为参考	国内外各评级机构：标准普尔、穆迪公司、惠誉公司、中诚信国际信用评级公司等
承销商	证券承销和设计	投资银行、信托公司、证券公司等
服务商	管理专项支持计划的基础资产	资产管理机构、银行或项目公司
受托管理人	管理专门为资产支持计划设立的账户	通常为商业银行

3. PPP 项目资产证券化的税务影响

《财政部国家税务总局关于信贷资产证券化有关税收政策问题的通知》（财税〔2006〕5 号）就我国银行业开展信贷资产证券化业务试点中的有关税收政策问题进行了说明，PPP 项目资产证券化可以参照执行，如表 3.54 所示。

表 3.54　　资产证券化税务处理

税种	税务处理
所得税	税务机关会在资产支持证券发行结束、PPP 项目公司收到 SPV 转来的转让资金时确认纳税时点，此时 PPP 项目公司就要按照转让基础资产取得的收益参照企业所得税政策规定计算缴纳所得税。转让基础资产所发生的损失可按企业所得税的政策规定扣除。PPP 项目公司与 SPV 在基础资产转让过程中应当按照独立企业之间的业务往来支付价款和费用，未按照独立企业之间的业务往来支付价款和费用的，税务机关依照《税收征收管理法》的有关规定进行调整。此外，PPP 项目公司购买次级资产证券获得的利息收入、买卖资产支持证券获得的差价收入、作为代理服务机构取得的服务费收入以及从资产证券化项目清算分配中取得的收入，均应按照企业所得税的政策规定计算缴纳企业所得税。清算发生的损失可按企业所得税的政策规定扣除

续表

税种	税务处理
印花税	PPP 项目公司作为资产证券化的发起机构将实施资产证券化的基础资产转让给特殊目的机构 SPV 时双方签订《资产买卖协议》，以及 PPP 项目公司与其他为证券化交易提供服务的机构签订的其他应税合同，按照规定均暂免征印花税
增值税	营改增后，税法对 PPP 项目公司向 SPV 转让资产如何计算交纳增值税尚未做出明确规定。笔者认为，PPP 项目公司在向 SPV 转让资产池资产时取得的转让价格超出基础资产账面价值部分应交纳增值税。实际操作时，PPP 项目公司按照转让价格计算增值税销项税额并向 SPV 开出增值税专用发票；按照基础资产形成中形成的进项税额确认进项税额。在法规未明确的情况下，发起人需要与主管税务机关进行沟通，明确相关处理，规避税务风险

4. 案例分析——以 A 资产支持专项计划为例

(1)产品简介。A 资产支持专项计划(以下简称"A 计划")于 2017 年 3 月 14 日成功在深圳证券交易所上市发行，总共募集资金 3.2 亿元。其中优先级证券主要有 3 亿元，次级证券为 0.2 亿元。到期日为 2032 年 3 月 21 日，总年限为 15 年。每年付息两次即每半年付息一次。中诚信证券评估有限公司综合分析了该证券资产池现金流的情况、证券化交易结构以及信用增信等方面后进行了信用评级，给予了该资产支持计划 AAA 评级。该产品具体情况如表 3. 55 所示：

表 3. 55　　产品简介

产品级别	规模(万元)	分层比例	期限	付息方式
优 01	4 100	12.81%	2020—03—21	每半年付息一次，到期还本
优 02	4 900	15.31%	2023—3—21	每半年付息一次，到期还本
优 03	5 800	18.13%	2026—3—21	每半年付息一次，到期还本
优 04	6 900	21.56%	2029—3—21	每半年付息一次，到期还本
优 05	8 300	25.94%	2032—3—21	每半年付息一次，到期还本
次级	2 000	6.25%	2032—3—21	

(2)具体涉税分析。

1)基础资产转让环节。基础资产转让环节的主要业务为：A 公司将污水处理项目收费收益权转让给特殊目的实体，然后特殊目的实体按照签订的《资产买卖协议》将募集到的资金转让给 A 公司。这个环节中，各参与主体的主要涉税情况如下：

A 公司将污水处理厂的污水处理收费收益权转让到专项资产支持证券中，属于表内融资，即作为融资担保的模式借入资金。因为污水处理收费收益权是一种未来收费的权益，当期并没有产生收入，在会计上暂时不计入资产负债表，所以也就不存在出表的问题。所以在所得税的缴纳上就按照"融资担保"的方式缴纳所得税。即 A 公司在收到特殊目的实体支付转让对价的当期不用缴纳企业所得税，而是在未来取得收益时缴纳，且产生的利息部分可以得到扣除。

在基础资产转让环节，PPP 项目公司作为发起人要和 SPV 签订《资产买卖协议》，按照"5 号文"的规定，这个环节的印花税是暂免征收的。

2)发行资产支持证券环节。在证监会同意 SPV 的发行申请后，SPV 可以正式在交易所发行资产支持证券，A资产支持专项证券就是在深交所发行的，在证券成功发行以后，投资者通过二级市场买卖证券，并支付相应的对价。具体涉税事项如下：

在这个环节中，主要是B证券公司将发行资产支持计划收到的金额作为基础资产转让对价支付给A公司。B证券公司需要按照收取的服务费收入缴纳所得税和增值税。

按照“5号文”的规定，无论是证券公司销售信贷资产支持证券还是投资者购买出售信贷资产支持证券都免征印花税。所以B证券公司和SPV以及投资人在此环节不需要缴纳印花税。

3)收益分配环节。收益分配环节的主要业务为：在收到镇政府支付的财政补贴后，要在相关机构的监督下，将金额转交给SPV。SPV交给资金托管机构代为保管，等到了约定的分配时间时，再按照合同规定的本金或利息支付给投资者。该环节的具体涉税情况如下：

A公司在收到政府部门给予的补贴时，会计上的处理是作为其他应付款而不是收入，因为在基础资产转移以后，项目公司已经不享有收益权了，不作为收入处理就意味着项目公司在这个环节并不负有纳税义务。对于SPV来说，这个环节是获得收入的，但是SPV获得的收入要区别对待。如果SPV将收入在当期分配给了SPV可以不用缴纳所得税；如果没有分配收益要缴纳所得税。从投资者角度看，其获得的利息收入要按照相关规定缴纳企业所得税。

SPV收到的污水处理费，要由资管公司代为缴纳增值税。而投资者获得利息收入，要从相关产品设计中关于收益部分的规定来考虑。如果合同相关条款表明，所得利息收入为保本收益，那么要按照相应规定缴纳增值税。超出保本收益的浮动收益不属于增值税的纳税范围。

本环节不涉及印花税相关业务。

4)服务费收取环节。在A公司PPP项目资产证券化业务中，有很多的服务机构参与其中。具体涉税环节如下：

这些机构从A公司或SPV中获得的服务收入属于其正常的业务收入，应该并入正常的业务收入当中，于当年进行纳税申报。

全面实行营改增后，对于金融机构收取的服务费用作出了新的规定。按照规定，PPP项目资产证券化中各机构收取的服务收入均需要缴纳增值税，可以开具增值税专用发票。

在这个环节中，各参与方签订的合同不属于印花税暂行条例中列举的合同范围，所以不需要缴纳印花税。

5)资产支持证券转让环节。投资者可以按照规定转让其持有的PPP资产支持证券，具体涉税情况如下：

对于持有A公司资产支持专项计划的投资者来说，他将该证券出售给另外的机构投资者，获得的收益要缴纳所得税，同时发生的转让损失也可以税前扣除。

营改增后，对于金融商品转让作出了具体的规定，即按照转让价格减去购入成本的差价作为计税依据缴纳增值税。

参照“5号文”的规定，投资者买卖资产支持证券暂免征收印花税。

5. PPP项目资产证券化的相关税务政策建议

因PPP项目投资金额大、回报时间长的特点，对于社会资本而言还是具有较大风险的。如税收优惠仅仅限于运营阶段，对于投资于PPP项目的股东企业而言是享受不到任何优惠的，其投入的资本金可能在较长时期内都难以收回，资金成本压力大，而且回报时间越长，不可控、不可预计的潜在风险越大。因此，在投融资阶段如无一定的优惠条件，难以吸引社会资本进入 PPP 项目。如能将税收优惠范围从项目运营阶段，扩大至投融资阶段，如对于投资企业按投资比例给予一定税收抵免等方式，将有助于减轻投资企业的资金压力，激励企业参与对 PPP 项目的投资。另外，投融资阶段和退出阶段，作为资本决策的重要考虑因素，目前仍无专门的税收政策予以激励或规范，难以吸引社会资本进入 PPP 项目领域。

(1)针对 PPP 项目 SPV 公司的财政补贴税收政策。根据研究，企业所得税政策对企业投资的激励程度高于增值税、营业税等其他税种。制定完善的 PPP 项目企业所得税支持政策，对于 PPP 的长久发展具有重要作用。根据《关于专项用途财政性资金企业所得税处理问题的通知》(财税〔2011〕70 号)的规定，企业从县级以上各级人民政府财政部门及其他部门取得的应计入收入总额的财政性资金，凡同时符合条件的，可以作为不征税收入，但是不征税收入所形成的费用、折旧和摊销不得在计算应纳税所得额时扣除。上述规定造成，如果企业在取得不征税收入的当期全部用于支出形成当期费用，则这笔收入是作为不征税收入处理亦或作为应税收入处理，对当期的企业所得税影响效果都是一样的。只有企业取得的不征税收入用于以后几个年度的支出后购置资产在以后年度摊销时，不征税收入实际给企业提供的是一个延期纳税的税收优惠，优惠体现在货币资金的时间价值上。

另一方面，由于企业所得税征缴时须按 6∶4 比例在中央和地方之间分享，如果 PPP 项目企业获得的财政专项补贴来自地方政府，无形中形成了一种变相的地方财政补中央财政，加重了地方政府的财政负担。为解决上述问题，建议做好以下两点：一是对符合条件的不征税收入，调整为免征企业所得税政策，其用于支出形成的当期费用、摊销可以在计算应纳税所得额时扣除。二是对不是严格符合条件的，由政府拨付给项目公司的财政补贴、可行性缺口补助资金，对其应缴纳的企业所得税实行即征即退政策。

(2)加大对 PPP 项目的投融资税收优惠。

1)扩大投资抵免主体范围。目前享受投资抵免主体的纳税人主要是具体项目的建设和运营企业，而根据 PPP 投融资模式，在具体投资运营主体(项目公司或平台公司)之上是真正的出资人(包括政府、国有企业、私人企业、个人)，如何鼓励出资人 PPP 项目的参与积极性是政策设计应当考虑而一直被忽略的问题(目前仅有的政策就是国债利息作为不征税收入、地方债利息和居民企业直接投资的股息所得免税)，建议将投资抵免主体扩大到投资于 PPP 项目公司的各类投资者和融资者，考虑对于投资于 PPP 项目的投资者按投资额度给予一定比例的所得税减免，对于给予 PPP 项目融资的金融机构给予一定比例减计利息收入的营业税和所得税优惠，让投资者即时享受到税收优惠政策，加大税收优惠政策的支持力度。在具体税收抵免的设计上，建议借鉴《企业所得税法实施条例》第九十七条对创业投资企业采取股权投资方式投资于未上市的中小高新技术企业实行税收抵免的税收优惠，对采取 PPP 模式进行投资的投资者(包括企业和个人)可以按照其投资额的一定比例在其投资一定期限之后，抵扣该投资者的应纳税所得额(可以是企业所得税、个人所得税或者其他货物劳务税)，当年不足抵扣的，可以在以后纳税年度结转抵扣。

2)对 PPP 模式中的债券、股票融资给予税收优惠。建议参考美国税收债券抵免的做法和加拿大可抵税流转股票，对 PPP 平台公司的投资人通过债券或股票进行的投资，除了给予利息所得的减免税外，还给予一定的投资额抵免。

6. 资产证券化的会计处理

资产证券化会计处理如表 3.56 所示：

表 3.56　　资产证券化会计处理

既有债权转移——金融资产模式	
发起人	借:银行存款 　　贷:应收账款等
专项计划	借:银行存款 　　贷:实收信托 借:应收账款 　　贷:银行存款 借:应收利息 　　贷:利息收入 借:银行存款 　　贷:应收利息
既有债权转移——无形资产模式	
发起人无形资产进行证券化	借:银行存款 　无形资产减值准备 　累计摊销 　营业外支出 　　贷:无形资产——特许经营权
专项计划	与金融资产转移部分基本相似,在此不再赘述
未来收益权转让	
发起人	借:银行存款 　　贷:长期借款——本金 借:银行存款或应收账款 　　贷:主营业务收入/其他业务收入 　　　应交税费——应交增值税(销项税额) 借:财务费用 　　贷:长期借款——利息 借:长期借款——本金 　　　　　——利息 　　贷:银行存款 借:财务费用 　　贷:银行存款
专项计划	借:银行存款 　　贷:实收信托——优先级受益人 　　　实收信托——次级受益人 借:贷款 　　贷:银行存款 借:应收利息 　　贷:利息收入 借:银行存款 　　贷:应收利息 借:银行存款 　　贷:贷款 借:营业费用 　　贷:应付受托人报酬 借:应付受托人报酬 　　贷:银行存款

续表

	借:本年利润 　　贷:未分配利润 借:未分配利润 　　贷:应付受益人收益——优先级受益人 借:应付受益人收益——优先级受益人 　　贷:银行存款

7. 项目公司税款计算

项目公司税款测算如表 3.57 所示:

表 3.57　　项目公司税款测算

税种	税款测算
企业所得税	既有债权转移:项目公司将既有债权转让给资产支持计划,若取得收益,应缴纳所得税;若产生损失,则作为应纳税所得额递减项。企业所得税=收益×25% 未来收益权转让:将未来收益权转让,其实质按借款处理,转让环节不纳税。专项计划存续期间的收益,其取得的收入虽转付给专项计划,但项目公司仍然作为纳税主体,融资过程中利息作为财务费用。企业所得税=(收入-费用、损失等)×25%
增值税	专项计划存续期间的收益,其取得的收入虽转付给专项计划,但项目公司仍然作为纳税主体,需根据实质业务缴纳增值税
印花税	既有债权转移:债权转让不属于印花税征税范围,但若签订购销合同,则按购销金额的0.3‰贴花;未来收益权转让:印花税=借款金额×0.05‰

(四)提前终止:违约金的处理

1. 提前终止的类型及补偿机制

PPP 项目合作指南规定了提前终止的相关事由。在 PPP 项目合同中,可能导致项目提前终止的事由通常包括政府方违约、项目公司违约和不可抗力。

(1)政府方违约。

1)类型界定。政府方违约事件是指发生政府方违约事件,政府方在一定期限内未能补救的,项目公司可根据合同约定主张终止 PPP 项目合同。政府方违约还包括政府方选择终止,其指政府方在项目期限内任意时间可主张终止 PPP 项目合同 。如果政府方任意选择终止会损害社会资本的积极性,在合同中通常严格设定政府方选择终止的条件和情况。

2)补偿机制。对于因政府方违约事件、政治不可抗力以及政府方选择终止所导致的项目合同终止,一般的补偿原则是确保项目公司不会因项目提前终止而受损或获得额外利益(即项目公司获得的补偿等于假设该 PPP 项目按原计划继续实施的情形下项目公司能够获得的经济收益)。补偿的范围一般可能包括:项目公司尚未偿还的所有贷款和项目公司股东在项目终止之前投资项目的资金总和、因项目提前终止所产生的第三方费用或其他费用、项目公司的利润损失。

(2)项目公司违约。

1)类型界定。项目公司违约是指发生项目公司违约事件,项目公司和融资方或融资方指定的第三方均未能在规定的期限内对该违约进行补救的,政府方可根据合同约定主张终止 PPP 项目合同。

2)补偿机制。实践中,对于因项目公司违约事件导致的项目合同终止,如果政府有义务回购或者选择进行回购时，政府需要就回购提供相应补偿。常见的回购补偿计算方法包括市场价值法和账面价值法。

市场价值法是按照项目终止时合同的市场价值计算补偿金额。此种方法相对比较公平，并且在项目回购后政府必须要在市场中重新进行项目采购，因此通常适用于 PPP 市场相对较为成熟的国家。

账面价值法是按照项目资产的账面价值计算补偿金额。与市场价值方法不同，该计算方法主要关注资产本身的价值而非合同的价值。这种计算方法比较简单明确，可避免纠纷，但有时可能导致项目公司获得的补偿与其实际投资和支付的费用不完全一致。

在具体项目中适用哪一种计算方法，需要进行专项评估，但一般的原则是，尽可能避免政府不当得利并且能够吸引融资方的项目融资。此外，根据上述计算方法计算出的补偿金额，通常还要扣减政府因该终止而产生的相关费用和损失。

(3)不可抗力。

1)类型界定。不可抗力事件是指发生不可抗力事件持续或累计达到一定期限，任何一方可主张终止 PPP 项目合同。

2)补偿机制。由于自然不可抗力属于双方均无过错的事件，因此对于自然不可抗力导致的终止，一般的原则是由双方共同分摊风险。通常来讲补偿范围一般会包括未偿还融资方的贷款、项目公司股东在项目终止前投入项目的资金以及欠付承包商的款项；补偿一般会扣除保险理赔金额，且不包括预期利润损失。

2. 税务处理

(1)政府方违约。增值税方面，根据《中华人民共和国增值税暂行条例》第六条："销售额为纳税人销售货物或者应税劳务向购买方收取的全部价款和价外费用，但是不包括收取的销项税额。"《中华人民共和国增值税暂行条例实施细则》第十二条："条例第六条第一款所称价外费用，包括价外向购买方收取的手续费、补贴、基金、集资费、返还利润、奖励费、违约金、滞纳金、延期付款利息、赔偿金、代收款项、代垫款项、包装费、包装物租金、储备费、优质费、运输装卸费以及其他各种性质的价外收费。"由此可见，项目公司取得的违约金属于征税范围。

所得税方面，《中华人民共和国企业所得税法实施条例》第二十二条规定："企业所得税法第六条第(九)项所称其他收入，是指企业取得的除企业所得税法第六条第(一)项至第(八)项规定的收入外的其他收入，包括企业资产溢余收入、逾期未退包装物押金收入、确实无法偿付的应付款项、已作坏账损失处理后又收回的应收款项、债务重组收入、补贴收入、违约金收入、汇兑收益等。"企业应就违约金收入缴纳企业所得税。

对于政府有偿回购的资产，参照资产移交税务处理。

(2)项目公司违约。对于因项目公司违约支付的违约金，若政府基于行政法律关系向项目公司收取的违约金，属于"罚金罚款和被没收财务的损失"，不得在企业所得税前扣除。若政府基于 PPP 合同关系向项目公司收取的违约金，不属于上述"罚金罚款和被没收财务的损失"。可以在企业所得税前扣除。

对于政府有偿回购的资产，参照资产移交税务处理。

(3)不可抗力。项目公司因不可抗力收到的未偿还融资方的贷款、项目公司股东在项目终止前投入项目的资金以及欠付承包商的款项，应计入应纳税所得额计征所得税。

提前终止税务处理如表 3.58 所示。

表 3.58 提前终止税务处理

模式	补偿机制	法规	税务处理
政府方违约	一般的补偿原则是确保项目公司不会因项目提前终止而受损或获得额外利益	《中华人民共和国增值税暂行条例实施细则》《中华人民共和国企业所得税法实施条例》	①项目公司取得的违约金属于征税范围;②企业应就违约金收入缴纳企业所得税
项目公司违约	一般的原则是,尽可能避免政府不当得利并且能够吸引融资方的项目融资。可采用市场价值法和账面价值法	《中华人民共和国增值税暂行条例实施细则》《中华人民共和国企业所得税法实施条例》	①属于"罚金罚款和被没收财务的损失",不得在企业所得税前扣除 ②若政府基于PPP合同关系向项目公司收取的违约金,不属于上述"罚金罚款和被没收财务的损失",可以在企业所得税前扣除
不可抗力	通常来讲补偿范围一般会包括未偿还融资方的贷款、项目公司股东在项目终止前投入项目的资金以及欠付承包商的款项;补偿一般会扣除保险理赔金额,且不包括预期利润损失	《中华人民共和国企业所得税法》《中华人民共和国企业所得税法实施条例》《中华人民共和国增值税暂行条例实施细则》《中华人民共和国增值税暂行条例》	项目公司因不可抗力收到的未偿还融资方的贷款、项目公司股东在项目终止前投入项目的资金以及欠付承包商的款项,应计入应纳税所得额计征所得税

(五)涉税文件汇编

涉税文件汇编如表 3.59 所示。

表 3.59 涉税文件汇编

中华人民共和国主席令第 63 号	《中华人民共和国企业所得税法》
中华人民共和国国务院令第 512 号	《中华人民共和国企业所得税法实施条例》
国税函〔2010〕79 号	国家税务总局《关于贯彻落实企业所得税法若干税收问题的通知》
国家税务总局公告〔2010〕6 号	《国家税务总局关于企业股权投资损失所得税处理问题的公告》
财税〔2009〕59 号	《关于企业重组业务企业所得税处理若干问题的通知》
财税〔2014〕109 号	《关于促进企业重组有关企业所得税处理问题的通知》
国家税务总局公告 2014 年第 67 号	《股权转让所得个人所得税管理办法(试行)》
国税〔2002〕191 号	《财政部国家税务总局关于股权转让有关营业税问题的通知》
财税〔2016〕36 号	《关于全面推开营业税改征增值税试点的通知》
国税发〔1991〕155 号	《国家税务局关于印花税若干具体问题的解释和规定的通知》
财税〔2016〕36 号附件	《营业税改征增值税试点有关事项的规定》
国税函〔2008〕828 号	《国家税务总局关于企业处置资产所得税处理问题的通知》
国税(2015)40 号	《关于资产(股权)划转企业所得税征管问题的公告》

续表

国税发〔2009〕31 号	《房地产开发经营业务企业所得税处理办法》
国家税务总局公告〔2011〕13 号	《国家税务总局关于纳税人资产重组有关增值税问题的公告》
2015 年第 25 号令	《基础设施和公用事业特许经营管理办法》
财金〔2015〕57 号	《关于进一步做好政府和社会资本合作项目示范工作的通知》
国务院令 2008 年第 538 号	《中华人民共和国增值税暂行条例》
财政部、国税 2008 第 50 号令	《中华人民共和国增值税暂行条例实施细则》
中华人民共和国国务院令第 11 号	《中华人民共和国印花税暂行条例》
财税〔2016〕36 号附件	《销售服务、无形资产、不动产注释》
财税〔2016〕36 号附件	《营业税改征增值税试点实施办法》
财税〔2016〕36 号附件	《营业税改征增值税试点过渡政策的规定》
国家税务总局公告 2016 年第 73 号	《关于纳税人转让不动产缴纳增值税差额扣除有关问题的公告》

九、项目公司的清算

项目移交后，项目公司的业务随之终止。因此，项目公司应按合同要求及有关规定到有关部门办理清算、注销等手续。

（一）项目公司清算的会计处理

1. 破产宣告日余额结转

法院宣告企业破产时，应当根据破产企业移交的科目余额表，将部分会计科目的相关余额转入以下新科目，并编制新的科目余额表。

（1）原“应付账款”“其他应付款”等科目中属于《破产法》所规定的破产费用余额，转入“应付破产费用”科目。

（2）原“应付账款”“其他应付款”等科目中属于《破产法》所规定的共益债务余额，转入“应付共益债务”科目。

（3）原“商誉”“长期待摊费用”“递延所得税资产”“递延所得税负债”“递延收益”“股本”“资本公积”“盈余公积”“其他综合收益”“未分配利润”等科目的余额，转入“清算净值”科目。

2. 破产宣告日余额调整

（1）关于各类资产。破产企业应当对拥有的各类资产（包括原账面价值为零的已提足折旧的固定资产、已摊销完毕的无形资产等）登记造册，估计其破产资产清算净值，按照其破产清算净值对各资产科目余额进行调整，并相应调整“清算净值”科目。

（2）关于各类负债。破产企业应当对各类负债进行核查，按照规定对各债务科目余额进行调整，并相应调整“清算净值”科目。

3. 处置破产资产

（1）破产企业收回应收票据、应收款项等债权、应收款项类投资，按照收回的款项，借记“现金”“银行存款”等科目，按照应收款项类债权或应收款项类投资的账面价值，贷记相关资产科目,按其差额,借记或贷记“资产处置净损益”。

(2)破产企业出售各类投资,按照收到的款项,借记“现金”“银行存款”等科目,按照相关投资的账面价值,贷记相关资产科目,按其差额,借记或贷记“资产处置净损益”。

(3)破产企业出售存货、投资性房地产、固定资产及在建工程等实物资产,按照收到的款项,借记“现金”“银行存款”等科目,按照相关实物资产的账面价值,贷记相关资产科目,按应当缴纳的税费贷记“应交税费”科目,按上述各科目发生额的差额,借记或贷记“资产处置净损益”。

(4)破产企业出售无形资产,按照收到的款项,借记“现金”“银行存款”等科目,按照相关无形资产的账面价值,贷记相关资产科目,按应当缴纳的税费贷记“应交税费”科目,按上述各科目发生额的差额,借记或贷记“资产处置净损益”。

(5)破产企业的划拨土地使用权被国家收回,国家给予一定补偿的,按照收到的补偿金额,借记“现金”“银行存款”等科目,贷记“其他收益”科目。

(6)破产企业处置破产资产发生的各类评估、变价、拍卖等费用,按照发生的金额,借记“破产费用”科目,贷记“现金”“银行存款”“应付破产费用”等科目。

4. 清偿债务

(1)破产企业清偿破产费用和共益债务,按照相关已确认负债的账面价值,借记“应付破产费用”“应付共益债务”等科目,按照实际支付的金额,贷记“现金”“银行存款”等科目,按其差额,借记或贷记“破产费用”“共益债务支出”科目。

(2)破产企业按照经批准的职工安置方案,支付所欠职工的工资和医疗、伤残补助、抚恤费用,应当划入职工个人账户的基本养老保险、基本医疗保险和其他社会保险费用,以及法律、行政法规规定应当支付给职工的补偿金,按照相关账面价值借记“应付职工薪酬”等科目,按照实际支付的金额,贷记“现金”“银行存款”等科目,按其差额,借记或贷记“债务清偿净损益”科目。

(3)破产企业支付所欠税款,按照相关账面价值,借记“应交税费”等科目,按照实际支付的金额,贷记“现金”“银行存款”等科目,按其差额,借记或贷记“债务清偿净损益”科目。

(4)破产企业清偿破产债务,按照实际支付的金额,借记相关债务科目,贷记“现金”“银行存款”等科目。

破产企业以非货币性资产清偿债务的,按照清偿的价值借记相关负债科目,按照非货币性资产的账面价值,贷记相关科目,按其差额,借记或贷记“债务清偿净损益”科目。

债权人依法行使抵销权的,按照经法院确认的抵销差额,借记相关负债科目,贷记相关资产科目,借记或贷记“债务清偿净损益”科目。

5. 其他账务处理

(1)在破产清算期间通过清查、盘点等方式取得的未入账资产,应当按照取得日的破产资产清算净值,借记相关资产科目,贷记“其他收益”科目。

(2)在破产清算期间通过债权人申报发现未入账的债务,应当按照破产债务清偿价值确定计量金额,借记“其他费用”科目,贷记相关负债科目。

(3)在编制破产清算期间的财务报表时,应当对所有资产项目按其于破产报表日的破产资产清算净值重新计量,借记或贷记相关资产科目,贷记或借记“破产资产和负债净值变动净损益”科目;应当对所有负债项目按破产债务清偿价值重新计量,借记或贷记相关负债科目，贷记或借记“破产资产和负债净值变动净损益”科目。

（4）破产企业在破产清算期间，作为买入方继续履行尚未履行完毕的合同的，按照收到资产的破产资产清算净值，借记相关资产科目，按照相应的增值税进项税额，借记“应交税费”科目，按照应支付或已支付的款项，贷记“现金”“银行存款”“应付共益债务”“预付账款”等科目，按照上述各科目的差额，借记“其他费用”或贷记“其他收益”科目；企业作为卖出方继续履行尚未履行完毕的合同的，按照应收或已收的金额，借记“现金”“银行存款”“应收账款”等科目，按照转让的资产账面价值，贷记相关资产科目，按照应缴纳的相关税费，贷记“应交税费”科目，按照上述各科目的差额，借记“其他费用”科目或贷记“其他收益”科目。

（5）破产企业发生《企业破产法》第四章相关事实，破产管理人依法追回相关破产资产，按照追回资产清算净值，借记相关资产科目，贷记“其他收益”科目。

（6）破产企业收到的利息、股利、租金等孳息，借记“现金”“银行存款”，贷记“其他收益”科目。

（7）破产企业在破产清算终结日，剩余破产债务不再清偿的，按照其账面价值，借记相关负债科目，贷记“其他收益”科目。

（8）在编制破产清算期间的财务报表时，有已实现的应纳税所得额的，考虑可以抵扣的金额后，应当据此提存应交所得税，借记“所得税费用”科目，贷记“应交税费”科目。

（9）在编制破产清算期间的财务报表时，应当将“资产处置净损益”“债务清偿净损益”“破产资产和负债净值变动净损益”“其他收益”“破产费用”“共益债务支出”“其他费用”“所得税费用”科目结转至“清算净损益”科目，并将“清算净损益”科目余额转入“清算净值”科目。

（二）项目公司清算的税务处理

1. 税收债权的申报、确认及处理

（1）税收债权的申报。根据《企业破产法》的规定，债权人应当在人民法院确定的债权申报期限内向管理人申报债权，债务人所欠职工的工资和医疗、伤残补助、抚恤费用，所欠的应当划入职工个人账户的基本养老保险、基本医疗保险费用，以及法律、行政法规规定应当支付给职工的补偿金，不必申报，由管理人调查后列出清单并予以公示。债权人未依照本法规定申报债权的，不得依照本法规定的程序行使权利。所以税收债权按照上述法律的规定是应该在一定的期限内进行申报的。但是根据《中华人民共和国税收征管法实施细则》（国务院令第 362 号）第五十条规定“纳税人有解散、撤销、破产情形的，在清算前应当向其主管税务机关报告；未结清税款的，由其主管税务机关参加清算。”也就是说，当企业发生破产清算时，应主动向其主管税务机关报告，且申报期间限定在清算之前，之后再由税务机关根据该企业的税收债权情况，向法院申报债权。

（2）税收债权的确认。企业破产前会存在应交未交税款，企业破产中也会有，但是两者的区别是很大的，后者是企业进入破产清算程序中，为完成破产程序而发生的纳税义务，其应纳税款属于《企业破产法》第四十一条中规定的管理、变价和分配债务人财产的费用，即破产费用。而根据《企业破产法》第四十三条规定，破产费用和共益债务由债务人财产随时清偿，债务人财产不足以清偿所有破产费用和共益债务的，先行清偿破产费用。因此，在企业破产清算中发生的税费问题应当是优先于共益债务受偿的。同时需要注意的是，这里所说的企业破产清算中发生的税费不包括企业所得税，因为企业所得税是根据企业经营期间的所得进行计算的，并非单项计算。

(3)税收债权的处理。根据《中华人民共和国税收征收管理法》(第九届全国人民代表大会常务委员会)第四十五条的规定，税务机关征收税款，税收优先于无担保债权，法律另有规定的除外；纳税人欠缴的税款发生在纳税人以其财产设定抵押、质押或者纳税人的财产被留置之前的，税收应当先于抵押权、质权、留置权执行，纳税人欠缴税款同时又被行政机关决定处以罚款、没收违法所得的，税收优先于罚款、没收违法所得。根据《企业破产法》一百一十三条规定，破产财产在优先清偿破产费用和共益债务后，依照下列顺序清偿：

首先需要清偿破产人所欠职工的工资和医疗、伤残补助，抚恤费用，所欠的应当划入职工个人账户的基本养老保险、基本医疗保险费用，以及法律、行政法规规定应当支付给职工的补偿金；

其次，破产人欠缴的除前项规定以外的社会保险费用和破产人所欠税款；

最后是普通破产债权。

破产财产不足以清偿同一顺序的清偿要求的，按照比例分配。由此，税收债权的处理过程按上述两个条文规定进行处理即可。

2. 企业破产清算中的所得税处理

(1)清算所得。清算所得的确认是指按《公司法》《企业破产法》及企业重组等规定，对企业不再持续经营，发生结束自身业务、处置资产、偿还业务以及向所有者分配剩余财产等经济行为时，对清算所得、清算所得税、股息分配等事项的处理。

企业清算所得税处理的内容主要包括以下几点：

①全部资产均应按可变现价值或交易价格，确认资产转让所得或损失；

②确认债权清理、债务清偿的所得或损失；

③改变持续经营核算原则，对预提或待摊性质的费用进行处理；

④依法弥补亏损，确定清算所得；

⑤计算并缴纳清算所得税；

⑥确定可向股东分配的剩余财产、应付股息等。

根据《中华人民共和国企业所得税法实施条例》(国务院令第 512 号)第十一条规定："企业所得税法第五十五条所称清算所得，是指企业的全部资产可变现价值或者交易价格减除资产净值、清算费用以及相关税费等后的余额。"

被清算企业股东分得的剩余资产的金额，其中相当于被清算单位累计未分配利润和累计盈余公积中按该股东所占股份比例计算的部分，应确认为股息所得；剩余资产减除股息所得后的余额，超过或低于股东投资成本的部分，确认为股东的投资转让所得或损失。

被清算企业的股东从被清算企业分得的资产应按可变现价值或实际交易价格确定计税基础。

(2)资产处置所得。

1)有形资产处置损益。

企业会计账簿的有形资产，包括原材料、包装物、低值易耗品，以及固定资产等、应当按照交易价格确认处置收入及其销项税额。交易价格低于计税基础的可以减少清算所得。

以财产抵偿债务，应当分解为转让相关非货币性资产、按非货币性资产公允价值清偿债务两项业务，确认相关资产的所得或损失，故应当确认增值税和企业所得税收入。根据《国家税务总局关于以房屋抵顶债务应征收营业税问题的批复》(国税函〔1998〕第771号文)相关规定:"单位或个人以房屋抵顶有关债务,不论是经双方(或多方)协商决定的,还是由法院裁定的,其房屋所有权已发生转移,且原房主也取得了经济利益(减少了债务),因此,对单位或个人以房屋或其他不动产抵顶有关债务的行为,应按'销售不动产'税目征收营业税。"所以,以房屋抵顶债务是全额缴纳增值税(营改增前为营业税)。

此外,如果上述资产计算销项税额后仍然出现增值税留抵税额,根据《财政部国家税务总局关于增值税若干政策的通知》(财税〔2005〕165号)第六条规定:"一般纳税人注销或被取消辅导期一般纳税人资格,转为小规模纳税人时,其存货不作进项税额转出处理,其留抵税额也不予以退税。"

2)应收账款损失。企业清算期间的债权,应当区分以下不同情形处理:

在本企业应付账款的债权人同意的前提下转让债权,即用本企业的应收账款和预付账款偿还本企业的应付账款,如果应收账款、预付账款科目的账面余额小于双方确认的抵销金额,可以适用《企业资产损失所得税税前扣除管理办法》(国家税务总局公告2011年第25号)第二十二条的规定,按照债务重组确认坏账损失,减少清算所得。

与非关联方发生业务往来确认的单笔金额超过5万元的应收账款和预付账款,如果账龄超过三年,无须核准相关证据材料直接确认坏账损失、减少清算所得,但企业应说明情况,并出具专项报告,注明交易双方不属于关联方及关联交易、三年内没有任何经济业务、前期已经确认会计收入的会计处理凭证等内容;如果账龄不超过三年,应当核准相关证据材料,确认是否认可坏账损失。

与关联方发生的业务往来确认的、单笔金额不超过5万元的应收账款和预付账款,如果账龄超过1年,无须核准相关证据材料直接确认坏账损失、减少清算所得,但企业应说明情况,并出具专项报告,注明交易双方不属于关联方及关联交易、一年内没有发生任何经济业务、前期已经确认会计收入的会计处理凭证等内容;如果账龄不超过一年,原则上不得确认坏账损失。

与关联方发生的业务往来确认的应收账款和预付账款,原则上不得确认坏账损失,但如果存在人民法院的破产清算公告、判决书或裁决书、法院裁定终(中)止执行的法律文书等,可以申报坏账损失。

与材料采购、产品销售、提供服务无关的其他应收款,一律不得申报坏账损失。

也就是说,清算期间会计确认的坏账损失,税法有可能不予认可,从而形成税会差异。经过上述处理后,清算企业的账面资产总额应全部变现,即只有货币资金。

(3)负债清偿。前文已经提及破产清算过程中向债权人的清偿顺序,总的来说就是:担保债权人、尚未支付或无力支付的职工薪酬、税款、普通债权人和股东。

清算期间,项目公司用担保财产变现收入向担保债权人抵偿债务,一般情形下不会出现债务重组收益;项目公司用部分现金抵偿债务,应当确认《企业所得税法实施条例》(国务院令第512号)第二十二条列举的"债务重组收入",增加清算所得;清算结束,项目公司无力偿还的债务,不包括应付职工薪酬,应当确认为《企业所得税法实施条例》(国务院令第512号)第二十二条列举的"确实无法偿还的应付款项",增加清算所得;清算结束,项目公司无力支付的生产经营期间尚未支付或无力支付的职工薪酬,虽然计入会计上的清算所得,但无须计入税法的清算所得。主要是因为生产经营期间无力支付的职工薪酬,会计核算上虽计入当期成本费用,但由于没有实际支付,企业所得税不得申报扣除。因此清算期间会计核算的清算所得,实质上是对冲前期成本费用,企业所得税应当作纳税调整减少,避免虚增税法的所得额。

(4)待摊费用和预提费用。

1)待摊费用。对于摊销期间不超过 12 个月的费用,会计上全部计入当期的成本费用;摊销期限超过 12 个月的费用,会计核算先计入长期待摊费用,然后在摊销期间分期计入各期的成本费用。

公司停止生产经营后,不再符合持续经营假设,会计核算时将长期待摊费用的账面余额一次性核销、减少清算所得。如果长期待摊费用属于税法允许扣除的项目并且没有扣除限额,一般情形下不存在税会差异。

2)预提费用和预计负债。公司基于谨慎性原则,在实际支付前先按照估计金额计入当期成本费用,未来实际支付时再冲减前期估计金额并调整两者差额。

企业停止生产经营后,不再符合持续经营假设,会计核算时将预提费用和预计负债的账面余额一次性核销、增加清算所得。

对于企业所得税来说,如果前期计提的预提费用和预计负债允许在企业所得税前申报扣除,则清算期间不做纳税调整;如果前期计提的预提费用和预计负债不允许在企业所得税前申报扣除,则清算期间应当作纳税调整减少,避免虚增税法的所得额。

(5)亏损弥补。根据《企业所得税法》(中华人民共和国主席令第 63 号)第十八条规定:"企业纳税年度发生的亏损,准予向以后年度结转,用以后年度的所得弥补,但结转年限最长不得超过五年。"企业清算的内容中包括依法弥补亏损,也就是说企业生产经营期间产生的亏损,可以被以后生产经营期间的所得弥补,也可以用清算期间的所得弥补。

清算所得可以弥补前五年的亏损,那么我们就需要确定前五年的起止年限。由于清算期是一个独立的纳税年度,所以前五年指的是清算开始日的前五年。例如,项目公司自 2017 年 9 月 30 日停止生产经营进入清算期,至 2018 年 7 月 31 日清算结束,则 2018 年 8 月 31 日前申报所属期为 2017 年 10 月 1 日至 2018 年 7 月 31 日的清算所得企业所得税时,可以向前弥补 2017 年(1 月 1 日至 9 月 30 日)、2016 年、2015 年、2014 年、2013 年度的税务亏损。

但是需要注意的是,根据《国家税务总局关于企业清算所得税有关问题的通知》(国税函〔2009〕684 号)第二条规定"进入清算期的企业应对清算事项,报主管税务机关备案",部分税务机关认为,如果企业没有事先向主管税务机关备案,亏损弥补的前五年,只能是清算结束日的前五年。

(6)清算所得的分配。企业全部资产的可变现价值或交易价格减除清算费用,职工的工资、社会保险费用和法定补偿金,结清清算所得税、以前年度欠税等税款,清偿企业债务,按规定计算可以向所有者分配的剩余资产,在 PPP 项目中,即分给项目公司的股东们。

根据《财政部国家税务总局关于企业清算业务企业所得税处理若干问题的通知》(财税〔2009〕60 号)第五条第二款规定:"被清算企业的股东分得的剩余资产的金额,其中相当于被清算企业累计未分配利润和累计盈余公积中按该股东所占股份比例计算的部分,应确认为股息所得;剩余资产减除股息所得后的余额,超过或低于股东投资成本的部分,应确认为股东的投资转让所得或损失。"此处法人股东从项目公司清算所得中获取的相当于股息所得的部分，可以适用《企业所得税法》第二十六条第（三）项的规定，即“在中国境内设立机构、场所的非居民企业从居民企业取得与该机构、场所有实际联系的股息、红利等权益性投资收益”免征企业所得税。

剩余资产减除股息所得后的余额，超过股东投资成本的部分，应确认为股东的投资转让所得，应适用《国家税务总局关于企业取得财产转让等所得企业所得税处理问题的公告》（2010 年第 19 号 ）第一条的规定：“企业取得财产（包括各类资产、股权、债权等）转让收入、债务重组收入、接受捐赠收入、无法偿付的应付款收入等，不论是以货币形式、还是非货币形式体现，除另有规定外，均应一次性计入确认收入的年度计算缴纳企业所得税。”

剩余资产减除股息所得后的余额，低于股东投资成本的部分，应确认为股东的投资转让损失。可以适用《国家税务总局关于企业股权投资损失所得税处理问题的公告》（2010 年第 6 号）的规定：“企业对外进行权益性（以下简称股权）投资所发生的损失，在经确认的损失发生年度，作为企业损失在计算企业应纳税所得额时一次性扣除。”

3. 项目公司清算中其他税处理

在项目公司清算过程中，若管理人对项目公司财产采用转卖抵债的方式，那么被转让的财产虽然是对企业全部资产的变价转让，但它与转让企业全部产权不同，转让企业全部产权是整体转让企业的资产、债权、债务及劳动力的行为，这种行为不属于增值税的征收范围，不应征收增值税。但是在项目公司的破产清算中，若管理人对项目公司财产转卖属于增值税应税范围，应照章缴纳增值税，同时还有可能涉及土地增值税、印花税、城市建设维护税等。

《企业破产法》规定“管理、变价、分配债务人财产的费用属于破产费用”，上述管理人变卖项目公司财产的行为中产生的增值税、土地增值税、印花税、城市建设维护税属于破产费用，而破产费用是不需要进行债权申报的，且债务人财产不足以清偿破产费用以及共益债务的，先行清偿破产费用，所以这些税是应该先行受偿的。破产财产的变价收入只有扣除上述作为破产费用的税金后的余额才能用于其他破产债权的清偿。这与前面所提到的清算过程中的企业所得税是完全不同的。

（三）法规汇编

涉税法规汇编如表 3.60 所示。

表 3.60　　涉税法规汇编

文号	文件名
中华人民共和国主席令 2006 年第 54 号	《企业破产法》
中华人民共和国国务院令第 362 号	《中华人民共和国税收征管法实施细则》
第九届全国人民代表大会常务委员会	《中华人民共和国税收征收管理法》
中华人民共和国国务院令第 512 号	《中华人民共和国企业所得税法实施条例》
国税函〔1998〕	《国家税务总局关于以房屋抵顶债务应征收营业税问题的批复》
财税〔2005〕165 号	《财政部国家税务总局关于增值税若干政策的通知》
国家税务总局公告 2011 年第 25 号	《企业资产损失所得税税前扣除管理办法》
中华人民共和国主席令第 63 号	《企业所得税法》

续表

文号	文件名
国税函〔2009〕684号	《国家税务总局关于企业清算所得税有关问题的通知》
财税〔2009〕60号	《财政部国家税务总局关于企业清算业务企业所得税处理若干问题的通知》
2010年第19号	《国家税务总局关于企业取得财产转让等所得企业所得税处理问题的公告》
2010年第6号	《国家税务总局关于企业股权投资损失所得税处理问题的公告》

典型案例:甲镇集中供热项目的税务处理

一、背景介绍

××市甲镇集中供热项目,是该市已建成的规模最大的供热项目,该项目是财政部PPP示范项目。甲镇集中供热项目利用社会资本的资金和管理经验,缓解财政压力,改造升级供暖设备,提高能源利用率,满足节能环保的要求,同时有利于转变政府职能和提高居民福利。

甲镇集中供热项目采用建设—运营—移交(BOT)的运作方式,通过招投标,ZB热力有限公司最终中标。项目公司由××市某区政府与ZB热力有限公司共同出资组建,注册资本金为1亿元,其中政府方占股10%,社会资本占股90%。资金来源为自筹资金1亿元,银团贷款3亿元,产业基金2亿元。项目公司负责偿还贷款资金、运营维护供热设施。

本项目采用PM模式,此模式下,业主分别与咨询单位、设计单位、施工单位签订合同,咨询单位以业主的名义工作,介入整个项目管理过程。但由于其与设计单位、建设单位没有合同关系,因此在涉及各种方案时需要业主做决策。项目公司发包,根据××市规划区范围建设发展需要及供热市场需求,承担甲镇集中供热项目建造,建造换热站43座、建造长度约为170km的一、二次网供热管网、功率为2×58+2×70MW燃煤热水锅炉若干等。本项目监理单位为某某质量监督会,代表政府,对整个工程的质量进行监督。

项目运营期间,由政府方授予项目公司特许经营权,由项目公司具体负责项目的运营维护管理。项目公司仅通过使用者付费方式获取投资回报,完全自负盈亏,对于使用者付费若不足以满足社会资本方成本回收和合理回报的部分也无须政府给予可行性缺口补助。政府方授予社会资本方30年的特许经营权,特许经营期限自2016年1月开始至2045年12月底结束。

在付费机制下,根据相关法律法规规定,结合项目自身特点,设置合理的定价和调价机制,本项目建立运营成本与供热价格联动机制作为调价机制,具体诸如煤热价格联动机制,运营期满后,由项目公司具体负责将本项目全部资产无偿移交给政府或其指定机构。并保证项目资产能正常运行3个供暖期以上。项目在移交前1年,由政府专门机构检查项目资产是否处于良好状态,以保障资产的保值和增值。××市甲镇集中供热项目架构如图3.8所示。

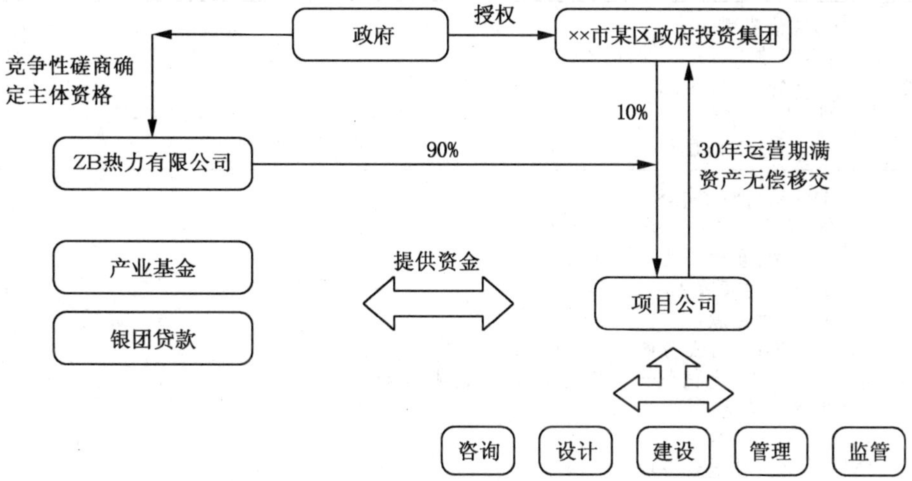

图 3.7　××市甲镇集中供热项目架构图

二、会计处理

项目公司会计处理如表 3.61 所示：

表 3.61　　项目公司会计处理

融资阶段	①收到资本金 借：银行存款 　　贷：实收资本——ZB 热力有限公司 　　　　实收资本——XX 市某区政府投资集团 ②贷款 借：银行存款 　　贷：长期借款——银团 　　　　长期借款——产业基金
建设阶段	①支付勘察设计等费用 借：在建工程——直接成本——项目前期工程费 　　应交税费——应交增值税(进项税额) 　　贷：银行存款 ②支付征地拆迁补偿款 借：在建工程——直接成本——工程建设其他费用 　　贷：银行存款 ③支付开工前的其他费用 借：在建工程——直接成本——工程建设其他费用 　　应交税费——应交增值税(进项税额) 　　贷：银行存款 ④与施工方结算工程款 借：在建工程——直接成本——建筑安装工程 　　应交税费——应交增值税(进项税额) 　　贷：银行存款/应付账款

续表

建设阶段	⑤借款费用 借:在建工程——资本化利息 　贷:应付利息 借:应付利息 　贷:银行存款
运营阶段	①确认特许经营权 借:无形资产——特许经营权 　贷:在建工程——投资结转 ②取得运营收入 借:银行存款 　贷:主营业务收入 　　应交税费——应交增值税(销项税额) ③取得其他收入 借:银行存款 　贷:其他业务收入 　　应交税费——应交增值税(销项税额) ④支付日常运营成本 借:主营业务成本 　应交税费——应交增值税(进项税额) 　贷:银行存款 ⑤支付其他业务成本 借:其他业务成本 　应交税费——应交增值税(进项税额) 　贷:银行存款 ⑥摊销特许权 借:主营业务成本——特许权摊销 　贷:无形资产——累计摊销 ⑦发生管理费用 借:管理费用 　贷:银行存款 ⑧支付财务费用 借:财务费用 　贷:银行存款
移交清算阶段	①无形资产核算模式下,期满无偿移交,项目公司在经营期内已把特许经营权全部摊销完毕,无须进行会计处理 ②项目公司清算 借:实收资本——ZB热力有限公司 　实收资本——××市某区政府投资集团 　留存收益 　贷:银行存款

三、税务处理及测算

项目公司税务处理如表3.62所示。

表 3.62　　项目公司税务处理

融资阶段
增值税： 对于收取现金的股权融资，不涉及相关税务处理；项目公司取得非货币性资产，增值税符合条件的，进项可抵扣，取得资产的计税基础，应按非货币性资产的公允价值确定。 印花税： 印花税＝(实收资本＋资本公积)×0.25‰＋产权转移书据(土地使用证等)×0.5‰＋借款金额×0.05‰ 契税： 项目公司承受土地，契税税率为3%～5%幅度税率，计税依据为成交价格。甲镇集中供热项目的土地采用协议出让的形式 。营改增之后，政府对契税的计税依据进行了明确，根据财税〔2016〕43号《财政部国家税务总局关于营改增后契税、房产税、土地增值税、个人所得税计税依据问题的通知》，计征契税的成交价格不含增值税。保障房的税额计算＝计税依据×税率
建设阶段
增值税： 建设阶段基本无收入，留存大量进项税额：咨询、设计服务进项、建筑服务进项、监理工程服务进项等等。 注：若项目公司与建筑服务提供商约定采用甲供工程或清包工程，意味着建筑服务商无法就原材料的进项进行抵扣，而营改增后建筑业服务增值税税率是10%，为了避免给建筑商造成大量负担，《营业税改征增值税试点有关事项的规定》规定：一般纳税人以清包工和甲供工程提供的建筑服务，可以选择适用简易计税方法，即建筑公司可以选择适用简易计税方法也可以选择一般计税方法。如果建筑公司选择适用简易计税方法，则该项目本身所发生的成本中的增值税进项税不可以抵扣；如果选择一般计税方法计税，则该项目本身所发生的成本中的增值税进项税可以抵扣。 印花税： 印花税＝建筑安装工程承包合同金额×0.3‰＋建筑工程勘察设计合同金额×0.5‰
运营阶段
增值税： 销售热力，按照销售货物税目。一般税率16%，暖气、热水低税率10%。销售其他货物等，适用16%。国家对供热企业向居民个人收取的采暖费收入免征增值税。 所得税： 所得税方面，国家对符合条件的公共基础设施、环境保护、节能节水项目授予三免三减半的税收优惠政策。优惠期后，应纳税所得额按照25%纳税。 印花税： 印花税＝销售合同金额×0.3‰
移交阶段
运营期满后，由项目公司具体负责将本项目全部资产无偿移交给政府或其指定机构。根据“单位或者个人向其他单位或者个人无偿转让无形资产或者不动产，视同销售，但用于公益事业或者以社会公众为对象的除外”，不视同销售，无所得税、增值税纳税义务。

第四章

PPP项目中增值税发票的使用与管理

一、增值税发票概述

根据2010年12月20日国务院颁布的《中华人民共和国发票管理办法》(国务院令第587号)第三条规定:发票,是指在购销商品、提供或者接受服务以及从事其他经营活动中,开具、收取的收付款凭证。发票不仅是商业活动中重要的原始凭证,而且是财税核算工作的基本要素。

增值税发票既是商事凭证,也是计税凭证,承载了方方面面的许多功能。而根据《关于全面推开营业税改征增值税试点的通知》(财税〔2016〕36号)的相关规定,2016年5月1日全面推开营改增试点后,营业税发票停止使用,所有的发票都将属于增值税发票。

增值税发票分为增值税专用发票和增值税普通发票。《增值税专用发票使用规定》(国税发〔2006〕156号)明确:增值税专用发票,是增值税一般纳税人销售货物或者提供应税劳务开具的发票,是购买方支付增值税额并可按照增值税有关规定据以抵扣增值税进项税额的凭证,增值税专用发票只限于增值税的一般纳税人使用。

因此,两者的主要区别就是增值税专用发票具有税款抵扣功能。

根据是否以纸质凭证作为发票的载体,可以分为增值税发票和增值税电子发票。细分一下增值税发票,通常依据能否作为抵扣增值税进项税额的凭证依据,增值税发票可以分为增值税专用发票和增值税普通发票两大类。

目前,使用更新的增值税发票管理新系统将能开具增值税电子普通发票,电子发票主要在电商、电信、快递及公共事业服务企业重点推进。根据《关于推行通过增值税电子发票系统开具的增值税电子普通发票有关问题的公告》(国家税务总局公告2015年第84号)相关规定,增值税电子普通发票的开票方和受票方需要纸质发票的,可以自行打印增值税电子普通发票的版式文件,其法律效力、基本用途、基本使用规定等与税务机关监制的增值税普通发票相同。

2015年4月1日起,全国范围内开始分步全面推行增值税发票升级版,纳税人将通过升级版开具发票。

二、专用发票的领购及使用限额管理

（一）专用发票的领购

1. 专用发票的初始发行

根据《增值税专用发票使用规定》（国税发〔2006〕156号）的要求，一般纳税人领购专用设备后，凭《最高开票限额申请表》《发票领购簿》到主管税务机关办理初始发行。

本规定所称初始发行，是指主管税务机关将一般纳税人的以下信息载入空白金税卡和IC卡的行为：①企业名称；②税务登记代码；③开票限额；④购票限量；⑤购票人员姓名、密码；⑥开票机数量；⑦国家税务总局规定的其他信息。

一般纳税人发生上列第①③④⑤⑥⑦项信息变化，应向主管税务机关申请变更发行；发生第二项信息变化，应向主管税务机关申请注销发行。

2. 专用发票的领购要求

一般纳税人凭《发票领购簿》、IC卡和经办人身份证明领购专用发票。一般纳税人有下列情形之一的，不得领购开具专用发票：

（1）会计核算不健全，不能向税务机关准确提供增值税销项税额、进项税额、应纳税额数据及其他有关增值税税务资料的。

上列其他有关增值税税务资料的内容，由省、自治区、直辖市和计划单列市国家税务局确定。

（2）有《税收征收管理法》规定的税收违法行为，拒不接受税务机关处理的。

（3）有下列行为之一，经税务机关责令限期改正而仍未改正的：

①虚开增值税专用发票；

②私自印制专用发票；

③向税务机关以外的单位和个人买取专用发票；

④借用他人专用发票；

⑤未按本规定第十一条开具专用发票；

⑥未按规定保管专用发票设备，有下列情形之一的，为未按规定保管专用发票和专用设备：

未设专人保管专用发票和专用设备；

未按税务机关要求存放专用发票和专用设备；

未将认证相符的专用发票抵扣联、《认证结果通知书》和《认证结果清单》装订成册；

未经税务机关查验，擅自销毁专用发票基本联次。

未按规定申请办理防伪税控系统变更发行；

未按规定接受税务机关检查。

有上列情形的，如已领购专用发票，主管税务机关应暂扣其结存的专用发票和IC卡。

3. 发票的领用

纳税信用A级的纳税人可一次领取不超过3个月的增值税发票用量，纳税信用B级的纳税人可一次领取不超过2个月的增值税发票用量。以上两类纳税人生产经营情况发生变化,需要调整增值税发票用量,手续齐全的,按照规定即时办理。

对已办理发票核定的纳税人,税务机关依据其申请,在核定范围内发放发票。

领用发票携带的资料:

①税务登记证件;

②经办人身份证明(经办人变更的提供复印件);

③《发票领用簿》;

④领用增值税专用发票、货物运输业增值税专用发票、机动车销售统一发票和增值税普通发票的,应提供金税盘(税控盘)、报税盘或 IC 卡;领用税控收款机发票的,应提供税控收款机用户卡。

注意事项:

①对非首次领用发票的纳税人,启动发票验旧基本流程;

②核对纳税人发票核定内容,在单次可领用数量范围内发放发票,打印《发票领用簿》;

③纳税信用为 A 级的纳税人,可单次发放不超过 3 个月用量的增值税专用发票;

④纳税信用为 D 级的,增值税专用发票领用按辅导期一般纳税人政策办理,增值税普通发票领用实行交(验)旧供新、严格限量供应。

4. 发票退回

因发票印制质量、发票发放错误、发票发放信息登记错误、纳税人领票信息电子数据丢失、税控设备故障等原因,税务机关为纳税人办理退票。

报送资料:

①《发票领用簿》;

②退回增值税专用发票、货物运输业增值税专用发票、机动车销售统一发票和增值税普通发票的,应提供金税盘、税控盘、报税盘或 IC 卡;退回税控收款机发票的,应提供税控收款机用户卡。

5. 营改增纳税人发票用量申请及核定

税务机关依据增值税纳税人的申请,核定其使用增值税税控系统开具的发票种类(包括增值税专用发票、货物运输业增值税专用发票、增值税普通发票及机动车销售统一发票)、单次(月)领用数量及增值税发票、机动车销售统一发票的最高开票限额。

(1)报送资料。试点纳税人在进行税务登记后,向主管国税机关申请领用发票的,应提供以下资料:

①《纳税人领用发票票种核定表》;

②税务登记证件或加载统一社会信用代码的营业执照;

③经办人身份证明原件及复印件(首次办理或经办人发生变化时提供);

④发票专用章印模(首次申请发票票种核定时提供)。

(2)核定程序。

①办税服务厅接收资料,核对资料是否齐全;

②办税服务厅 1 个工作日内将相关资料信息转下一环节按规定程序处理;

③办税服务厅收到反馈后 1 个工作日内通知纳税人领取《发票领用簿》和《增值税税控系统安装使用告知书》,未通过的出具《税务事项通知书》;

④本事项应在 5 个工作日内办结,对申请增值税专用发票、货物运输业增值税专用发票

的纳税人，自纳税人增值税专用发票（增值税税控系统）最高开票限额获批之日起1个工作日内办结；

⑤使用增值税发票系统升级版的纳税人，税务机关可按照纳税人生产经营规模、经营模式、行业特点、开具发票特殊性等因素设置增值税发票基本月供应量（纳税人申领超过基本月供应量，应向税务机关提供相关证明材料），同时还应设定纳税人离线开票时限和离线开票总金额。

（二）增值税专用发票的使用限额

1. 增值税专用发票的限额管理

根据《国家税务总局关于在全国开展营业税改征增值税试点有关征收管理问题的公告》（国家税务总局公告〔2013〕39号）第三条，增值税专用发票（增值税税控系统）实行最高开票限额管理。最高开票限额，是指单份专用发票或货运专票开具的销售额合计数不得达到的上限额度。

最高开票限额由一般纳税人申请，区县税务机关依法审批。一般纳税人申请最高开票限额时，需填报《增值税专用发票最高开票限额申请单》。主管税务机关受理纳税人申请以后，根据需要进行实地查验。实地查验的范围和方法由各省国税机关确定。

税务机关应根据纳税人实际生产经营和销售情况进行审批，保证纳税人生产经营的正常需要。

根据《关于简化增值税发票领用和使用程序有关问题的公告》（国家税务总局2014年第19号）一般纳税人申请专用发票（包括增值税专用发票和货物运输业增值税专用发票，下同）最高开票限额不超过十万元的，主管税务机关不需事前进行实地查验。

各省国税机关可在此基础上适当扩大不需事前实地查验的范围，实地查验的范围和方法由各省国税机关确定。增值税防伪税控系统最高开票限额审批，实施机关：区县税务机关。

2. 最高开票限额

最高开票限额，是指单份发票开具的销售额合计数不得达到的上限额度。

使用增值税防伪税控系统的试点纳税人，在申请办理最高开票限额审批时，应提供以下资料：

①《税务行政许可申请表》；

②《增值税专用发票最高开票限额申请单》。

（三）辅导期一般纳税人的专用发票限额管理

根据《增值税一般纳税人纳税辅导期管理办法》（国税发〔2010〕40号）的规定，主管税务机关对辅导期纳税人实行限量限额发售专用发票。

1. 限额限量管理

（1）实行纳税辅导期管理的小型商贸批发企业，领购专用发票的最高开票限额不得超过十万元；其他一般纳税人专用发票最高开票限额应根据企业实际经营情况重新核定。

（2）辅导期纳税人专用发票的领购实行按次限量控制，主管税务机关可根据纳税人的经营情况核定每次专用发票的供应数量，但每次发售专用发票数量不得超过25份。

（3）辅导期纳税人领购的专用发票未使用完而再次领购的，主管税务机关发售专用发票的份数不得超过核定的每次领购专用发票份数与未使用完的专用发票份数的差额。

2. 增购预征管理

辅导期纳税人一个月内多次领购专用发票的，应从当月第二次领购专用发票起，按照上一次已领购并开具的专用发票销售额的3%预缴增值税，未预缴增值税的，主管税务机关不得向其发售专用发票。

预缴增值税时，纳税人应提供已领购并开具的专用发票记账联，主管税务机关根据其提供的专用发票记账联计算应预缴的增值税。

辅导期纳税人按预缴的增值税可在本期增值税应纳税额中抵减，抵减后预缴增值税仍有余额的，可抵减下期再次领购专用发票时应当预缴的增值税。

纳税辅导期结束后，纳税人因增购专用发票发生的预缴增值税有余额的，主管税务机关应在纳税辅导期结束后的第一个月内，一次性退还纳税人。

三、专用发票的开具范围、要求及营改增衔接政策

(一)开具范围

1. 纳税人提供应税服务，应当向索取增值税专用发票的接受方开具增值税专用发票，并在增值税专用发票上分别注明销售额和销项税额。属于下列情形之一的，不得开具增值税专用发票：

①向消费者个人提供应税服务、无形资产或者不动产；

②适用免征增值税规定的应税服务。

2. 小规模纳税人发生应税行为，购买方索取增值税专用发票的，可以向主管税务机关申请代开。

(二)开具要求

(1)自2017年7月1日起，购买方为企业的，索取增值税普通发票时，应向销售方提供纳税人识别号或统一社会信用代码；销售方为其开具增值税普通发票时，应在“购买方纳税人识别号”栏填写购买方的纳税人识别号或统一社会信用代码。不符合规定的发票，不得作为税收凭证。企业，包括公司、非公司制企业法人、企业分支机构、个人独资企业、合伙企业和其他企业。

销售方开具增值税发票时，发票内容应按照实际销售情况如实开具，不得根据购买方要求填开与实际交易不符的内容。销售方开具发票时，通过销售平台系统与增值税发票税控系统后台对接，导入相关信息开票的，系统导入的开票数据内容应与实际交易相符，如不相符应及时修改完善销售平台系统。

专用发票应按下列要求开具：

①项目齐全，与实际交易相符；

②字迹清楚，不得压线、错格；

③发票联和抵扣联加盖财务专用章或者发票专用章；

④按照增值税纳税义务的发生时间开具。

对不符合上列要求的专用发票，购买方有权拒收。

(2)实务操作注意事项。

①开票信息项目齐全(6个项目齐全)；

②单位名称(营业执照上的全称)；

③纳税人识别号(《税务登记证》的编号一般为15位,“三证合一”的进行纳税人识别号变更的纳税人为18位社会统一信用代码)；

④注册地址(公司营业执照上的注册地址)；

⑤电话(主管税务登记电话号码)；

⑥开户银行(银行开户许可证上的开户银行)；

⑦银行账号(公司开户许可证上的银行账号)；

⑧一般纳税人制定增值税发票开票信息卡片有利于统一开票信息。

(3)税务总局编写了《商品和服务税收分类与编码(试行)》(以下简称编码,见附件),并在新系统中增加了编码相关功能。自2016年5月1日起,纳入新系统推行范围的试点纳税人及新办增值税纳税人,应使用新系统选择相应的编码开具增值税发票。北京市、上海市、江苏省和广东省已使用编码的纳税人,应于5月1日前完成开票软件升级。5月1日前已使用新系统的纳税人,应于8月1日前完成开票软件升级。

(4)按照现行政策规定适用差额征税办法缴纳增值税,且不得全额开具增值税发票的(财政部、税务总局另有规定的除外),纳税人自行开具或者税务机关代开增值税发票时,通过新系统中差额征税开票功能,录入含税销售额(或含税评估额)和扣除额,系统自动计算税额和不含税金额,备注栏自动打印“差额征税”字样,发票开具不应与其他应税行为混开。

(5)税务机关代开增值税发票时,“销售方开户行及账号”栏填写税收完税凭证字轨及号码或系统税票号码(免税代开增值税普通发票可不填写)。

(三)营改增衔接政策

(1)针对纳入营改增试点范围的一些行业存在开具发票的特殊需求,在《国家税务总局关于全面推行增值税发票系统升级版有关问题的公告》(国家税务总局公告2015年第19号)规定可继续使用的普通发票基础上,进一步明确:门票、过路(过桥)费发票、定额发票、客运发票和二手车销售统一发票继续使用。

(2)增值税普通发票(卷式)启用前,纳税人可通过新系统使用国税机关发放的现有卷式发票。

(3)自2016年5月1日起,地税机关不再发放发票。营改增纳税人已领取地税机关印制的发票以及印有本单位名称的发票,可继续使用一定时期,特殊情况经省国税局确定,可适当延长使用期限。

试点纳税人已领取地税机关印制的发票以及印有本单位名称的发票,可继续使用至2016年6月30日,特殊情况经省国税局确定,可适当延长使用期限,最迟不超过2016年8月31日。

(4)营改增税制转换过程中,一些发票存在使用的特殊情况,比如纳税人在地税机关已申报营业税但因种种原因未开具发票,2016年5月1日以后需要补开发票的处理问题。对此,明确可于2016年12月31日开具增值税普通发票。

(5)试点纳税人开票要选相应编码。税务总局编写《商品和服务税收分类与编码试行》,并在新系统中增加了编码相关功能,自2016年5月1日起,纳入新系统的推行范围的试点纳税人及新办增值税纳税人,应使用新系统选择相应的编码开具增值税发票。

四、专用发票的认定抵扣及认证管理

(一)专用发票的认定抵扣

专用发票的认定抵扣流程如图 4.1 所示：

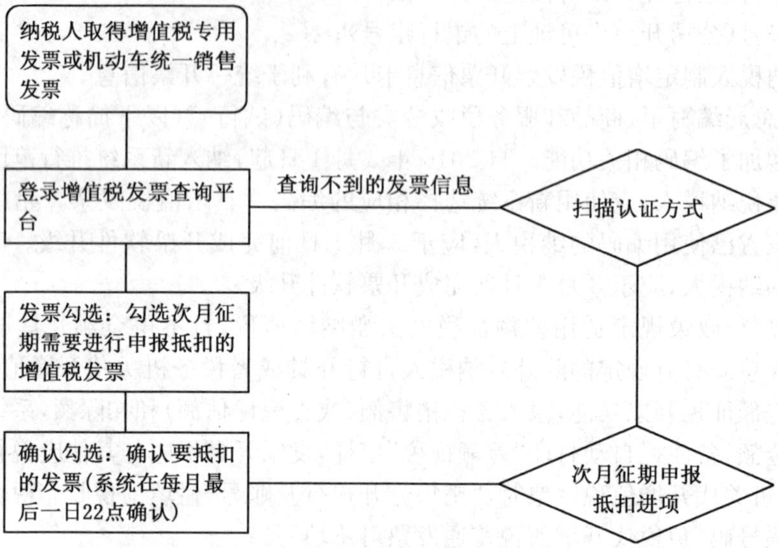

图 4.1　专用发票的认定抵扣

1. 增值税专用发票

增值税一般纳税人取得的增值税专用发票(包括:《增值税专用发票》、税控《机动车销售统一发票》),自 2017 年 7 月 1 日起,增值税一般纳税人取得的 2017 年 7 月 1 日及以后开具的增值税专用发票和机动车销售统一发票,应自开具之日起 360 日内认证或登录增值税发票选择确认平台进行确认,并在规定的纳税申报期内,向主管国税机关申报抵扣进项税额。

2. 海关进口增值税专用缴款书

自 2013 年 7 月 1 日起,增值税一般纳税人进口货物取得的属于增值税扣税范围的海关缴款书,需经税务机关稽核比对相符后,其增值税额方能作为进项税额在销项税额中抵扣。增值税一般纳税人取得的 2017 年 7 月 1 日及以后开具的海关进口增值税专用缴款书,应自开具之日起 360 日内向主管国税机关报送《海关完税凭证抵扣清单》,申请稽核比对。

3. 未在规定期限内认证或者申报抵扣的情况

增值税一般纳税人取得的增值税专用发票(包括:《增值税专用发票》、税控《机动车销售统一发票》)以及海关缴款书,未在规定期限内到税务机关办理认证或者申报抵扣的,不得作为合法的增值税扣税凭证,不得计算进项税额抵扣。国家税务总局另有规定的除外。

(二)不得作为增值税进项税额的抵扣凭证(不得抵扣,退票重开)

经认证,有下列情形之一的,不得作为增值税进项税额的抵扣凭证,税务机关退还原件,购买方可要求销售方重新开具专用发票。

1. 无法认证

无法认证,是指专用发票所列密文或者明文不能辨认,无法产生认证结果。

2. 纳税人识别号认证不符

纳税人识别号认证不符,是指专用发票所列购买方纳税人识别号有误。

3. 专用发票代码、号码认证不符

专用发票代码、号码认证不符,是指专用发票所列密文解译后与明文的代码或者号码不一致。

(三)暂不得作为增值税进项税额的抵扣凭证(暂不抵扣,扣票查实)

经认证,有下列情形之一的,暂不得作为增值税进项税额的抵扣凭证,税务机关扣留原件,查明原因,分别情况进行处理。

1. 重复认证

重复认证,是指已经认证相符的同一张专用发票再次认证。

2. 密文有误

密文有误,是指专用发票所列密文无法解译。

3. 认证不符

认证不符,是指纳税人识别号有误,或者专用发票所列密文解译后与明文不一致。

本项所称认证不符不含(一)的第2项、第3项所列情形。

4. 列为失控专用发票

列为失控专用发票,是指认证时的专用发票已被登记为失控专用发票。

(四)对丢失已开具专用发票的发票联和抵扣联的处理

(1)一般纳税人丢失已开具专用发票的发票联和抵扣联,如果丢失前已认证相符的,购买方凭销售方提供的相应专用发票记账联复印件及销售方所在地主管税务机关出具的《丢失增值税专用发票已报税证明单》,经购买方主管税务机关审核同意后,可作为增值税进项税额的抵扣凭证。

如果丢失前未认证的,购买方凭销售方提供的相应专用发票记账联复印件到主管税务机关进行认证,认证相符的凭该专用发票记账联复印件及销售方所在地主管税务机关出具的《丢失增值税专用发票已报税证明单》,可作为增值税进项税额的抵扣凭证。

(2)一般纳税人丢失已开具专用发票的抵扣联,如果丢失前已认证相符的,可使用专用发票发票联复印件留存备查。

如果丢失前未认证的,可使用专用发票发票联到主管税务机关认证,专用发票发票联复印件留存备查。

(3)一般纳税人丢失已开具专用发票的发票联,可将专用发票抵扣联作为记账凭证,专用发票抵扣联复印件留存备查。

(4)丢失货运专票的处理,按照专用发票的有关规定执行,承运方主管税务机关出具《丢失货物运输业增值税专用发票已报税证明单》。

(5)专用发票抵扣联无法认证的,可使用专用发票发票联到主管税务机关认证。专用发票发票联复印件留存备查。

(五)营改增增值税专用发票认证新规定

(1)自2016年3月1日起,对纳税信用A级增值税一般纳税人取消增值税专用发票扫描认证，通过增值税发票查询平台，查询、选择用于申报抵扣或者出口退税的增值税发票信息。自2016年3月1日起，A级一般纳税人取消认证增值税发票范围：

①增值税专用发票；

②货物运输业增值税专用发票；

③机动车销售统一发票。

(2)纳税信用B级增值税一般纳税人取得销售方使用新系统开具的增值税发票(包括增值税专用发票、货物运输业增值税专用发票、机动车销售统一发票，下同)，可以不再进行扫描认证，登录本省增值税发票查询平台，查询、选择用于申报抵扣或者出口退税的增值税发票信息，未查询到对应发票信息的，仍可进行扫描认证。自2016年5月1日起，B级一般纳税人取消认证增值税发票范围：

①增值税专用发票；

②货物运输业增值税专用发票；

③机动车销售统一发票。

(3)2016年5月1日新纳入营改增试点的增值税一般纳税人，2016年5月至7月期间不需进行增值税发票认证，登录本省增值税发票查询平台，查询、选择用于申报抵扣或者出口退税的增值税发票信息，未查询到对应发票信息的，可进行扫描认证。2016年8月起按照纳税信用级别分别适用发票认证的有关规定。

五、税控系统及营改增增值税发票管理系统

(一)税控系统增值税专用发票的管理

(1)税务机关专用发票管理部门在运用防伪税控发售系统进行发票入库管理或向纳税人发售专用发票时，要认真录入发票代码、号码，并与纸质专用发票进行仔细核对，确保发票代码、号码电子信息与纸质发票的代码、号码完全一致。

(2)纳税人在运用防伪税控系统开具专用发票时，应认真检查系统中的电子发票代码、号码与纸质发票是否一致。如发现税务机关错填电子发票代码、号码的，应持纸质专用发票和税控IC卡到税务机关办理退回手续。

(3)对税务机关错误录入代码或号码后又被纳税人开具的专用发票，按以下办法处理：

①纳税人当月发现上述问题的，应按照专用发票使用管理的有关规定，对纸质专用发票和防伪税控开票系统中专用发票电子信息同时进行作废，并及时报主管税务机关。纳税人在以后月份发现的，应按有关规定开具红字专用发票。

②主管税务机关按照有关规定追究有关人员责任，同时将有关情况，如发生原因、主管税务机关名称、编号、纳税人名称、纳税人识别号、发票代码号码(包括错误的和正确的)、发生时间、责任人以及处理意见或请求等，逐级上报至总局。

③对涉及发票数量多、影响面较大的，总局将按规定程序对“全国作废发票数据库”进行修正。

(4)在未收回专用发票抵扣联及发票联，或虽已收回专用发票抵扣联及发票联但购货方已将专用发票抵扣联报送税务机关认证的情况下，销货方一律不得作废已开具的专用发票。

(二)营改增增值税发票管理系统

根据《关于全面推行增值税发票系统升级版的问题》(国家税务总局公告2015年第19号)的规定,营改增后增值税发票管理系统主要涉及以下问题:

1. 系统使用

增值税发票系统升级版是对增值税防伪税控系统、货物运输业增值税专用发票税控系统、稽核系统以及税务数字证书系统等进行整合升级完善。实现纳税人经过税务数字证书安全认证、加密开具的发票数据,通过互联网实时上传税务机关,生成增值税发票电子底账,作为纳税申报、发票数据查验以及税源管理、数据分析利用的依据。

(1)增值税发票系统升级版纳税人端税控设备包括金税盘和税控盘(以下统称专用设备)。专用设备均可开具增值税专用发票、货物运输业增值税专用发票、增值税普通发票和机动车销售统一发票。

除通用定额发票、客运发票和二手车销售统一发票外,一般纳税人和小规模纳税人发生增值税业务对外开具发票应当使用专用设备开具。

(2)纳税人应在互联网连接状态下在线使用增值税发票系统升级版开具发票。增值税发票系统升级版可自动上传已开具的发票明细数据。

(3)纳税人因网络故障等原因无法在线开票的,在税务机关设定的离线开票时限和离线开具发票总金额范围内仍可开票,超限将无法开具发票。纳税人开具发票次月仍未连通网络上传已开具发票明细数据的,也将无法开具发票。纳税人需连通网络上传发票数据后方可开票,若仍无法连通网络的需携带专用设备到税务机关进行征期报税或非征期报税后方可开票。

纳税人已开具未上传的增值税发票为离线发票。离线开票时限是指自第一份离线发票开具时间起开始计算可离线开具的最长时限。离线开票总金额是指可开具离线发票的累计不含税总金额,离线开票总金额按不同票种分别计算。

纳税人离线开票时限和离线开票总金额的设定标准及方法由各省、自治区、直辖市和计划单列市国家税务局确定。

(4)按照有关规定不使用网络办税或不具备网络条件的特定纳税人,以离线方式开具发票,不受离线开票时限和离线开具发票总金额限制。特定纳税人的相关信息由主管税务机关在综合征管系统中设定,并同步至增值税发票系统升级版。

(5)纳税人应在纳税申报期内将上月开具发票汇总情况通过增值税发票系统升级版进行网络报税。特定纳税人不使用网络报税,需携带专用设备和相关资料到税务机关进行报税。

除特定纳税人外,使用增值税发票系统升级版的纳税人,不再需要到税务机关进行报税,原使用的网上报税方式停止使用。

(6)一般纳税人发票认证、稽核比对、纳税申报等涉税事项仍按照现行规定执行。

(7)一般纳税人和小规模纳税人自愿选择使用增值税税控主机共享服务系统开具增值税发票,任何税务机关和税务人员不得强制纳税人使用。

2. 纳税人置换专用设备

纳税人原使用的增值税税控系统金税盘(卡)、税控盘,需置换为增值税发票系统升级版专用设备。增值税发票系统升级版服务单位按照优惠价格(报税盘价格)对原金税盘(卡)、税控盘进行置换。

六、专用发票使用的特殊事项

(一)红字增值税发票开具

(1)增值税一般纳税人开具增值税专用发票(以下简称“专用发票”)后,发生销货退回、开票有误、应税服务中止等情形但不符合发票作废条件,或者因销货部分退回及发生销售折让,需要开具红字专用发票的,按以下方法处理:

1)购买方取得专用发票已用于申报抵扣的,购买方可在增值税发票管理新系统(以下简称“新系统”)中填开并上传《开具红字增值税专用发票信息表》(以下简称《信息表》,详见附件),在填开《信息表》时不填写相对应的蓝字专用发票信息,应暂依《信息表》所列增值税税额从当期进项税额中转出,待取得销售方开具的红字专用发票后,与《信息表》一并作为记账凭证。

购买方取得专用发票未用于申报抵扣、但发票联或抵扣联无法退回的,购买方填开《信息表》时应填写相对应的蓝字专用发票信息。

销售方开具专用发票尚未交付购买方,以及购买方未用于申报抵扣并将发票联及抵扣联退回的,销售方可在新系统中填开并上传《信息表》。销售方填开《信息表》时应填写相对应的蓝字专用发票信息。

2)主管税务机关通过网络接收纳税人上传的《信息表》,系统自动校验通过后,生成带有“红字发票信息表编号”的《信息表》,并将信息同步至纳税人端系统中。

3)销售方凭税务机关系统校验通过的《信息表》开具红字专用发票,在新系统中以销项负数开具。红字专用发票应与《信息表》一一对应。

4)纳税人也可凭《信息表》电子信息或纸质资料到税务机关对《信息表》内容进行系统校验。

(2)税务机关为小规模纳税人代开专用发票,需要开具红字专用发票的,按照一般纳税人开具红字专用发票的方法处理。

(3)纳税人需要开具红字增值税普通发票的,可以在所对应的蓝字发票金额范围内开具多份红字发票。红字机动车销售统一发票需与原蓝字机动车销售统一发票一一对应。

(二)代开增值税专用发票

国税局是增值税的主管税务机关。营改增后,为方便纳税人,暂定由地税局办理纳税人销售其取得的不动产和其他个人出租不动产增值税的纳税申报受理、计税价格评估、税款征收、税收优惠备案、发票代开等有关事项。地税局办理征缴、退库业务,使用地税局税收票证,并负责收入对账、会计核算、汇总上报工作。本代征业务国税局和地税局不需签订委托代征协议。

国税机关、地税机关全部使用增值税发票管理新系统代开增值税专用发票和增值税普通发票。税务机关代开普通发票使用的通用机打发票、不动产销售统一发票、建筑业统一发票等票种不再使用。国税局、地税局代开发票统一使用六联增值税专用发票和五联增值税普通发票。国税局向同级地税局代开发票部门提供发票。

目前,部分地区地税局委托住建部门、房管部门、街道办事处等政府部门代征营业税并代开营业税发票。

(1)税务机关代开增值税专用发票管理办法。

1)代开专用发票的范围,小规模纳税人销售取得的不动产以及其他个人出租不动产,购买方或承租方不属于其他个人,纳税人缴纳增值税后,可以申请地税局代开增值税专用发票。不能自开增值税普通发票的小规模纳税人销售取得的不动产,以及其他个人出租不动产,可以申请地税局代开增值税普通发票。

其他个人销售取得的不动产以及其他个人出租不动产,购买方或承租方不属于其他个人,纳税人缴纳增值税后,可以申请地税局代开增值税专用发票。

《纳税人跨县(市、区)提供建筑服务增值税征收管理暂行办法》规定:小规模纳税人跨县(市、区)提供建筑服务,不能自行开具增值税发票的,可向建筑服务发生地主管国税机关按照其取得的全部价款和价外费用申请代开增值税发票。

按照《纳税人提供不动产经营租赁服务增值税征收管理暂行办法》有关规定,小规模纳税人中的单位和个体工商户出租不动产,不能自行开具增值税发票的,可向不动产所在地主管国税机关申请代开增值税发票。

小规模纳税人跨县(市、区)提供建筑服务实际预缴税款可能会不等于发票票面注明的税款,《纳税人跨县(市、区)提供建筑服务增值税征收管理暂行办法》规定:

①小规模纳税人跨县(市、区)提供建筑服务,以取得的全部价款和价外费用扣除支付的分包款后的余额,按照3%的征收率计算应预缴税款。

②小规模纳税人跨县(市、区)提供建筑服务,不能自行开具增值税发票的,可向建筑服务发生地主管国税机关按照其取得的全部价款和价外费用申请代开增值税发票。

2)代开专用发票的开票特点是指主管税务机关为所管辖范围内的增值税纳税人(指已办理税务登记的小规模纳税人,包括个体经营者以及国家税务总局确定的其他可予代开增值税专用发票的纳税人)代开专用发票,其他单位和个人不得代开。主管税务机关应设立代开专用发票岗位和税款征收岗位,并分别确定专人负责代开专用发票和税款征收工作。

地税局代开发票部门通过增值税发票管理新系统代开增值税发票,系统自动在发票上打印"代开"字样。

地税局代开发票部门为纳税人代开的增值税发票,统一使用六联增值税专用发票和五联增值税普通发票。

第四联由代开发票岗位留存,以备发票扫描补录。

第五联交征收岗位留存,用于代开发票与征收税款的定期核对;其他联次交纳税人。

(2)税务机关代开增值税专用发票的流程。

1)代开专用发票统一使用增值税防伪税控代开票系统开具。通过防伪税控报税子系统采集代开增值税专用发票开具信息,不再填报《代开发票开具清单》,同时停止使用非防伪税控系统为纳税人代开增值税专用发票(包括手写版增值税专用发票和计算机开具不带密码的电脑版增值税专用发票)。非防伪税控代开票系统开具的代开专用发票不得作为增值税进项税额抵扣凭证。增值税防伪税控代开票系统由防伪税控企业发行岗位按规定发行。

2)增值税纳税人发生增值税应税行为需要开具专用发票时,可向其主管税务机关申请代开。

申请代开专用发票时,应填写《代开增值税专用发票缴纳税款申报单》,连同税务登记证副本,到主管税务机关税款征收岗位按专用发票上注明的税额全额申报缴纳税款,同时缴纳专用发票工本费。

3)税款征收岗位接到《申报单》后,应对以下事项进行审核:①是否属于本税务机关管辖的增值税纳税人;②《申报单》上增值税征收率填写、税额计算是否正确。

审核无误后,税款征收岗位应通过防伪税控代开票征收子系统录入《申报单》的相关信息,按照《申报单》上注明的税额征收税款,开具税收完税凭证,同时收取专用发票工本费,按照规定开具有关票证,将有关征税电子信息及时传递给代开发票岗位。

在防伪税控代开票证征税子系统未使用前暂传递纸质凭证。

税务机关可采取税银联网划款、银行卡(POS机)划款或现金收取三种方式征收税款。

4)增值税纳税人缴纳税款后,凭《申报单》和税收完税凭证及税务登记副本,到代开专用发票岗位收取代开专用发票。

代开发票岗位确认税款征收岗位传来的征税电子信息与《申报单》和税收完税凭证上的金额、税额相符后,按照《申报单》、完税凭证和专用发票一一对应,即"一单一证一票"原则,为增值税纳税人代开专用发票。

在防伪税控代开票征税子系统未使用前,代开票岗位凭《申报单》和税收完税凭证代开发票。

5)代开发票岗位应按下列要求填写专用发票的有关项目:

①"单价"栏和"金额"栏分别填写不含增值税税额的单价和销售额;

②"税率"栏填写增值税征收率;

③销货单位栏填写代开税务机关的统一代码和代开税务机关名称;

④销货方开户银行及账号栏内填写税收完税凭证号码;

⑤备注栏内注明增值税纳税人的名称和纳税人识别码;

⑥其他项目按照专用发票填开的有关规定填写。

6)为增值税纳税人代开的专用发票应统一使用六联专用发票,第五联代开发票岗位留存,以备发票的扫描补录,第六联交税款征收岗位,用于代开发票税额与征收税款的定期核对,其他联次交增值税纳税人。

(3)不得由受托代开单位代开发票的情形。

1)申请代开增值税专用发票;

2)申请代开带有抵扣功能的增值税普通发票;

3)申请代开货物、劳务和应税行为属于免税范围的增值税普通发票;

4)申请代开金额超过十万元版的增值税普通发票;

5)办理了税务登记的纳税人临时申请代开增值税普通发票;

6)跨县(市、区)提供建筑服务的纳税人申请代开增值税普通发票;

7)提供不动产经营租赁服务的纳税人申请代开增值税普通发票;

8)申请办理差额征税代开发票业务。

七、建筑业、房地产业增值税发票管理的特殊规定

(一)发票开具

(1)建筑企业与发包方签订建筑合同后,以内部授权或者三方协议等方式,授权集团内其他纳税人(以下称"第三方")为发包方提供建筑服务,并由第三方直接与发包方结算工程款的,

由第三方缴纳增值税并向发包方开具增值税发票，与发包方签订建筑合同的建筑企业不缴纳增值税。发包方可凭实际提供建筑服务的纳税人开具的增值税专用发票抵扣进项税额。

(2)提供建筑服务，纳税人自行开具或者税务机关代开增值税发票时，应在发票的备注栏注明建筑服务发生地县(市、区)名称及项目名称。

(3)销售不动产，纳税人自行开具或者税务机关代开增值税发票时，应在发票“货物或应税劳务、服务名称”栏填写不动产名称及房屋产权证书号码(无房屋产权证书的可不填写)，“单位”栏填写面积单位，备注栏注明不动产的详细地址。

(4)出租不动产，纳税人自行开具或者税务机关代开增值税发票时，应在备注栏注明不动产的详细地址。

(5)根据税总函〔2016〕190号的规定，纳税人销售其取得的不动产，自行开具或者税务机关代开增值税发票时，使用六联增值税专用发票或者五联增值税普通发票。纳税人办理产权过户手续需要使用发票的，可以使用增值税专用发票第六联或者增值税普通发票第三联。

(6)税务机关代开增值税发票时，“销售方开户行及账号”栏填写税收完税凭证字轨及号码或系统税票号码(免税代开增值税普通发票可不填写)。

(7)国税机关为跨县(市、区)提供不动产经营租赁服务、建筑服务的小规模纳税人(不包括其他个人)，代开增值税发票时，在发票备注栏中自动打印“YD”字样。

(二)营改增发票管理的衔接政策

一般纳税人销售自行开发的房地产项目，其2016年4月30日前收取并已向主管地税机关申报缴纳营业税的预收款，未开具营业税发票的，可以开具增值税普通发票，不得开具增值税专用发票。小规模纳税人销售自行开发的房地产项目，其2016年4月30日前收取并已向主管地税机关申报缴纳营业税的预收款，未开具营业税发票的，可以开具增值税普通发票，不得申请代开增值税专用发票。

该政策出台的目的是为了解决税制转换后，房地产企业由于营业税发票被地税机关收缴，在试点后无法就试点前收取的预收款开具营业税发票的问题。虽然对4月30日前的预收款，缴纳的是营业税，但允许房地产企业在试点后，对这部分未开票预收款，开具增值税普通发票。

(三)差额征税

1. 差额征收的应税行为

属于差额确定销售额的项目有下列几种情况：

(1)试点纳税人提供建筑服务适用简易计税方法的，以取得的全部价款和价外费用扣除支付的分包款后的余额为销售额。适用简易计税方法计税的建筑服务包括：

①一般纳税人以清包工方式提供的建筑服务。

②一般纳税人为甲供工程提供的建筑服务。

③一般纳税人为建筑工程老项目提供的建筑服务。

(2)房地产开发企业中的一般纳税人销售其开发的房地产项目(选择简易计税方法的房地产老项目除外)，以取得的全部价款和价外费用，扣除受让土地时向政府部门支付的土地价款后的余额为销售额。

(3)一般纳税人销售其2016年4月30日前取得(不含自建)的不动产，可以选择适用简易计税方法，以取得的全部价款和价外费用减去该项不动产购置原价或者取得不动产时的作价后的余额为销售额。

(4)小规模纳税人销售其取得(不含自建)的不动产(不含个体工商户销售购买的住房和其他个人销售不动产),应以取得的全部价款和价外费用减去该项不动产购置原价或者取得不动产时的作价后的余额为销售额。

(5)个人将购买 2 年以上(含 2 年)的非普通住房对外销售的,以销售收入减去购买住房价款后的差额按照 5%的征收率缴纳增值税。

注意事项:

①对于取得的非自建的不动产:适用简易计税方法的,以减去该项不动产购置原价或者作价后的余额为销售额;一般计税方法下不允许差额确认销售额。

②对于自建的不动产:均为取得的全部价款和价外费用为销售额。

③个人将购买不足 2 年的住房对外销售的,按照 5%的征收率全额缴纳增值税;个人将购买 2 年以上(含 2 年)的住房对外销售的,免征增值税。上述政策适用于北京市、上海市、广州市和深圳市之外的地区。

④个人将购买不足 2 年的住房对外销售的,按照 5%的征收率全额缴纳增值税。

⑤个人将购买 2 年以上(含 2 年)的普通住房对外销售的,免征增值税。上述政策仅适用于北京市、上海市、广州市和深圳市。

2. 差额征税开票

(1)纳税人适用差额计税政策时,应当取得符合法律、行政法规和国家税务总局规定的合法有效凭证,如果纳税人未能取得合法有效凭证的,则不得享受差额计税政策,应就转让不动产取得的全部价款和价外费用,计算缴纳增值税。

(2)纳税人预缴税款或者申报纳税时,按规定从取得的全部价款和价外费用中扣除不动产购置原价或者取得不动产时的作价的,应出具合法有效凭证。也就是说纳税人在向不动产所在地主管地方税务部门预缴或者向主管税务机关缴纳税款时,必须提供其扣除不动产购置原价或者取得不动产时作价的合法有效凭证,纳税人如果不能提供,或者提供的凭证不符合该条规定的合法有效凭证的范畴,则应该全额计算缴纳或者预缴税款。

(3)合法有效凭证包括:税务部门监制的发票;法院判决书、裁定书、调解书,以及仲裁裁决书、公证债权文书;总局规定的其他凭证。具体如下:

①支付给境内单位或者个人的款项,以发票为合法有效凭证。

②支付给境外单位或者个人的款项,以该单位或者个人的签收单据为合法有效凭证,税务机关对签收单据有疑义的,可以要求其提供境外公证机构的确认证明。

③缴纳的税款,以完税凭证为合法有效凭证。

④扣除的政府性基金、行政事业性收费或者向政府支付的土地价款,以省级以上(含省级)财政部门监(印)制的财政票据为合法有效凭证。

⑤国家税务总局规定的其他凭证。

差额征税行为,除未标明不得开具增值税专用发票情形,均为可以全额开具且全额计算销项税额的发票,不必通过差额征税模块中开具。因此,差额征税行为在发票开具环节有自行开具、委托开具、不得开具等三类行为,差额征税行为有差额抵扣和全额抵扣两种形式。

(4)按照现行政策规定适用差额征税办法缴纳增值税,且不得全额开具增值税发票的(财政部、税务总局另有规定的除外),纳税人自行开具或者税务机关代开增值税发票时,通过新系统中差额征税开票功能,录入含税销售额(或含税评估额)和扣除额,系统自动计算税额和不含税金额，备注栏自动打印“差额征税”字样，发票开具不应与其他应税行为混开。

3. 差额发票开具处理实务

(1)建筑业分包业务。

A 建筑公司为一般纳税人，采用简易计税方式。收取 B 公司工程款 100 万元，支付 C 公司分包款 80 万元，开具增值税专用发票。

会计处理：

A 建筑公司销售额为(100－80)÷(1＋3%)＝19.05(万元)。

A 建筑公司应交增值税额为(1 000 000－800 000)÷(1＋3%)×3%＝5 825.24(元)。

试点纳税人接受分包业务，销售额要按差额计算。

A 建筑公司取得收入的会计处理：

借：银行存款　　1 000 000

　　贷：主营业务收入　　970 873.79

　　　　应交税费——应交增值税(销项税额)

　　　　　　29 126.21[1 000 000÷(1＋3%)×3%＝29 126.21]

发票开具方法如下：

第一步，进入开票页面，点击页面上方“差额”按钮；

第二步，录入扣除额 80 万元；

第三步，发票金额栏录入含税销售额 100 万元，系统自动计算金额(不含税)和税额，填写在相应栏次(计算过程：税额＝(1 000 000－800 000)÷(1＋3%)×3%＝29 126.21元；金额(不含税)＝1 000 000－29 126.21＝970 873.79(元)。

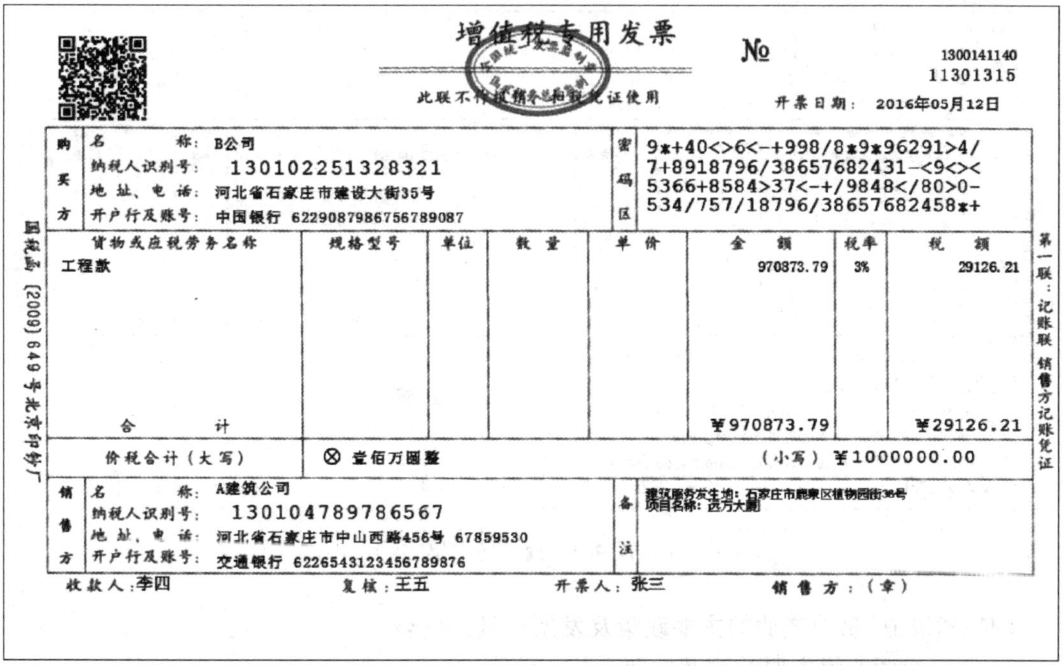

增值税专用发票

№ 1300141140　11301315

此联不作报销、扣税凭证使用

开票日期：2016年05月12日

购买方　名称：B公司
纳税人识别号：130102251328321
地址、电话：河北省石家庄市建设大街35号
开户行及账号：中国银行 6229087986756789087

密码区
9*+40<>6<-+998/8*9*96291>4/
7+8918796/38657682431-<9<><
5366+8584>37<-+/9848</80>0-
534/757/18796/38657682458*+

货物或应税劳务名称	规格型号	单位	数量	单价	金额	税率	税额
工程款					970873.79	3%	29126.21
合计					¥970873.79		¥29126.21

价税合计(大写)　⊗ 壹佰万圆整　　(小写) ¥1000000.00

销售方　名称：A建筑公司
纳税人识别号：130104789786567
地址、电话：河北省石家庄市中山西路456号 67859530
开户行及账号：交通银行 6226543123456789876

备注：建筑服务发生地：石家庄市鹿泉区植物园街36号
项目名称：远方大厦

收款人：李四　　复核：王五　　开票人：张三　　销售方：(章)

国税函〔2009〕649号北京印钞厂

第一联：记账联　销售方记账凭证

图 4.2　工程款发票

备注栏:注明建筑服务发生地所在县(市、区)及项目名称。

(2)一般纳税人出售房产。

A 公司为一般纳税人,出售其 2016 年 4 月 30 日前购入房产 1 套给 B 公司,取得含税收入 200 万元,房产购入原价 120 万元,选择简易计税方法,开具增值税专用发票。

A 公司的会计处理:

借:固定资产清理	1 200 000	
贷:固定资产		1 200 000
借:银行存款	2 000 000	
贷:固定资产清理		1 200 000
应交税费——应交增值税		38 095.24
营业外收入		761 904.76

发票开具方法如下:

第一步,进入开票页面,点击页面上方"差额"按钮;

第二步,录入扣除额 120 万元;

第三步,发票金额栏录入含税销售额 200 万元,系统自动计算金额(不含税)和税额,填写在相应栏次(计算过程:税额=(2 000 000-1 200 000)÷(1+5%)×5%=38 095.24(元);金额(不含税)=2 000 000-38 095.24=1 961 904.76(元)。

增值税专用发票

№ 1300141140 11301317

此联不作报销、扣税凭证使用

开票日期: 2016年05月12日

购买方　名称: B公司
纳税人识别号: 130102251328321
地址、电话: 河北省石家庄市建设大街35号
开户行及账号: 中国银行 6229087986756789087

密码区: 4783/62353507*/6>-+>->0*+8<
-</-893/7*81+9/572*>-/828<1
1468737>97<253547*46/><62/2
868<-12>893/7*81+9/572*/2<*

货物或应税劳务名称	规格型号	单位	数量	单价	金额	税率	税额
商品房(X冀字房权证朝字1001042 9号)		平方米	100	19619.0476	1961904.76	***	38095.24
合计					¥1961904.76		¥38095.24
价税合计(大写)	⊗ 贰佰万圆整				(小写) ¥2000000.00		

销售方　名称: A公司
纳税人识别号: 130853301198696
地址、电话: 河北省石家庄市中山西路52号 89076789
开户行及账号: 中国银行 6622345876509876789

备注: 差额征税: 1200000.00。
河北省石家庄市长安区建设大街新天小区5-4-302

收款人: 李四　复核: 王五　开票人: 张三　销售方:(章)

国税函〔2009〕649号北京印钞厂

第一联:记账联 销售方记账凭证

图 4.3　商品房发票

(四)建筑业、房地产业的主要政策及发票开具一览表

1. 建筑业营改增主要政策及发票开具一览表

表 4.1　　　　建筑业营改增主要政策及发票开具一览表

类型	计税方式		跨县(市、区)预缴税款预征率	跨县(市、区)预缴税款计算	销售额	税率(征收率)	发票开具
一般纳税人	一般计税		2%	应预缴税款＝(全部价款和价外费用－支付的分包款)÷(1＋10%)×2%	以取得的全部价款和价外费用为销售额	10%	纳税人自行开具。以取得的全部价款和价外费用全额开具增值税专用发票或增值税普通发票，备注栏注明建筑服务发生地所在县(市、区)及项目名称。申报时全额纳税。
一般纳税人	简易计税	甲供材	3%	应预缴税款＝(全部价款和价外费用－支付的分包款)÷(1+3%)×3%	以取得的全部价款和价外费用扣除支付的分包款后的余额为销售额	3%	纳税人自行开具。以取得的全部价款和价外费用全额开具增值税专用发票或增值税普通发票，备注栏注明建筑服务发生地所在县(市、区)及项目名称。申报的税款按差额计算
		清包工					
		老项目(2016 年 4 月 30 日前)					
小规模纳税人	简易计税		3%	应预缴税款＝(全部价款和价外费用－支付的分包款)÷(1+3%)×3%	以取得的全部价款和价外费用扣除支付的分包款后的余额为销售额	3%	纳税人自行开具增值税普通发票或申请代开(不能自行开具增值税普通发票或需要开具增值税专用发票的，可向建筑服务发生地主管国税机关申请代开)。开具发票时，以取得的全部价款和价外费用全额开具增值税发票，申报的税款按差额计算

纳税人销售活动板房、机器设备、钢结构件等自产货物的同时提供建筑、安装服务，不属于《营业税改征增值税试点实施办法》(财税〔2016〕36 号文件印发)第四十条规定的混合销售，应分别核算货物和建筑服务的销售额，分别适用不同的税率或者征收率。一般纳税人销售电梯的同时提供安装服务，其安装服务可以按照甲供工程选择适用简易计税方法计税。纳税人对安装运行后的电梯提供的维护保养服务，按照“其他现代服务”缴纳增值税。

2. 纳税人转让不动产营改增主要政策及发票开具一览表

表 4.2　　　　转让不动产营改增主要政策及发票开具一览表

类型	计税方式	取得方式	预缴税款预征率	预缴税款计算	销售额	税率（征收率）	发票开具
一般纳税人	一般计税（2016年5月1日后取得或之前取得自愿选择一般计税方式的）	非自建	5%	应预缴税款＝（全部价款和价外费用－不动产购置原价或者取得不动产时的作价）÷（1＋5%）×5%	以取得的全部价款和价外费用为销售额	10%	纳税人自行开具。以取得的全部价款和价外费用全额开具增值税专用发票或增值税普通发票。票面货物或应税劳务、服务名称栏填写不动产名称及房屋产权证书号码（无房屋产权证书的可不填写）；单位栏填写面积单位；备注栏注明不动产详细地址
		自建	5%	应预缴税款＝全部价款和价外费用÷（1＋5%）×5%			
	简易计税（2016年4月30日前取得）	非自建	5%	应预缴税款＝（全部价款和价外费用－不动产购置原价或者取得不动产时的作价）÷（1＋5%）×5%	以取得的全部价款和价外费用减去不动产购置原价或者取得不动产时的作价后的余额为销售额	5%	纳税人自行开具。使用增值税发票管理新系统中差额征税开票功能开具增值税专用发票或增值税普通发票。货物或应税劳务、服务名称栏填写不动产名称及产权证书号（无房屋产权证书的可不填写）；单位栏填写面积单位；备注栏注明不动产详细地址，系统自动打印“差额征税”字样
		自建	5%	应预缴税款＝全部价款和价外费用÷（1＋5%）×5%	以取得的全部价款和价外费用为销售额		纳税人自行开具。以取得的全部价款和价外费用全额开具增值税专用发票或增值税普通发票
小规模纳税人（不含个体工商户销售购买的住房和其他个人销售不动产）	简易计税	非自建	5%	应预缴税款＝（全部价款和价外费用－不动产购置原价或者取得不动产时的作价）÷（1＋5%）×5%	以取得的全部价款和价外费用减去不动产购置时原价或者取得不动产时的作价后的余额为销售额	5%	纳税人自行开具增值税普通发票或申请代开（不能自行开具增值税普通发票或需要开具增值税专用发票的，可向不动产所在地主管地税机关申请代开）。开具发票时使用增值税发票管理新系统中差额征税开票功能开具
		自建	5%	应预缴税款＝全部价款和价外费用÷（1＋5%）×5%	以取得的全部价款和价外费用为销售额		纳税人自行开具增值税普通发票或申请代开（不能自行开具增值税普通发票或需要开具增值税专用发票的，可向不动产所在地主管地税机关申请代开）。开具发票时以取得的全部价款和价外费用全额开具增值税发票

续表

<table>
<tr><th>类型</th><th>计税方式</th><th>取得方式</th><th>预缴税款预征率</th><th>预缴税款计算</th><th>销售额</th><th>税率（征收率）</th><th>发票开具</th></tr>
<tr><td rowspan="3">个人（含个体工商户和其他个人）</td><td rowspan="2">非自建住房</td><td>购买2年以内</td><td>无</td><td>无</td><td>以取得的全部价款和价外费用为销售额</td><td>5%</td><td>以取得的全部价款和价外费用全额向不动产所在地主管地税机关申请代开增值税专用发票或增值税普通发票</td></tr>
<tr><td>购买2年以上</td><td>无</td><td>无</td><td>免税</td><td>—</td><td>以取得的全部价款和价外费用全额向不动产所在地主管地税机关申请代开增值税普通发票</td></tr>
<tr><td colspan="2">自建自用住房</td><td>无</td><td>无</td><td>免税</td><td>—</td><td>以取得的全部价款和价外费用全额向不动产所在地主管地税机关申请代开增值税普通发票</td></tr>
<tr><td>其他个人</td><td colspan="2">取得的不动产（不含住房）</td><td>无</td><td>无</td><td>以取得的全部价款和价外费用减去不动产购置时原价或者取得不动产时的作价后的余额为销售额</td><td>5%</td><td>可向不动产所在地主管地税机关申请代开增值税专用发票或增值税普通发票，使用增值税发票管理新系统中差额征税开票功能开具</td></tr>
</table>

3. 纳税人出租不动产营改增主要政策及发票开具一览表

表 4.3　　出租不动产营改增主要政策及发票开具一览表

<table>
<tr><th>类型</th><th colspan="2">计税方式</th><th>预缴税款预征率</th><th>预缴税款计算</th><th>销售额</th><th>税率（征收率）</th><th>发票开具</th></tr>
<tr><td rowspan="2">一般纳税人</td><td colspan="2">一般计税（出租其 2016 年 5 月 1 日后取得或出租其 2016 年 4 月 30 日前取得自愿选择一般计税方式的）</td><td>3%</td><td>应预缴税款＝含税销售额÷（1＋10%）×3%</td><td rowspan="2">以取得的全部价款和价外费用为销售额</td><td>10%</td><td>纳税人自行开具。以取得的全部价款和价外费用全额开具增值税专用发票或增值税普通发票</td></tr>
<tr><td colspan="2">简易计税（2016 年 4 月 30 日前取得）</td><td>5%</td><td>应预缴税款＝含税销售额÷（1+5%）×5%</td><td>5%</td><td>纳税人自行开具。以取得的全部价款和价外费用全额开具增值税专用发票或增值税普通发票</td></tr>
<tr><td>小规模纳税人</td><td>简易计税</td><td>出租不动产（不含个人出租住房）</td><td>5%</td><td>应预缴税款＝含税销售额÷（1+5%）×5%</td><td>以取得的全部价款和价外费用为销售额</td><td>5%</td><td>纳税人自行开具增值税普通发票或申请代开（不能自行开具增值税普通发票或需要开具增值税专用发票的，可向不动产所在地主管国税机关申请代开）。开具发票时以取得的全部价款和价外费用全额开具增值税发票</td></tr>
</table>

续表

类型	计税方式		预缴税款预征率	预缴税款计算	销售额	税率（征收率）	发票开具
小规模纳税人	简易计税	个体工商户出租住房	5%减按1.5%	应预缴税款＝含税销售额÷(1＋5%)×1.5%	以取得的全部价款和价外费用为销售额	5%减按1.5%	纳税人自行开具增值税普通发票或申请代开（不能自行开具增值税普通发票或需要开具增值税专用发票的，可向不动产所在地主管国税机关申请开具）。开具发票时以取得的全部价款和价外费用全额开具增值税发票。开具时税率栏选择1.5%，票面打印显示“＊＊＊”
其他个人	—	出租非住房		—	以取得的全部价款和价外费用为销售额	5%	以取得的全部价款和价外费用全额向不动产所在地主管地税机关申请代开增值税专用发票或增值税普通发票
		出租住房		—		5%减按1.5%	

4. 房地产开发企业采取预收款方式销售自行开发的房地产项目营改增主要政策及发票开具一览表

表 4.4　以预收款方式销售自行开发的房地产项目营改增主要政策及发票开具一览表

类型	计税方式	预缴税款预征率	预缴税款计算	销售额	税率（征收率）	发票开具
一般纳税人	一般计税（2016 年 5 月 1 日后开工或 4 月 30 日前开工自愿选择使用一般计税方式的）	3%	应预缴税款＝预收款÷(1＋适用税率或征收率)×3%	以取得的全部价款和价外费用，扣除当期销售房地产项目对应的土地价款后的余额计算销售额：销售额＝(全部价款和价外费用－当期允许扣除的土地价款)÷(1＋10%)	10%	纳税人自行开具。以取得的全部价款和价外费用全额开具增值税专用发票或增值税普通发票
	简易计税（2016 年 4 月 30 日前开工项目）	3%		以取得的全部价款和价外费用为销售额。	5%	纳税人自行开具。以取得的全部价款和价外费用全额开具增值税专用发票或增值税普通发票
小规模纳税人	简易计税	3%	应预缴税款＝预收款÷(1＋5%)×3%	以取得的全部价款和价外费用为销售额。	5%	纳税人自行开具增值税普通发票或申请代开（不能自行开具增值税普通发票或需要开具增值税专用发票的，可向主管国税机关申请代开）。开具发票时以取得的全部价款和价外费用全额开具增值税发票

八、关于不当使用增值税专用发票的处理规定

(一)关于被盗、丢失增值税专用发票的处理

(1)纳税人必须严格按照《增值税专用发票使用规定》保管使用专用发票,对违反规定发生被盗、丢失专用发票的纳税人,按《税收征收管理法》和《发票管理办法》的规定,处以1万元以下的罚款,并可视具体情况,对丢失专用发票的纳税人,在一定期限内(最长不超过半年)停止领购专用发票,对纳税人申报遗失的专用发票,如发现非法代开、虚开问题的,该纳税人应承担偷税、骗税的连带责任。

(2)纳税人丢失专用发票后,必须按规定程序向当地主管税务机关、公安机关报失。各地税务机关在对丢失专用发票的纳税人按规定进行处罚的同时,代收取"挂失登报费",并将丢失专用发票的纳税人名称、发票份数、字轨号码、盖章与否等情况,统一传(寄)中国税务报社刊登"遗失声明"。传(寄)中国税务报社的"遗失声明",必须经县(市)国家税务机关审核盖章、签署意见。

(二)未按期申报抵扣增值税扣税凭证处理

1. 因客观原因未按期申报抵扣增值税进项税额

(1)增值税一般纳税人取得的增值税扣税凭证已认证或已采集上报信息但未按照规定期限申报抵扣;实行纳税辅导期管理的增值税一般纳税人以及实行海关进口增值税专用缴款书"先比对后抵扣"管理办法的增值税一般纳税人,取得的增值税扣税凭证稽核比对结果相符但未按规定期限申报抵扣,属于发生真实交易且符合本公告第二条规定的客观原因的,经主管税务机关审核,允许纳税人继续申报抵扣其进项税额。

本公告所称增值税扣税凭证,包括增值税专用发票(含货物运输业增值税专用发票)、海关进口增值税专用缴款书和公路内河货物运输业统一发票。

增值税一般纳税人除本公告第二条规定以外的其他原因造成增值税扣税凭证未按期申报抵扣的,仍按照现行增值税扣税凭证申报抵扣有关规定执行。

(2)客观原因包括如下类型:

①因自然灾害、社会突发事件等不可抗力原因造成增值税扣税凭证未按期申报抵扣;

②有关司法、行政机关在办理业务或者检查中,扣押、封存纳税人账簿资料,导致纳税人未能按期办理申报手续;

③税务机关信息系统、网络故障,导致纳税人未能及时取得认证结果通知书或稽核结果通知书,未能及时办理申报抵扣;

④由于企业办税人员伤亡、突发危重疾病或者擅自离职,未能办理交接手续,导致未能按期申报抵扣;

⑤国家税务总局规定的其他情形。

(3)增值税一般纳税人发生符合本公告规定未按期申报抵扣的增值税扣税凭证,可按照本公告附件《未按期申报抵扣增值税扣税凭证抵扣管理办法》的规定,申请办理抵扣手续。

2. 未按期申报抵扣增值税扣税凭证抵扣处理程序

(1)增值税一般纳税人发生真实交易但由于客观原因造成增值税扣税凭证未按期申报

抵扣的,可向主管税务机关申请办理抵扣手续。

(2)纳税人申请办理抵扣时,应报送如下资料:

①《未按期申报抵扣增值税扣税凭证抵扣申请单》。

②《已认证增值税扣税凭证清单》。

③增值税扣税凭证未按期申报抵扣情况说明。纳税人应详细说明未能按期申报抵扣的原因,并加盖企业印章。对客观原因不涉及第三方的,纳税人应说明的情况具体为:发生自然灾害、社会突发事件等不可抗力原因的,纳税人应详细说明自然灾害或者社会突发事件发生的时间、影响地区、对纳税人生产经营的实际影响等;企业办税人员擅自离职,未办理交接手续的,纳税人应详细说明事情经过、办税人员姓名、离职时间等,并提供解除劳动关系合同及企业内部相关处理决定。对客观原因涉及第三方的,应提供第三方证明或说明。具体为:企业办税人员伤亡或者突发危重疾病的,应提供公安机关、交通管理部门或者医院证明;有关司法、行政机关在办理业务或者检查中,扣押、封存纳税人账簿资料,导致纳税人未能按期办理申报手续的,应提供相关司法、行政机关证明。对于因税务机关信息系统或者网络故障原因造成纳税人增值税扣税凭证未能按期申报抵扣的,主管税务机关应予以核实。

④未按期申报抵扣增值税扣税凭证复印件。

(3)主管税务机关受理纳税人申请后,应认真审核以下信息:

①审核纳税人交易是否真实发生,所报资料是否齐全,增值税扣税凭证未按期申报抵扣的原因是否属于客观原因,纳税人说明、第三方证明或说明所述事项是否具有逻辑性等。

②纳税人申请抵扣的增值税扣税凭证稽核比对结果是否相符。

③《已认证增值税扣税凭证清单》与增值税扣税凭证应申报抵扣当月增值税纳税申报资料、认证稽核资料是否满足以下逻辑关系:

首先,《已认证增值税扣税凭证清单》"抵扣情况"中"已抵扣凭证信息""小计"栏中的"份数"应等于当月增值税纳税申报表附列资料(表二)中同类型增值税扣税凭证的"份数";"抵扣情况"中"已抵扣凭证信息""小计"栏中的"税额"应等于当月增值税纳税申报表附列资料(表二)中同类型增值税扣税凭证的"税额"。

其次,对增值税一般纳税人(不包括实行纳税辅导期管理的增值税一般纳税人),《已认证增值税扣税凭证清单》"总计"栏中"份数""税额"应小于等于认证或申请稽核比对当月认证相符或采集上报的同类型增值税扣税凭证的份数、税额合计。

再次,实行纳税辅导期管理的增值税一般纳税人以及实行海关进口增值税专用缴款书"先比对后抵扣"管理办法的增值税一般纳税人,《已认证增值税扣税凭证清单》"总计"栏中"份数""税额"应小于等于产生稽核结果当月稽核相符的同类型增值税扣税凭证的份数、税额合计。

(4)主管税务机关审核无误后,发送《未按期申报抵扣增值税扣税凭证允许继续抵扣通知单》(以下简称《通知单》),企业凭《通知单》进行申报抵扣。

(5)主管税务机关可定期或者不定期对已办理未按期申报抵扣增值税扣税凭证抵扣手续的纳税人进行复查,发现纳税人提供虚假信息,存在弄虚作假行为的,应责令纳税人将已抵扣进项税额转出,并按《中华人民共和国税收征收管理法》的有关规定进行处罚。

(三)关于对代开、虚开增值税专用发票的处理

(1)代开发票是指为与自己没有发生直接购销关系的他人开具发票的行为。虚开发票是指在没有任何购销事实的前提下出现的以下三种情况：

①为他人、为自己开具与实际经营业务情况不符的发票；

②让他人为自己开具与实际经营业务情况不符的发票；

③介绍他人开具与实际经营业务情况不符的发票。

代开、虚开发票的行为都是严重的违法行为。对代开、虚开专用发票的，一律按票面所列货物的适用税率全额征补税款，并按《税收征收管理法》的规定按偷税给予处罚。对纳税人取得代开、虚开的增值税专用发票，不得作为增值税合法抵扣凭证抵扣进项税额。代开、虚开发票构成犯罪的，按全国人大常委会发布的《关于惩治虚开、伪造和非法出售增值税专用发票犯罪的决定》处以刑罚。

(2)根据国家税务总局公告2014年第39号，纳税人通过虚增增值税进项税额偷逃税款，但对外开具增值税专用发票同时符合以下情形的，不属于对外虚开增值税专用发票：

①纳税人向受票方纳税人销售了货物，或者提供了增值税应税劳务、应税服务；

②纳税人向受票方纳税人收取了所销售货物、所提供应税劳务或者应税服务的款项，或者取得了索取销售款项的凭据；

③纳税人按规定向受票方纳税人开具的增值税专用发票相关内容，与所销售货物、所提供应税劳务或者应税服务相符，且该增值税专用发票是纳税人合法取得，并以自己名义开具的。

受票方纳税人取得的符合上述情形的增值税专用发票，可以作为增值税扣税凭证抵扣进项税额。

④此项规定自2014年8月1日起施行。此前未处理的事项，按照本规定执行。

(3)虚开增值税专用发票的处罚。

①《发票管理办法》第三十七条规定："违反规定虚开增值税专用发票的，由税务机关没收违法所得；虚开金额在1万元以下的，可以并处5万元以下的罚款；虚开金额超过1万元的，并处5万元以上50万元以下的罚款；构成犯罪的，依法追究刑事责任。"

②《刑法》第二百零五条规定："虚开增值税专用发票或者虚开用于骗取出口退税、抵扣税款的其他发票的，处三年以下有期徒刑或者拘役，并处二万元以上二十万元以下罚金；虚开的税款数额较大或者有其他严重情节的，处三年以上十年以下有期徒刑，并处五万元以上五十万元以下罚金；虚开的税款数额巨大或者有其他特别严重情节的，处十年以上有期徒刑或者无期徒刑，并处五万元以上五十万元以下罚金或者没收财产。"

"单位犯本条规定之罪的，对单位判处罚金，并对其直接负责的主管人员和其他直接责任人员，处三年以下有期徒刑或者拘役；虚开的税款数额较大或者有其他严重情节的，处三年以上十年以下有期徒刑；虚开的税款数额巨大或者有其他特别严重情节的，处十年以上有期徒刑或者无期徒刑。"

注意事项：营改增试点纳税人在办理增值税一般纳税人资格登记后，发生增值税偷税、骗取出口退税和虚开增值税扣税凭证等行为的，主管税务机关可以对其实行不少于6个月的纳税辅导期管理。

(四)纳税人善意取得虚开的增值税专用发票的处理

根据《国家税务总局关于纳税人善意取得虚开的增值税专用发票处理问题的通知》(国税发〔2000〕187号)及其他相关规定：

(1)纳税人善意取得虚开的增值税专用发票指购货方与销售方存在真实交易,且购货方不知取得的增值税专用发票是以非法手段获得的。

纳税人善意取得虚开的增值税专用发票,如能重新取得合法、有效的专用发票,准许其抵扣进项税款;如不能重新取得合法、有效的专用发票,不准其抵扣进项税款或追缴其已抵扣的进项税款。

纳税人善意取得虚开的增值税专用发票被依法追缴已抵扣税款的,不属于《税收征收管理法》第三十二条"纳税人未按照规定期限缴纳税款"的情形,不适用该条"税务机关除责令限期缴纳外,从滞纳税款之日起,按日加收滞纳税款万分之五的滞纳金"的规定。

(2)购货方与销售方存在真实的交易,销售方使用的是其所在省(自治区、直辖市和计划单列市)的专用发票,专用发票注明的销售方名称、印章、货物数量、金额及税额等全部内容与实际相符,且没有证据表明购货方知道销售方提供的专用发票是以非法手段获得的,对购货方不以偷税或者骗取出口退税论处。但应按有关规定不予抵扣进项税款或者不予出口退税;购货方已经抵扣的进项税款或者取得的出口退税,应依法追缴。

(3)购货方能够重新从销售方取得防伪税控系统开出的合法、有效专用发票的,或者取得手工开出的合法、有效专用发票且取得了销售方所在地税务机关已经或者正在依法对销售方虚开专用发票行为进行查处证明的,购货方所在地税务机关应依法准予抵扣进项税款或者出口退税。

(4)如有证据表明购货方在进项税款得到抵扣或者获得出口退税前知道该专用发票是销售方以非法手段获得的,对购货方应按《国家税务总局关于纳税人取得虚开的增值税专用发票处理问题的通知》(国税发〔1997〕134号)和《国家税务总局关于〈国家税务总局关于纳税人取得虚开的增值税专用发票处理问题的通知〉的补充通知》(国税发〔2000〕182号)的规定处理。

(5)依据国税发〔2000〕182号文件规定:有下列情形之一的,无论购货方(受票方)与销售方是否进行了实际的交易,增值税专用发票所注明的数量、金额与实际交易是否相符,购货方向税务机关申请抵扣进项税款或者出口退税的,对其均应按偷税或者骗取出口退税处理。

①购货方取得的增值税专用发票所注明的销售方名称、印章与其进行实际交易的销售方不符的,即国税发〔1997〕134号文件第二条规定的"购货方从销售方取得第三方开具的专用发票"的情况。

②购货方取得的增值税专用发票为销售方所在省(自治区、直辖市和计划单列市)以外地区的,即134号文件第二条规定的"从销货地以外的地区获得专用发票"的情况。

③其他有证据表明购货方明知取得的增值税专用发票系销售方以非法手段获得的,即134号文件第一条规定的"受票方利用他人虚开的专用发票,向税务机关申报抵扣税款进行偷税"的情况。

(6)纳税人虚开增值税专用发票,未就其虚开金额申报并缴纳增值税的,应按照其虚开金额补缴增值税;已就其虚开金额申报并缴纳增值税的,不再按照其虚开金额补缴增值税。税务机关对纳税人虚开增值税专用发票的行为,应按《税收征收管理法》及《发票管理办法》的有关规定给予处罚。纳税人取得虚开的增值税专用发票,不得作为增值税合法有效的扣税凭证抵扣其进项税额。

(五)走逃(失联)企业开具增值税专用发票认定处理

走逃(失联)企业,是指不履行税收义务并脱离税务机关监管的企业。根据税务登记管理有关规定,税务机关通过实地调查、电话查询、涉税事项办理核查以及其他征管手段,仍对企业和企业相关人员查无下落的,或虽然可以联系到企业代理记账、报税人员等,但其并不知情也不能联系到企业实际控制人的,可以判定该企业为走逃(失联)企业。

(1)走逃(失联)企业存续经营期间发生下列情形之一的,所对应属期开具的增值税专用发票列入异常增值税扣税凭证(以下简称“异常凭证”)范围。

①商贸企业购进、销售货物名称严重背离的;生产企业无实际生产加工能力且无委托加工,或生产能耗与销售情况严重不符,或购进货物并不能直接生产其销售的货物且无委托加工的。

②直接走逃失踪不纳税申报,或虽然申报但通过填列增值税纳税申报表相关栏次,规避税务机关审核比对,进行虚假申报的。

(2)增值税一般纳税人取得异常凭证,尚未申报抵扣或申报出口退税的,暂不允许抵扣或办理退税;已经申报抵扣的,一律先作进项税额转出;已经办理出口退税的,税务机关可按照异常凭证所涉及的退税额对该企业其他已审核通过的应退税款暂缓办理出口退税,无其他应退税款或应退税款小于涉及退税额的,可由出口企业提供差额部分的担保。经核实,符合现行增值税进项税额抵扣或出口退税相关规定的,企业可继续申报抵扣,或解除担保并继续办理出口退税。

(3)异常凭证由开具方主管税务机关推送至接受方所在地税务机关进行处理,具体操作规程另行明确。

附录

PPP项目相关法规摘要

一、PPP项目具体税收优惠政策解读

(一)垃圾、污泥、污水、工业废气处理相关PPP项目的优惠政策

1. 增值税政策依据

《财政部国家税务总局关于印发〈资源综合利用产品和劳务增值税优惠目录〉的通知》

(财税〔2015〕78号)

第一条:

纳税人销售自产的资源综合利用产品和提供资源综合利用劳务,可享受增值税即征即退政策。

《资源综合利用产品和劳务增值税优惠目录》

五、资源综合利用劳务

垃圾处理、污泥处理处置劳务即征即退50%。

污水处理劳务。污水经加工处理后符合《城镇污水处理厂污染物排放标准》(GB18918—2002)规定的技术要求或达到相应的国家或地方水污染物排放标准的直接排放限值的,即征即退70%。

工业废气处理劳务。工业废气经治理、处理后符合《大气污染物综合排放标准》(GB16297—1996)规定的技术要求或达到相应的国家或地方水污染物排放标准中的直接排放限值的,即征即退70%。

2. 企业所得税政策依据

《企业所得税法》(中华人民共和国主席令第63号)第二十七条第二款、第三款,《企业所得税法实施条例》(中华人民共和国国务院令第512号)第八十七条、第八十八条,《财政部国家税务总局关于执行公共基础设施项目企业所得税优惠目录有关问题的通知》(财税〔2008〕

46号）和《国家税务总局关于实施国家重点扶持的公共基础设施项目企业所得税优惠问题的通知》（国税发〔2009〕80号）规定：

投资企业从事《公共基础设施项目企业所得税优惠目录》规定的港口码头、机场、铁路、公路、城市公共交通、电力、水利等项目，从事公共污水处理、公共垃圾处理、沼气综合开发利用、节能减排技术改造、海水淡化等符合条件的环境保护、节能节水项目所得，自项目取得第一笔生产经营收入所属纳税年度起，第一年至第三年免征企业所得税，第四年至第六年减半征收企业所得税。

《企业所得税法》

第三十三条：

企业综合利用资源，生产符合国家产业政策规定的产品所取得的收入，可以在计算应纳税所得额时减计收入。

《企业所得税法实施条例》

第九十九条：

《企业所得税法》第三十三条所称减计收入，是指企业以《资源综合利用企业所得税优惠目录》规定的资源作为主要原材料，生产国家非限制和禁止并符合国家和行业相关标准的产品取得的收入，减按90%计入收入总额。前款所称原材料占生产产品材料的比例不得低于《资源综合利用企业所得税优惠政策》规定的标准。

（二）购进专用设备相关PPP项目的税收优惠政策

《关于调整重大技术装备进口税收政策有关目录的通知》

（财关税〔2015〕51号）

第一条：

自2016年1月1日起，对符合规定条件的国内企业为生产国家支持发展的直流场设备、高举消防车、染色机、新型农业机械、太阳能电池设备、集成电路关键设备、新型平板显示器件生产设备、锂电子动力电池设备、电子元器件生产设备等装备而确有必要进口部分关键零部件、原材料，免征关税和进口环节增值税。

（三）不动产租赁相关PPP项目的税收优惠政策

《纳税人提供不动产经营租赁服务增值税征收管理暂行办法》

（国家税务总局公告2016年第16号）

第三条：

一般纳税人出租其2016年4月30日前取得的不动产，可以选择适用简易计税办法，按照5%的征收率计算应纳税额。不动产所在地与机构所在地不在同一县（市、区）的，纳税人应按照上述计税方法向不动产所在地主管国税机关预缴税款，向机构所在地主管国税机关申报纳税。不动产所在地与机构所在地在同一县（市、区）的，纳税人向机构所在地主管国税机关申报纳税。

(四)保障房税收优惠政策

《财政部国家税务总局关于廉租住房经济适用住房和住房租赁有关税收政策的通知》

(财税〔2008〕24号)

1. 免征营业税、房产税

对廉租住房经营管理单位按照政府规定价格、向规定保障对象出租廉租住房的租金收入,免征营业税、房产税。

廉租住房经营管理单位若同时存在符合条件的出租行为与不符合条件的出租行为,应分开核算,并就符合条件的出租行为取得的租金收入申请减免营业税、房产税,就不符合条件的出租行为取得的租金收入按规定交纳营业税、房产税。

2. 免征土地使用税

(1)对廉租住房、经济适用住房建设用地免征土地使用税。

(2)廉租住房经营管理单位按照政府规定价格、向规定保障对象出租的廉租住房用地,免征城镇土地使用税。

(3)开发商在经济适用住房、商品住房项目中配套建造廉租住房和经济适用住房,如能提供政府部门出具的相关材料,可按廉租住房、经济适用住房建筑面积占总建筑面积的比例免征城镇土地使用税。

3. 免征土地增值税

企事业单位、社会团体以及其他组织转让旧房作为廉租住房、经济适用住房房源且增值额未超过扣除项目金额20%的,免征土地增值税。

4. 免征印花税

(1)对廉租住房、经济适用住房经营管理单位与廉租住房、经济适用住房相关的印花税予以免征。

(2)廉租住房承租人、经济适用住房购买人涉及的印花税予以免征。

(3)开发商在经济适用住房、商品住房项目中配套建造廉租住房,在商品住房项目中配套建造经济适用住房,如能提供政府部门出具的相关材料,可按廉租住房、经济适用住房建筑面积占总建筑面积的比例免征印花税。

5. 免征契税或者减半征收契税

对廉租住房经营管理单位购买住房作为廉租住房、经济适用住房经营管理单位回购经济适用住房继续作为经济适用住房房源的,免征契税。

对个人购买经济适用住房,在法定税率基础上减半征收契税。

《财政部国家税务总局关于支持公共租赁住房建设和运营有关税收优惠政策的通知》

(财税〔2010〕88号)

1. 公租房经营管理单位建造公租房的涉税优惠

(1)免征土地使用税。

如果公租房经营管理单位采取建造公租房方式,则对公租房建设期间用地及公租房建成后占地免征城镇土地使用税。如果在其他住房项目中配套建设公租房，可按公租房建筑面积占总建筑面积的比例免征城镇土地使用税。

(2)免征印花税。

对公租房经营管理单位建造公租房涉及的印花税予以免征。如果在其他住房项目中配套建设公租房，可按公租房建筑面积占总建筑面积的比例免征印花税。

2. 公租房经营管理单位购买住房作为公租房的涉税优惠

如果公租房经营管理单位采取购买住房作为公租房方式，则对购买的住房，免征契税、印花税。

3. 公租房经营管理单位经营期间的涉税优惠

(1)免征营业税、房产税。

对经营公租房所取得的租金收入，免征营业税、房产税。但是公租房租金收入与其他住房经营收入应单独核算，未单独核算的，不得享受免征营业税、房产税优惠政策。

(2)免征印花税。

对公租房租赁双方签订租赁协议涉及的印花税予以免征。

4. 企事业单位、社会团体以及其他组织转让、捐赠住房的税收优惠

(1)转让旧房作为公租房房源，且增值额未超过扣除项目金额 20%的，免征土地增值税。

(2)捐赠住房作为公租房，符合税收法律法规规定的，捐赠支出在年度利润总额 12%以内的部分，准予在计算应纳税所得额时扣除。

(五)太阳能发电相关 PPP 项目的税收优惠

1. 增值税政策依据

《财政部国家税务总局关于继续执行光伏发电增值税政策的通知》

(财税〔2016〕81 号)

自 2016 年 1 月 1 日至 2018 年 12 月 31 日，对纳税人销售资产为利用太阳能生产的电力产品，实行增值税即征即退 50%的政策。

2. 企业所得税政策依据

《企业所得税法》

第三十三条：

企业综合利用资源，生产符合国家产业政策规定的产品所取得的收入，可以在计算应纳税所得额时减计收入。

《企业所得税法实施条例》

第九十九条：

《企业所得税法》第三十三条所称减计收入，是指企业以《资源综合利用企业所得税优惠目录》规定的资源作为主要原材料，生产国家非限制和禁止并符合国家和行业相关标准的产品取得的收入，减按 90%计入收入总额。前款所称原材料占生产产品材料的比例不得低于《资源综合利用企业所得税优惠政策》规定的标准。

二、《PPP 项目合同指南(试行)》第二章第五节

PPP 项目合同中有关项目融资的规定,不一定会规定在同一条款中,有可能散见在不同条款项下,通常包括项目公司的融资权利和义务、融资方权利以及再融资等内容。

(一)项目公司的融资权利和义务

在 PPP 项目中,通常项目公司有权并且有义务获得项目的融资。为此,PPP 项目合同中通常会明确约定项目全生命周期内相关资产和权益的归属,以确定项目公司是否有权通过在相关资产和权益上设定抵质押担保等方式获得项目融资,以及是否有权通过转让项目公司股份以及处置项目相关资产或权益的方式实现投资的退出。

与此同时,由于能否成功获得融资直接关系到项目能否实施,因此,大多数 PPP 项目合同中会将完成融资交割作为项目公司的一项重要义务以及 PPP 项目合同全部生效的前提条件。

(二)融资方的权利

为了保证项目公司能够顺利获得融资,在 PPP 项目合同中通常会规定一些保障融资方权利的安排。融资方在提供融资时最为关注的核心权利包括:

1. 融资方的主债权和担保债权

如果项目公司以项目资产或其他权益(例如运营期的收费权)或社会资本以其所持有的与项目相关的权利(例如其所持有的项目公司股权)为担保向融资方申请融资,融资方在主张其担保债权时可能会导致项目公司股权以及项目相关资产和权益的权属变更。因此,融资方首先要确认 PPP 项目合同中已明确规定社会资本和项目公司有权设置上述担保,并且政府方可以接受融资方行使主债权或担保债权所可能导致的法律后果,以确保融资方权益能够得到充分有效的保障。

2. 融资方的介入权

由于项目的提前终止可能会对融资方债权的实现造成严重影响,因此融资方通常希望在发生项目公司违约事件且项目公司无法在约定期限内补救时,可以自行或委托第三方在项目提前终止前对于项目进行补救。为了保障融资方的该项权利,融资方通常会要求在 PPP 项目合同中或者通过政府、项目公司与融资方签订的直接介入协议对融资方的介入权予以明确约定。

(三)再融资

为了调动项目公司的积极性并保障融资的灵活性,在一些 PPP 项目合同中,还会包括允许项目公司在一定条件下对项目进行再融资的规定。再融资的条件通常包括:再融资应增加项目收益且不影响项目的实施,签署再融资协议前须经过政府的批准等。此外,PPP 项目合同中也可能会规定,政府方对于因再融资所节省的财务费用享有按约定比例(例如 50%)分成的权利。

国家发改委《政府和社会资本合作项目通用合同指南(2014 年版)》中第四章专门介绍了投资计划及融资方案:

1. 投资规模及其构成

对于包含新建、改扩建工程的合作项目,应在合同中明确工程建设总投资及构成,包括

建筑工程费、设备及工器具购置费、安装工程费、工程建设其他费用、基本预备费、价差预备费、建设期利息、流动资金等。合同应明确总投资的认定依据，如投资估算、投资概算或竣工决算等。

对于包含政府向社会资本主体转让资产（或股权）的合作项目，应在合同中明确受让价款及其构成。

2. 项目投资计划

明确合作项目的分年度投资计划。

3. 投资控制责任

明确社会资本主体对约定的项目总投资所承担的投资控制责任。根据合作项目特点，可约定社会资本主体承担全部超支责任、部分超支责任，或不承担超支责任。

4. 融资方案

项目合同需要明确项目总投资的资金来源和到位计划，包括以下事项：

（1）项目资本金比例及出资方式；

（2）债务资金的规模、来源及融资条件，如有必要，可约定政府为债务融资提供的支持条件；

（3）各类资金的到位计划。

5. 政府提供的其他投融资支持

如政府为合作项目提供投资补助、基金注资、担保补贴、贷款贴息等支持，应明确具体方式及必要条件。

6. 投融资监管

若需要设定对投融资的特别监管措施，应在合同中明确监管主体、内容、方法和程序，以及监管费用的安排等事项。

7. 投融资违约及其处理

项目合同应明确各方投融资违约行为的认定和违约责任。可视影响将违约行为划分为重大违约和一般违约，并分别约定违约责任。

三、特许权再转让税务处理的相关法律规定

《政府和社会资本合作模式操作指南（试行）》（财金〔2014〕113号）第二十一条规定：公示期满无异议的项目合同，应在政府审核同意后，由项目实施机构与中选社会资本签署。需要为项目专门设立项目公司的，待项目公司成立后，由项目公司与项目实施机构重新签署项目合同，或签署关于承继项目合同的补充合同。

（一）社会资本方将投标获得的“项目经营权”移交项目公司的税收问题

可以参考土地出让的文件：

《招标拍卖挂牌上市出让国有土地使用权规范》（国土资发〔2016〕114号）指出：

申请人竞得土地后，拟成立新公司进行开发建设的，应在申请书中明确新公司的出资构成、成立时间等内容。出让人可以根据招标拍卖挂牌出让结果，先与竞得人签订《国有土地使用权出让合同》，在竞得人按约定办理完新公司注册登记手续后，再与新公司签订《国有土地使用权出让合同变更协议》；也可按约定直接与新公司签订《国有土地使用权出让合同》。

(二)PPP 项目投资人受让土地后向项目公司移交土地的税收问题

可参阅《财政部国家税务总局关于明确金融、房地产开发、教育辅助服务等增值税政策的通知》(财税〔2016〕140 号)规定:

"八、房地产开发企业(包括多个房地产开发企业组成的联合体)受让土地向政府部门支付土地价款后,设立项目公司对该受让土地进行开发,同时符合下列条件的,可由项目公司按规定扣除房地产开发企业向政府部门支付的土地价款:

(一)房地产开发企业、项目公司、政府部门三方签订变更协议或补充合同,将土地受让人变更为项目公司;

(二)政府部门出让土地的用途、规划等条件不变的情况下,签署变更协议或补充合同时,土地价格总额不变;

(三)项目公司的全部股权由受让土地的房地产开发企业持有。"

这个文件表达了项目投资人拥有的"土地特许权"可以转让给"土地特许权"实施的项目公司,是可以不用认定为销售行为的。

《浙江省资源厅关于对受让人由原竞得人变更为新成立公司是否属于土地转让行为的批复》(浙土资厅函〔2007〕439 号)进一步指出:

如符合《招标拍卖挂牌出让国有土地使用权规范(试行)》(国土资发〔2006〕114 号),"竞买人在申请竞拍时,事先已约定成立新公司,并明确资金构成、成立时间等,在竞得土地后,且按原约定条件办理的,没有发生土地权利转移,不属于土地使用权转让行为。"

《海南省地方税务局关于招标拍卖挂牌出让国有土地使用权有关税收征收问题的批复》(琼地税函〔2011〕57 号)指出:

土地竞得人在提交的《投标(竞买)申请书》中约定成立新公司进行开发建设,并明确新公司的出资构成、成立时间等内容,在竞得人按约定成立新公司后,出让人与新公司签订《国有土地使用权转让补充协议》,以新公司的名义受让国有土地使用权的,视同出让人将土地使用权直接出让给新公司,按出让国有土地使用权征收有关税款。

《财政部国家税务总局关于企业以售后回租方式融资等有关契税政策的通知》(财税〔2012〕82 号)第二条规定:

以招拍挂方式出让国有土地使用权的,纳税人为最终于土地管理部门签订出让合同的土地使用权承受人。